Franz Endler

KARAJAN

Eine Biographie

Hoffmann und Campe

Die Deutsche Bibliothek – CIP-Einheitsaufnahme

Endler, Franz: Karajan:
eine Biographie / Franz Endler.
– 1. Aufl. – Hamburg: Hoffmann und Campe, 1992
ISBN 3-455-08432-x

Deutsche Ausgabe
Copyright © 1992 by Hoffmann und Campe Verlag, Hamburg
Umschlaggestaltung: Lo Breier unter Verwendung
eines Fotos von J. Emil Perauer
Gesetzt aus der Bembo
Satz: Fotosatz Otto Gutfreund GmbH, Darmstadt
Druck und Bindung: Clausen & Bosse, Leck
Printed in Germany

INHALT

KARAJANS »KÜNSTLERISCHES VERMÄCHTNIS«

DAS LETZTE JAHR

HERBERT VON KARAJAN UND DIE FOLGEN

ANHANG

Für Franziska und Katharina

VORWORT

In einem langen Leben an der Seite von sehr großen Musikern habe ich einige von ihnen nicht nur lieben, sondern wohl auch verstehen gelernt. Karl Böhm war im hohen Alter zwar immer noch als »grantig« verschrien, wußte aber, daß seine Wiener Philharmoniker von ihm per »Vatter« sprachen, und er musizierte mit ihnen darum auch als eine Art tatteriges, aber leicht zu versöhnendes Familienoberhaupt. Er war der erste von ihnen, der mir Vertrauen schenkte und in meinen Aufzeichnungen als ein treuer Diener der Musik beschrieben ist.

Leonard Bernstein war derjenige, der das Wort Liebe am deutlichsten lebte, dessen Umarmungen einer besonders klugen Interpretation nach immer »der ganzen Welt« galten. Als mir am Ende seines Lebens, bei seinem letzten Wien-Besuch, unwillkürlich die Formulierung einfiel, er sei ein »Verführer« zur Musik, gab er höchst erfreute Laute von sich. Die Charakterisierung als ein Mitverschworener aller Musikanten, ein Rattenfänger für alle Musikfreunde, ein Wahlwiener, auch im herben Sinn dieses Wortes, ließ er sich gern gefallen.

Herbert von Karajan aber, bei allem Vertrauen, das er mir in seinen letzten Lebensjahren maßvoll zugestand, war immer und überall und auch in meinen Gedanken zumeist der Chef. So bezeichneten ihn jahrelang nicht nur seine persönlichen Sekretäre oder Berater, so nannten ihn auch die Musiker in

Wien und Berlin, so sprachen die Sängerinnen und Sänger in aller Welt von ihm, so erzählten sich die Bühnenmeister und Inspizienten in Mailand und Salzburg gute und aufregende Erlebnisse von und mit ihm.

In dieser Charakterisierung schwang sehr viel mit: Furcht vor einem absoluten Herrscher, als der Herbert von Karajan sich etabliert hatte; Achtung aber vor einem Mann, der mit dem Titel auch alle Pflichten eines Chefs übernahm, der also bereit war, Verantwortung für diejenigen zu tragen, denen er das war; und zuletzt – wenigstens bei Teilen der Musiker in aller Welt (und bei allen in Wien) – Hochachtung vor einem Menschen, der die Bürde eines Chefs nicht mehr tragen konnte, sie aber beinahe bis zuletzt nicht abgeben wollte. Daß er es schließlich dennoch tat und sich von seiner Machtposition in Salzburg ebenso trennte wie von der ihm lebenslänglich zugestandenen Position eines Chefs in Berlin, hat noch niemand in dem vollen Ausmaß als persönliche Tragödie des Herbert von Karajan begriffen oder beschrieben. Mir erschien es aber geradezu konsequent, daß er zehn Tage vor dem Moment starb, zu dem er bei den Salzburger Festspielen erstmals *nur* als Dirigent der Eröffnungsvorstellung und angesichts einer sich bereits neu formierenden Festspielleitung ans Pult hätte gehen müssen.

Durch Jahre war er, wenn er vor sein Publikum trat, keineswegs nur für die musikalische Leistung eines von ihm geleiteten Ensembles verantwortlich, sondern hatte andere, mehr Pflichten und Verantwortung übernommen. In den Monaten vor den Salzburger Festspielen 1989 aber hatte er Abschied genommen von beinahe allen Ämtern, die er sich »auf Lebenszeit« gewünscht hatte und die er mit Überlebenskraft auszufüllen versuchte. Er hatte das Direktorium der Salzburger Festspiele verlassen. Er war damit einverstanden gewesen, nicht einmal mehr Männer seines Vertrauens im Amt zu sehen. Er hatte den Posten eines künstlerischen Leiters des Berliner Philharmonischen Orchesters zurückgelegt, eine Position, die er sich ausdrücklich »auf Lebenszeit« ausbedungen hatte. Ihm blieben der Ehrentitel eines Konzertdirektors in Wien, seine »eigenen« Osterfestspiele und die Arbeit an seinem »künstlerischen Vermächtnis«, die sich freilich auch anders gestaltet hätte für einen Maestro, der in den Gremien nicht mehr zu Wort gekommen wäre.

Selbstverständlich waren ihm alle seine machtvollen Verbündeten geblieben, ein als Meisterstück bezeichneter Vertrag mit einer Plattenfirma, der exzellenteste Manager und Präsident einer weltumspannenden Agentur als Vertrauter, die Musiker und Musikfreunde in aller Welt, die sich seiner Faszination weiterhin nicht entziehen wollten. Aber: Weder in Wien noch in Berlin und Salzburg war er mehr der Chef. Und also versagte sein Herz und erlöste einen von Schmerzen gepeinigten Körper, den zuletzt nur noch eiserner Wille aufrechterhalten hatte.

Das habe ich erlebt. Und darum also ein Buch über den Chef Herbert von Karajan, der nicht nur als Musiker, als Dirigent, sondern auch als Herr über mehr als ein Imperium das Geschehen vieler Jahrzehnte in Opernhäusern und bei Festspielen, vor allem aber auch in den in diesem Jahrhundert so aufregend wichtig gewordenen Medien Platte und Film entscheidend bestimmt hat; über einen Menschen mit vielen Widersprüchen und vielen Gesichtern, einen unbestritten Großen unter den Interpreten dieses Jahrhunderts und einen höchst umstrittenen sehr Großen unter den Promotoren der Musikindustrie, die es in der uns geläufigen Form erst in diesem Jahrhundert gibt und die wenigen Künstlern soviel Anregung und wirtschaftlichen Erfolg zugleich zu verdanken hat.

Ich habe mir dieses Buch schwer erarbeitet und noch schwerer von der Seele geschrieben: als Musikfreund, der Herbert von Karajan 1948 erstmals als Dirigent erlebte, ihn als junger Kritiker heftig befehdete, in seinen letzten Lebensjahren aber als eine Art bei Hofe zugelassener Chronist begleiten durfte. Einer von Karajan diktierten autobiographischen Skizze wegen nicht nur gelobt, auch mißverstanden, lag mir viel daran, alle mir zugänglichen Fakten und alle mir in tiefer Erinnerung eingegrabenen Situationen zu einer Biographie zusammenzufügen, die auf besondere Art wiederum das Placet Herbert von Karajans hat: »Wenn ich tot bin, werden Sie alle Photos verwenden, die ich nicht mag, und alles schreiben, was ich jetzt wegstreiche«, sagte er mir an seinem 80. Geburtstag lachend.

Was die Illustrationen in diesem Buch angeht, so habe ich mich der Worte Herbert von Karajans erinnert: Die Bilder sind in der Regel nicht aus dem Fundus der vom Maestro »freigegebenen« offiziellen Aufnahmen, sondern stammen aus Zeitungsarchiven oder privaten Quellen und zeigen Karajan in Situationen, die der Kamera nur für Sekunden zur Verfügung standen und sich in dieser Form wohl auch nicht wiederholten. Prachtvolle Bildbände mit dem Dirigenten in Pose und am Steuer seiner Segler sind längst erschienen. Die »Bilder, die mir nicht gefallen«, kannten nur wenige und sind noch einmal aus ihren Verstecken hervorgeholt worden.

Als Sensation und eigentliche Attraktion des vorliegenden Buches begreife ich die Erstveröffentlichung der zwei Kapitel eines Manuskripts, von dem Herbert von Karajan in Interviews immer wieder gesprochen hatte, an dessen Existenz jedoch jedermann zweifelte, obwohl er 1984 ausdrücklich bestätigte: »Ich arbeite an einem Buch über die Elemente, aus denen sich unsere Musikinterpretation zusammensetzt. In diese Sache muß Klarheit hineingebracht werden. Da ich nicht diktieren kann, muß ich alles von Hand schreiben... Das erste Kapitel ist immerhin fertig. Es handelt von der Psychologie des Orchesters.« Im Laufe der Jahre wurde dieses Kapitel umbenannt in »Die Probe«. Noch ein zweiter

Abschnitt über »Technische Musikwiedergabe« fand sich in seinem Nachlaß. Beide Teile waren mir von Karajan versprochen.

Mit einer von Karajan geprobten und dirigierten Aufführung der Matthäus-Passion im Großen Musikvereinssaal im Mai 1948, bei der ich mitsingen durfte, begann meine Erfahrung mit der musikalischen Arbeit Herbert von Karajans. Seine große Wiener Zeit als Dirigent an der Staatsoper und die gesamte Periode der Osterfestspiele erlebte ich als Kritiker, der es zwischendurch zu einigem Ruhm als ein »Feind Karajans« gebracht hatte, weil seine bedingungslosen Verehrer meine Einwände gegen sein System der Vorbereitung von Bühnenaufführungen nicht lesen wollten. Dank seines letzten Vertrauten und Ratgebers, Uli Märkle, kam es wenige Jahre vor Herbert von Karajans 80. Geburtstag zunächst zu einer Aussprache, dann zu einer Zusammenarbeit, die in der einen oder anderen Form bis zu seinem Tod andauern sollte.

Und nun also diese Biographie – als Rechtfertigung für Studien in vielen Archiven und Gegenden, als Erinnerung an eine zu Ende gegangene Periode der Musikausübung, auch als Geschenk an meine Freunde, die Wiener Philharmoniker, die 1992 das 150. Jahr ihres Bestehens gefeiert haben. Sie hatten Herbert von Karajan über viele Jahrzehnte als ihren Dirigenten akzeptiert und in gewissen Zeiten auch als »Chef« bezeichnet, vor allem aber in seinen letzten Lebensjahren ihm mit menschlicher Zuneigung zu seinen letzten großen Erfolgen verholfen.

Den Dank an die Familie von Karajan, den Nachlaßverwalter, den engsten Berater, die ungezählten Partner Karajans, an Archive und Kollegen, auf deren Bestände ich zurückgreifen und deren Anregungen ich nutzen durfte, statte ich sehr kursorisch, aber aufrichtig ab. Ich will Belehrungen oder Korrekturen gern annehmen, gebe jetzt aber zuerst einmal, was ich als mein Wissen über den Musiker und Menschen Herbert von Karajan gesammelt habe, aus der Hand und bin überzeugt, mit Fleiß und Aufrichtigkeit geschrieben zu haben. Was die in allen einschlägigen Publikationen strapazierte Frage nach den Beziehungen Herbert von Karajans zum Nationalsozialismus anlangt, darf ich anfügen, daß ich auf die großzügige Hilfe des Zeitgeschichtlers Dr. Oliver Rathkolb und sein Archiv sämtlicher in deutschen und amerikanischen Sammlungen gelagerten Materialien zurückgreifen konnte. Es sollte also diesbezüglich keine neuen Erkenntnisse mehr geben, die eine Revision der in diesem Buch vorgetragenen Tatsachen notwendig machen.

Wien, im Mai 1992

Franz Endler

NACHHALL AUS KAISERS ZEITEN

Salzburg, wo Mozart geboren wurde

Herbert von Karajan wurde am 4. April 1908 als Sohn eines Primararztes und leidenschaftlichen Musikers in der k. u. k. Residenzhauptstadt Salzburg geboren. Diese einfache Tatsache sollte sich nicht nur auf die ersten Lebensjahre und Eindrücke, sondern auf das Leben des Maestro insgesamt auswirken, dessen Arbeit und Leidenschaft dieses Jahrhundert am Rande mit geprägt hat. Aus Salzburg und den Erinnerungen an die Zeit der Monarchie nahm er seine Erfahrungen mit auf den Weg, in seine Vaterstadt kam er für ungezählte »Sternstunden« seines Schaffens zurück. In Anif bei Salzburg, wo er sich ein Haus gebaut hatte und wo sein »Vermächtnis« lagerte, starb er.

Salzburg läßt sich gern Mozartstadt nennen, rühmt sich allerdings auch, die Heimat Karajans zu sein. Und war trotzdem 1908 nur die verschlafenste Residenzstadt der k. u. k. Monarchie. Um die Jahrhundertwende war Salzburg – was man sich heute kaum mehr vorstellen kann und in der Stadt gern übersieht – ein von der großen Welt so gut wie vergessener Ort, dessen historische Bedeutung als einstiger Sitz der Fürsterzbischöfe, die u. a. den Titel Primas Germaniae trugen, ebenso verlorengegangen war wie die musikhistorische als Geburtsort des großen Wolfgang Amadeus

Mozart. Die heute umlagerten und von geldbringendem Tourismus unsichtbar vergoldeten Mozart-Gedenkstätten existierten zwar, wurden jedoch nur selten von Reisenden und niemals von Heerscharen des Tourismus heimgesucht. Das Mozart-Denkmal stand nur einen Tag, bei seiner Enthüllung, im Mittelpunkt des öffentlichen Interesses. Die Zeit des Mozart-Kultes war noch nicht angebrochen – nicht in Salzburg, aber auch sonst nicht in der weiten Welt. Noch befaßten sich die Menschen mit ihrer eigenen zeitgenössischen Musik und hörten Mozart nur als unantastbare historische Größe. Ja, manche seiner heute wieder vielgedeuteten Opern wie »Cosi fan tutte« wurden einfach als zu lieblich, als dümmlich oder auch schlicht als unspielbar bezeichnet, ohne daß darüber die Welt eingestürzt wäre.

Erst um die Jahrhundertwende setzte in Salzburg eine stürmische Entwicklung ein. Bis gegen das Jahr 1910 verdoppelte sich die Zahl seiner Einwohner auf 36000, und das Stadtbild änderte sich nach dem Muster des mächtigen Ringstraßen-Wien. Im Verhältnis zu dem sie umgebenden Land Salzburg wurde die Residenzstadt die bevölkerungsreichste der Monarchie.

Auf alten Stichen und Photographien sieht man, daß die berühmte, noch vom Weltreisenden Alexander von Humboldt als schön gerühmte Stadt in ihrem Kern sorgfältig erhalten war und allmählich eine Art von Zubau jenseits der Salzach bekam: vom Bahnhof bis hin zur Staatsbrücke entstand ein repräsentatives neues Viertel, Häuser im Ringstraßenstil; man plante ein großes »Mozarteum«, eine dem Ruf der Stadt entsprechende Musiklehranstalt, und war stolz, ein neues Stadttheater von des Kaisers bevorzugten Architekten erbauen zu lassen. Direkt vis-à-vis von Mozarts Wohnhaus (und dem Wohnhaus, in dem die Karajans Wohnung und Ordination hatten) errichtete die Firma Fellner und Helmer ein Haus für Oper, Operette und Schauspiel, wie in vielen

anderen Städten der Monarchie auch. Die Architektenge-
meinschaft, eine der erfolgreichsten ihrer Zeit, hatte ein allen
Ansprüchen gerecht werdendes Grundmodell eines Theaters
geschaffen, das sie in nur wenig voneinander abweichenden
Variationen je nach dem zur Verfügung stehenden Budget
überall im alten Österreich realisierte: Graz, Agram, Kra-
kau, Preßburg, Budapest und selbstverständlich Wien besitzen diese Häuser heute noch. Sie geben dem Besucher das
Gefühl, immer daheim zu sein, und ihren Nutzern die Möglichkeit, sich von Engagement zu Engagement kaum umstellen zu müssen. Salzburg war für die Firma Fellner und
Helmer keine außergewöhnliche Stadt: sie bauten eine eher
einfache, sparsame Variante ihres bewährten Grundmodells.
Wer hätte damals ahnen können, daß auf der kleinen Provinzbühne bald Menschen von Weltformat stehen würden,
daß dieses Haus einmal eine der Spielstätten der teuersten
und umstrittensten Festspiele Europas werden sollte? Ein
junger Mann namens Hugo Wolf war hier kurze Zeit als
Korrepetitor engagiert und litt unter den Verhältnissen, ein
junger Schauspieler namens Max Reinhardt fand sein erstes
Engagement an diesem Haus – er spielte 49 Rollen an 175
Abenden in seiner ersten Saison und wurde doch erst bekannt, als er Jahrzehnte später in die Stadt zurückkehrte, um
die Salzburger Festspiele zu dominieren.

Rund um das Schloß Mirabell, das heute Sitz der Stadtregierung ist, erbaute man eine Art neuer Stadtlandschaft
aus ordentlichen, nicht zu einfallsreichen Mietshäusern und
Hotels. Den Prachtbauten, die man den regierenden Fürst-
erzbischöfen verdankte, gab man mit diesen bis zu vierstöcki-
gen Häusern eine bürgerliche Umgebung, die beinahe bis an
die Salzach reichte. Einige alte Häuserzeilen blieben allerdings
auch außerhalb der Altstadt erhalten, von den eng an den
Kapuzinerberg gefügten Häusern bis hin zur Dreifaltigkeits-
kirche Fischer von Erlachs zum Beispiel, sowie das Ensemble

mit Mozarts Wohnhaus, das erst im Zweiten Weltkrieg zerbombt wurde. Heute baut man mit Hilfe japanischer Mäzene noch einmal um, will gegen alle Gepflogenheit das Stadtbild rückbilden und den Fremden diese Häuserzeile aus Mozarts Zeit zeigen wie zur Jahrhundertwende.

Was jedoch die Bedeutung im Rahmen der Donau-Monarchie anlangt, genügt ein Blick auf die Landkarte, um zu begreifen, weshalb man von der Reichshaupt- und Residenzstadt alle Verbindungen eher nutzte als die über Salzburg. Die großen Völker des Staates lebten, unruhig und fruchtbar, östlich von Wien. Das Meer lag südlich. Gen Westen fuhr man nur zum ungeliebten deutschen Nachbarn oder, wie der Kaiser selbst, in die Sommerfrische, dabei aber nach Bad Ischl in Oberösterreich und keineswegs ins Salzburgische. Die seltenen Besuche Franz Josephs in der Stadt sind genau verzeichnet und rarer, als man denken möchte. In oder nahe bei Salzburg residierte einzig Erzherzog Ludwig Viktor, des Kaisers mißratener Bruder, der seiner homophilen Neigung wegen den Spitznamen »Bubi« oder »Luzivuzi« hatte, vom Hof verbannt war und auf Schloß Kleßheim lebte. Er galt als Freund der Künste und Mäzen. 1915 wurde über ihn wegen Geisteskrankheit die Kuratel verhängt. 1919 starb er in Kleßheim. Die junge Republik dachte nicht an eine Überführung seines Leichnams in die Kapuzinergruft, sondern ließ ihn auf dem Friedhof von Siezenheim begraben.

Das kulturelle Leben der Kleinstadt Salzburg wurde von wenigen, aber verdienstvollen lokalen Vereinen gestaltet, deren Namen entweder die große Welt suggerierten oder aber uns heute die liebenswert kleine Gemeinde der Kunstfreunde an der Salzach in Erinnerung rufen. Übereinstimmend beschreiben der Musikrezensent Roland Tenschert und der als Mozart-Biograph, Dirigent, schließlich als Präsident der Salzburger Festspiele emeritierte Kenner der Stadt Bernhard Paumgartner Salzburg um die Jahrhundertwende und in den ersten beiden Jahrzehnten unseres Jahrhunderts als ruhige, beschauliche Stadt. Ihre Bürger waren und sind als Eigenbrötler verschrien. Die Kunstfreunde unter ihnen nahmen Fahrten in die Haupt- und Residenzstadt Wien in Kauf, weil ihr Patriotismus ihnen sagte, »beim Kaiser« wisse man am besten, was Musik und Theater sei. Oder sie fuhren ins beinahe benachbarte München, das Thomas Mann als leuchtende Kunstmetropole feierte. Nur in der eigenen Stadt interessierte sie das Theater wenig und die Musik nicht sonderlich. Anders als in Graz zum Beispiel, jener anderen österreichischen Stadt, aus der ein anderer österreichischer Dirigent dieses Jahrhunderts, Karl Böhm, kam, gab es in Salzburg keinen Wagnerverein, damals ein Sammelbecken deutschnationaler Gesinnung, sondern einen Bund aller Freunde der »Zukunftsmusik«. Man nahm in Salzburg gern in Kauf, daß die Stadt mit dem Epitheton ornans »verträumt« geschmückt wurde. Jahrzehnte später hat ein Wahlsalzburger diese Charakterisierung noch erweitert: Stefan Zweig schrieb in seinen »Erinnerungen eines Europäers« über die Stadt, wo er sich während des Ersten Weltkriegs ein Haus gekauft hatte, sie sei ein »antiquarisches, schläfriges, romantisches Städtchen am letzten Abhange der Alpen« gewesen.

Roland Tenschert, Musikgelehrter, der immerhin die großen Namen der musikalischen Geschichte der Stadt vor und nach Michael Haydn auch nennt, bezeichnet in einer der ersten offiziellen Betrachtungen über die Salzburger Festspiele die seltenen Mozart-Feste, die mit Unterstützung von Künstlern aus Wien abgehalten wurden, als Höhepunkte dieser Jahre und zitiert Lilli Lehmann, die damals hochberühmte Sopranistin der Hofoper, mit der zukunftsweisenden Formulierung: »Ich sah, wieviel es gerade hier, in der Mozartstadt, zu tun gab, wie nötig es wäre, daß sich praktische Künstler Mozartscher Interessen annähmen.« Und Bernhard Paumgartner schildert in seinen 1969 veröffentlichten Memoiren noch erstaunlich genau, woraus sich zum Beispiel die 1880 gegründete Musikschule der Internationalen Stiftung Mozarteum um die Jahrhundertwende und auch noch im Geburtsjahr Herbert von Karajans wirklich zusammensetzte: Drei Lehrer unter dem allseits geschätzten, patriarchalisch waltenden Direktor Joseph Friedrich Hummel unterrichteten im ehemaligen Anatomiestöckl des Universitätskomplexes an die neunzig Schüler. Der Lehrbetrieb kann in keinem Moment die Großartigkeit gehabt haben, die ein Musikfreund heute mit der Musikhochschule Mozarteum unweigerlich assoziiert.

Besagter Hummel war zugleich auch künstlerischer Leiter der Salzburger Liedertafel und Leiter des Damen-Singvereins Hummel. Er fand Zeit, für seine praktizierenden Mitbürger ihr eigenes Repertoire zu komponieren, griff dabei weit hinter die Zeiten eines Johannes Brahms zurück und ist in aller Ehrbarkeit vergessen. 1908 ging er in Pension und hinterließ eine Reihe von kulturellen Einrichtungen Salzburgs faktisch führerlos – die ihm nachfolgenden Persönlichkeiten sind vergessener als er. Erst 1917 kam der junge Musiker Bernhard Paumgartner mit viel Wiener Protektion nach Salzburg, um das Konservatorium Mozarteum zu höheren Regionen zu führen. Dennoch, auch er hatte erst einmal unter den provinziellen Umständen kräftig zu leiden und mit wenig Hilfe und wenig Verständnis zu rechnen.

Für seine Pläne standen Paumgartner einige Pädagogen sowie die Musiker des Stadttheaters zur Verfügung, zudem ein Orchester, das zwar bereits Mozarteum-Orchester hieß, sich jedoch nach Paumgartners eigener Erinnerung aus den ungefähr 25 Musikern des Theaters (engagiert für Operette und Begleitmusik beim Schauspiel), Lehrern und Absolventen des Konservatoriums sowie »aus einem ziemlich umfangreichen Stock von Zuzüglern, aus freien Berufsmusikern und musikbegeisterten Liebhabern der Salzburger Gesellschaft« zusammensetzte. Dazu Paumgartner: »Dieser Komplex war natürlich verschiedenwertig. Es waren einige treffliche Musiker, sogar Bläser, dabei. Dazu aber viele, die nur auf Grund ihrer gesellschaftlichen Stellung, dafür aber mit um so größerer Hartnäckigkeit und Einbildung an ihrem Pult saßen und den Gang der Proben in nicht geringem Maße aufhielten.«

Dieses Zitat könnte in der einen oder anderen Weise auf Ernst von Karajan, den Primararzt und leidenschaftlichen Klarinettisten hinweisen, von dem wir zwar dank vieler Karajan-Biographien wissen, daß er im Orchester musizierte, über dessen Qualitäten jedoch sogar ein so umgänglicher Mann wie der spätere Präsident der Salzburger Festspiele, Bernhard Paumgartner, nie ein fachliches Urteil abgab. Ernst von Karajans Eifer wurde gerühmt. Doch seine Qualifikation als Musiker? Auch Schweigen zählt in einem solchen Fall als ein höflich abschätziges Urteil. War Karajans Vater ein trefflicher Musiker oder einer, der mit großer Hartnäckigkeit an seinem Pult saß? Wir wissen es nicht.

Herbert von Karajan hat seinen Vater als hingebungsvollen Arzt und klugen Ratgeber fürs Leben in seiner Erinnerung bewahrt. Und auch in der aktuellsten Zusammenfassung aller Fakten über Salzburg, die Festspiele und die Familie von Karajan ist der dilettierende Ernst von Karajan ein einziges Mal erwähnt: Er gab auf Bitten des amtierenden Landeshauptmanns Rehrl dem Schauspieler Alexander Moissi Gelegenheit, einer Geburt beizuwohnen (was dem Schauspieler bei der Gestaltung einer Rolle helfen sollte), und er wurde deshalb von der lokalen Presse heftig gerügt, bereits in kräftig völkischem Ton sogar, denn Moissi war Jude und die Gebärende, bei deren »schönster Stunde« er Zeuge wurde, eine tapfere Salzburger Arierin. Ernst von Karajan hatte als Förderer der Salzburger Festspiele in diesem Fall keine gute Presse. Sein Sohn erlebte dies, aber auch das Gegenteil, jahrzehntelang.

21

Die Karajans, spät zugezogen

Der Stammbaum derer von Karajan wurde der Öffentlichkeit erst anläßlich des 80. Geburtstags des Dirigenten in einer wissenschaftlichen Form präsentiert. Bis dahin war immer nur von der fremdländischen Herkunft oder dem in Österreich nach 1918 abgeschafften, von Karajan aber in Anspruch genommenen Adelstitel die Rede gewesen, kaum aber von seiner Herkunft, von der der Maestro sowenig zu sprechen pflegte wie von seiner »Vergangenheit«.

Die Karajans sind bis zu einem Joannes Karajoannes zurückzuführen, dessen Geburtsjahr und Geburtsort unbekannt sind, der aber 1764 in Kozani in Griechisch-Mazedonien starb und Kaufmann war. Seine beiden Söhne Georg Johann und Theodor waren zu dieser Zeit schon in die weite Welt gegangen – zuerst nach Wien, wo sie Kaufmannslehrlinge wurden, dann nach Sachsen, wo sie für ihre Verhältnisse einen wundersam raschen Aufstieg als Kaufleute und Produzenten erlebten. Für ihre Verdienste, nicht nur gehandelt, sondern als Fabrikanten das Staatseigentum gemehrt zu haben, erhob sie am 1. Juni 1792 der deutsche Reichsvikar Friedrich August Herzog von Sachsen »in des heiligen Römischen Reiches Adelsstand«. Ende des 18. Jahrhunderts zog Georg Johann von Karajan wieder in die Kaiserstadt, sein Bruder Theodor von Karajan blieb in Sachsen. Ihm wurden dreizehn Kinder geboren, die aber alle unverheiratet und kinderlos starben – einzig die Wiener Linie der Karajans wurde über die dritte Generation fortgesetzt.

Schon in dieser finden wir einen berühmten Namen: Theodor von Karajan, 1810 in Wien geboren, war Gelehrter. Er wurde in seiner zweiten Staatsstellung Mitarbeiter und Freund des Dichters und Beamten Franz Grillparzer, der zunächst im Archiv des Finanzministeriums arbeitete und dann in die Hofbibliothek wechselte. 1848 wurde Theodor

»wirkliches Mitglied der Akademie der Wissenschaften« und 1850 ordentlicher Professor für deutsche Sprache und Literatur an der Wiener Universität. Nach drei Semestern Lehrtätigkeit legte er aber sein Amt aus Protest zurück – er war zum Dekan der Philosophischen Fakultät gewählt, aber vom amtierenden Minister, dem Grafen Thun, in dieser Position nicht bestätigt worden, weil er nicht dem katholischen Glauben angehörte. Die Revolution war niedergeschlagen, die Regierung des jungen Franz Joseph I. gab sich restaurativ. Theodor von Karajan blieb dem Staatsdienst jedoch nicht konsequent fern, er söhnte sich rasch aus mit seinem Kaiser, wurde schließlich Kustos der Hofbibliothek und starb als Regierungsrat. Seine Bindung zur Musik ist nachgewiesen: Als Sammler war er im Besitz von Briefen Joseph Haydns, verfaßte eine Arbeit über dessen ersten Londoner Aufenthalt und stand in freundschaftlichem Kontakt zu dem bedeutenden Mozart-Biographen Otto Jahn. Die Stadt Wien benannte eine Straße nach dem ehrenwerten Gelehrten.

Die nächste Generation der Karajans widmete sich dem ärztlichen Beruf. Ein Ludwig Anton von Karajan wurde Landessanitätsreferent von Niederösterreich und galt als großer Organisator, dem wesentliche Gesetze des Landes zu danken sind. In einem Nachruf auf ihn (1906) liest man, er habe von den schönen Künsten besonders die Musik geschätzt; dem Zug der Zeit nach werden die Wiener Klassiker Haydn, Mozart und Beethoven als seine Götter genannt, aber Richard Wagners »Meistersinger von Nürnberg« ausdrücklich als das Werk, das ihn »immer aufs neue entzückt« habe. (Die Wagnerianer jener Zeit galten als Männer auf der Höhe ihrer Zeit.)

Einer der Söhne Ludwig Anton von Karajans, Ernst, studierte gleichfalls Medizin, obwohl er lieber Schauspieler oder Musiker geworden wäre. Ihn verschlug es nach Salzburg, wo er Primararzt, schließlich Direktor der Landeskrankenanstalt wurde. Seine Spezialität war die Behandlung einer in Österreich weitverbreiteten Krankheit, des Kropfes. Seine dienstliche Beschreibung ist die eines aufopfernden Arztes, der neben seiner organisatorischen und medizinischen Tätigkeit im Spital eine florierende Praxis in Salzburg unterhielt. Man weiß von ihm, daß er darunter litt, keine Berufung nach Wien oder München erhalten zu haben. Auch eine Professur an einer anderen Universität blieb ihm versagt. In die Musikgeschichte ging er ein als Ehemann der gütigen, musikalischen Martha Kosmac, mit der er zwei Söhne hatte: Wolfgang von Karajan, 1906 geboren, und Heribert von Karajan, 1908 in Salzburg auf die Welt gekommen.

Um mit derartigen Kleinigkeiten nicht weiter belastet zu sein, noch etwas zur Geschichte des Namens: Bis zum Ende der Monarchie und der Aufhebung des Adels in Österreich hieß der spätere Maestro Heribert von Karajan und schrieb sich auch so. 1918 wurde aus ihm ein einfacher Herbert Karajan. In seiner ersten Zeit in Deutschland nahm er das in diesem Land nicht verbotene Adelsprädikat wieder an und nannte sich Herbert von Karajan, wie er freilich als österreichischer Staatsbürger nie mehr heißen durfte. Nach 1945 fand er in Sachen Namen und Titel einen Kompromiß, der allgemein zur Kenntnis genommen wurde. Er blieb bei »Herbert von Karajan«, wies darauf hin, daß sein Adelsprädikat in Deutschland verliehen worden sei, ließ sich in angemessener Frist in der Schweiz nieder und konnte daher mit seinem Namen machen, was er wollte. Wurde er deshalb angegriffen, reagierte er nicht oder leicht gereizt; wo er höchst offiziell hätte angegriffen werden können, zeigte man für seinen Wunsch, als Herr von Karajan angesprochen zu werden, sehr österreichisch Verständnis. Bleiben wir dabei, den Titel zu verwenden, wo er faktisch vom Programmzettel abzulesen ist, und dann wieder zu vernachlässigen. Und vergessen wir, weil's tatsächlich unerheblich ist, daß das Kind, der Knabe in Salzburg, Heribert von Karajan und nicht Herbert Karajan hieß. Für das Verständnis der ersten Lebensjahre von Karajans ist dieses eingefügte und später getilgte –i– von keinerlei Bedeutung.

Daß Herbert von Karajan, wie es Familienforscher später, noch zu Lebzeiten des Dirigenten, festhielten, »bei alleiniger Beachtung der männlichen Deszendenz« der letzte Nachfahre des Griechen Georg Johann von Karajan sein würde, hätte 1908 niemand gedacht. Rundum gab es Familienmitglieder, rundum herrschte das altösterreichische Prinzip der sich mehrenden und verzweigenden Familien und keine Sorge um den Fortbestand eines guten Namens. Nicht einmal in der dem Ansehen nach etwas provinziell geratenen Familie des Arztes Ernst von Karajan dachte man daran, daß mit der Geburt des Sohnes das letzte Glied der Kette der Karajans erreicht sei.

Von den Verwandten in Wien ist in der Biographie derer von Karajan nur noch einer zu erwähnen: Emanuel von Karajan, ein Onkel. Als k. k. Hofbauingenieur und Burghauptmann zu Wien unterstand ihm die Aufsicht über die Gebäude des Kaisers, also auch die Hofoper. Die ihm naturgemäß zustehenden Dienstsitze im Haus am Ring gingen, wann immer die Verwandtschaft zu Besuch war, an die Karajans aus Salzburg. Und auch später, als der junge Karajan und sein Bruder in Wien studierten, waren die Dienstsitze des Emanuel von Karajan ein fester Bestandteil der musikalischen Bildung der jungen Männer. Onkel Emanuel starb 1947 kinderlos in Wien. Er erlebte den rasanten Aufstieg seines Neffen nach dem Krieg nicht mehr.

Doch Herbert von Karajan selbst, sosehr er sich immer wieder als Salzburger und als Österreicher gab und seinen Adelstitel weder leugnete noch ablegte, war kein Mann, der seine Familiengeschichte aufmerksam studiert oder gar der Öffentlichkeit preisgegeben hätte. In all den Jahren seines Lebens ließ er einen einzigen Prozeß um seiner »Ehre« willen führen, als man ihn im Zusammenhang mit Schallplatten-

Verträgen in einer Wiener Tageszeitung einmal mazedonischer Sitten beschuldigte und damit Nötigung im wenig eleganten kaufmännischen Sinn meinte – den Prozeß gewann er nach Anlaufschwierigkeiten in zweiter Instanz.

In seinem an Auseinandersetzungen wahrlich reichen Leben fand er es nie interessant, auf seine altösterreichische Herkunft hinzuweisen, die Familie mit einzubeziehen oder gar ihren Stammbaum vorzuweisen. In den Büros der Gesellschaft der Musikfreunde in Wien hängen seit Jahren Gemälde seiner Großeltern, von Verehrern Herbert von Karajans entdeckt, liebevoll restauriert und dem Dirigenten in Dankbarkeit geschenkt, von diesem kaum zur Kenntnis genommen und zur Ausgestaltung der Büros gleich im Haus am Karlsplatz belassen. Und Familiengeschichten, wie sie von Verehrern oder Freunden Herbert von Karajans ohne Zweifel mit Fleiß gehört und notiert worden wären, wurden von ihm beinahe nie erzählt. Nicht aus Scheu, nicht aus einem Bedürfnis, sein Privatleben tabu zu halten, sondern aus seiner ein ganzes Leben lang vorwärtsgerichteten Haltung heraus: Konzerte oder Opernaufnahmen der vergangenen Jahrzehnte waren mit ihm nicht mehr leicht zu diskutieren; die Geschichten aus der Kindheit an der Salzach, über das Elternhaus waren in seinem Gedächtnis kaum noch aufzufinden. Kindheitserlebnisse wie Ferien bei Verwandten, ein Besuch in England, sie waren Vergangenheit und – darauf wird in diesem biographischen Versuch immer wieder hinzuweisen sein – interessierten Karajan nicht.

Das von ihm selbst gezeichnete Bild seiner Eltern ist unscharf: einige Erinnerungen an gute Ratschläge seines Vaters, einige banale Sätze über die Mutter.

Mit aller Vorsicht sind immerhin einige Sätze aus einem Tonbandprotokoll wiederzugeben, die Ernst Haeusserman für seine Biographie voll Verehrung zum Thema Familie gesammelt und festgehalten hat. »Auf Wunsch des Großvaters hat aber mein Vater eben die ärztliche Karriere eingeschlagen, die ihm ja zu großer Popularität verholfen hat. Er war wirklich ein Arzt im Sinne des Menschlich-Vollkommenen. Er hat sehr darunter gelitten, daß er keine Professur bekommen hat, daß man ihn nicht nach Wien zurück oder nach München berufen hat.« Denn – sein Vater wäre am liebsten Schauspieler geworden.

Und seine Mutter charakterisierte Karajan so: »Sie war eine Frau, der es recht gewesen wäre, wenn die ganze Welt irgendwie von ihr abhinge. Als Vorsteherin eines Waisenhauses für die ganze Welt wäre sie wunderbar gewesen. Sie war voll rührender Aufopferung für alles, für jeden Menschen. Dafür wollte sie freilich das Gefühl haben, daß man sie braucht.«

Die letzte dem Autor in Erinnerung gebliebene familiäre Geste war ein Zusammentreffen der Brüder von Karajan im hohen Alter: Bei einer Probe zu »Lohengrin« besuchte Wolfgang von Karajan seinen regieführenden Bruder und saß »eine ganze Pause« mit ihm beisammen. »Wir haben uns ausgesprochen. Wir haben ja wenig Zeit füreinander gehabt. Jetzt denken wir wieder einmal nach, ob wir nicht doch die Kunst der Fuge miteinander versuchen sollten«, sagte Herbert von Karajan im Anschluß an das private Gespräch.

Besuche der in diesen letzten Jahren quasi nebeneinander wohnenden Familien Wolfgang und Herbert von Karajan sind nicht verzeichnet. Kontakte wurden von beiden Familien nicht gesucht. Man hat es dem Dünkel Herbert von Karajans zugeschrieben, die Menschenscheu Wolfgang von Karajans immerhin auch erwähnt. Die Ehefrauen der beiden Herren hätten sich wenig zu sagen gehabt, die Brüder selbst waren aber gute Ehemänner. Das gute, normale Verhältnis der Karajan-Buben gab es für die beiden alten Herren Karajan nicht mehr.

Ein Wunderkind mehr?

Das Kleinkind Heribert von Karajan darf man sich getrost als ein geliebtes, nicht verzogenes Kind einer gutbürgerlich lebenden, nicht reichen Familie in einer kleinen, nicht wichtigen Stadt vorstellen. Der Mutter wird eine stille, sorgende Art nachgerühmt, dem Vater sein großer ärztlicher Wirkungskreis, seine Bemühungen um das ihm anvertraute Landeskrankenhaus, seine Arbeit rund um die Uhr und schließlich seine ostentative Leidenschaft für die Musik attestiert. Einerseits betätigte er sich als aktiver Musiker im Orchester des Stadttheaters und des Mozarteums, andererseits als Gastgeber für die Musiker der Stadt, die sich im Hause Karajan zur für damalige Zeiten nicht nur bei Medizinern sozusagen traditionell gepflegten Hausmusik zusammenfanden.

In Österreich, das muß am Rande schon erwähnt werden, war die enge Bindung von Medizinern zur Musik über Jahrhunderte Tradition. Die Freundschaft eines Chirurgen vom Range eines Theodor Billroth mit Johannes Brahms und Eduard Hanslick ist ebenso bezeichnend wie die Tätigkeit musizierender Ärzte, die in Streichquartetten, in der Hauptstadt auch in mehr als einem eigenen Orchester, bis in die Gegenwart nachzuweisen ist. Herbert von Karajans späte »Stiftung«, in der Wissenschaftler aufgefordert waren, sich musikalischen Fragen auf medizinischem Gebiet zu nähern und sich mit den verschiedensten Wechselbeziehungen von Musik und Natur auseinanderzusetzen, ist ohne Zweifel ein Erbe dieser Bindung, die im ganzen Land, aber auch in der Familie Karajan als Selbstverständlichkeit galt.

Die »zugewanderten« Karajans fanden im außerordentlich geschlossenen Kreis der Salzburger Bürger nur Aufnahme dank des sozialen Status des Herrn Primar und seiner Leidenschaft für die Hausmusik. Kinder hatten bei abendlichen Veranstaltungen auch im familiären Kreis nichts zu suchen. Wann die Brüder Karajan zum erstenmal an dieser Hausmusik teilnehmen durften, weiß man gottlob genau. Das Repertoire der Abende bei Karajans ist teilweise erhalten, es muß sich (nach den Erinnerungen Bernhard Paumgartners) dank der Neigung des Hausherrn zur Klarinette weit über die übliche Quartett-Literatur hinaus erstreckt haben.

Daß der ältere Sohn, Wolfgang, zuerst Klavierunterricht erhielt und sich der jüngere, Heribert, sehr rasch in diesen Klavierunterricht drängte, ist zumindest so überliefert. Mit dem Hinweis, Heribert hätte es nicht ertragen können, seinem um zwei Jahre älteren Bruder nachzustehen. Und hätte, um gleichzuziehen, auch den Klavierunterricht besonders ernst genommen. Dies ist eine der Erinnerungen Karajans selbst, der in Interviews oft davon sprach, als Kind habe er wenig Zeit gefunden, die üblichen Bubenfreundschaften zu pflegen, er habe viel zu intensiv Klavier geübt. Freilich, die Zeit der Kindheit existiert in allen einschlägigen Biographien und erweiterten Interviews nur so, wie Herbert von Karajan selbst sie dargestellt hat. Er war es, der erklärte, er habe den Klavierunterricht seines Bruders als unangemessene Bevorzugung des Älteren empfunden und darauf gedrungen, selbst auch dranzukommen.

Die wenigen erhaltenen Zeugnisse aus den Kindertagen Heribert von Karajans sind zufällig: Briefe aus den Ferien, in denen er seinen Eltern begeistert von Pferden und vom Aufenthalt auf dem Land berichtet. Nichts an diesen Briefen ist auffällig, nichts verrät etwas von den Schwierigkeiten, die man Karajan später im Kontakt zu seiner Familie nachsagte. Dies nur für Leser, denen außer Berichten auch einige in Buchform erschienene »Deutungen« Karajans und Hinweise auf einen besonders kleinen, schmächtigen Buben in Erinnerung sind. Photographien zeigen Heribert wohlgenährt und munter. Entbehrungen waren im Hause Karajan auch in der Kriegszeit nicht zu spüren. Der Herr Primar behandelte

Kröpfe – und diese sind vorwiegend bei der bäuerlichen Klientel zu finden.

Die ersten »Kritiken« des jungen Heribert bei öffentlichen Auftritten lassen ihn als eine Art Wunderkind erscheinen. Er war es nicht. Er verfügte über eine große musikalische Begabung und viel Ernsthaftigkeit, aber nicht mehr. Die unter dem Eindruck der Weltbedeutung Karajans entstandenen Erinnerungen der Lehrer des Konservatoriums Mozarteum, bei denen der Knabe Klavierunterricht hatte, lassen erkennen, daß diese ihm eine große Zukunft auf einem Gebiet voraussagten, auf dem Karajan nie brillierte. Er war kaum weg aus Salzburg, als feststand, daß er kein Pianist von Weltrang werden würde.

Seine Auftritte als Kind und Knabe sind immerhin von Musikwissenschaftlern nachvollzogen und festgehalten worden. Einem »Merkzettel« seines Vaters kann man entnehmen, daß »Herberts erstes Mitwirken beim häuslichen 8händig Spiel« am 15. April 1917 stattgefunden hat, was bedeutet, daß der kleine Ritter von Karajan zwar am 27. Januar 1917 für reif befunden wurde, in einer Feier des Konservatoriums Mozarteum aufzutreten, daheim aber erst drei Monate später mitspielen durfte. Karajans weitere Salzburger pianistische Erfolge: am 26. Januar 1918 im Mozarteum, am 22. Juni 1918 wiederum in heimischer Umgebung. Am 26. Januar 1919 spielte er im Rahmen eines Orchesterkonzerts, am 14. April 1920 erneut – und am 9. April 1922 durfte er erstmals ein Mozart-Klavierkonzert vortragen. Bis zu seinem ersten »Gastspiel« 1926 war er mit wenigstens zwei Mitwirkenden zu hören, im Städtischen Kurhaussaal Gmunden trat er gemeinsam mit dem jungen Geiger Josef Schmalwieser als »Gast« auf.

Zweifellos, der musikalische Unterricht der Brüder Karajan ging über den Rahmen der in guten altösterreichischen Familien üblichen Intensität hinaus. Die enge Bindung an den jungen Mozarteumsdirektor Paumgartner einerseits und der Ehrgeiz Heribert von Karajans andererseits (stundenlanges Üben beinahe täglich) waren außer der Norm.

Was in der Norm gutbürgerlicher Haushalte war: Man sang in den einschlägigen Chören, man spielte Klavier, man studierte die neuere »Literatur«, indem man die damals rasch nach den jeweiligen Uraufführungen herausgegebenen »Fassungen für Klavier zu vier Händen« gemeinsam musizierte. In der Hausmusik überwogen die leichteren Haydn-Quartette oder Mozart-Sonaten. Man hörte – darüber wenigstens gibt es böse, abfällige Bemerkungen des alten Herbert von Karajan – unendlich schlecht geprobte Konzerte des Mozarteum-Orchesters. Und man genoß während der »Saison« die Opernaufführungen im gegenüberliegenden Stadttheater: Bis zum Ende der Monarchie gastierte in Salzburg alljährlich für drei Monate ein Ensemble des Würzburger Stadttheaters »mit dem üblichen Repertoire«. Man hörte also die gängigen Opern in routinierter Form und weitab von all dem, was wir heute bereits abfällig Stadttheaterniveau nennen.

Es war die Zeit der kurzen Proben, der improvisierten Vorstellungen, der nur zufällig zusammenspielenden Orchester, der den jeweiligen Verhältnissen angepaßten musikalischen Versionen. Es war eine Zeit, in der der junge Bernhard Paumgartner, als Heribert von Karajan seinen zehnten Geburtstag feierte und sich das Ende der Monarchie abzeichnete, voller Elan darangehen konnte, eine eigene Opernsaison aufzubauen und in seiner ersten Spielzeit bereits 22 verschiedene Opern – »ordentlich einstudiert und dargestellt« – anzubieten. Bedenkt man, welche Anzahl von Neueinstudierungen ein Haus von der Größe des Salzburger Landestheaters in einer Spielzeit gegenwärtig herauszubringen imstande ist, kann man sich eine vage Vorstellung von diesen »ordentlich einstudierten und dargestellten« Opern der Saison 1918/19 machen.

Für die szenische Darbietung genügten, ähnlich wie an anderen Häusern, Standarddekorationen. Unvergeßlich in diesem Zusammenhang sind Erzählungen des Wiener Bühnenbildners und einstigen Mitarbeiters Max Reinhardts, Walter von Hoesslin, der noch Malerfabriken kannte, bei denen nicht nur Institute vom Rang des Salzburger Stadttheaters »soundsoviele Quadratmeter deutschen Wald« bestellten. Auch in der Wiener Hofoper wurde mehr als eine Oper in ein und derselben Dekoration gesungen und gespielt. Daß in der Direktionszeit Gustav Mahlers Alfred Roller neue, revolutionäre Bilder schuf, die nicht nur der Kunst der Zeit Rechnung trugen, sondern ausdrücklich jeweils eine szenische Lösung für ein einziges Werk darstellten, kam auch in Wien einer Revolution gleich.

Der junge Karajan ist also nicht erst in seinem ersten Engagement in Ulm mit Operntheater in seiner primitivsten Form konfrontiert worden, auch die Aufführungen in seiner Vaterstadt und viele Inszenierungen in der damals immerhin führenden Wiener Hofoper waren vom szenischen Standpunkt aus so deprimierend, wie sie vom musikalischen her für heutige Begriffe unbefriedigend gewesen sein müssen. Die musikalische Einstudierung nahm an Provinzbühnen, wie auch noch zu des jungen Dirigenten Karajans Zeiten, kaum mehr als eine Woche in Anspruch.

Das Publikum, von den ersten kurzen Tondokumenten auf Schallplatten noch nicht verwöhnt, war mit dieser Art von Interpretation durchaus zufrieden. Die Direktion, einem zahlenmäßig kleinen Publikum verpflichtet, mußte den raschen Wechsel des Repertoires pflegen, um das Haus zu füllen. Wer in Salzburg unzufrieden war und die Gelegenheit dazu hatte, fuhr nach München oder Wien, wo es um Grade ernsthafter und pompöser zuging – freilich keineswegs mit der Präzision, die wir heute an jeder Bühne als selbstverständlich voraussetzen.

Zu Salzburgs Opernproduktion in den Kinderjahren Herbert von Karajans, die allerdings auch die ersten Jahre der »Salzburger Festspiele« wurden, nur ein einziges stolzes Zitat aus der Lebensbilanz Bernhard Paumgartners: »Wir hatten das Glück, neben leistungsfähigen jungen Kräften im eigenen Hause einen erfahrenen, hochmusikalischen Theaterroutinier, Professor Carl Groß, für die gesamte szenische Gestaltung zu besitzen. Er beherrschte mühelos an die hundert Partien. Seine vielseitige Darstellungskunst faszinierte das Publikum immer wieder. Zudem war er ein vorbildlicher Lehrer und Erzieher. Alles in allem stand zuletzt ein junges, doch hochbegabtes, fleißiges und anstelliges Ensemble auf unserer Bühne, mit dem zu arbeiten eine reine Freude war. In der ersten Spielzeit brachten wir 22 verschiedene Opern, ordentlich einstudiert und dargestellt, vor das Publikum. In der zweiten Spielzeit kamen zu 15 Opern aus dem Vorjahr noch 15 neue Opern ins Repertoire. Es reichte von Mozarts ›Figaro‹ und der ›Zauberflöte‹ bis zu Wagners ›Tristan‹, über Kienzls ›Evangelimann‹, den der Komponist auch persönlich dirigiert hat, zu Weingartners ›Dorfschule‹, zu dem anmutigen Einakter ›Susannens Geheimnis‹ von Wolf-Ferrari, zu Bittners ›Musikanten‹ und Korngolds ›Ring des Polykrates‹. Als Kapellmeister haben mich dabei die Herren Nico Dostal, Professor Franz Ledwinka, Dr. Robert Pessenlehner, Dr. Hermann Ullrich und Meinhard von Zallinger vorbildlich unterstützt.«

Nico Dostal war Operettenkomponist, seine Frau die Sängerin der ersten konzertanten Aufführungen aus Alban Bergs »Lulu«. Franz Ledwinka war der Klavierpädagoge des Konservatoriums. Über Robert Pessenlehner schweigt sich die Geschichte aus. Hermann Ullrich wurde hoher Richter und wesentlicher Musikkritiker in Wien. Meinhard von Zallinger war, immerhin, ein gelernter Kapellmeister und nachmaliger Dirigent in Berlin und München, immer wieder auf dem

Sprung, Karriere zu machen, immer wieder von seiner Bescheidenheit davon abgehalten. Er dirigierte noch in der Zeit nach dem Zweiten Weltkrieg und in der Ära Herbert von Karajan Opernvorstellungen auch in Wien. Bernhard Paumgartner selbst blieb in Salzburg, war bei den ersten Festspielen mit dabei, verbrachte die nationalsozialistische Ära in Italien, wurde in der Nachkriegszeit Präsident der Musikhochschule Mozarteum, dirigierte, wieder bei den Festspielen, viele Sommer lang die Mozart-Matineen, wurde schließlich Präsident der Festspiele und entzweite sich, sozusagen hinter den Kulissen, mit seinem einstigen Schüler Herbert von Karajan gründlich: Wo dieser den Festspielen das neue Große Haus zudachte und ein Programm von internationalem Zuschnitt vor Augen hatte, da forderte Paumgartner die Rückbesinnung auf Mozart, monierte eine Spielstätte für die kleine Oper und fand zuletzt in Aufführungen von Werken aus der Zeit Monteverdis eine »Nische« im Salzburger Programm, die er vor den Sensationen Karajans ängstlich hütete.

Was über alle die von Paumgartner erwähnten Herren zu sagen ist: Prägende Persönlichkeiten waren sie für den Musiker Herbert von Karajan nicht. Den nachhaltigsten Einfluß übte noch Paumgartner selbst aus. Er war einer der wenigen fachübergreifenden Lehrer des Mozarteums, dem Kenntnisse in italienischer Architektur und Malerei ebenso wichtig erschienen wie Fingerübungen auf dem Klavier. Daß Karajan seine Kunst des Dirigierens Paumgartner verdankt, darf ausschließen, wer die gemütlichen, beiläufigen, familiären Konzerte im Salzburger Mozarteum miterlebt hat.

Die oft erwähnten Familienausflüge nach Wien mit Opernbesuchen als Mittelpunkt waren aber zweifellos auch nicht ausschlaggebend. Keine einzige Vorstellung ist je als wegweisend oder als nur in Erinnerung geblieben erwähnt worden. Die musikalische Welt der sehr jungen Brüder Karajan war »heil« und zugleich unsensationell. Was an ihr außergewöhnlich schien, wurde im nachhinein als außer der Ordnung dargestellt.

Daß der zehnjährige Heribert Ritter von Karajan von einem Salzburger Künstler als Vorbild für eine Zeichnung des Geige spielenden Wunderkindes Mozart genommen wurde, war zu seiner Zeit ein kleiner Tribut der Mozartstadt an den Begriff »Wunderkind«, zugleich aber pure Phantasie, da Karajan sich nie mit der Geige befaßte. Mit seinem Bruder sang er, wie jedes musikalische Kind seiner Zeit, im Kirchenchor (zu der Zeit gab es die ersten Salzburger Festspiele, allerdings noch ohne kirchenmusikalische Ereignisse).

Von Theateraufführungen, wie sie zu allen Zeiten auch in Schulen stattfanden, und einer Mitwirkung der Karajans ist nichts bekannt. Erst spät in seinem Leben, als Produzent einer »Carmen«-Aufführung im Großen Salzburger Festspielhaus, schlüpfte Herbert von Karajan für die Verfilmung dieser Oper selbst in ein Kostüm und hatte seinen Spaß daran, als Zigeuner im ersten Akt Verwirrung zu stiften. Und für eine Serie von Photomontagen, die ihn als Mozart, Wagner, Bach, Tschaikowsky etc. zeigen, stellte er sich, obschon alt und angeblich ohne jeden Humor, gern zur Verfügung und hatte seine Freude an den »getürkten« Photographien.

Daß ein zehnjähriger Klavierschüler wie Heribert von Karajan öffentlich auftrat und in den lokalen Blättern wohlwollend rezensiert wurde, geschah zu dieser Zeit auch anderen Kindern. Daß die Karajan-Buben sich neben der Musik dem Sport (auf dem Motorrad des jungen Konservatoriumsdirektors Paumgartner und als ruppige Fußballer) und der aufregend neuen Technik ihrer Zeit hingaben, war nicht außergewöhnlich. Aktenkundig wurde jedoch, daß Wolfgang von Karajan ein transportables Radio bastelte und dies auf der Salzburger Staatsbrücke dermaßen laut plärren ließ, daß die Polizei das öffentliche Ärgernis abzustellen hatte. Und zugleich wiederum bezeichnend und prägend für die letzte Generation der Karajans: Sie zeigte sich ihr Leben lang von Technik und Musik gleichermaßen fasziniert und verstand, Musik und Technik miteinander in segensreiche Verbindung zu bringen.

Nach der Matura war es für Wolfgang von Karajan selbstverständlich und für Herbert von Karajan immerhin einen Versuch wert, in Wien Technik zu studieren. Wolfgang blieb bei diesem Leisten, richtete ein höchst angesehenes Institut für technische Präzisionsgeräte ein und musizierte nur im Nebenberuf; Herbert zeigte sich in jeder Phase seines Lebens von technischen Fragen in Anspruch genommen und hatte bis zu seinem Tod Zeitschriften abonniert, die ihn über Fortschritte auf vielen Gebieten der Technik informierten. Sein Sprachschatz war, auch wenn er als Dirigent Musikern etwas zu sagen hatte, sehr oft der eines Ingenieurs oder eines an dem faszinierenden Ineinandergreifen von Rädern (oder Computerteilen) Interessierten. Seine zwei Semester an der Technischen Hochschule in Wien sind jedoch nicht als ernsthafte Vorbereitung auf einen Beruf zu sehen, sondern sollten die Familie beruhigen: Die Zeiten waren schlimm, die Depression verschonte auch den »Mittelstand« nicht, die Karajan-Söhne sollten daher einen »ordentlichen« Beruf ergreifen. Erst im Herbst 1927 willigte Ernst von Karajan ein, daß sein Sohn Herbert ausschließlich an der Akademie für Musik und darstellende Kunst inskribierte.

Die Ferien verbrachten die Brüder daheim in Salzburg. Und immer noch wurde viel Sport getrieben. Erhalten sind Briefe Herberts an Wolfgang, die sorgsame Behandlung der Skier betreffend, die Leidenschaft Herberts für Bergwanderungen und später auch für schwierige Bergtouren. Einige Stürze ruinierten ihm früh sein Rückgrat und waren mit ein Grund seiner ihn Jahrzehnte quälenden Krankheit.

Gesichert ist also eine relativ unbeschwerte und trotz der unruhigen Jahre wohlbehütete Kindheit und Jugend der

Karajan-Brüder. Und das Familienleben muß vertrauter und inniger gewesen sein, als man sich das im nachhinein vorzustellen beliebte: Die Briefe des jungen Karajan, einmal kurz in der Öffentlichkeit aufgetaucht und fleißig abgeschrieben, lassen eine ganz normale, heitere Beziehung sowohl zur stillen Mutter wie auch zum in der Öffentlichkeit scheinbar streng dominierenden Vater erkennen. Und eine Abhängigkeit, die weit über die Jugend hinaus erhalten blieb. Nicht nur in der kurzen Wiener Studienzeit, auch später noch, in den Anfangsjahren in Ulm, war der Zusammenhalt mit der Familie durch Briefe und durch eine ständige Übersendung der schmutzigen Wäsche, durch Alltäglichkeiten also, gesichert. Der große Einzelgänger und Fanatiker Karajan, den man immer zu zeichnen versuchte, existierte mindestens im Privatleben niemals. Wenn Karajan in einem Interview Richard Osborne gegenüber erwähnte, die Eltern hätten es nicht leicht mit ihren Söhnen gehabt, die sich in einer unentschlüsselbaren Geheimsprache verständigten, dann deutet das auf einen offenbar sehr gesunden Zusammenhalt der Kinder und auf die Fürsorge ihrer der Zeit gemäß strengen Eltern hin.

Karajans wörtliche Äußerung: »Wir haben als Kinder keinen so sehr guten Kontakt mit den Eltern gehabt; es bestand eher so eine Art hierarchischer Beziehung«, stammt aus einer Phase seines Lebens, als er endlich selbst Vater geworden war und sich damit auseinanderzusetzen hatte, daß die in seiner Kindheit üblichen Strukturen nicht mehr denkbar waren. »Kein so sehr guter Kontakt«, das bedeutet nichts weiter, als daß auch noch um 1914 in Familien wie denen der Karajans der Vater eine unnahbare Respektsperson war und die Mutter nicht unbedingt die einzige »Bezugsperson« der Kinder. Die Zeiten haben sich – nicht nur für die Karajans – seither gründlich geändert.

Der Erste Weltkrieg ging an der Familie allerdings beinahe folgenlos vorüber: Der Vater mußte nicht einrücken, die solide Grundlage des Haushalts erlitt keine Einbuße, den Kindern war »der Krieg« ein Ereignis, an das sie sich später nicht erinnerten. Größeren Eindruck machte auf sie einer der seltenen Kaiser-Besuche in der Stadt. Und begeistert waren die Brüder von den ersten Wien-Besuchen der Familie sowie den ersten Begegnungen mit großer Oper – und sei's auch nur im eigenen Stadttheater.

Reinhardts Festspiele als Ansporn

In die Jugend der Brüder fällt auch die Gründung der Salzburger Festspiele, die allerdings – worauf man in der Welt gern vergißt und in Salzburg selbst nur ungern hinweist – nicht in der Kleinstadt Salzburg, sondern in der Residenzstadt Wien vonstatten ging: Der eingetragene Salzburger Festspielverein hatte seine gründenden Mitglieder wie seinen ordentlichen Vereinssitz in Wien, die Ideen kamen von Wiener Künstlern und Literaten, die 1917 ihrer Zeit vorausdachten und immerhin Hugo von Hofmannsthal, Richard Strauss, Max Reinhardt und Alfred Roller hießen. Sie waren auf die eine oder andere Art tatsächlich Wiener und nahmen die Salzburger Persönlichkeiten, die einen »Zweigverein« zu gründen hatten, auf Jahre ins Schlepptau. Bernhard Paumgartner zum Beispiel, den man nolens volens mitspielen ließ und der in seinem eigenen Erinnerungsbuch als einer der Menschen auftritt, die »eines Tages« mit Max Reinhardt durch die Stadt gingen, um Zeugen des historischen Moments zu werden, in dem Reinhardt den Entschluß faßte, auf einem Brettergerüst vor dem Salzburger Dom den »Jedermann« aufzuführen. Ungezählte Menschen rühmen sich, sie seien dabeigewesen, tatsächlich gibt es aber keine schriftliche Äußerung Max Reinhardts, die den Personenkreis auf eine überschaubare Anzahl an Mitgängern einengen würde.

Als »Jedermann« erstmals aufgeführt wurde, war Herbert von Karajan zwölf Jahre alt. Wenig später wurde er ein herzlich geduldetes »Mädchen für alles«, auch im Kreis um Max Reinhardt, und ein aufmerksamer Beobachter der Regisseure, Schauspieler und Dirigenten, vor allem aber dessen, was man heute die Goldene Zeit der Festspiele zu nennen pflegt.

Die Salzburger Festspiele, heute eine international angesehene Monsterveranstaltung, die mit den ursprünglichen sommerlichen Spielen der Jugendzeit Karajans kaum noch etwas zu tun hat, waren als Idee immerhin so faszinierend, daß sie im Weltkrieg erdacht und in einem traurig klein geratenen Deutsch-Österreich realisiert werden konnten. Man fing in bescheidenem Rahmen an, die internationalen Größen wie Hofmannsthal, Strauss, Reinhardt und Roller waren in den ersten Jahren gezwungen, zu improvisieren, sich mit lokalen Gegebenheiten abzufinden. Und gerieten sogar in heftigen Gegensatz zur Neuen Musik: Vertreter der »Avantgarde« hielten 1921 in Salzburg ein Gegenfestival ab, aus dem die Musikfeste der Internationalen Gesellschaft für Neue Musik hervorgingen.

Gern vergißt man in Salzburg auch, daß Max Reinhardt seine Festspiele ursprünglich in der Schweiz ansiedeln wollte und erst durch seine Freunde und einige Großzügigkeit seitens der Stadt Salzburg auf den Domplatz fand. Gern spricht man von den eigenständigen Festspielprogrammen und sagt nicht, daß Hugo von Hofmannsthal die seltene Gabe besaß, künstlerische Manifeste im nachhinein zu verfassen, und also auch seine Schrift über die Salzburger Festspiele nur festhält, was sich bereits als natürliches Programm ergeben hatte. Und überhaupt nicht erinnert man an die kleinen Nebenbemerkungen in der Korrespondenz zum Beispiel zwischen

Richard Strauss und Hugo von Hofmannsthal, die immer wieder über die Spießbürgerlichkeit der Salzburger Honoratioren, über den hilflosen Eifer Bernhard Paumgartners und das Unverständnis der Bevölkerung insgesamt klagen. Wie die Salzburger Festspiele in wenigen Jahren Weltgeltung errangen und eine Mode kreierten, die es bis dahin nirgendwo auf der Welt gegeben hatte, ist nicht einmal in Darstellungen der Festspiele oder in Geschichten über sie bisher beschrieben worden. Ebensowenig freilich, was der Knabe Karajan miterlebt und der reife Künstler Karajan dann als sein eigenes Recht in Anspruch genommen hat: daß die Salzburger Festspiele de facto immer von wenigen künstlerischen Persönlichkeiten und deren Anziehungskraft lebten und daß ihr Programm beinahe ausschließlich von den Vorlieben dieser attraktiven Regisseure und Dirigenten bestimmt wurde. Es ist unschwer nachzuweisen, daß Karajan sowohl den Zauberer Reinhardt wie den Feldherrn Toscanini in Salzburg auf das bestimmteste beobachtet hat und seine Lebenspläne zuletzt durchaus darauf abgestellt waren, als ein diesen Künstlern Ebenbürtiger »sein« Salzburg als sein Haus zu bestellen.

Als Kind allerdings war er mit den Festspielen in ihren zur Legende gewordenen Anfängen nur sehr am Rande vertraut. Die Ferienmonate verbrachten die Kinder Karajan nicht in Salzburg, die Festspiele endeten noch abrupter als heutzutage und waren im September, wenn die Karajans in die Stadt zurückkamen, so gut wie vergessen. Daß internationaler Besuch in Salzburg gewesen war, mochte in einer Familie, deren Haus eine halbe Minute weit vom berühmten Café Bazar und direkt neben dem nicht minder berühmten Österreichischen Hof stand, auch noch im Herbst ein Gesprächsthema gewesen sein, von den musikalischen und anderen Größen erzählte jedoch ohne Zweifel der ständige Hausgast Bernhard Paumgartner. Trotzdem hat nicht einmal Karajan selbst je behauptet, sein sehnlicher Wunsch, Pianist zu werden, habe sich mit den musikalischen Ereignissen der Salzburger Festspiele in Verbindung bringen lassen. Wenn von seiner Kindheit und Jugend gesprochen wurde, war nur von der Intensität die Rede, mit der er täglich übte und wie diese zusätzliche Belastung den Knaben Karajan von allzuviel Geselligkeit mit seinesgleichen ausschloß. »Ich übte täglich drei bis vier Stunden Klavier, bis eine Sehnenscheidenentzündung mich zwang, damit aufzuhören. Ich wollte auch außerhalb Salzburgs Karriere machen. Also hieß es arbeiten, arbeiten und nochmals arbeiten.«

Das Klavierüben hat den Tagesablauf Karajans bis zur Matura bestimmt und auch seinen anschließend geäußerten Wunsch, in Wien zu studieren. Die Sehnenscheidenentzündung fiel aber erst in die Zeit des Wiener Studiums. Der Entschluß, nicht Pianist, sondern Dirigent zu werden, wurde in der kurzen Wiener Studienzeit gefaßt, und zwar nach einem ausführlichen Gespräch mit seinem Wiener Lehrer Josef Hofmann und nicht, wie mitunter verklärt wiedergegeben, auf Anraten Bernhard Paumgartners.

Dirigieren: Learning by Doing

Ein angehender hoffnungsvoller Pianist, der mehrfach auch im Mozarteum aufgetreten war und an nichts als an eine musikalische Karriere dachte, dem seine Vaterstadt genauso klein und zu klein vorkam, wie sie es wirklich war, kam nach dem entscheidenden, klassischen Vater-Sohn-Gespräch im Herbst 1926 also nach Wien, um mit seinem älteren Bruder gemeinsam zu wohnen, an der »Technik« zu inskribieren und trotzdem seine angestrebte Karriere »als Pianist auch außerhalb Salzburgs« voranzutreiben. Die Photographie des jungen Mannes aus gutem Haus, die in sein

Studienbuch in Wien geklebt wurde, zeigt einen gutaussehenden, selbstbewußten, modisch gekleideten und ganz und gar nicht asketischen Studenten.

Biographen oder Deuter, die sich von ihm im nachhinein das Bild eines zu klein geratenen, komplexbeladenen Burschen machten und aus den wenigen Erzählungen Karajans über die Zeit in Salzburg und Wien nicht heraushörten, daß die Welt für den jungen Musiker durchaus in Ordnung war, erlagen einem Irrtum, den sie sich so gewünscht haben. Niemand hat ihnen dazu Material geliefert, keines ist aufzufinden, das ihnen wenigstens im nachhinein recht gäbe.

Das Wien der zwanziger Jahre, in dem die Brüder Karajan für kurze Zeit gemeinsam, dann getrennt studierten, war im höchsten Grad lebendig. Obgleich Karajan derlei nicht direkt interessierte: Es war das seither legendär gewordene »rote Wien«, in dem eine sozialdemokratische Stadtregierung große Leistungen vollbrachte und auf eine in der Geschichte gewürdigte Art versuchte, die übernommenen Traditionen in eine lebenswerte Gegenwart zu retten.

Die Staatsoper war als Institution unangetastet geblieben, das Konzertleben wurde um die Arbeiter-Symphoniekonzerte bereichert. Ein riesiges Angebot an »Volksbildung« sollte den Fundus an Kultur breitesten Bevölkerungsschichten zugänglich machen und ein gemeinsam mit großen Architekten und Soziallehrern in Angriff genommenes Wohnbauprogramm den Lebensstandard heben. Nicht einen Augenblick wurden dabei die luxuriösen Einrichtungen der Stadt, ob Operettenbühnen oder Bars, ob Riesenwohnungen an der Ringstraße oder die aus der Monarchie geretteten »Salons« (Treffpunkte der Musiker, Maler, Schriftsteller, Journalisten bei Damen der Gesellschaft oder von Neureichen dazu gemachten Damen außerhalb der Gesellschaft) in Frage gestellt.

Die revolutionäre Idee der Stadtregierung war einfach und

wurde ohne Camouflage dargestellt: Durch eine härtere Besteuerung all dessen, was unter dem Begriff Luxus zusammengefaßt wurde, erzielte man Einnahmen, die direkt in soziale Einrichtungen investiert wurden. Um der Bevölkerung dergleichen schmackhaft zu machen, wurde immer wieder der unmittelbare Geldfluß aufgezeigt. Welche Steuer den Kinderkrippen zugute kam, welcher Überfluß den Wohnbau ankurbelte, welche florierende Brauerei mit ihrer Sonderbelastung ein Spital in Gang hielt. In keinem Moment wurde gegen Vergnügungen der Reichen anders als mit direkten Steuern angekämpft, mit keiner Silbe rieben sich die vorwiegend intellektuellen jüdischen Politiker der Sozialdemokratie an den hohen Ausgaben, die weiterhin für kulturelle Institutionen (von der Oper bis hin zur Musikakademie) notwendig waren.

Diese höchst österreichische Form des Klassenkampfes im »roten Wien« machte es einerseits möglich, daß Musikstudenten ohne Nebengedanken ihrem Studium nachgehen konnten, und verhinderte andererseits für viele Jahre, daß sich die Großstadt Wien zu Exzessen von den Dimensionen hinreißen ließ, wie man sie aus dem legendären Berlin der zwanziger Jahre kennt. Ein einziges Beispiel nur: Denkt man heute an die große Zeit der Metropole Berlin, fallen einem bald die Transvestitenbälle ein, lange noch vor den Auftritten der Schieber und dem Heraufdämmern des Nationalsozialismus. Spricht man von derselben Zeit in Wien, erinnert man sich immer noch der Tatsache, daß Max Reinhardt mit Hilfe zu reicher Reicher aus dem Vorstadttheater in der Josefstadt ein mit originalen venezianischen Lüstern geschmücktes Haus machte und den zugegeben zwielichtigen Bankmenschen der Umgang mit Schriftstellern beinahe so wichtig war wie die Bekanntschaft mit amüsanten Schauspielern; daß zudem in den Jahren Anton von Webern dirigieren konnte, ein Volksbildungswerk von vorbildlichem

Format geschaffen wurde und junge Menschen »Hochkultur« in Arbeiterbezirken propagierten.

Karajans kurzes Gastspiel als Student der Technik ist vernachlässigenswert. Man hat die Zahl der Semester, in denen er Maschinenbau inskribiert hatte, immer falsch angegeben. Belegt ist, daß er im Jahr nach seiner Ankunft in Wien bereits Musikstudent war. Belegt auch, daß er sein Studium bei einem Klavierpädagogen sofort begonnen hatte. Und sein Entschluß, an der Akademie nicht Klavier zu studieren, sondern in die Dirigentenklasse aufgenommen zu werden, ist in seinem Studienbuch dokumentiert.

Die Musikakademie wurde vom Komponisten (und ehemaligen philharmonischen Cellisten) Franz Schmidt geleitet, dem alle Schüler besondere pädagogische Fähigkeiten nachrühmten. Die Dirigentenklasse allerdings hatte als Vorstand keinen Dirigenten, sondern Alexander Wunderer, gleichfalls philharmonischer Cellist, der als Nachfolger von Clemens Krauss als Musiker, nicht als stilbildender Dirigent in die Geschichte der Akademie eingegangen ist. Über seinen Unterricht ist wenig bekannt, seine reiche Erfahrung als Orchestermusiker hat er in Ansätzen immerhin auch Karajan vermittelt: Obgleich er dies so nie ausdrücklich erwähnte, wurzeln doch alle seine Kenntnisse vom Umgang mit einem Orchester ohne Zweifel in der Zeit, in der er als Student in Wien von einem Orchestermusiker ausgebildet wurde.

Herbert von Karajan, der selbst nie »Lehrer«, sondern immer nur Ratgeber für angehende Dirigenten war, hat seine Wiener Studienjahre als eine Zeit beschrieben, in der er gemeinsam mit seinen jungen Freunden in der Staatsoper und im Konzertsaal die herausragendsten Persönlichkeiten erlebte und sich die notwendigen Studien im gemeinsamen Spiel im privaten Kreis aneignete. Wann immer er von den Wiener Tagen erzählte, waren es die Opernbesuche auf der Galerie und die anschließenden Diskussionen über das Gehörte, von denen er schwärmte; die langen Nächte in der Wohnung eines begüterten Kollegen, bei dessen Eltern gleich zwei Konzertflügel standen, auch der musikalische Gedankenaustausch »bei vielen Gläsern Bier« und immer wieder die Dirigentenvorbilder. Nie sprach er von seinen Besuchen in der Akademie.

Trotzdem: Auch Karajans Schilderung davon, wie er zur Abschlußprüfung antrat und was er dabei leistete, lassen Rückschlüsse darauf zu, daß er in der Klasse Wunderer etwas gelernt hat. Daß er imstande war, daraus die richtigen Konsequenzen zu ziehen und mit dem Schülerorchester genauso zu arbeiten wie später mit all den Orchestern, denen er zu imponieren vorhatte und die er zu erobern auszog. Die Behandlung der Musiker, ohne die ein Dirigent ein unhörbares Instrument bleibt, hat Karajan sich zweifellos nicht ausschließlich bei den unzähligen in Wien beobachteten Proben, sondern auch in den Stunden in der Akademie und unter Anleitung eines erfahrenen Orchestermusikers, der seine Erfahrung an angehende Dirigenten weitergab, angeeignet.

Die Dirigenten, die Karajan damals als »Studienobjekte« zur Verfügung standen, hießen immerhin Franz Schalk (der amtierende Direktor der Staatsoper), Felix Weingartner, Richard Strauss, Clemens Krauss und Wilhelm Furtwängler. Ebenso aber sah und hörte Karajan allerdings auch tapfere Kapellmeister, die ungezählte Abende im Haus am Ring dirigierten und heute vergessen sind. Daß ihn Strauss mit seiner sprichwörtlichen Ruhe, seiner unvergleichlichen Technik, in ganz kleinen Gesten zu dirigieren, faszinierte, hat Karajan oft und oft behauptet. Daß er sich Strauss je zu seinem Vorbild erwählt hätte, hat er klugerweise nie geäußert. Man hätte ihn nicht verstanden. Wo Strauss die linke Hand in der Westentasche behielt, da lebte Karajan sich mit seinen berühmten runden Dirigierbewegungen aus.

Immerhin: Zwei der Dirigenten, die sich damals als »prägend« erwiesen, waren ausdrückliche Gegner intensiver Probenarbeit. Richard Strauss wie Franz Schalk wurden (auch von Karajan) als nüchtern und ausführlichen Proben abgeneigt geschildert. Beide waren jedoch in der Lage, einem interessierten jungen Mann etwas beizubringen. Wie man einem Orchester bei Proben die wesentlichen technischen Probleme vor Augen führt, wie man ein Orchester am Abend in Spannung hält, wie man – zum erstenmal begeben wir uns hier auf diese Reise in die musikalische Welt Herbert von Karajans – mit einem einmal angeschlagenen Tempo umgeht, wie man nuanciert, ohne das Haupttempo zu verlieren, wie man sich dem Ablauf eines Abends widmet und sich als Dirigent vor allem der Übersicht, nicht den Details zuwendet. Wenn Herbert von Karajan Jahrzehnte später als ein Musiker galt, der in Proben sparsam mit Erklärungen und sorgsam mit Unterbrechungen umging, wenn man ihm äußerste Konzentration bei der Arbeit nachrühmte und davon schwärmte, wie ruhig er sich zu verhalten wußte, dann darf man behaupten, nicht seine erklärten Vorbilder Furtwängler und Toscanini, sondern die Dirigenten seiner Studententage hätten ihm beigebracht, wie man's macht.

Von Anfang an konservativ

Daß Karajan in seiner Wiener Studienzeit engere persönliche Freundschaften einging, ist auszuschließen. Daß er sich seinem Bruder entfremdete, wird behauptet, ist aber mit keiner Bemerkung, keinem Brief belegt. Daß er seine Zeit voll und ganz der Arbeit widmete, und zwar schon auf das große klassische und romantische Repertoire ausgerichtet und keineswegs auf die Musik der zwanziger Jahre (die er in Wien hörte), ist evident. In seinem Lebenswerk ist nirgendwo zu spüren, daß er die vielen Uraufführungen, die an der Wiener Staatsoper stattfanden und in der Regel Opern galten, die man den berühmten Sängern des Hauses auf den Leib schrieb, ernst oder bedeutend nahm. Die Korngolds oder Kreneks – um extreme kompositorische Positionen dieser Zeit anzuführen – hörte er, hielt sie sich aber gleichzeitig vom Leibe. Die Auseinandersetzungen zwischen der damaligen Avantgarde und spätbürgerlichen Komponisten (und Kritikern) blieben ihm nicht verborgen, sie interessierten ihn aber nicht weiter. Was Opernfreunde alten Schlags bis auf den heutigen Tag in Erinnerung ist, was Konzertbesucher von Skandalkonzerten im Musikverein zu erzählen wissen, hat keinerlei Spuren in Karajan hinterlassen.

Der Vorwurf, er habe sich auch in seiner Jugend nie als Anwalt eines lebenden Komponisten verstanden, trifft zu, rührte aber weder damals noch später Karajan selbst: Er war damit beschäftigt, sein Repertoire zu hören, zu studieren, möglichst auch zu erarbeiten. Sein Repertoire aber war das gesicherte Erbe der abendländischen Musik. Manche Kritiker haben darin einen Defekt sehen wollen, manche haben dazu aufgefordert, die Ursache für eine derartige Beschränkung – die andere Dirigenten der Altersklasse Karajans nicht kannten – zu suchen. Da man keine Erklärung Karajans für dieses Phänomen hat, wird man in Spekulationen steckenbleiben, und genau davor möchte ich mich hüten.

Als Karajan spät in seiner Karriere die Werke der »Wiener Schule« aufnahm, bewies er einen völlig eigenen und bis dahin von keinem Dirigenten gefundenen Zugang zu der Musik, die in seiner Jugend debattiert wurde. Als er ungefähr zu dieser späten Zeit sich den Symphonien Gustav Mahlers näherte, sagte er selbst nur, er habe sie »seinerzeit« viel zu oft gehört (was nicht stimmen kann) und sie sich dann, in der Zeit des Nationalsozialismus, nicht mehr vorgenommen (was völlig richtig ist). Bei Schönberg, Berg und Webern, aber auch bei Mahler attestierte man ihm, als er sie endlich aufführte, ein hohes Maß an Qualität. Daß er die Komponisten in seiner Jugend ebenso beiseite ließ wie die »anderen«, also die französische Schule oder Strawinsky, ist eine Tatsache. Er war mit anderem beschäftigt.

Dazu kommt: Herbert von Karajan war als Student auch im Sommer, bei den Salzburger Festspielen engagiert und mit tätig, jedoch kaum dazu aufgefordert, sich mit der damaligen Avantgarde zu befassen. Wenn er später erzählte, wen er im Kreise um Max Reinhardt kennenlernen und beobachten durfte, dann waren das allenfalls Schriftsteller wie Egon Friedell oder Bühnenbildner wie Alfred Roller. Mit Ausnahme von Richard Strauss aber waren bei den Festspielen der ersten Jahre, das vergißt man leicht, zeitgenössische Komponisten nur in ihrer harmlosesten Form zugelassen.

»Die große Welt«, die der Musikstudent da noch näher erleben durfte als in den Wiener Monaten, machte sich keine Sorge um Opern, die bei der Universal Edition oder bei Schott vertrieben wurden, sie nahm weder den Welterfolg Kreneks zur Kenntnis noch die Werke Hindemiths. Die große Welt, deren Faszination Herbert von Karajan unweigerlich in ihren Bann ziehen mußte, befaßte sich mit den Lieblingsopern der bei Reinhardt zugelassenen Dirigenten. Das ist keine Entschuldigung, aber eine Erklärung für ein Manko, das sich aus dem musikalischen Weltbild Karajans nicht wegleugnen läßt. Doch im Gegensatz zu vielen Vorwürfen, die man dem Dirigenten zeit seines Lebens gemacht hat, ist dieser kaum je formuliert worden.

Karajans Berichte von Nächten, in denen er gemeinsam mit seinen Kollegen die Opern durchgegangen ist, die man zuvor im Haus am Ring erlebt hatte, und seine wenigen Bemerkungen dazu, bei wessen Proben er am meisten profitiert habe, sind wohl im Zusammenhang mit Berichten zu

48

lesen, die der Schallplattenproduzent Walter Legge Jahrzehnte später von Karajans Art, sich ein Werk anzueignen, niedergeschrieben hat. Legge behauptete, er habe sämtliche Partituren, die er Karajan borgte, völlig makellos wiederbekommen, von keiner einzigen Notiz bekritzelt. Er schrieb aber auch, Karajan habe ihn immer wieder überrascht, indem er ihm unzählige präzise Angaben über Tempi oder Übergänge in den Interpretationen vieler Kollegen gemacht und vorgeschlagen habe, doch die Vorteile mehrerer solcher Interpretationen in die eigene Produktion zu übernehmen. Daraus ist zu folgern, welch ein Verwerter von Erfahrungen Herbert von Karajan bereits in seinen jüngsten Jahren gewesen sein muß, wie er sein legendäres Gedächtnis einsetzte, worum es ihm beim andauernden Probenbesuch und im anschließenden Studium ging: Er wollte erleben, wie »es« gemacht wird, und er wollte sicher sein, die jeweils zwingendste und effektivste Lösung als die seine anzubieten.

»Nach unseren Opernbesuchen saßen wir immer noch bis in die Nacht beisammen und haben besprochen, was unserer Meinung nach richtig oder falsch war. Natürlich, ein zweifelhaftes Unterfangen! Aber eines ist klar: Wir haben dadurch eine überaus genaue Kenntnis des Repertoires gewonnen.« So Karajan zu Haeusserman. Und: »Ich lernte mein Handwerk wie meine Jahrgangskollegen eigentlich durch Selbsthilfe. Ich bin immer noch überzeugt, daß dies die beste Methode ist, Musik zu erfahren. Und ich weiß, daß wir damals etwas lernten, das man uns nie mehr im Leben nehmen konnte.« So Karajan knapp vor seinem 80. Geburtstag in »Mein Lebensbericht«, jenem Buch, dessen Typoskript er »mit dem Bleistift in der Hand« gelesen und als seine eigene Aussage über sich, sein Leben, seine musikalischen Ansichten autorisiert hat. Nimmt man den Pädagogen Karajan, der selbst nie Schüler hatte, aber ausgewählten jungen Musikern den Besuch seiner Proben gestattete, zu diesen wenigen persönlichen Bemerkungen hinzu, hat man das ganze Geheimnis des Dirigenten.

Im Dezember 1928 schloß Karajan sein Studium ab. Er erzählte vom Konzert selbst wenig, von der einzigen gestatteten Probe jedoch gern und ausführlich. Und charakteristisch: daß es nur ein einziges reines Orchesterwerk – die Rossini-Ouvertüre zu »Wilhelm Tell« – auf dem Programm gegeben habe und er unbedingt dieses Werk habe dirigieren wollen. Daß er bei der vom Professorenkollegium quasi als Abschlußprüfung besuchten Probe die kurze Zeit, die ihm zur Verfügung stand, nicht damit verbrachte, das Werk wenigstens einmal durchzuspielen, daß er sich sofort in Details verbiß und sich die Aufmerksamkeit der Musiker, aber auch der Professoren verschaffte, indem er die Trompeten (die nach dem Vorspiel der Celli einzusetzen haben) einzeln spielen und auf Tempo achten ließ, daß Franz Schmidt nach zehn Minuten aufstand und erklärte, jetzt wisse man im Grunde bereits alles über den Dirigenten Karajan.

»Beim Konzert dirigierte ich ganz ruhig und ohne jede Belastung, wir hatten ja geprobt«, diktierte Herbert von Karajan mir 1987 und war mit der Formulierung einverstanden, er habe zur Abschlußprüfung an der Akademie bereits seinen Stil gefunden, ein Orchester von sich und seiner Auffassung zu überzeugen.

Damit war die reine Studienzeit beendet. Was nun zwangsläufig folgen mußte, war die Umsetzung des Gelernten in die Praxis – die Lehrzeit in der Provinz, wie Karajan das später nannte. Er trat den Weg dorthin aber wenigstens auf dem Umweg über seine Vaterstadt an: Nur einen Monat nach dem Abschlußkonzert an der Wiener Akademie richtete sich Karajan für den 21. Januar 1929 ein eigenes Konzert im Mozarteum aus, sorgte für zahlreichen Besuch von Musikfreunden und Honoratioren, vergaß nicht, die stimulierende Anwesenheit des Landeshauptmanns zu erbitten, und dirigierte an diesem Abend außer einem Mozart-Klavierkonzert gleich zwei Dauerbrenner, Tschaikowskys V. Symphonie und »Don Juan« von Richard Strauss. Zwei Werke, die das Mozarteum-Orchester zweifellos überforderten, das Publikum jedoch beeindrucken mußten.

Nach dem Konzert fand, das muß im voraus arrangiert gewesen sein, die notwendige Unterredung mit dem Intendanten des Ulmer Stadttheaters statt. Die drei Versionen dieses Gesprächs, die Karajan persönlich gegeben hat, weichen nur in der Wortwahl voneinander ab. Fest steht jedenfalls: Karajan wurde zu einem Probedirigieren nach Ulm eingeladen und sollte Zweiter Kapellmeister werden. Doch er erklärte mit großer Offenheit und anspruchsvoll zugleich: »Das hat keinen Zweck, ich komme sofort, wenn Sie mir Gelegenheit zu einer Einstudierung geben. Nach einer Woche können Sie mir sagen, daß ich Ihnen nicht gefalle. Und ich fahre wieder weg, ohne mich zu beschweren. Aber ich möchte das Werk, das ich dirigiere, auch selbst einstudieren.« Herbert von Karajan hätte gar nichts anderes sagen können. Er hatte bis dahin noch nie eine Oper dirigiert.

Der erste Schritt in den musikalischen Alltag wurde rasch und mit einigem Wagemut getan. Nach nicht einmal einem Monat, am 2. März 1929, hatte Herbert von Karajan Premiere in Ulm. Er leitete eine von ihm einstudierte Aufführung von Mozarts »Die Hochzeit des Figaro« und erhielt sein Engagement als »koordinierter Kapellmeister«. Seine Lehrzeit begann.

EINE LAUFBAHN IN GROSSDEUTSCHLAND

Sechs Jahre Ulm, eine harte Schule

Der Baedeker erklärt Ulm zur Oberamtsstadt am Ufer der Donau, die an dieser Stelle die Grenze zwischen Württemberg und Bayern bildet. Eine Kleinstadt, ehemals vor allem Sitz einer Garnison. Tradition hat eine Malerschule, Größe beweist das Münster mit dem höchsten Kirchturm der Welt. An Musik wurden den Ulmern vor allem Konzerte der Militärmusikkapelle geboten (im Sommer fast täglich auf der Wilhelmshöhe) und Orgelkonzerte im Münster (im Sommer sogar täglich von 11 bis 12 Uhr). Eine verträumte Stadt also – wieder eine!

Sie hatte dem neu engagierten Kapellmeister des Stadttheaters außer harter Arbeit wenig zu bieten. Das heimatliche Salzburg war im Vergleich zu Ulm eine blühende Metropole.

Aber Ablenkung suchte Karajan ohnehin nicht. Ihm ging es darum, den Theaterbetrieb mit allen seinen täglichen Plackereien anzugehen und in Korrepetitions- und Chorstunden gemeinsam mit den engagierten Sängern und dem Chor die Werke zu erlernen, die ins Repertoire kamen. Völlig sicher im Umgang mit Musikerkollegen in der Hauptstadt Wien und der Festspielstadt Salzburg, wurde er im kleinen Ulm zum Studenten, der allerdings bereits am lebenden Theater arbeitete – Ausrutscher ergaben Pannen bei der abendlichen Vorstellung, ein falscher Einsatz konnte zu Katastrophen führen. Unter diesem Blickwinkel erschien ihm die äußerst bescheidene Gage ausreichend. Er wurde von daheim unterstützt und schickte die Wäsche seiner Mutter, um gebügelte Hemden und ordentliche Anzüge zu haben, und hatte es gar nicht eilig, sich von der Familie abzunabeln. Vielmehr empfand er es als Glückfall, sich ganz auf das Abenteuer Musik konzentrieren zu können.

Nirgendwo in Europa war und ist die Chance, sich das Handwerk durch Arbeit beizubringen, so groß wie in Deutschland und Österreich. Nirgendwo gab und gibt es so viele kleine und kleinste Bühnen, deren Existenz zwar wakkelig zu nennen war und ist, deren Notwendigkeit jedoch vom Publikum bestätigt wurde und wird. Nirgendwo war und ist das Netz, gewoben aus Enthusiasmus und Routine, so dicht: An Bühnen von der Größe des Ulmer Stadttheaters war und ist man der Überzeugung, die gleiche Aufgabe zu haben wie in den großen Städten, war und ist man sich der Chance bewußt, dieselben Meisterwerke interpretieren zu können wie die Schauspielbühnen oder Opernhäuser der Metropolen.

Karajan, der tatsächlich nie zurücksah, sich in den Jahren seiner großen, weltweiten Erfolge nicht mit der Erinnerung an mittlere Erfolge abgab, im Alter nicht an seine besten Mannesjahre zurückdachte, war im Gespräch immer bereit, von seiner Arbeit in Ulm zu schwärmen. Von den den gesamten Tag ausfüllenden Proben, den zusätzlich geforderten Aushilfen am Theater, von Zeiten, in denen er an seine Eltern nach Salzburg schrieb, sie sollten nicht beunruhigt sein, wenn sie ihn sähen: Zwar sei er etwas schmal und blaß, doch dies ergäbe sich einfach bei einem Leben im Theater so. Er sei bei guter Gesundheit.

Diese Briefe, von ihm selbst vergessen, verschollen, tauchten bald nach seinem Tod in einem Katalog des Auktionshauses Sotheby's auf, standen eine kurze Zeit zur Einsicht zur Verfügung, wurden aber dann doch nicht versteigert und verschwanden wieder. Ihr Eigentümer ist unbekannt, ihr Inhalt nur denjenigen zugänglich, die sich im richtigen Moment in der New Yorker Zentrale von Sotheby's mit Bleistift und Papier und Geduld »informierten«.

Aus den Briefen an die Eltern weiß man es: Karajan leistete in Ulm dem Theater große Dienste. Er verbrachte Tag und Nacht im Haus. Er studierte nicht nur die ihm übertragenen Opern ein, sondern teilte sich mit seinem Kollegen, gleichfalls einem Sohn aus gutem Haus, brüderlich in die Arbeit – man half sich gegenseitig aus, man übernahm voneinander Abendvorstellungen, man leitete den Chor für den Kollegen, man hatte zudem Dienst im Orchester, denn dieses war mit seinen zweiunddreißig Mann nie in der Lage, eine Partitur aus eigenem Bestand zu realisieren. Fehlende Instrumente mußten durch den Mann am Klavier ersetzt werden; ein Harmonium leistete weitere gute Dienste. Wo heute kleine Ensembles – vorwiegend in Großbritannien – es als einen Hauptspaß ansehen, Mozart-Opern in selbstverfertigter Kammermusikfassung aufzuführen, gab es an unzähligen Bühnen in der ersten Hälfte dieses Jahrhunderts gar keine andere Möglichkeit, als selbstgeschneiderte Versionen dieser Opern zu präsentieren. Daß diejenigen, die bei einer Wagner-Oper am Klavier das schwere Blech ersetzten, die Komposition intimer kennenlernten als junge Dirigenten der Gegenwart, denen erst einmal unzählige Gesamtaufnahmen auf Schallplatten angeboten werden und dann Orchester von entsprechender Größe, versteht sich. Herbert von Karajan, auf der Höhe seiner Karriere Chef über mehrere Ensembles von internationalem Rang, musizierte in Ulm Wagners Werke aushilfsweise aus der Partitur auf dem Klavier.

Über die Stellung eines koordinierten Kapellmeisters am Stadttheater Ulm gab Karajan selbst bereitwillig immer wieder Auskunft: »Wir arbeiteten zu zweit. Mein Kollege hieß Otto Schulmann, sein Vater besaß eine kleine Privatbank in München. Selbstverständlich war das System so gedacht, daß jeder Kapellmeister seine eigenen Einstudierungen leitete, alle weiteren Aufführungen selbst dirigierte. Man konnte sich aber absprechen, und der Intendant, der merkte, was wir beide wollten, legte uns wenig in den Weg.«

Das heißt, die beiden jungen Kapellmeister übergaben einander ihre Einstudierungen, halfen einander aus, lernten aber gleichzeitig auch die doppelte Menge Repertoire. Dies war nicht nur in Karajans Erinnerung so festgehalten, es gibt auch Briefe an die Eltern, in denen er stolz berichtet, er führe jetzt sogar Opernregie, »und auch der ganze Betrieb wird von mir und meinem Kollegen Schulmann allein weitergeführt«.

Der Betrieb? »Man kann sich heute nicht mehr vorstellen, wie klein und primitiv unser Theater war. Der Bühnenausschnitt hatte eine Breite von sechs Metern. Die ganze Bühne war nicht größer als ein respektables Wohnzimmer. Der Chor war klein, das Orchester hatte zweiunddreißig Mann, es ließ sich nur in Ausnahmefällen vergrößern.«

Karajan musizierte, wie man es ihm zuliebe später formulierte, »ein zweites Orchester im Kopf«; er hörte also eigenen Erinnerungen zufolge nicht unbedingt, was die zumeist zweiunddreißig Mann des Ulmer Stadttheaters geigten und bliesen, sondern was ein ihm noch nicht zur Verfügung stehendes, imaginäres Orchester aus den Partituren machen würde. Zugleich mußte er jedoch, daran besteht kein Zweifel, höchst aufmerksam dem realen Orchester zuhören, das ja nicht vor einem imaginären Publikum, sondern vor Menschen spielte, die Anrecht auf einigermaßen ordentliche Vorstellungen hatten. Und das, obgleich sie weder dem Orchester noch seinem Dirigenten (und den Sängern schon gar nicht) eine Stellung zubilligten, wie sie Künstler anderswo längst besaßen.

Karajans verzweifelte Wut über die gesellschaftliche Ächtung, die auch er in Ulm ertragen mußte, darf als weitere »Schule der Provinz« nicht unerwähnt bleiben. »Ich habe mir damals gesagt, wenn es mit mir so weitergeht, wie ich mir's vorstelle, werde ich alles tun, um diesem Beruf die gebührende Geltung und Würde zu verschaffen. Ich habe mir geschworen: ich werde euch alle dahin kriegen, daß ihr Respekt vor mir habt«, lautet ein Zitat, das gleich zwei Herbert von Karajan freundschaftlich verbundene Biographen abgedruckt haben. Er wollte diese Grundhaltung in Ulm und seine Konsequenz im weiteren Leben festgehalten wissen. Und zwar zu Zeiten, da sich Regierende Bürgermeister gern in seiner Nähe zeigten und eine Konzertreise unter seiner Leitung den Sinn hatte, eine Stadt vom Rang West-Berlins in der Welt präsent zu machen. Die Leiden des jungen von Karajan sind nicht geringzuschätzen, waren jedoch nichts anderes als die Leiden vieler junger Kapellmeister in ihrem ersten Engagement. Wichtig an ihnen blieb, welche Konsequenzen aus ihnen gezogen wurden.

Ulm war freilich nichts anderes als eine typische erste Station, das heißt, ein in Ulm engagierter Musiker war entweder am Ende seiner Karriere angelangt und diente seine Zeit ab, oder er war (wie die Kapellmeister von Karajan und Schulmann) noch nicht reif, um sich für eine angesehene Stelle bewerben zu können. Die Agenten aus den Hauptstädten suchten ihre Klientel nicht in Ulm, sondern erst an den nächstgrößeren Häusern. Eine befriedigende Leistung in Ulm machte außerhalb der Stadt so gut wie nie Furore. Damit war eine weitere Bedingung vorgegeben. Man konnte sein Engagement als Lehrzeit nutzen und nach Höherem streben oder resignierend froh sein, ein Engagement in Ulm zu haben.

Karajans einziges Wiener Gastspiel in dieser Zeit, ein Burggarten-Konzert mit dem Wiener Sinfonie-Orchester am 22. Juli 1930, hatte keine weiterreichenden Folgen. Es brachte ihm nur eine hübsche Abwechslung in seinen Salzburger Sommermonaten und eine Jahre hindurch schwer zu entziffernde Eintragung in seiner Biographie, er habe 1930 erstmals die Wiener Symphoniker dirigiert: Die Burggarten-Konzerte waren Orchesterkonzerte mit populärem Programm, wie man sie Jahre später im Arkadenhof des Wiener Rathauses veranstaltete und wie sie sich bis heute großer Beliebtheit erfreuen.

Nach Karajans eigener Zählung gab man in den sechs Jahren, die der Ulmer Intendant ihm ursprünglich zugebilligt hatte, rund vierzig Opern. Sechs oder sieben Neueinstudierungen also in der Spielzeit, die im Herbst begann und im April schon endete. Dazwischen auch noch Schauspiel (mit obligaten musikalischen Einlagen) und die beim Publikum beliebte Operette (mit der das Ensemble nicht nur im Stadttheater seine höchsten Einnahmen erzielte, sondern auch noch Abstecher in die Umgebung machte). Es muß stimmen, wenn Karajan als Vorbereitungszeit für eine für ihn völlig neue Oper höchstens drei Wochen angab. Und in diesen jeweils höchstens drei Wochen mußten sowohl populäre zeitgenössische Werke bis hin zu Kienzls »Evangelimann« wie auch erstaunlich große Werke wie selbst »Der fliegende Holländer« oder »Tannhäuser« einstudiert werden. Oder gar »Der Rosenkavalier« von Richard Strauss, nach Karajans lebhaften Erinnerungen mit einem Bassisten als Ochs auf Lerchenau, der am Tag der ersten Korrepetitionsstunde erklärte, er könne keine Noten lesen, ihm müsse man die Partie beibringen, indem man sie ihm immer wieder vorspiele. Der »Österreicher« in Ulm studierte also mit einem des Notenlesens nicht mächtigen Sänger eine Partie, die gute hundert Seiten im Klavierauszug bedeutet.

Der Arbeitsaufwand machte sich, so weiß die Geschichte der Musikinterpretation in diesem Jahrhundert, für den Klavierspieler bezahlt. Er hatte anschließend ein Standardwerk seines Repertoires für immer im Kopf. »Man kann mich mitten in der Nacht aufwecken, mir einen Satz des Ochs sagen, und ich singe die Partie sofort weiter«, behauptete Herbert von Karajan in seinem 80. Lebensjahr, und keiner seiner Gesprächspartner zweifelte daran. Es muß in diesen sechs Jahren allerdings mehrere gemeinsame Aufgaben Karajans mit dem anonym gebliebenen Bassisten gegeben haben. Denn Karajan hatte viele Opern im Repertoire, die er Satz für Satz auswendig konnte.

Was Karajan in Ulm außer einer idealen musikalischen Realisation vermissen mußte, war eine einigermaßen werkgerechte szenische Aufbereitung. Undenkbar, daß man sich bei »Don Giovanni« um eine besondere Deutung bemüht hätte. Undenkbar, daß für »Lohengrin« einigermaßen adäquate Mittel für Bühnenbild und Kostüme zur Verfügung gestanden hätten. Undenkbar, daß man für »Tiefland« mehr Proben angesetzt hätte. Welche Oper auch immer, sie hatte bis zu sieben Vorstellungen, dann war das Publikum »drin« gewesen und wartete auf eine andere. Und wollte in der nächsten Saison unter keinen Umständen schon wieder »Don Giovanni« oder »Lohengrin« oder »Tiefland« sehen.

»Was man nur in der Provinz erlernen kann, was ich meinen jungen Kollegen, die niemals in ein Theater wie Ulm kommen, weitergeben kann, ist eine ganz besondere Erfahrung: Man lernt in jeder Oper die Stellen kennen, die heikel sind. Die Momente, in denen Sänger unausweichlich Schwierigkeiten haben. Die vielen Übergänge im Orchester, bei denen man als Dirigent präsent sein muß. Wenn man dann weiß, was alles auf einen an Problemen zukommt, dann hat man bereits die halbe Vorbereitung erledigt. Man kann sich darauf konzentrieren, die berühmtesten Schmisse zu vermeiden, und man hat den Kopf frei, das Werk als Ganzes zu sehen«, war eine später geäußerte Erkenntnis Karajans, der tatsächlich (viele Zeugen haben es dankbar formuliert) seine diesbezüglichen Erfahrungen an wenigstens zwei Generationen weitergegeben hat.

Der Preis für diese Kenntnisse: »Wir kamen oft wochenlang nicht aus dem Theater, wir wußten kaum, was rundum passierte. Wir probten und probten und waren nach der Vorstellung viel zu müde, irgendwelche Erfahrungen in Ulm zu machen. Wir erledigten alle anfallende Arbeit; ich wundere mich heute noch, daß man uns nicht auch noch fragte, ob wir die Kulissen frisch malen wollen.«

Tatsächlich scheint sich der blutjunge Herbert von Karajan in seinen ersten Ulmer Jahren ausschließlich seiner Profession gewidmet zu haben. Er gab später zu Protokoll, man habe auch über Politik diskutiert und die Geschehnisse in Deutschland beobachtet. Doch muß es eine besondere Art von Diskussion gewesen sein und weitab von der Erkenntnis, daß sich große Veränderungen ankündigten.

»Schulmann war Jude. Und ein begeisterter Anhänger der Bewegung des Nationalsozialismus. Wir verstanden uns ausgezeichnet, wir arbeiteten harmonisch, und wir fanden doch immer Zeit, auch über Tagespolitik zu reden. Ich staunte, wieviel Interesse er an dem Geschehen hatte und wie leidenschaftlich er für etwas eintrat, das ja nicht seine Sache hätte sein müssen. Ich erinnere mich ganz genau, wie er an dem bewußten Tag, unmittelbar nach Bekanntgabe des Wahlergebnisses, zu mir kam und sagte: ›Wir haben gewonnen. Ich muß mich jetzt von Ihnen verabschieden, denn ich habe in Deutschland nichts mehr zu suchen.‹ Er war als politisch denkender Mensch mit dem Ergebnis zufrieden. Er war stolz darauf, daß alle seine Vorhersagen eingetroffen waren und sogar seine Ministerliste, die er im Kopf gehabt hatte, richtig war. Ebenso selbstverständlich begriff er aber, daß er aus seinem geliebten Deutschland weg mußte«, resümierte Herbert von Karajan seine Gespräche mit Otto Schulmann.

Zeitgeschichtler, die lange nach dem Zweiten Weltkrieg

Näheres über Karajan und seine »Gesinnung« in den Ulmer Jahren erfahren wollten, fanden den einstigen Kollegen als alten Herrn in den USA. Sie erhielten allerdings auch auf immer drängendere Fragen nur die Bestätigung, Karajan sei in Ulm ein guter Kollege gewesen. Karajans Erinnerungen wurden weder bestätigt noch geleugnet. Auch nicht, als dazu jede Chance vorhanden gewesen wäre. »Der Satz, daß Karajan und ich Freunde waren, ist der einzige, der völlig richtig ist, genauso wie die Fantasien der späteren Neider und Wichtigmacher über einen bedeutenden Mann keinerlei Beachtung von meiner Seite verdienen. Hinzuzufügen wäre höchstens, daß es uns gut geht, mehr wie gut, und daß wir ihm immer das selbe gewünscht haben, was ja wohl im großen Sinne in Erfüllung gegangen zu sein scheint«, schrieb Otto Schulmann 1983 an Robert C. Bachmann, der nach nationalsozialistischer Betätigung Herbert von Karajans fahndete.

Allerdings: Daß Karajan sich in Ulm sein Repertoire erarbeitete und quasi mit Scheuklappen den Alltag rund um sich kaum zur Kenntnis nehmen wollte, war nur ein Teil der Erfahrungen jener Jahre. Hinzu kam seine Tätigkeit in den vier Monaten im Jahr, die er nicht in Ulm sein mußte. Sein alter Lehrer Bernhard Paumgartner setzte ihn dann in Salzburg als Leiter von Dirigentenkursen an der Internationalen Stiftung Mozarteum ein, was nicht bedeutete, daß Karajan Dirigenten ausbildete, sondern nur, daß er als Assistent mitwirkte und im übrigen Zeit hatte, die Salzburger Festspielproben seiner großen Kollegen und Vorbilder zu besuchen.

Diese Vorbilder waren im Sommer 1928 Franz Schalk, der mit der Wiener Staatsoper ein Gesamtgastspiel gab, im Jahr darauf auch Clemens Krauss, der den »Rosenkavalier« dirigierte – dabei wurden weiterhin die Bühnenbilder verwendet, die Alfred Roller für die Uraufführung gezeichnet hatte und die Strauss und Hofmannsthal für verbindlich erklärt hatten. Im Sommer 1930 war auch Bruno Walter unter den Festspieldirigenten: Für ihn wurde »Fidelio« ins Programm aufgenommen, ein Jahr darauf eine »Zauberflöte«. Obgleich Karajan ihn in seiner Ahnenliste nicht erwähnt: Immer wieder gastierte Ernst von Dohnányi, der Großvater des heute in den USA und bei den Salzburger Festspielen wirkenden Christoph von Dohnányi. 1932 dirigierten außerdem Fritz Busch und Richard Strauss.

Und 1933 stand erstmals der Name Herbert von Karajan auf einem Besetzungszettel der Festspiele: Er alternierte mit Karl Hudez als Dirigent der von Bernhard Paumgartner komponierten Bühnenmusik zu Max Reinhardts sagenumwobener »Faust«-Inszenierung in der Felsenreitschule. Vergegenwärtigt man sich Erinnerungen an Max Reinhardts Arbeitsstil, so heißt das: der junge Herbert von Karajan hatte bei unendlichen Nachtproben anwesend zu sein und entkam dem Dunstkreis des »Professors« einen ganzen Sommer nicht.

Seinen anderen »Gott« mußte er in Bayreuth suchen. Arturo Toscanini dirigierte 1930 »Tannhäuser« und »Tristan und Isolde« und kam 1931 für »Tannhäuser« und »Parsifal« zurück. 1932 hielt man in Bayreuth ein traditionelles »Ruhejahr« ein, 1933 war Toscanini Adolf Hitlers wegen nicht mehr bereit, in Deutschland zu musizieren. Karajan kam nur zu Vorstellungen – die wochenlangen Proben, bei denen Toscanini nicht nur mit dem damals nicht seinen Vorstellungen entsprechenden Orchester, sondern auch als ein Regisseur von eigenen Gnaden arbeitete, erlebte er nicht. Immerhin, er muß sowohl von diesen Proben wie auch von Toscaninis heftig geäußerter Abneigung gegenüber den Nationalsozialisten erfahren haben. Es ist undenkbar, daß ihm als einzigem Musiker dergleichen nicht erzählt worden wäre.

Karajan sprach mehrfach davon, daß Bayreuth für ihn ein großes Erlebnis gewesen sei. Es war tatsächlich eine Pilgerreise – mit dem Rad. Man darf freilich anmerken, daß große Radtouren, in den Zeiten der Depression (aber auch schon vorher) Mode waren und also ein 300-Kilometer-Ausflug zu Wagner und Toscanini nach damaligen Begriffen nichts so ganz Außergewöhnliches war.

Eine andere Bemerkung Karajans ist immer wieder zitiert worden: Nach seiner Rückkehr hätte sein Ulmer Orchester besser geklungen, da es einfach den höheren Anspruch seines Dirigenten gespürt habe. Sosehr jedermann heute überprüfen kann, daß es die zweitwichtigste Aufgabe eines Dirigenten ist, ein Orchester weit über die technisch einwandfreie Wiedergabe einer Komposition zu inspirieren – Karajan konnte das Ensemble in Ulm zweifellos keinen derartigen Qualitätssprung machen lassen. Diesbezügliche Erinnerungen sollte man guten Gewissens unter die Legenden einreihen, die er mitunter erzählte, um einen Tatbestand zu untermauern.

Was seine Faszination bezüglich Arturo Toscaninis anging, war er 1929 bereits in Wien von ihr ergriffen worden: Er hatte im Mai Aufführungen von »Falstaff« und »Lucia di Lammermoor« gesehen, mit denen Toscanini an die Staatsoper gekommen war. Und er schwärmte sein Leben lang von diesen Aufführungen und wollte vor allem bei dieser Gelegenheit begriffen haben, wie man eine damals verpönte, als banal bezeichnete Oper von Donizetti mit dramatischer Kraft erfüllt. Daß er Jahre später selbst im Rahmen eines wiederum aus Mailand stammenden Gastspiels mit »Lucia di Lammermoor« (Toscanini imitierend?) an die Staatsoper kommen und Tage darauf seinen Vertrag als künstlerischer Leiter unterzeichnen sollte, dachte er 1929 freilich gewiß nicht.

Im Herbst 1932 kehrte er offenbar mit gemischten Gefühlen nach Ulm zurück: Mit Ablauf der Saison sollte sein Vertrag nicht mehr verlängert werden. Intendant Erwin Dietrich erklärte später, er hätte seinen überaus begabten Ersten Kapellmeister in voller Absicht aus dem Nest gestoßen, dessen Karriere fördernd. Allerdings, die Behauptung, die sich Karajan später gern zu eigen machte, war 1933 für den jungen

Dirigenten kein sonderlicher Trost – in wirtschaftlich schwersten Zeiten gab es weder in Deutschland noch in Österreich Kapellmeister, die freiwillig ihre Positionen zu wechseln beabsichtigten; und so war da auch keine einzige Stelle, die Karajan auf Anhieb für sich wußte.

Die Eltern und deren Bekanntenkreis – auch in Wien – wurden kontaktiert. In der Saison 1933/34, die Karajan schließlich doch noch für sich in Ulm erbettelte, war er auf der Suche nach einem Posten, holte sich aber Absage auf Absage und begriff vielleicht erstmals, wie schwer ihm der Schritt weg von Ulm fallen würde. Die unterste Sprosse der Karriereleiter hatte er rasch und ohne Probleme geschafft, die zweite zu erreichen schien ihm in diesen aufregenden Zeiten beinahe unmöglich. Münster, um nur ein Beispiel zu nennen, wäre ein Ziel für ihn gewesen. Doch Münster hatte keine Position frei. Und höher hinauf konnte der Ulmer Kapellmeister kaum denken.

Zunächst einmal fuhr Herbert von Karajan nach Hause. Wenige Tage nach seinem 25. Geburtstag, am 8. April 1933, unterschrieb er in Salzburg ein Beitrittsansuchen zur NSDAP, bezahlte fünf Schilling Werbegebühr und kümmerte sich nie mehr um diese dokumentierte Unterschrift.

Einer seiner zeitweiligen Gesprächspartner, dem er ausführliche Antworten auf Fragen nach seinem Verhältnis zum Nationalsozialismus verwehrte und der daraufhin erst richtig zu forschen begann, brachte das Datum 8. April 1933 in kausalen Zusammenhang mit den Geschehnissen in Deutschland. Am 7. April hatte der Reichstag in Berlin ein Gesetz zur Wiederherstellung des Berufsbeamtentums beschlossen, dem jeder Kenner entnehmen mußte, daß künftig für Juden kein Platz im Staatsdienst, folglich auch nicht an den ungezählten staatlichen und städtischen Bühnen sein werde. Robert C. Bachmanns kaum verschwiegene (allerdings unbewiesene) These ist: Herbert von Karajan hörte in den Nachrichten oder las am Tag seines Parteieintritts in den Zeitungen von dem Gesetz, das Mitglieder der NSDAP jedenfalls bevorzugte, und holte sich deshalb den »Werbeschein«.

Sieht man einmal davon ab, daß Unterstellungen von so weitreichender Bedeutung doch einer etwas klareren Beweisführung bedürfen, steht nicht nur Karajans eigene Aussage, sondern auch der Hinweis eines geprüften Zeitgeschichtlers dagegen. Oliver Rathkolb, am Ludwig Boltzmann Institut für Geschichte der Gesellschaftswissenschaften tätig und Autor mehrerer Publikationen zum Thema, nahm sich in seinem Buch »Führertreu und gottbegnadet« des Falles Karajan mehr als ausführlich an. Zwar kam auch er zu dem Schluß, Karajan hätte am 8. April seinen Eintritt in die bald darauf, im Mai, in Österreich für illegal erklärte NSDAP vollzogen, doch wertete er überdies sämtliche verfügbaren Unterlagen über die Saison 1933/34 in Ulm aus. Sein Fazit: Herbert von Karajan sei – im Gegensatz zu seinem neuen Kollegen, dem Wiener Max Kojetinsky – keine »Betätigung« für den Nationalsozialismus nachzuweisen. In der Saison, in der sich Karajan mit allem Nachdruck um eine andere Position bewarb, in der in Deutschland jedermann bewußt wurde, daß für eine einigermaßen gesicherte Zukunft ein Bekenntnis zum Nationalsozialismus höchst nützlich sei, nahm Kapellmeister Kojetinsky als aufklärender Berichterstatter bei NSDAP-Ortsgruppen in Ulm Aufgaben wahr, förderte »nationalsozialistisch-österreichische Komponisten«, ging zu »Familienabenden verschiedener Ortsgruppenaufführungen«. Dem Kollegen Herbert von Karajan aber konnte für diese Zeit keinerlei Anbiederung oder gar Tätigkeit für die Partei Hitlers nachgesagt werden. Daß er damals bereits aus opportunistischen Gründen die Mitgliedschaft der Partei angenommen habe, ist und bleibt eine reine Vermutung.

Ein einziges Dokument erwähnt den Parteieintritt, weist aber eher auf das Gegenteil einer opportunistischen Handlung hin: »Kurz nach dem Parteiverbot hat Karajan Salzburg verlassen und ist in das Altreich übersiedelt. Pg. Klein hat von ihm nie mehr etwas gehört und ist die Vermutung nicht von der Hand zu weisen, dass [sic!] Karajan in Österreich keine Mitgliedsbeiträge bezahlte. Zur Entkräftung dieser Vermutung, müsste [sic!] K. Angaben machen, um diese nachprüfen zu lassen.«

Der Ortsgruppenleiter der Ortsgruppe V »Neustadt«/Salzburg, der diese Auskunft im Mai 1939 an den Gauschatzmeister der NSDAP sandte, schadete 1939 Herbert von Karajan vielleicht damit und lag auch mit seiner Bemerkung, man habe von K. nie mehr etwas gehört, auf der Linie boshafter Statements. Gleichzeitig aber half er Herbert von Karajan bei dessen Jahre danach vorgetragener Erklärung, er habe die Mitgliedschaft bei der NSDAP später angenommen.

Bei jeder anderen Partei könnte man über einen Streit um Beitrittsdaten hinweggehen und meinen, die Biographie eines Dirigenten sei ausschließlich dessen künstlerischen Taten zu widmen. Im Falle der NSDAP ist dies nicht möglich. Unbestreitbar waren Deutsche und Österreicher 1933 von den Zielen dieser Partei unterrichtet. Oder sie hätten sich zumindest unterrichten können – oder wurden sogar dazu angehalten, sich zu unterrichten. Deshalb und nur deshalb suchten und suchen die Zeitgeschichtler nach den präzisen Daten, Dokumenten, Mitgliedsnummern: wann und wo und somit auch weshalb sich jemand einer derartigen Weltanschauung verschrieb. Nur darum wird in dieser Biographie auch Karajans (in Wahrheit nicht sehr kompliziertes, aber in einigen Details bisher nur parteiisch dargestelltes) »Bekenntnis« zu Adolf Hitler mehr als einmal zu erwähnen sein.

Tatsache ist: In Ulm und in der Zeit der wirtschaftlichen Depression brachte dem Ersten Kapellmeister des Stadttheaters seine in Österreich eingegangene »Bindung« an die NSDAP keine Vorteile; dem neben ihm (anstelle des bereits

65

erwähnten Juden Otto Schulmann) engagierten Wiener Max Kojetinsky hingegen viele. Karajan mußte gehen, sein Kollege blieb.

Freilich: Dieser dirigierte außerdem die Operette, von der Herbert von Karajan zwar immer erzählte, für die er aber, den zur Verfügung stehenden Theaterzetteln nach zu schließen, kaum jemals verantwortlich zeichnete. Und Karajan, der sein ganzes Leben lang den Werken der Strauß-Dynastie eng verbunden blieb, erzählte gern und überzeugend, wie man in seinen Ulmer Jahren Operette dirigierte: aus dem Klavierauszug, in dem nur ein paar handschriftliche Eintragungen dem Kapellmeister die Soli gewisser Instrumente verrieten. In Bearbeitungen, die sich stets an den Möglichkeiten des Orchesters und des Ensembles orientierten und in der Regel vom Kapellmeister selbst mit »komponiert« waren. Schmiere? Keineswegs. Im Archiv der Wiener Philharmoniker sind die Klavierauszüge aufbewahrt, aus denen noch ein Clemens Krauss die ersten Johann-Strauß-Konzerte des Orchesters dirigierte – aus denen in der Folge die weltberühmten Neujahrskonzerte geworden sind. Auf so gut wie allen großen Bühnen werden heute die meisten Operetten, selbst die von Johann Strauß, noch in Bearbeitungen musiziert. Die Gesamtausgabe der Werke von Johann Strauß Sohn, vor Jahren in Auftrag gegeben, ist noch nicht fertiggestellt, eine Unzahl von Kompositionen kann bis auf den heutigen Tag nicht oder kaum seriöser musiziert werden, als man es zu des jungen Karajan Zeiten in Ulm und anderswo hielt.

Karajan selbst tat in seinen Erinnerungen oft so, als habe er das Provinzleben ganz ausgekostet und also auch Operette dirigiert. Das darf bezweifelt werden, ist aber nicht auszuschließen. In einem Ensemble von der Größe desjenigen, das dem Ulmer Stadttheater zur Verfügung stand, mag er schon die eine oder andere Aufführung aushilfsweise dirigiert haben.

Wie Karajan von seiner Aachener Zeit an sich dem »Zigeunerbaron« widmete und in der Folge immer wieder Strauß musizierte, ist spätestens ab seinen ersten Plattenaufnahmen festgehalten. Daß er in seinen Wiener Studententagen Schönberg, Webern und Mahler quasi in der Tradition aufgeführt gehört hatte, erzählte er immer wieder. Wie er an den unverwechselbar wienerischen Interpretationsstil der Strauß-Walzer gekommen war, darüber sprach er nie. Immerhin, er war ein Kind der Donau-Monarchie, und diese war auch insofern völkerverbindend, als tatsächlich in Karajans Kindheit in Venedig gleich gut Walzer musiziert wurde wie in Budapest oder Wien. All das half ihm allerdings 1934 in Ulm ebensowenig wie seine angebliche Parteimitgliedschaft. Seine letzte Opernaufführung im Frühjahr war – der Ring schloß sich – Mozarts »Die Hochzeit des Figaro«. Sein letztes Konzert mit dem wesentlich aufgestockten Orchester galt einzig Richard Strauss: Karajan dirigierte »Don Juan«, Orchesterlieder und »Ein Heldenleben«. Das »Ulmer Tagblatt« bestätigte dem scheidenden Ersten Kapellmeister, er habe das Orchester verjüngt, er habe Erzieherarbeit geleistet und in Ulm ein Orchesterniveau erreicht, das »an das größerer Städte heranreiche«.

Eine Chronik der vom jungen Kapellmeister Herbert von Karajan in Ulm einstudierten Opern ist im Stadtarchiv einzusehen, sie sagt freilich nur etwas über die »Premieren« Karajans aus und vernachlässigt die Opern, die er durch Übernahme von seinem Kollegen gleichfalls dirigierte. Liest man sie unter dem Gesichtspunkt, daß Karajan etwas mehr als die Hälfte der Opernproduktion in Ulm zu seiner Zeit geleitet hat, bestätigen sich die Erinnerungen des »alten« Karajan.

Immerhin, auch die Liste der Werke, die er alleinverantwortlich erarbeitete, hat es in sich. In seiner ersten Spielzeit studierte Karajan nach »Figaro« noch »Rigoletto«, »Martha«, »Cavalleria rusticana« und »Don Giovanni« ein. In der Saison

1930/31 wurden von ihm »Der Barbier von Sevilla«, »Carmen«, »La Bohème«, »Don Pasquale« und »Tiefland«, damals noch eine beinahe zeitgenössische Oper, herausgebracht. 1931/32 standen in Karajans Einstudierung »Madame Butterfly«, »Der Troubadour«, »Schwanda, der Dudelsackpfeifer«, »Fidelio« und »Der Rosenkavalier« auf dem Programm. 1932/33 begann man mit »Undine«, darauf folgten »Tannhäuser«, »Die lustigen Weiber von Windsor« und »La Traviata«. In der letzten Spielzeit gab es für Herbert von Karajan noch vier Opernpremieren: »Julius Caesar«, »Lohengrin«, »Arabella« (die Strauss-Oper war eine absolute Novität, sie war erst am 1. Juli 1933 uraufgeführt worden) und zuletzt noch einmal »Die Hochzeit des Figaro«. Hansjakob Kröber, dessen Karajan-Biographie nicht genug gewürdigt wird, wohl, weil sie von Anbeginn als eine solide journalistische Arbeit gedacht war und keine falschen Ansprüche stellte, ermittelte für die fünf Spielzeiten Karajans in Ulm (die ja sehr viel kürzer waren als eine Saison an einem der großen Opernhäuser der Gegenwart) jeweils wenigstens 25 Opernabende, an denen Karajan die von ihm einstudierten Produktionen dirigierte. Nimmt man die ungezählten und in Archiven nicht festgehaltenen »Mitwirkungen« oder Übernahmen hinzu, begreift man erst so recht, was Herbert von Karajan im Alter meinte, als er jungen Dirigenten einen »Anfang in der Provinz« von Herzen wünschte.

Aachen oder der Karrieresprung

Sein Ulmer Intendant, der ihn freigesetzt hatte, vermochte Karajan keine Vakanz zu nennen, auch seine Eltern und Wiener Freunde konnten nicht weiterhelfen. Was lag näher, als sich zur größten Vermittlungsstelle Deutschlands zu begeben – in der Hoffnung, vielleicht doch auf einen neuen Chef zu stoßen. Der Entschluß war klug und alles andere als Ausdruck von Verzweiflung.

In seinen Erinnerungen erklärte sich Karajan jedenfalls für den einzigen arbeitslosen Kapellmeister, der damals in Berlin als Begleiter für Sänger tätig war und dabei hoffte, auf einen Intendanten zu stoßen, der noch einen Posten frei habe.

Daß Berlin 1934 auch das Zentrum politischer Macht war, und wie sehr sich die NSDAP hier überall etabliert hatte, war eine weitere, so freilich nicht erwartete Erfahrung. Auch in Musikerkreisen hatte das erste große »Reinemachen« bereits stattgefunden, und alle Auseinandersetzungen zwischen »entarteten« Künstlern und Kunstfreunden und dem Staat waren hier nicht nur programmiert, sondern bereits für jedermann sichtbar.

Wilhelm Furtwänglers weltfremde erste Auseinandersetzung mit dem Regime war ein Jahr alt. Am 12. April 1933 hatte der Dirigent in einem offenen Brief den Reichsminister Joseph Goebbels beschworen, die Frage der Qualität zur »Lebensfrage« zu machen, und betont, daß seiner Ansicht nach »Männer wie Walter, Klemperer, Reinhardt usw. auch in Zukunft in Deutschland mit ihrer Kunst zu Wort kommen« müßten. Mit demselben Datum war auch die Antwort Goebbels' erschienen: Höchst perfide dankte der Minister dem Künstler, lobte die »Haltung der national bedingten Lebenskräfte zur deutschen Kunst« und unterstrich als wesentlichste Aussage Furtwänglers, daß er die Wiederherstellung der nationalen Würde dankbar und freudig begrüßt habe. Das hatte Furtwängler getan und sich damit in eine Diskussion verstrickt, der er nie mehr entkam. Zeit seines Lebens hielt man ihm diese Aussage vor.

Karajan hat diese Auseinandersetzung gekannt. Er muß gewußt haben, wie froh das Berliner Philharmonische Orchester insgeheim war, im Oktober 1933 »vom Reich übernommen« worden zu sein und im Frühjahr 1934 erfahren zu haben, daß auf seine Mitglieder der Arierparagraph nicht angewendet werden würde. Mit einem Wort, Karajan konnte in seiner eigenen Verzweiflung durchaus nicht übersehen, daß er in der Höhle des Löwen Arbeit suchte.

Andererseits mußte er Arbeit suchen. Denn einen 26jährigen Kapellmeister aus Ulm, dessen Engagement nicht verlängert worden war, suchte man im Ausland nicht. Ein Ruf an ein Orchester in den USA erging gewiß nicht an ihn. Dies ist bis heute keine »Entschuldigung«, aber eine Erklärung für sehr viele Menschen, die auch im Jahr 1934 zuerst einmal an sich und ihre Karriere dachten. Und vor allem eine für Musiker!

Der Pianist Alfred Brendel, dessen zweites Buch »Musik beim Wort genommen« eine Hommage an Wilhelm Furtwängler enthält, konnte nicht umhin, symbolisch auch dessen Haltung in politischen Dingen zu charakterisieren, und flüchtete sich in eine Anekdote über Alban Berg, der dem jungen Hans Mayer eine Antwort gab, als über Wagners Charakter geschimpft wurde: »Sie haben's leicht, Sie sind ja kein Musiker.«

In allen Biographien Karajans wird die entbehrungsreiche Zeit des arbeitslosen Musikers beschrieben und als höchst erstaunlich charakterisiert. Sie dauerte etwas mehr als drei Monate und war also so kurz, daß sie im Lebenslauf eines beliebigen Musikers wohl kaum erwähnenswert gewesen wäre. Drei Monate auf der Suche nach einem Engagement, drei Monate in jener wirtschaftlich schlimmen, politisch erregten Zeit...

Karajan korrepetierte, begleitete seine Schützlinge zum Vorsingen und wartete, daß einer der in Berlin auf Sängerfang gehenden Intendanten sich auch seiner annähme. Und er fand ihn: Der Aachener Intendant Edgar Groß war angekündigt. Von Aachen wußte man (und also auch Karajan), daß die Stadt zwar einen Generalmusikdirektor, aber keinen

Ersten Kapellmeister hatte. Hans Swarowsky, treuer Mitarbeiter von Clemens Krauss und Richard Strauss, war nach zwei Probedirigaten engagiert worden, dann aber von der Position zurückgetreten. Seine Stelle war frei, als Karajan Ende Mai sich zu seinem Treffen mit Dr. Groß aufmachte. »Ich bat um ein Gespräch. Ich habe ihn hypnotisiert: Ich lasse dich nicht weg, du mußt mich engagieren. Du mußt bei diesem Gespräch etwas für dich erreichen, hatte ich mir gesagt. Und mein Gesprächspartner muß gespürt haben, wie sehr ich unter diesem Zwang stand.« So erzählte der beinahe Achtzigjährige die Szene, die als der Moment anzusehen ist, in dem er die zweite Stufe der bewußten Leiter erklomm. Vor und nach dieser Schilderung umriß Karajan in Gesprächen und Interviews die Situation immer wieder so: Sein Wille, sonst immer nur von seinen Bewunderern beschworen, sei es gewesen, der sich das Probedirigieren ertrotzte.

Die Probe am 8. Juni 1934 mit der »Oberon«-Ouvertüre, einem Satz aus einer Mozart-Symphonie und der »Meistersinger«-Ouvertüre war kein Erfolg. Die Musiker spürten, daß sich hier ein eigenwilliger, probenfanatischer, ehrgeiziger junger Mann bewarb. Karajan, damals keineswegs souverän, sondern nervös, keineswegs liebenswert, sondern »schwierig im Umgang«, wurde vom Orchester abgelehnt. Wer je das Votum eines Orchesters erlebt hat, weiß, daß dieses in der Anonymität zustande kommt und daß jedes Orchester überall dort, wo es nicht lebenswichtig ist, dem Bequemen den Vorzug gibt. Daß Aachen sich trotzdem für Karajan entschied, war dem Urteil eines kompetenten Außenstehenden, einer »Art Generalsekretär«, zu verdanken. Karajan wenigstens erzählte dies und bewahrte dem einstigen Berliner Philharmoniker ein freundliches Andenken.

Andere Aachener Größen nahmen bald nach Karajans Aufstieg das Verdienst, für ihn gewesen zu sein, für sich in Anspruch – auch dies ist keine Ausnahmesituation. Wer je nachzuforschen hatte, wer von mehreren möglichen Beamten eine Entscheidung getroffen hat, die sich als sehr richtig erwiesen hat, der kennt das.

Aachen, wo die Musiker sich nicht für den nach seinem gewohnten Rezept probierenden jungen Dirigenten entscheiden wollten, mehrere wichtige Entscheidungsträger aber zu dem Schluß kamen, er sei der Richtige, und ihm die erhoffte Position antrugen, war ein für Künstler völlig anderer Boden als Ulm: Von Aachen aus konnte man immer schon Furore machen, sich Einladungen in andere Städte erwarten. In Aachen selbst aber »war man auch wer«. Ein traditionsreicher Chor stand zur Verfügung, im Opernhaus gab es ein Orchester in der notwendig großen Besetzung und Qualität; die Konzerte Aachens waren nicht mit Aushilfskräften, sondern durchaus mit dem Ensemble zu bestreiten. Im bösen Jargon der Zeit wurde Aachen als »Grenzposten am Dreiländereck« bezeichnet. Die Partei nahm also alle Aktivitäten der Stadt auch im Sinne der Propaganda für das Deutsche Reich sehr ernst. Es gibt jedoch kaum einen Anlaß, nicht auch Karajans Sicht der Aachener Position ernst zu nehmen, denn die erstreckte sich weit über die Reichsgrenzen hinaus: Es sei eine Großstadt mit reichem künstlerischem Leben und viel Weltoffenheit gewesen – eine Stadt, von der aus man in kurzer Zeit in Belgien oder auch in Paris sein konnte und dementsprechend anders dachte, musizierte, hörte als in dem kleinen Nest Ulm. In den auf ein einziges fatales Thema konzentrierten Betrachtungen dieser fatalen Zeit läßt sich die gesamte Gesellschaft rund um Karajan auch als Ansammlung von Parteigenossen beschreiben und darauf hinweisen, daß der noch amtierende Generalmusikdirektor der Stadt, Peter Raabe, nach nur einer Spielzeit von Karajan verdrängt, als Präsident der Reichsmusikkammer immerhin dem seines Amts enthobenen Richard Strauss nachfolgte, also eine Schlüsselposition in der NS-Hierarchie der Musik einnahm.

Andererseits hat man die offene Erklärung, die Herbert von Karajan sein Leben lang gab, auch ernst zu nehmen: daß er mit dem Teufel paktiert hätte, um eine Stelle wie die in Aachen zu bekommen, zu festigen, zum Generalmusikdirektor zu werden. Dies war und ist kein edler Zug im Charakter der Dirigenten, doch auch keiner außerhalb der Norm. Die Beispiele für ein Arrangement mit der Macht füllen nicht erst in diesem Jahrhundert und keineswegs nur auf dem Gebiet der führenden Dirigenten Registerbände.

Den Nachgeborenen der NS-Zeit allerdings ist nicht zu verdenken, wenn sie gegenwärtig intensiver als je zuvor nachfragen, mit welchem Regime sich die Musiker, Schauspieler, auch die Schriftsteller des Jahres 1934 arrangierten – in Kenntnis der menschenmordenden Ziele des Regimes, in dessen Diensten sie sich daranmachten, nicht nur ihr Metier weiter auszuüben, sondern auch die angeordneten Feiern für das Regime zu schmücken. Man weiß, daß die Behauptung, die 1934 in Deutschland engagierten Künstler hätten nicht gewußt, in welchem Land und unter welchem Regime sie arbeiteten, nicht aufrechtzuerhalten ist. Man weiß, daß nicht nur Hitlers Buch »Mein Kampf« zu lesen gewesen wäre, sondern daß alle tödlichen Anordnungen in der Tagespresse erschienen und daß diejenigen, die diese gern und absichtlich überlasen, sich gern und absichtlich selbst täuschten. Man weiß, daß auch Herbert von Karajan heim schrieb nach Salzburg, um die notwendigen Unterlagen zur Erlangung eines Arier-Nachweises bei der Hand zu haben. Man versteht gegen Ende dieses Jahrhunderts schaudernd, daß dergleichen keinen hätte kaltlassen dürfen. Dennoch ist man zuweilen ungerecht gegen die Menschen des Jahres 1934.

Die Diskussionen, die sich der gefeierte und international renommierte Wilhelm Furtwängler leistete, deren Tenor jedoch immer auch von der Überlegenheit des Deutschtums in der Kunst ausgingen, verklärt man als tapferen Widerstand eines weltfremden Künstlers, der zu retten versuchte, was noch zu retten war. Die Anbiederungen eines anerkannten, der Welt jedoch noch nicht als genialisch bekannten Karl Böhm, der sehr viel Zugeständnisse machte, um dem aus seinem Amt verdrängten Fritz Busch nachzufolgen und das Dresdener Opernhaus zu leiten, verurteilt man nur noch vage und ändert das Bild des großen alten Mannes, der den Wiener Mozart-Stil mit begründete, pietätvoll nicht mehr. Den 26jährigen Kapellmeister aus der Provinz, der sich Scheuklappen zulegte, um in Aachen Oper und Konzert zu dirigieren und möglichst rasch an die Spitze des Musiklebens einer großen deutschen Stadt zu kommen, nimmt man als Paradebeispiel für einen enthusiastischen Parteigenossen, und dies vor allem auch, weil er später in seinem Leben zu einem der mächtigsten Musiker Europas wurde. Und nie »erklärte«, er bereue sein Aachener Engagement und seine intensive Tätigkeit in den Jahren des Nationalsozialismus.

Gegen diese Beurteilung anzuschreiben, ist unmöglich. Der Biograph, der zuviel Verständnis für den Kapellmeister aus Ulm zeigt, wird zum Hagiographen, zum Sympathisanten gestempelt. Trotzdem: Ich kenne auch aktuelle – vergleichsweise harmlose, trotzdem charakterlose – Arrangements, die eingegangen werden, um eine einflußreiche Stellung zu erhalten oder zu halten. Und ich weiß aus ungezählten glaubhaften Berichten der Altvorderen, denen keinerlei Makel nachzuweisen ist, daß es um 1934 Deutsche gegeben hat, die »wegsahen«, ohne deshalb mit Leib und Seele den Zielen des Nationalsozialismus ergeben gewesen zu sein. Und ich begreife nicht, nehme aber zur Kenntnis, daß es Zeugen der »Reichskristallnacht« gab, die das Abbrennen der Synagogen, die Vertreibung der jüdischen Mitbürger erlebten und dennoch ihr Tagewerk weiter betrieben. Und ich lebe mit Musikern dieser Zeit, die es in ihrem Leben nie zu einer angesehenen Position gebracht haben und die erst spät in ihrem Leben ihre Abscheu denjenigen gegenüber Ausdruck verliehen, die »damals« erfolgreich waren.

Karajan werfen sie vor, daß er 1934 in Berlin die Position in Aachen anstrebte, mit seiner »Hypnose« erlangte und aus der Position machte, was herauszuholen war. Eine Debatte darüber ist zulässig und unfruchtbar zugleich; die Analysen, die Karajan offene oder insgeheime Sympathien für den Nationalsozialismus bestätigen, sind dilettantisch. Die Hinweise darauf, daß sich das »Führerprinzip« und die Grundhaltung eines Dirigenten einem Orchester gegenüber nicht unähnlich sind, sind so einleuchtend wie dumm. Sie lassen sich im Bedarfsfall auf den Parteigenossen Herbert von Karajan anwenden, man müßte sie aber fairerweise erst recht dem politisch wachen Antifaschisten Arturo Toscanini zuschreiben – und auch diesen »Diktator« der Musik ächten, was undenkbar ist.

Am 18. September 1934 dirigierte Herbert von Karajan seine erste Premiere in Aachen: »Fidelio«. Den Berichten zufolge »zügig und exakt einstudiert« und demnach ein Erfolg. Einer der Kritiker konnte mit Insider-Informationen von der Probenzeit aufwarten, in der Karajan »als peinlich genauer Arbeiter am Werk gewesen« sei. Ein anderer rühmte außer dem damals noch längst nicht üblichen Auswendig-Dirigieren Karajans »Schwung und Temperament«.

Daß er ein Meister der Menschenführung war, schrieb keiner. Dennoch praktizierte er damals schon, was sich später schablonenhaft wiederholte: Alle ersten Begegnungen mit einem neuen Orchester waren stets Einzelproben, bei denen Karajan den Musikern nachwies, daß sie ihnen geläufige Werke längst routiniert und also nicht exakt spielten, und sich so widerwillige Hochachtung eroberte. Und die ersten Begegnungen mit Chören waren Demonstrationen von Geduld und Fleiß, durch die sich Karajan bei den Sängerinnen und Sängern nicht nur Hochachtung, sondern auch Sympathie errang für seine Hartnäckigkeit.

Für den 23. Oktober 1934 war »Walküre« angesetzt, erstmals also eine Wagner-Aufführung, bei der sich der junge Kapellmeister auf ein nach den Notwendigkeiten der Partitur besetztes Orchester stützen konnte und offenbar praktizierte, was man ihm bei allen seinen weiteren Interpretationen des »Ring« nachrühmte. Ein Kritiker schrieb, er hätte das Orchester »aus gewaltigen dynamischen Entladungen« in die Rolle des Begleiters zurückgenommen, um das Wort hervortreten zu lassen.

Im Dezember dirigierte Karajan den »Rosenkavalier«, jetzt mit einer Besetzung, der er die Partien nicht mehr in mühevoller Kleinarbeit einhämmern mußte. Überdies gab er sein erstes Aachener Orchesterkonzert mit einem Programm, das lange Zeit als eines seiner Standardprogramme hätte gelten können: eine Weber-Ouvertüre, das Violinkonzert von Tschaikowsky und die Erste Symphonie von Johannes Brahms. Und wieder bescheinigte ihm die neugierige Kritik, er hätte »ungeheuer wirkungsvoll« musiziert.

In den ersten Monaten des Engagements hatte Karajan alle Gelegenheit, seine Begabung unter Beweis zu stellen, und er nutzte sie. Zeitzeugen erinnern sich, daß er nichts als ein besessen arbeitender Musiker gewesen sei, der alle gesellschaftlichen Ereignisse vernachlässigt habe und sich landläufigen Gesprächen verweigerte – er hatte zu lernen und zu proben.

Der Ordnung halber: Eine der Zeuginnen ist Christa Ludwig, bei deren Eltern der junge Kapellmeister Karajan sich verköstigen ließ, jedoch keine Zeit fand, anschließende Plaudereien zu absolvieren. Eine weitere Zeugin, die Karajan in Aachen als nahezu unhöflich charakterisierte, war Irmgard Seefried, die zu Karajans Zeit in Aachen im Engagement war und sich Jahrzehnte später noch daran erinnerte, mit welcher Konsequenz er der allgemeinen Geselligkeit fernblieb.

Karajan hatte nicht etwa Kontaktschwierigkeiten, sondern konzentrierte sich auf das, was ihm wichtig war: die Arbeit mit Chor und Orchester, die Arbeit im Theater, im Konzert, aber selbstverständlich auch die Arbeit an der Karriere. Er wollte nicht Erster Kapellmeister bleiben, er wollte möglichst rasch Generalmusikdirektor werden, wie man es ihm beim Antritt seines Engagements in Aussicht gestellt hatte. Doch das war immer noch Professor Peter Raabe, damals schon ein alter Herr, der angesichts des Gipfelstürmers Karajan nicht unbedingt aus seinem Ehrenamt scheiden wollte. So mußte die allgemein übliche Taktik des »Ausspielens« angewandt werden: Karajan gastierte im März 1935 mehrfach in Karlsruhe und ließ sich Angebote machen und diese unterderhand in Aachen bekannt werden. Auf diese Weise erreichte er die notwendigen Entschlüsse, die in den obersten Gremien der Stadt zu treffen waren: Am 12. April wurde sein Engagement als Generalmusikdirektor Aachens bekanntgegeben. Selbst in der offiziellen Aussendung war nachzulesen, daß es »starke Strömungen« gegeben habe, den jungen Herbert von Karajan aus Aachen abzuwerben. (Karajans eigene Geschichte, er habe Karlsruhe benutzt, um das Aachener Angebot rascher zu erhalten, paßt in das Bild, das in mehr als einer Dirigentenkarriere zu beobachten ist.)

Mit 27 Jahren war Herbert von Karajan – ein Telegramm berichtete es auch triumphierend an die Eltern nach Salzburg – der jüngste Generalmusikdirektor des Deutschen Reiches.

In diesem Moment geschah, Aussagen Karajans zufolge, der notwendige Schritt zur Herstellung zeitgemäßer Verhältnisse. Man legte ihm nahe, der Partei beizutreten, er erfüllte die erforderlichen Formalitäten und ließ, so erinnerte er sich nach 1945, für alle auf ihn niederprasselnden Fragen, und in der Folge immer wieder, seinen Sekretär die Mitgliedsbeiträge entrichten.

Zeitgeschichtler und Experten für die Zeit des Dritten Reiches haben aus allen verfügbaren Unterlagen und Dokumenten etwas herausgelesen, das mit Karajans eigenem Bericht nicht übereinstimmt. Eine schwedische Journalistin, Gisela Tamsen, hat sich zur Aufgabe gemacht, die Dokumente anders zu sehen und als Nachweis für die Richtigkeit der Behauptung Karajans noch einmal vorzulegen.

In Kürze: Die seinerzeitige Beitrittserklärung Karajans, abgegeben in Salzburg, wurde weder von ihm noch von der NSDAP je ernst genommen; die ihm damals zugeteilte Mitgliedsnummer wurde ihm deshalb auch nie zugestanden. Eine bald darauf verhängte Aufnahmesperre wies als höchste bis dahin ausgegebene Mitgliedsnummer 3 262 698 in Salzburg aus. Die höchste im Gau Württemberg (zu dem Ulm gehörte) ausgegebene Nummer war 3 254 590. Die Herbert von Karajan schließlich zugewiesene Mitgliedsnummer aber, in allen Dokumenten übereinstimmend angegeben, lautete 3 430 914 und wurde daher − argumentiert die Schwedin − tatsächlich zu einem späteren Zeitpunkt, wahrscheinlich also im Frühjahr 1935 verliehen, als Karajan den ihm nahegelegten Eintritt in die Partei vollzog. Eine Chiffre »ng«, die ihn im Parteijargon als einen »nachgereichten 1933er« auswies, deutet außerdem darauf hin, daß er in Aachen naturgemäß Protektion genoß und also (was damals als Privileg galt, später allerdings anders auszulegen war) ein fiktives Eintrittsdatum, den 1. Mai 1933, in seine Mitgliedskarte eingetragen erhielt. Nach Gisela Tamsen existieren tatsächlich zwei Mitgliedskarten, von denen sich die späten Kritiker Karajans freilich nur die kompromittierende erste zur Veröffentlichung ausgewählt haben.

Dem Biographen erscheint ein anderes Faktum erwähnens- und untersuchenswert: Herbert von Karajan trat, nehmen wir es ruhig einmal so an und bleiben wir bei seiner eigenen Wahrheit, in die NSDAP ein, um Generalmusikdirektor zu werden, und sagte damals leise und Jahrzehnte später ungeniert laut, er hätte damals auch ganz andere Schritte unternommen, um sich diese Position zu sichern. Mehrere schokkierende Bemerkungen sind überliefert. Mir sagte er:»Ich wäre über Leichen gegangen.« Und sein im Zusammenhang mit der NSDAP gewiß mehr als unglücklich gewähltes Bild, er sei der Partei so beigetreten, wie er später einmal die Mitgliedschaft bei einem Alpenverein erworben hätte, um eine ihm liebe Abfahrt benützen zu können, hat er nicht nur mir gegenüber gewählt.

Schlimm! Aber diese Form, den Beitritt zu einer Partei wie der NSDAP zu wählen und ein Leben lang zu rechtfertigen, war von einer schonungslosen Offenheit und Ehrlichkeit und stand und steht im Gegensatz zu den sehr einprägsamen Erklärungen vieler aus der Generation Karajans, die sich auf ihren damals nationalen Sinn oder ihren später enttäuschten Glauben an die Persönlichkeit Adolf Hitlers beriefen und denen man willig Pardon gewährte, weil sie glaubhaft machen konnten, sie hätten sich früher oder später von der Ideologie enttäuscht zurückgezogen oder wären im Grunde ihres Herzens anstandige Menschen geblieben. Auch in Künstlerkreisen gab es unmittelbar nach 1945 in Deutschland wie in Österreich höchst angesehene Schauspieler, denen man dies so abnahm, auch heute noch sind Künstler hoch geehrt, deren Gefolgschaft für die Ziele des Nationalsozialismus unbestritten war und ist. Einzig Herbert von Karajan ließ man seine Erklärung, er habe mit der Partei überhaupt nicht sympathisiert, sondern sei ein im Grunde mieser Opportunist gewesen, nicht durchgehen. Einzig ihm unterstellte man, ein »echter Nazi« gewesen zu sein, und zitierte die Akten dementsprechend.

Wie Karajan darauf reagierte und wie er in seinen letzten Lebensjahren immer noch mit diesen Anschuldigungen zu leben hatte und lebte, gehört in ein späteres Kapitel. Daß sich die Aachener Behörden mit dem Beitritt zur Partei und den Pflichtübungen bei Konzerten zufriedengaben, ist erwiesen. Daß auch die neugierigsten und eifrigsten Erforscher von Archiven keine Beweise für ihn im nachhinein desavouierende Handlungen finden konnten, ist nach Lektüre aller zur Verfügung stehenden Dokumente gleichfalls zu behaupten. Karajan dirigierte in den Aachener Jahren in Deutschland und auch im Ausland, und seine Tätigkeit war keineswegs als eine subversive gegen das im Amt befindliche Regime zu deuten, war vielmehr höchst konform mit dessen Zielen. Fleißaufgaben aber, wie man sie Kollegen und Konkurrenten Karajans in Wort und Bild nachweisen konnte, sind von ihm nicht überliefert. Der Generalmusikdirektor Aachens, ein im Blickpunkt der Öffentlichkeit agierender Mann, wurde nie mit dem Parteiabzeichen im Knopfloch gesehen oder photographiert. Von ihm existieren unzählige Eingaben und Briefe, die pflichtschuldig mit dem Gruß »Heil Hitler« enden, jedoch keine Erklärungen der Treue zur Partei, zum Führer oder zum »notwendigen« Krieg enthalten.

Die Interpretation, Herbert von Karajan sei bereits in Aachen vor allem sein eigener Parteigänger gewesen, dürfte der Wahrheit sehr nahe kommen. Versuche, Karajan als einen Künstler zu beschreiben, der sich in ständiger Auseinandersetzung mit dem Regime befunden hätte, sind kindisch. Karajan verzehrte sich in Arbeitswut und unterstützte seine eigenen Ziele, die darauf hinausliefen, in Aachen Opernaufführungen zuwege zu bringen, die weit über Aachen hinaus Echo fanden, und Konzerte zu leiten, deren Erfolg ihn noch weit über Aachen hinaus führen sollte.

Karajan erinnerte sich gern an diese erste Saison in Aachen, allerdings erinnerte er sich vor allem gern an das enorme Arbeitspensum, das er sich vorgenommen hatte und bewältigte, und an die Tatsache, daß er quasi noch einmal den Grundstock zu seinem Repertoire legte: »Ich habe die Absicht, in den kommenden drei Jahren die wichtigsten klassischen Werke der Musikliteratur in Aachen zur Aufführung zu bringen. Um die Werke in ihrer ganzen Reinheit und Schönheit der Aachener Bevölkerung nahezubringen, sind in der technischen Gestaltung der Konzerte drei Momente maßgebend: die Solisten, das Orchester und der Chor. Es ist die wichtigste Richtlinie in meinem mir vorgezeichneten Arbeitsplan, in den vorgenannten Faktoren dem Publikum nur das denkbar Beste zu bieten.« Karajans Richtlinie liest sich despotisch, war aber nichts anderes als das, was er ein Leben lang als sein Ziel formulierte und in jeder seiner Positionen zu erreichen suchte.»Nur das denkbar Beste.«

Daß er in seinen ersten Aachener Spielzeiten dazu keine Kollegen einlud, sich vielmehr die Last aller Abonnementkonzerte, Sonderkonzerte und Volks-Symphoniekonzerte selbst auflud, war mit seiner Arbeitswut ebenso zu erklären wie mit seinen Vorstellungen von den Aufgaben eines GMD, die allerdings mit den damals noch gültigen Vorstellungen in Deutschland überhaupt korrespondierten. Obgleich es längst höchst populäre »Schlafwagendirigenten« gab, waren die an eine feste Position gebundenen Dirigenten bemuht, einem Theater, einem Ensemble, einem Orchester ihren eigenen Stempel aufzudrücken, und hatten wenig Interesse an gastierenden Kollegen.

Karajan lud tatsächlich – und daran erinnerte er sich auch immer wieder – nur einmal Willem Mengelberg, einen Bruckner-Spezialisten ein.»Wir wußten alle, daß seine Proben vor allem darin bestanden, sehr muntere und langatmige Anekdoten zu erzählen. Ich bat mein Orchester, höflich zu lachen, und sein Gastpiel wurde durchaus ein Erfolg. Es hatte aber für uns alle keine Folgen. Er kam nicht wieder nach Aachen.«

Wo Karajan Erfolg hatte und suchte, das war das Feld der damals attraktiven Instrumentalisten. Sie wurden zu Konzerten eingeladen, kamen, mehrten das Ansehen Karajans in der Stadt und erzählten an geeigneter Stelle von seinen Aachener Taten. Unter ihnen Solisten wie Walter Gieseking, Wilhelm

Backhaus, Edwin Fischer, Enrico Mainardi. Und unter ihnen auch Sängerinnen wie Tiana Lemnitz, die gastierte und ihre Eindrücke vom Aachener Opernchef in Berlin weitergab.

Karajans Erinnerungen an diese Zeit, von sämtlichen seiner Gesprächspartner ziemlich gleichlautend notiert, waren die eines Chefs. Sein nomineller Vorgesetzter, der Intendant des Theaters, ließ ihm freie Hand und erwies sich als »sehr konziliant«. Karajans später berühmt gewordenes Wort, er sei nicht imstande, zu dienen, ist schon im Zusammenhang mit Aachen festgehalten worden. Bei seinem Biographen Ernst Haeusserman lautet es noch: »Es gab nie die geringste Schwierigkeit, und ich war der Boß.«

In der ersten Konzertsaison des jungen GMD gab es neben penibel verzeichneten Konzerten mit vaterländischer, nationaler Kunst auch die ersten großen Einstudierungen des Verdi-Requiems und der h-Moll-Messe von Johann Sebastian Bach. Karajan hielt die für ihn noch jahrelang charakteristischen, unendlich vielen Chorproben ab, sorgte sich ums Detail und errang seinen Erfolg mit der besten Musik, die sich denken läßt. Karajan ging mit dieser auf Reisen. Ein Gastspiel der Aachener mit der Bach-Messe im April 1936 in Brüssel hatte zweifellos auch politische Wirkung, denn es fand unmittelbar nach der Besetzung des Rheinlandes statt und konnte als Demonstration deutscher Kunst gedeutet werden. Karajan und seine Musiker wußten genau, daß sie nicht einfach mit Bach auf Tournee gingen, sondern ihr Vaterland zu repräsentieren hatten. Trotzdem waren sie darauf aus, sich als Musiker Erfolg zu holen – und holten ihn.

Nachzutragen oder einzufügen wäre noch, daß neben den erwähnten Solisten auch Elly Ney in Aachen gastierte (und daß diese erklärte Nationalsozialistin auch in der Nachkriegszeit unbeirrbar an ihrer »Gesinnung« festhielt). Desgleichen auch, daß Karajan in seinem Opernspielplan Mozart, die Italiener und Wagner zu gleichen Teilen ansetzte und sich zu

Silvester 1936 endlich eine »Fledermaus«-Produktion leistete, Johann Strauß salonfähig machte und auf seine Herkunft hinwies. Und daß ihm dies auch außerhalb Aachens angerechnet wurde – im letzten seiner Salzburger Festspielsommer plante Max Reinhardt für den Spielplan, den er 1938 nicht mehr realisieren konnte, eine Aufführung der »Fledermaus« und ließ Herbert von Karajan als Dirigenten auf den ersten Prospekt setzen. (Eine der müßigen ahistorischen Überlegungen: Hätte Hitler keine Expansionsgelüste gehabt, wäre Österreich nicht annektiert worden, hätte die aus Deutschland vertriebene Künstlerschaft weiterhin naiv oder demonstrativ einen Steinwurf weit von der Grenze zu Deutschland Festspiele gemacht, wäre eine enge Zusammenarbeit Karajans mit Max Reinhardt zustande gekommen. Nicht Reinhardt und nicht die Gesinnung Karajans, ausschließlich die Weltpolitik verhinderten dieses Ereignis.)

Gastspielerfolge und neue Pläne

Karajans eigene Definition der Stellung Aachens traf zu. Er hielt zwar sein Ensemble streng unter seiner Obhut, nahm aber Einladungen an andere deutsche Bühnen an, dirigierte Konzerte in Stockholm, Brüssel, Amsterdam und erhielt 1937 die erste Einladung Bruno Walters zu einem Gastspiel an die Wiener Staatsoper. Daß es bei diesem einen Gastspiel blieb, war Karajans Erfahrungen mit dem Wiener Opernbetrieb und dem Wiener Angebot zu danken: Karajan erlebte, was vor und nach ihm viele Dirigenten in der Wiener Oper hinnehmen mußten. Man strich ihm die versprochenen Orchesterproben auf eine einzige zusammen und ließ schließlich den Konzertmeister des Orchesters Karajan bitten, doch auf die eine Probe auch noch zu verzichten. Man gab ihm Gelegenheit zu Klavierproben, bei denen sich vor allem Hilde Konetzni »auszeichnete«, indem sie »ihre Post erledigte und nur ein paar Einsätze markierte«, also den jungen Kapellmeister einfach nicht zur Kenntnis nahm. Die Vorstellung von »Tristan und Isolde« am 1. Juni 1937 wurde von Heinrich von Kralik gewürdigt, einem angesehenen Wiener Musikologen, der bald darauf Schreibverbot erhielt, nach 1945 wieder seines Amtes waltete und in der »Ära Karajan« einer der treuesten Parteigänger Karajans wurde. In Kraliks 1937 noch vorsichtig abwägender Kritik las man: »Daß der junge Dirigent ein starkes Talent ist, spontane Auffassung besitzt und unschwer den Kontakt mit Bühne und Orchester findet, steht außer Zweifel, und es mag sein, daß die Unmittelbarkeit eines Empfindens, das sich bisweilen noch hart, ungezügelt und losgeherisch äußert, eine verheißungsvollere Entwicklung in Aussicht stellt als kühles, überlegenes Routiniertsein.« Karajan wurde geschildert, wie vor ihm Gustav Mahler gezeichnet wurde, immerhin las man auch noch genügend Einschränkungen: »Im künstlerisch-formalen Sinn bleibt wohl vieles noch unabgeschliffen, es gibt mancherlei eckige, fahrige, harte und derbe Akzente, und ebenso will sich nicht immer der rechte klangliche Ausgleich zwischen den einzelnen Gruppen des Orchesters einstellen.«

Jubel erregte Karajan also nicht, auch dies ein Grund, weshalb er eine Einladung, als Erster Kapellmeister nach Wien zu kommen, höflich ablehnte. Er wollte lieber Chef in Aachen sein als Kapellmeister an einer Oper, die von einem Bruno Walter dominiert wurde und von der er aus Erfahrung wußte, daß sie immer nur einen ersten Mann vertrug. Karajans Ablehnung war klug, sie brachte ihm mehr ein als ein Engagement an das Haus seiner Träume. Auch eine erste Einladung, das Berliner Philharmonische Orchester zu leiten, erhielt Karajan schon 1937, lehnte sie aber höflich ab, da man ihm die gewünschten Probebedingungen nicht erfüllen wollte. Die abwägende Disposition einer Karriere, die heutzutage längst nicht mehr im Lehrplan junger Maestri steht, die sehr im Gegenteil viele junge Begabungen vor der Zeit abnützt und um die notwendigen künstlerischen Lehrjahre bringt, war für Karajan – damals ganz ohne Berater – selbstverständlich. Drei nahezu ausschließlich auf Aachen und das Repertoire der musikalischen Weltliteratur beschränkte Spielzeiten verhalfen ihm zu »Schliff«.

Das Jahr 1938, die dritte Aachener Saison, brachte dann Karajans Aufbruch in die wirklich große Welt. Die zweite Einladung zu einem Konzert der Berliner wurde angenommen, Herbert von Karajan erhielt die geforderte Anzahl an Proben und machte in Berlin einmal mehr mit seinem Rezept, ein Orchester von seinen Fähigkeiten zu überzeugen, Furore. Er forderte für ein konventionelles Programm, das ein Orchester dieses Formats rasch bewältigt hätte, zur ersten Probe ausschließlich die Streicher und wollte erst dann das ganze Orchester auf dem Podium. Er erregte damit Aufsehen und noch mehr mit dem kleinen Trick, schwierige Streicherstellen beinahe pultweise spielen zu lassen – der Schlendrian, der sich sogar bei einem Orchester von Rang einschleicht, war auch bei den Berlinern vorhanden. Und Karajan hatte die Genugtuung, diesen scheinbar erst einmal auszumerzen – und verschaffte sich »Respekt« bei den abgebrühten Orchestermusikern.

Karajan selbst behauptete später immer wieder, er hätte damals bereits Feuer gefangen und es fortan als ein Lebensziel gesehen, die Leitung des Berliner Philharmonischen Orchesters zu übernehmen. Doch weder in der Chronik der Berliner noch in anderen Schriftstücken über dieses erste Konzert vom 8. April 1938 läßt sich dieser Wunsch nachlesen. Das Orchester war, wie die Wiener Philharmoniker, Wilhelm Furtwängler als der überragenden Persönlichkeit verpflichtet und dachte nicht daran, sich über einen anderen, zudem jungen Chef den Kopf zu zerbrechen. Die Berliner Kritiker schliefen zwar nicht und schrieben äußerst positive Berichte, hatten jedoch anscheinend noch keinerlei »Wink von oben«, den jungen GMD aus Aachen als den natürlichen Nachfolger Furtwänglers darzustellen. Karajan konnte einen großen Erfolg und spontan die Einladung zu weiteren Konzerten mit den Berlinern mit nach Aachen nehmen. Sonst aber nichts.

Zum Ende der Saison heiratete Herbert von Karajan Elmy Holgerloef, die erste Operettendiva des Aachener Theaters. Die um elf Jahre ältere Künstlerin selbst erzählte Jahre später, stundenlange Spaziergänge hätten sie einander nähergebracht. Und erzählte weiter: »Nachdem wir geheiratet hatten, wohnte Karajan in meinem Haus.« Karajan selbst, der zu seiner ersten Ehe kaum jemals Kommentare abgab, war bis zu seiner Eheschließung – obwohl in einer ersten Position in einer angesehenen Stadt – ein seiner Salzburger Familie eng verbundener »Bub« gewesen und nahm die legitimierte Beziehung zu einer attraktiven älteren Frau auch als eine Art angenehmen Übergangs in die Obhut eines Wesens, das für ihn die Karriere aufgab und sich seines Haushalts annahm. Es galt als Zeichen von Seriosität, ein Heim zu haben. Es brachte Annehmlichkeiten, nicht einschichtig zu leben. Es war notwendig, einen Stützpunkt zu haben, wenn man aufbrach, um sich die nächste Stadt zu erobern. Karajan hatte das um diese Zeit vor. Er korrespondierte mit Berlin.

Die Reichshauptstadt lockt

Karajans Partner in dieser Korrespondenz mit Berlin war Generalintendant Heinz Tietjen, unumschränkter Herrscher im Opernleben der Reichshauptstadt, selbst Dirigent und Regisseur, durch seine guten Beziehungen zum Hause

Wagner eine allererste Größe nicht nur im Dritten Reich, dank seiner klugen diplomatischen Umgangsformen jedoch auch eine allererste Adresse, was die Parteiprominenz anging. Nach dem Aderlaß, den die Machtergreifung Hitlers dem Berliner Kulturleben zugefügt hatte, war Tietjen einerseits allmächtig, andererseits ohne Dirigenten von überragendem Format. Und Wilhelm Furtwängler ganz und gar ausgeliefert, dessen Wort in Bayreuth und bei den NS-Größen ebenso galt wie beim Publikum. Die Intentionen Tietjens, um den sich damals bereits Legenden rankten, waren ohne Zweifel, sich einen jungen, angriffsmunteren Dirigenten aus der Provinz anzusehen und als eine Bereicherung seines spärlich gewordenen künstlerischen Stabs aufzubauen. Die Reaktionen Karajans auf die Einladung aus Berlin, sich mit der Einstudierung einer Uraufführung zu präsentieren, war ein Grund mehr für Tietjen, den Mann aus Aachen kommen zu lassen.

Karajan selbst erzählte jedem, der es hören oder mitschreiben wollte, genüßlich von seiner Korrespondenz mit Berlin. Tietjen bot ihm Wagner-Régenys »Die Bürger von Calais« an und zeigte sich rasch damit einverstanden, daß Karajan vorher »Carmen« oder die eine oder andere Oper als Debüt dirigieren wollte. Karajan forderte »Fidelio« und »Tristan« als seine ersten Opern in Berlin. Tietjen wollte es billiger haben, Karajan blieb unerbittlich, bis Tietjen auf seine Forderungen einging, ihn mit »Fidelio« debütieren ließ und ihm »Tristan und Isolde« als zweite Oper zusagte. Am 30. September 1938 leitete er an der Berliner Staatsoper eine freundlich aufgenommene Vorstellung von »Fidelio«, am 21. November dirigierte er ebendort »Tristan und Isolde«.

Am Tag darauf erschien ein Bericht, dessen Überschrift das Leben Karajans begleiten sollte. »Staatsrat Tietjens großer Griff. In der Staatsoper: Das Wunder Karajan«. Ein mit diesem Titel in die Interpretationsgeschichte des 20. Jahrhunderts eingegangener Journalist Edwin van der Null schrieb demonstrativ:»Vom künstlerischen Gesicht des Abends zu sprechen, fällt schwer. Die Tragweite dieses Ereignisses läßt sich in der Eile einer frühen Morgenstunde noch gar nicht abschätzen. Rund heraus gesagt: wir stehen vor einem Wunder. Dieser Mann ist die größte Dirigentensensation dieses Jahrhunderts. Mit dreißig Jahren war es keinem, der unsre Jahrzehnte kreuzte, vergönnt, einen sachlichen und persönlichen Triumph dieses Niveaus zu feiern.« Und in dem Bericht schrieb er auch unmißverständlich, wer dieses Wunder zu fürchten hätte.»Ein Mensch von dreißig Jahren stellt eine Leistung hin, um die ihn unsere großen Fünfzigjährigen mit Recht beneiden dürfen.« Und er wagte auch eine Prophezeiung.»Karajan ist ein Geschenk. Ich glaube, er weiß genau, was er wert ist. Um ihn werden sich in Kürze die Opern-Metropolen der Welt reißen. Darum die Bitte, eine ganz dringende: er schone sich, man schone ihn. Solch kostbares Gut muß gehütet werden.« Und schließlich positionierte er das Wunder auch noch weltanschaulich.»Karajan ist einer der Unseren, er stammt aus dem Salzburgischen, daher, wo die Musik zu Hause ist. Es ist eine große Freude, zu wissen, daß dieser Künstler, ein deutscher Künstler, da ist.«

Selten hat eine einzige Kritik ins Leben eines Dirigenten, ins Musikleben einer Stadt, in die Entwicklung der Geschichte der Interpretation über Jahrzehnte so sehr eingegriffen wie dieser tatsächlich – man liest es und glaubt es sofort – in Eile in einer frühen Morgenstunde hingeworfene Aufschrei von dem Wunder Karajan. Staatsrat Tietjen hatte den herbeigesehnten jungen Mann von Talent und Attraktivität. Wilhelm Furtwängler hatte einen jungen Konkurrenten, den er sein Leben lang nicht mehr abschütteln konnte. Karajan hatte einen Auftrag, der durchaus seinem Lebensziel entsprach. Und festgehalten war, zu allem Überfluß, daß er als ein deutscher Künstler 1938 der richtige Mann am richtigen Ort war.

Von diesem Artikel her, den sich Wilhelm Furtwängler offiziell bei Staatsminister Goebbels verbat und der eine entsprechende Rüge des Ministers zur Folge hatte, bis zum Tod des bedeutenden deutschen Künstlers 1954 war Herbert von Karajan, ohne es darauf abgesehen zu haben, der Stachel im Fleisch seines älteren Kollegen. Vom Erscheinen dieses Artikels an war das Musikleben Berlins, bald aber auch in anderen Städten darauf abgestellt, einen Konkurrenzkampf mitzuerleben und aktiv mitzugestalten, den sich Herbert von Karajan so nicht gewünscht hatte. Staatsrat Heinz Tietjen mag das »Wunder« inspiriert haben, er zog jedenfalls aus der in aller Öffentlichkeit ausgerufenen sensationellen Situation seine Konsequenzen und betraute den Aachener Generalmusikdirektor nicht erst mit der Einstudierung der wenig sensationellen neuen Oper, sondern vertraute ihm eine neue Produktion von Mozarts »Zauberflöte« an. Die Premiere fand am 18. Dezember 1938 statt. Seither scheint keine Aufführung dieser Oper mehr Beifall und mehr Zustimmung gefunden zu haben.

Ohne es weiter zu erklären, schwärmen alle, die die Inszenierung Gustaf Gründgens', die Ausstattung von Rochus Gliese gesehen haben, es sei die unvergessene, kongeniale Deutung dieser immer nur mit der einen oder anderen Einschränkung gelungenen Oper gewesen. Karajan selbst, damals bereits ein »Schlafwagendirigent«, also zwischen Proben in Berlin und Aufführungen in Aachen unterwegs, erinnerte sich Jahre später vor allem an den Regisseur Gründgens und dessen Probenarbeit. Schwärmte vom freien, völlig offenen Ton bei den Proben und daß Gründgens die weihevolle Prosa des Sarastro als dumm und »nur für Parteiveranstaltungen geeignet« abgestellt habe. Erzählte von der besonderen Liebe, die Gründgens der Figur des Papageno entgegengebracht hätte. Sagte allerdings kein Wort über die Ausstattung, die mit besonderem Aufwand und vielen Zutaten Publikum und Kritik begeisterte und in kurzer Zeit Ruhm weit über alle üblichen Grenzen errang.

Für Karajan ergab sich dabei Gelegenheit, auch weit über alle Grenzen darauf aufmerksam zu machen, daß er der Dirigent dieser Berliner »Zauberflöte« war. Im Herbst hatte er seinen Eltern, die er über alle seine Erfolge auf dem laufenden hielt, stolz berichten können, er hätte einen Vertrag mit »Grammophon« auf zwölf Schallplatten im Jahr unterzeichnet. Die Ouvertüre zu Mozarts Oper wurde mit der Berliner Staatskapelle rasch aufgenommen und gepreßt.

Auf dem Sektor Schallplatte, den Karajan von Anbeginn wichtig nahm und als ein Medium der Zukunft begriff, erwies er sich sofort als derjenige unter den Musikern, die ideale Voraussetzungen für die Arbeit und allergrößtes Verständnis für die Notwendigkeiten sowohl der Musiker wie der Techniker mitbrachte. Nach heutigen Maßstäben war die Tätigkeit Karajans für die Deutsche Grammophon von seinem Vertragsabschluß 1938 bis zu Kriegsende vernachlässigenswert, immerhin ist sie als Dokumentation gerettet und auf dem zur Zeit aktuellsten Tonträger, der Compact Disc, im Angebot. Inklusive der Photos eines jungen, schmalen, sportiven Mannes, der vor einem Mikrophon dirigiert...

Karajan, in Aachen verheiratet und weiterhin allein disponierender Generalmusikdirektor, war freilich von Beginn seiner Berliner Tätigkeit an (die ihn zum Staatskapellmeister am Hause Tietjens machte und im Januar 1939 auch die Einstudierung und Uraufführung der mehrfach erwähnten »Bürger von Calais« einschloß) offenbar gewillt, sich seiner über Nacht errungenen Position in Berlin mehr zu versichern als der quasi schon zur Routine gewordenen Arbeit in Aachen. Kein Wunder, denn Berlin war auch 1938 eine Weltstadt.

Ein anderer damals junger Herr, der Komponist Gottfried von Einem, diktierte 1980 seinem Biographen Friedrich Saathen wörtlich, wie er Berlin erlebte: »1938 war die Stadt vergleichsweise unbeschädigt, wenngleich der Ruf schon ziemlich angeschlagen war. Eine Weltstadt war es noch, war es ›allemal‹. Es wurde großes Theater gespielt in Berlin. Gründgens und Fehling, Hilpert und Engel waren da und der größte Bühnenbauer der Zeit, wie ihn Bert Brecht nannte, Neher. Auf den Brettern standen neben Gründgens Marianne Hoppe, Lola Müthel, Elisabeth Flickenschildt, Werner Krauß, Paul Wegener. In der Oper und in den Konzerten dirigierten, außer Furtwängler und Knappertsbusch, Beechem, Mengelberg, Ansermet. Frieda Leider, Maria Cebotari, Elisabeth Schwarzkopf sangen und Heinrich Schlusnus, Max Lorenz, Fritz Krenn. Präsent war auch, wenngleich weniger deutlich, der Doktor Benn, der damals schon als undeutsch, formalistisch und intellektuell verschrien war, und Erich Kästner und einige andere hoffnungslos Sitzengebliebene, mit denen andernfalls noch einmal Staat zu machen gewesen wäre. Berlin war noch Berlin.«

Mag sein, daß auch der alt und weise, nicht versöhnlich gewordene Gottfried von Einem, zeit seines Lebens ein treuer Antipode zu Herbert von Karajan, vor sich und seinen Lesern eine Rechtfertigung oder Erklärung suchte, warum er 1938 nicht in der Schweiz, sondern in der Reichshauptstadt und auch bei Besuchen Hitlers an der Seite der Familie Wagner in Bayreuth zu finden war. Immerhin, auch er war von der Metropole fasziniert, die nach der Vertreibung der bedeutenden Juden und Linken unter den Künstlern, nicht völlig vor die Hunde gegangen war. Berlin war noch Berlin, und wer sich auf sein berufliches Fortkommen konzentrierte, konnte das in Berlin.

Herbert von Karajan kommt in den Erinnerungen von Einems an das Jahr 1938 vor. Einem schätzte »die Fähigkeiten des Mannes, schätzte sie im Verhältnis zu seinen Eigenwilligkeiten ebenso präzise und sachlich ein wie seine Eigenart im Verhältnis zu seinen Unarten«.

Karajans Unarten, damals und später von Zeitgenossen so bezeichnet, waren eine Mischung aus Kontaktschwierigkeiten im gesellschaftlichen Leben und einem unbändigen Arbeitsdrang. Musiker bezeichneten ihn als Fanatiker und harten Arbeiter. Damen, die noch einen Salon anboten, fanden in dem zu »Smalltalk« niemals aufgelegten attraktiven Dirigenten ihren Meister: Er war nicht faßbar. Herbert von Karajan war entweder auf Proben oder auf dem Weg nach Aachen oder ins Studium von Partituren vertieft. Er winkte dankend ab, wenn man ihm die Gelegenheit bot, sich in den »richtigen Kreisen« zu etablieren.

Sein rascher Aufstieg als potentielle Gefahr für den großen Furtwängler ließ sich allerdings auch aus der Tatsache erklären, daß Berlin entgegen den Bemerkungen Gottfried von Einems nicht mehr wirklich Berlin war. Die Dirigenten Klemperer, Walter, Kleiber waren nicht mehr in der Stadt, die Dirigenten in der Staatsoper hießen Elmendorf (ein ruhiger Kapellmeister, der selbst in Bayreuth aushelfen durfte, doch niemals Charisma hatte), Heger (einer der seriösesten, aber unscheinbarsten Musiker seiner Generation) und Schüler (auch ihn schildern die Chronisten Berlins bezeichnenderweise vor allem als »ruhig«). Staatsintendant Tietjen konnte mit ihnen den Spielplan aufrechterhalten, mußte aber einen Feuergeist vom Kaliber Karajans engagieren, wollte er, möglichst aus dem Hintergrund, den unbequemen Furtwängler in die Schranken weisen. Furtwängler war nicht nur als Verfasser von noblen Streitschriften gegen den Nationalsozialismus unbequem, er sah sich auch als künstlerisches Gewissen der deutschen Nation und erklärte in Berlin und Bayreuth selbst Tietjen für entbehrlich.

Karajan, auf den Schild gehoben, begriff die Situation. Er wußte um den »Auftrag«, den man ihm zugedacht hatte. Er nahm ihn nicht übel. Schließlich bedeutete dieser Auftrag ja auch, sich selbst zu bewähren und seine Karriere zu fördern.

Seine Ernennung zum Staatskapellmeister (der Titel klang und klingt großartiger oder pompöser, als sein Inhalt war und ist) am 20. April 1939 sicherte ihn als Mitglied der Berliner Staatsoper und gab ihm die Möglichkeit, die von ihm im Februar begonnenen Konzerte der Berliner Staatskapelle zu einem Gegengewicht zu den für ihn dank Furtwängler uneinnehmbaren Philharmoniker-Konzerten zu machen. Eine lebenslange Auseinandersetzung, von beiden Dirigenten geleugnet, durch ungezählte Aktionen und Gegenaktionen jedoch bewiesen, brachte immerhin den passiven Musikfreunden über Jahrzehnte Gewinn: Die Konkurrenz lähmte weder in Berlin 1938 noch in Wien und Salzburg 1948 das Musikleben, sondern erzwang besondere Orchesterleistungen. Die Schallplatte profitierte ebenfalls: Nach der erwähnten »Zauberflöten«-Ouvertüre und Werken von Cherubini und Verdi war Karajan in der Lage, sich das Berliner Philharmonische Orchester wenigstens für seine erste Aufnahme der »Pathétique« von Tschaikowsky und für Dvořáks »Aus der Neuen Welt« zu sichern, für damalige Verhältnisse nicht nur technisch schwierige, sondern auch überdimensionierte Werke, die einen Stapel von Schellack-Platten darstellten.

Der Reisedirigent von Karajan war unterwegs: 1939 gastierte das gesamte Aachener Ensemble mit »Walküre« in Lüttich, spann Karajan seine ersten Fäden nach Italien, wo man ihn 1940 endlich mit einem Konzert in der Mailänder Scala hören konnte. Erstmals war Karajan in einer Situation, in die er später wiederholt geraten sollte und aus der er sich nie ohne äußere Einwirkungen retten konnte. Seine Bestellung zum Staatskapellmeister in Berlin beunruhigte die Aachener, denen ein in der Reichshauptstadt erfolgreicher Generalmusikdirektor weniger wichtig war als ein »daheim« voll Energie wirkender Dirigent und Regisseur. Karajan aber war durchaus nicht willens, sich für eine Position zu entscheiden, beruhigte vielmehr die Aachener mit programmatischen Erklärungen und reiste »in der Woche auch viermal« zwischen seinen beiden Wirkensstätten hin und her, um nachzuweisen, daß er zwei Ämter auszufüllen imstande sei. Seinen eigenen Erinnerungen nach halfen ihm dabei bereits die allmorgendlich ausgeführten Yoga-Übungen, den Erinnerungen unzähliger Zeitgenossen nach war er einfach überfordert und keineswegs in der Lage, das Aachener Haus als ein »General« nach den alten Maßstäben zu führen. Wer ihn um 1939 gekannt hat, berichtet von einem Kraftbündel und einem Künstler, der sich in Ehrgeiz und Terminnot verzehrte.

Gleichzeitig aber fand Karajan, wovon er später schwärmte, Zeit – selbst in Berlin –, kenntnisreiche Kollegen zu beobachten. Gesichert ist, daß er die Proben und Konzerte Furtwänglers besuchte, wann immer er Gelegenheit dazu hatte. Von Karajan selbst ist berichtet worden, daß er seinen Kollegen für das italienische Fach, Victor de Sabata, zum Vorbild und Lehrer nahm und die enormen Qualitäten dieses Dirigenten aufmerksam beobachtete und in sich aufsog wie ein Schwamm. De Sabata, eine anerkannte Kapazität, war in seinen Präzisionsansprüchen und seiner Kenntnis der Partituren Arturo Toscanini durchaus zu vergleichen – seiner Sympathien für den Faschismus in Italien und den Nationalsozialismus in Deutschland wegen von Toscanini zwar lebenslang geächtet, in seinen fachlichen Qualitäten aber einer, der Karajan beibrachte, was Toscanini kaum besser hätte bewirken können. Karajan bewahrte ihm ein ehrendes Angedenken und sorgte, wo immer er konnte, für eine gute Nachrede auf den nach dem Krieg auch in Italien nicht mehr glücklichen Maestro.

Karajan lernte und erntete seine ersten großen Erfolge, war ohne sein Zutun und ohne sich dagegen zu sträuben eine Figur im ständigen Kampf gegen Furtwängler und nahm jede Gelegenheit zu Gastspielen im Ausland wahr: Daß diese damals alle in Zusammenhang zu bringen waren mit schlimmen politischen und bald auch kriegerischen Ereignissen, begriff er und wehrte sich nicht. Er dirigierte »Elektra« zum 75. Geburtstag des Komponisten und nahm die höflichen Komplimente des weltgewandten Richard Strauss nicht ernst; er war der Dirigent einer Festvorstellung der »Meistersinger von Nürnberg«, die Adolf Hitler anläßlich eines Staatsbesuches anordnete; er dirigierte Wagner auch in Aachen (und inszenierte, wie in Ulm) selbst. Er nützte, woraus man ihm Jahre später immer wieder einen Strick zu drehen suchte, sämtliche Möglichkeiten, die man ihm als Dirigenten erschloß.

Die Briefe, in denen Wilhelm Furtwängler bei Goebbels darum bat, Elogen auf den jungen Mann endlich abzustellen, waren von Karajan durch Auftritte und die darauffolgenden hymnischen Berichte provoziert, nicht durch geheime Machenschaften. Die Irritationen, die Furtwängler angesichts der ausverkauften, überzeichneten Konzerte der Staatskapelle fühlte, waren auf den Hunger der Berliner nach Begegnungen mit Musik in Kriegszeiten zurückzuführen und nicht auf Justament-Auftritte Karajans. Die als staatspolitisch wertvoll eingestuften Erfolge, die Karajan schließlich in Rom und später in Paris errang, waren von ihm nicht als Dienst am Deutschen Reich, sondern als erste Triumphe in Rom und Paris angestrebt. Exakter: Seine Gastspiele mit der Berliner Staatsoper in Rom und Paris (wie die Konzerte Furtwänglers mit dem Berliner Philharmonischen Orchester) wurden ausdrücklich als Kulturpropaganda angesehen und gewertet; für Karajan aber waren sie (wie für Furtwängler) Gastspiele mit Bachs Hoher Messe oder Wagners »Walküre« und somit sein Lebenselixier.

Seine Kontakte zu den Nazis blieben kaum nennenswert, die Beziehungen zu seinem »Mentor« Tietjen problematisch – Karajan erwies sich mit jedem Erfolg, den er errang, als weniger leicht zu führen, als widerspenstig, als Ein-Mann-Partei und ganz gewiß nicht als Gefolgsmann eines hinter den Kulissen agierenden geheimnisvollen Intendanten. Karajan forderte und regte an und nahm dabei auf delikate Situationen wenig Rücksicht. Karajan verlangte und plante und dachte nicht daran, die Intentionen anderer ins Kalkül zu ziehen. Karajan war unbequem. Und Karajan war ruhelos. Er entfremdete sich seiner Frau. Er hielt sich Aachen nur noch als Bastion und Sicherheit, er wollte rasch in alle Welt – freilich nur in die Welt, die einem deutschen Musiker zur Verfügung stand, doch diese war fatalerweise ein Großteil Europas. Karajans Erfolge beim Maggio Musicale Fiorentino 1942 waren künstlerische Erfolge. Karajans Mozart-Aufnahmen für den Italienischen Rundfunk in Turin waren nicht von allerhöchsten politischen Stellen diktiert, sondern kamen durch Karajans Dirigententätigkeit zustande. Karajans Ruf in Mailand war nicht der eines Günstlings des Regimes, sondern der eines jungen, fanatischen Musikers, dem man Oper anvertrauen konnte. Karajans überfüllte Konzerte in der Kriegsstadt Berlin schließlich waren nicht Demonstrationen der Parteizugehörigkeit, sondern Attraktionen für die Menschen, die auch in schweren Zeiten Musik in außerordentlichen Interpretationen hören wollten. Wo immer man die erste Ära Karajan verächtlich als eine im Schatten der NSDAP abtut, verleugnet man die Tatsache, daß auch im Dritten Reich gut musiziert wurde.

»Das Wunder Karajan« fällt in Ungnade

Das private Leben Herbert von Karajans, auch später nie groß an die Öffentlichkeit gezerrt, weiß nur von seiner Scheidung 1942 und seiner Wiederverheiratung mit Anita von Karajan am 22. Oktober 1942. Wie lange Karajan bereits seine spätere zweite Frau kannte und faszinierend weltstädtisch fand und sich von ihr um den kleinen Finger wikkeln ließ, entnimmt man einem ins Archiv der Gesellschaft der Musikfreunde geratenen Brief vom 29. Januar 1940, dessen Anrede bereits »Geliebte Anita« lautete und auf viel Vertrautheit schließen läßt: Der mit einer um elf Jahre älteren attraktiven, aber ruhigen Künstlerin verheiratete junge Maestro war fasziniert von einer um neun Jahre jüngeren, höchst eloquenten Frau aus großbürgerlichen Verhältnissen, die sich (trotz ihres gefährlichen Status als Vierteljüdin) in der Berliner Gesellschaft souverän bewegte. Er bewunderte »Ihre Art, Ihre Stimme, Ihr Auge, Ihre Gestalt, und das hat damit nichts zu tun, wie Sie im Moment ausschaun, ob Sie onduliert sind etc.« Anna Maria Gütermann, die schon eine gescheiterte Ehe hinter sich hatte, war 1940 keineswegs mehr im Schoß ihrer begüterten Familie, sondern eine Art aufsehenerregendes schwarzes Schaf und dennoch eine Frau, die den von seiner Arbeit absorbierten Dirigenten fesselte.

Zweieinhalb Jahre dauerte es, bis er aus einer Bekanntschaft und Beziehung zu ihr eine Ehe machte – und dies zu einem Zeitpunkt, da ihm dieser Entschluß tatsächlich »Schwierigkeiten« eintragen mußte. Sowenig er sich als ein Parteigänger oder Propagandist des Regimes einen Namen machte, so stur erzwang er sich eine Heirat mit einer Vierteljüdin, als große und populäre Künstler längst ihre Schwierigkeiten hatten, jüdische Ehepartner oder entferntere Verwandtschaft vor dem Weg ins Konzentrationslager zu bewahren. Mehr als ein Hauch von Unabhängigkeit in den eigenen Taten ist dieser Eheschließung nachzurühmen. Zugleich allerdings auch eine Selbsterkenntnis: Auch Anita von Karajan war und blieb eine sehr dominante Ehefrau, war alles andere als eine stille Gefährtin an der Seite eines emporstrebenden Dirigenten, behielt ihre gesellschaftlichen Kontakte, wurde im Lauf der Jahre eine Persönlichkeit, die »aus eigenem Wert« ihre Anerkennung fand.

Daß mit der zweiten Heirat Herbert von Karajans einerseits und mit einigen »übertriebenen Forderungen« Karajans an seinen Berliner Chef andererseits ein Karriereknick zu verzeichnen war, läßt sich behaupten. Das Jahr 1942 brachte ihm nicht nur die von begeisterten Kritiken vergoldeten Gastspiele in Florenz, sondern auch die Kündigung seines Vertrags als GMD in Aachen – und Karajan hat spät im Leben zugegeben, daß nicht er gekündigt hatte, sondern daß er in Berlin eines Tages erfuhr, daß man sich quasi hinter seinem Rücken nach einem Nachfolger umgesehen hatte, weil man fürs eigene Haus auch einen amtierenden künstlerischen Chef haben wollte. Daß Karajan, in Aachen gekündigt, sich ungefähr zur selben Zeit mit Heinz Tietjen anlegte, endlich eine adäquate Position verlangte und zudem sein Interesse an der Leitung der Dresdener Staatsoper bekanntgab, daß er sich mit der NSDAP alles andere als im Einklang befand und dabei selbst auf unsicherstem Boden stand, ergab eine Situation, die nie so geschildert wurde. Immerhin, die Eintragung aus Goebbels' Tagebuch: »Der Dirigent Karajan hat Tietjen maßlose Forderungen gestellt. Er will mit diesen Forderungen seinen Kampf gegen Furtwängler durchdrükken. Tietjen sucht demgegenüber bei mir Schutz, der ihm bedingungslos bewilligt wird«, hat man später zitiert, und sie beweist immer noch, daß Karajan alles andere als ein angenehmer »Günstling« war. Und was seine Schwierigkeiten als Parteimitglied anlangt, existiert in den Archiven, die zwecks Wahrheitsfindung angelegt sind, eine Anfrage, ob Herbert von Karajan noch Parteimitglied sei. Diese Anfrage des »Hauptamtes für Gnadensachen« wurde und wird als eine unmittelbare Folge der »standeswidrigen« Heirat Karajans und seiner Auseinandersetzungen mit der Partei gedeutet. Karajan selbst behauptete später, er sei zu diesem Zeitpunkt aus der Partei ausgetreten, die Belege dafür aber konnte er nicht erbringen. Er war allerdings zu keinem Moment seines Lebens bereit oder interessiert daran, Belege zu erbringen. »Roma locuta«, sagte er und meinte tatsächlich in allen wesentlicheren Fragen ganz im Sinne dieses Satzes, die eine oder andere Sache sei damit entschieden.

Von 1942 an wurde Karajan, bis dahin unaufhaltsam in die erste Reihe der Dirigenten vordringend, vernachlässigt. Das Limit der ihm vertraglich zugesicherten Schallplattenaufnahmen ließ sich zweifellos der Kriegseinwirkungen wegen nicht erfüllen, die Auslandsgastspiele, von denen Karajan nur noch eines in Amsterdam (samt erhaltenen Schallplattenaufnahmen mit dem Concertgebouw Orkest), in Stockholm, in Paris, eines in Mailand und schließlich eine Reihe von Konzerten in Bukarest ergattern konnte, wurden mit Fortschreiten des Kriegs rarer. Die Auftritte in Berlin reduzierten sich gleichfalls, der schlimmen Lage entsprechend. Ein Versuch, das Linzer Reichs-Brucknerorchester ernst zu nehmen und dank intensiver Probenarbeit auf ein Niveau zu bringen, das diesem Ensemble auch eine den großen deutschen Orchestern ähnliche Position hätte sichern sollen, schlug fehl – nicht Karajans Fähigkeit, den Standard eines Orchesters zu heben, hatte nachgelassen, sondern die Mittel des Großdeutschen Reiches waren erschöpft.

Götterdämmerung

Die Karajans »setzten sich ab«. Im vorletzten Moment verließen sie, die seit einiger Zeit bereits am Stadtrand bei Freunden gelebt hatten, Berlin und flogen unter dem Vorwand, Aufnahmen für den Italienischen Rundfunk zu machen, nach Mailand. Karajan hatte, das immerhin, einflußreiche Freunde, die als Musikliebhaber sogar in den schlimmsten Zeiten kleine »Durchstechereien« begingen; also auch Bekannte, die ihm einen offiziellen und seiner Frau einen völlig verbotenen Platz in einem Flugzeug verschafften. Natürlich dachte in Mailand niemand mehr an Rundfunkaufnahmen, sondern nur noch an den Einmarsch der Alliierten.

Karajan erinnerte sich der letzten Tage vor seinem persönlichen Kriegsende oft: Er fand eine Unterkunft am Gardasee, erhielt in allerletzter Minute noch einen Stellungsbefehl zur Wehrmacht, fand allerdings auch einen deutschen Offizier, der ihn davor bewahrte, diesem Befehl nachkommen zu müssen, und hatte, als der Spuk zu Ende ging, keine Verbindung zu Berlin, keine zu Salzburg, keine zu Wien. Nur Partituren und ein Minimum an finanziellen Mitteln, das die Karajans für kurze Zeit in Mailand ausharren ließ.

In dieser ganz und gar einmaligen Situation in Europa, von der zumindest zwei Generationen aus ihrer eigenen Erinnerung und also nicht ohne Rechtfertigung berichtet haben, war Karajan einerseits ein arrivierter Dirigent, dessen Qualitäten Orchester von unbestreitbarem Rang kannten, andererseits ein Mann ohne jede Position: ein Dirigent ohne Orchester, ohne Engagement, ohne Institution, auf deren Hilfe er sich hätte verlassen können; ein ausdrücklich als Deutscher firmierender Mann in einer ausdrücklich italienischen Stadt, in der man sich rasch und mit Enthusiasmus der neuen, der amerikanischen Zeit hingab und ganz gewiß kein Interesse hatte, sich mit den Schatten der allerjüngsten Vergangenheit abzugeben.

Dem Ehepaar Karajan ging es schlecht. Anita arbeitete als Übersetzerin, Herbert dachte – angeblich – daran, seine pianistischen Fähigkeiten in einem Nachtklub zu nutzen, beschloß jedoch nach diesem Gedanken sofort, seine Zeit nutzbringender zu investieren. Er studierte, nach einem selbsterstellten Stundenplan, Partituren und Sprachen. Er bereitete sich, so stellte er es selbst immer wieder dar, auf die erste Chance »nachher« vor.

In Karajans eigenen Worten: »Ich habe sehr viel gelesen in dieser Zeit. Ich habe wirklich seriös Italienisch gelernt. Ich hatte Angst, man könne in einem solchen Zustand, wenn man gar nichts zu tun hat, schnell demoralisiert werden. So habe ich mir, genau, als ginge ich in die Schule, einen Stundenplan aufgestellt, den ich rigoros eingehalten habe. Bin ich einmal vom Pensum abgewichen, so habe ich mir selbst die spärlichen Rationen verboten und mir nichts zu essen gegeben.« Und weiter: »Es ist merkwürdig und wohl charakteristisch für mein Leben, daß solche Erlebnisse, wenn man von allem weg ist oder wenn einem alles genommen wird, keine Bitterkeit in mir auslösen, sondern immer nur eine besondere Konzentration auf das, was ich mir selbst zu tun vornehme.«

Die schlimmen arbeitslosen Tage in Mailand waren, im nachhinein, auch nur eine kurze Periode im Leben Karajans. Noch im Spätsommer 1945 war eine Triestiner Familie, reich und musisch, Gastgeber für die Familie Karajan. Der letzte Ritter des Maria-Theresien-Ordens, dessen Sohn sich als Komponist und Theaterintendant versuchte, lud den in Mailand hungernden und nach einem Orchester dürstenden Freund seines Sohnes ein. In Triest waren die Engländer Besatzungsmacht, fand sich ein Weg, nach Klagenfurt und von dort nach Salzburg zu kommen: Karajan muß für einige Tage in ein Internierungslager und geht als Dolmetscher getarnt mit einem Transport in die Heimat, eine mühsame Bahnfahrt, aber eine nach Österreich. Karajan ist im Herbst bei seinen Eltern.

NEUE WELT –
NEUE ZUKUNFT

Noch einmal von Salzburg und Wien aus

Die ersten Schritte, wieder zu dirigieren, und zwar an einer ihm gemäßen Stelle, leitete Karajan rasch ein. Protokolle der ersten Gespräche mit dem in Salzburg amtierenden Theatre and Music Officer Peter de Pasetti sind nachzulesen. Die konsequente Stellungnahme Karajans bei sämtlichen Befragungen über seine Nazi-Vergangenheit ist gleichfalls erhalten. Sie kam, das scheint gesichert, nach Rücksprache und unter anwaltlicher Hilfe eines angesehenen Wiener Musikfreundes zustande.

Baron Otto Mayr, eine wichtige Persönlichkeit nicht nur im Wien der Nachkriegszeit, sondern als Musikfreund wie als Mitglied der beiden großen Wiener Konzertinstitute von Einfluß, bemühte sich mit der Autorität eines untadeligen Altösterreichers, die seiner Ansicht nach wichtigen Institutionen und Künstler so rasch wie möglich von allen Verbotslisten zu bekommen. Die Wiener Gesellschaft argumentierte: Gewiß sei es schwierig, einem erklärten Parteigänger der braunen Macht zu helfen; wichtiger aber sei es, durch Pardonierung der bald so genannten »kleinen Nazis« sowohl ein Orchester wie die Wiener Philharmoniker unversehrt zu erhalten als auch diesem rasch wieder kompetente Dirigenten zu geben.

Drei Persönlichkeiten traten, jeder mit Enthusiasmus für die Sache und die Person, für den österreichischen Dirigenten Herbert von Karajan ein. In Salzburg der dem KZ entkommene ehemalige Beamte Egon Hilbert, der sich für die Wiederauferstehung der Salzburger Festspiele, bald aber auch für die Leitung der Bundestheater in Wien interessierte und seine eigene Vergangenheit völlig unbedenklich in die Waagschale warf, wenn es galt, für eine seiner Ideen die besten Künstler freizumachen. In Salzburg auch der allerdings von der Wiener Zentrale bald als etwas zu liberal beurteilte und politisch wenig versierte Theateroffizier Peter de Pasetti. Und in Wien Baron Mayr, dessen für Karajan geschriebene Erklärung zwar erst im März 1946 entstand, jedoch nur zusammenfaßte, was Karajan vom Spätherbst 1945 an immer wieder zu Protokoll gab:

»Im Frühjahr 1934 schied ich von Ulm und wurde drei Monate später nach einem Probedirigieren in Aachen dort zum leitenden Opernkapellmeister mit der Anwartschaft auf den Posten des Generalmusikdirektors ernannt. 1935 folgte dann tatsächlich meine Bestellung zum Generalmusikdirektor in Aachen. Schon in Ulm hatte man auf mich immer wieder eingewirkt, ich soll der Partei beitreten. In Aachen konnte ich mich nun dieser Aufforderung nicht mehr entziehen. Ich wurde aufgenommen, soviel ich mich erinnere, ohne vorgängige Anwartschaft. Die Parteikarte blieb in den Händen meines Privatsekretärs Nellessen, der auch alle Formalitäten, insbesondere auch die laufenden Beitragszahlungen, für mich erledigte. Nummer der Mitgliedskarte und Aufnahmedatum sind mir daher auch nicht erinnerlich. Ich habe wie bisher, auch von da an mich in keiner Weise für die Partei betätigt, bin keinen Appellen oder Aufforderungen zu Versammlungen und auch politischen Versammlungen gefolgt, soweit sie nicht rein musikalisch waren, mit Erfolg ausgewichen. Dies brachte mich mit dem Aachener Kreisleiter in ununterbrochenen Konflikt.« Der letzte Satz von Karajans Erklärung: »Zusammenfassend darf ich sagen, dass [sic!] mir ein anderer Vorwurf als der, im Jahre 1935 in Aachen der Partei beigetreten zu sein, nicht gemacht werden kann. Ich war in der Partei und bei der Regierung infolge der Animosität Hitlers und meiner Heirat nicht beliebt und wurde, da ich angeblich nicht den Typus eines deutschen Dirigenten verkörpere, in keiner Weise propagandistisch gefördert.«

Liest man die Memoranden aus der unmittelbaren Nachkriegszeit und die Erinnerungen eines unbestechlichen Mannes, als den ich den österreichischen Juristen, Schriftsteller und Regisseur Ernst Lothar bezeichnen möchte (er war Mitarbeiter Max Reinhardts, mußte in die Emigration, kehrte als Theatre Officer zurück und wurde schließlich wieder Regisseur in Wien und ein wesentlicher Verantwortungsträger auch bei den Salzburger Festspielen), vergleicht man dazu eine Dissertation, die ausschließlich die Entnazifizierung von österreichischen Künstlern zum Thema hat, dann begreift man unschwer, daß sich nach 1945 nicht nur Künstler, sondern auch deren »Richter« in einer seltsamen und heiklen Lage befanden. Wie sich sehr viele Schauspieler, Musiker und Dirigenten nach Kriegsende rasch als »Opfer« fühlten und wenig Anlaß sahen, ihre formelle Zugehörigkeit zur NSDAP über ein selbstverständliches und oft recht diskretes Maß hinaus zu bedauern, so waren auch die von den Siegermächten eingesetzten Instanzen nicht ausschließlich dazu angehalten, ehemalige Nationalsozialisten auszuforschen oder mit Berufsverbot zu belegen, sondern im Gegenteil aufgefordert, das österreichische Kulturleben möglichst rasch wieder in Gang zu setzen und nur »schwer belasteten« Künstlern jeglicher Kategorie das Leben schwerzumachen. Wobei die Alliierten höchst unterschiedliche Maßstäbe anlegten, sich in den einzelnen Besatzungszonen ebenso unterschiedliche Arbeitsbedingungen ergaben und gemeinsame

Sitzungen über das Schicksal eines »Nazi« nach den vorliegenden Protokollen auch als Diskussionen höchst verschiedener Weltanschauungen erwiesen.

Karajan bot eines der signifikanten Beispiele für diese Behauptung. Nach den ersten anscheinend günstigen Beurteilungen seiner Person im Winter 1945 erfolgte die erhoffte Einladung zu einem ersten Konzert mit den Wiener Philharmonikern. Und unmittelbar vor dem Konzert kam die erste Auseinandersetzung um die Auftrittserlaubnis für Karajan, der bereits alle Proben hinter sich hatte.

Ein Memorandum vom 13. Januar 1946 hält fest, daß sich de Pasetti für die Amerikaner und ein Captain Epstein für die sowjetische Besatzungsmacht in den Haaren lagen und in der Frage, ob das angekündigte und ausverkaufte Konzert am andern Tag stattfinden sollte, nicht einig werden konnten. Epstein wollte das Konzert verbieten. De Pasetti argumentierte, er habe andere Ansichten über Karajans Vergangenheit und fände es außerdem unrichtig, ein Konzert zwei Wochen unkommentiert ankündigen zu lassen und es erst in letzter Minute zu verbieten. Die Diskutanten unterhielten sich, so entnimmt man es den Memoranden, in ihrer Muttersprache, also auf deutsch, und ließen anschließend ihre Rapporte an ihre Vorgesetzten in die Sprache ihrer Dienststellen übersetzen. Im Falle der Karajan-Konzerte kamen sie überein, diese noch zu gestatten, über weitere Auftritte allerdings nicht in letzter Minute zu entscheiden.

»Es ist die Ansicht des Berichterstatters, daß der Fall Karajan durchgefochten werden sollte. Die Tatsachen sind so, daß er vom politischen Standpunkt her längst nicht so schwerwiegend ist wie etwa die Fälle von Dirigenten wie Clemens Krauss und Furtwängler. Karajan könnte den Durchbruch bringen, der es uns möglich macht, die Philharmoniker wieder auf ihren alten Standard zu bringen«, schloß Peter de Pasetti seinen Bericht.

Es wäre sinnlos, die Dokumente aus der Zeit alle noch einmal zu zitieren. Der Standpunkt von 1946 hat sich in allen seinen Problemstellungen nicht halten lassen. Die in der Nachkriegszeit Agierenden erhalten heute andere Zensuren als damals und müssen mit völlig anderen Lesern rechnen. Nicht nur Karajans Erklärung, er habe der Partei nichts gegeben, ist Gegenstand der Kritik. Auch die Theateroffiziere der ersten Generation, Emigranten, Heimkehrer, sind grober Fahrlässigkeit bezichtigt worden. Wie sie in Deutschland und in Österreich ihres Amtes walteten, wie sie urteilten, wie sie tatsächlich sogar fraternisierten, ist ihnen längst zum Vorwurf gemacht worden. Und ihre eigenen Erinnerungen, soweit in Buchform festgehalten, sind erwiesenermaßen nicht frei von Irrtümern, die man deuten, aber nicht wissenschaftlich erklären kann. So auch die des Zeugen Ernst Lothar, der gleich noch zu erwähnen sein wird.

Karajans erstes Wiener Konzert nach dem Krieg fand im Großen Musikvereinssaal statt, nachdem man ihn und den Sprecher der Philharmoniker am Tag des Konzertes noch einmal zu einer Unterredung mit den Vertretern der Besatzungsmächte zitiert hatte. Nach dem Konzert, dessen künstlerischer Erfolg unbestritten war, verhängte man ein Auftrittsverbot über Karajan, das bis in den Spätherbst 1947 aufrechterhalten bleiben sollte. Karajan glaubte zwar im Januar 1946 nicht an eine derart lange Abstinenz, war jedoch angesichts der Situation in Wien zu überzeugen, daß er in der laufenden Spielzeit keinerlei Chance mehr hatte, erneut zu dirigieren.

Sein zweites, für den März vorgesehenes Konzert fiel dem vehementen Einspruch der sowjetischen Besatzungsmacht zum Opfer, die ihn für einen »strong Nazi« erklärte. Am Tag des nicht mehr gestatteten Konzerts machte Herbert von Karajan die Bekanntschaft des britischen Schallplatten-Produzenten Walter Legge, der ihm einen Vertrag anbot: Er sollte in Wien, mit den Philharmonikern, auf der Basis von Schweizer

Franken, Schallplatten für Columbia aufnehmen. Karajan hatte an einem Tag eine Niederlage und ein Versprechen für die Zukunft erfahren.

Die Situation in Österreich war den schönen Künsten trotz alledem günstig. Wie nach dem Zusammenbruch der Monarchie war auch nach der Befreiung von den Nazis die allgemeine Meinung, das künstlerische Erbe des Landes sei zu bewahren, der Wiederaufbau des Kunstlebens von vorrangiger Bedeutung. Einmal mehr machte sich zum Beispiel die Wiener Bevölkerung sofort Sorgen um die zerbombte Staatsoper und legte »Bausteine« auf, die reißend Absatz fanden. In die unversehrt gebliebene Volksoper und in das über Generationen abgewohnte, aber nicht abgerissene Theater an der Wien, die Geburtsstätte des »Fidelio« und der »Lustigen Witwe«, zog das Ensemble der Staatsoper ein und sang und musizierte unter Josef Krips, einem der erstaunlichsten Mozart-Kenner seiner Zeit, der die im Krieg zuletzt von Karl Böhm geführten Sänger »im Untergrund« als Korrepetitor betreut hatte. Oscar Fritz Schuh, ehrsam allen Versuchungen des Nationalsozialismus ausgewichen, inszenierte. Caspar Neher fand es nicht schwierig, ohne Materialien seine Bühnenbilder zu entwerfen. Egon Hilbert kam aus Salzburg und wurde, was ihm bereits von seinen Mithäftlingen im KZ versprochen worden war, nämlich Leiter der österreichischen Bundestheater. Der Komponist Franz Salmhofer kam und wurde Direktor des Ensembles im Theater an der Wien und gleichzeitig eine Legende – er bezahlte seine Sänger in Naturalien und zapfte die Stromleitung der Besatzungsmacht an, um sein Haus führen zu können.

Die Konzerthausgesellschaft mühte sich, einen »Nachholbedarf« der Musikfreunde zu decken, und nahm in ihre Programme alle die Komponisten auf, die verboten gewesen waren oder die als »entartet« nur im Untergrund bekannt geworden waren. Die Gesellschaft der Musikfreunde präsentierte sich im traditionsreichen Haus auf dem Karlsplatz als beständiger Hort aller großen Musik und suchte die alten Verbindungen zu den Weltzentren wiederherzustellen.

Ein euphorisch und chaotisch zugleich amtierender Stadtrat für Kultur, der inzwischen das biblische Alter von über neunzig Jahren erreicht hat, Viktor Matejka, half nach seinen eigenen Vorstellungen von Gerechtigkeit Opfern des Nazismus ein Dach über dem Kopf zu sichern und setzte sich ein, wo er guten Willen oder Kunst vermutete oder erspürte. Seine Versuche, vertriebene Komponisten oder Wissenschaftler, also Arnold Schönberg, Ernst Krenek, Egon Wellesz heimzuholen, fanden kein lebhaftes Echo. Die in Wien verbliebenen Musiker und Universitätsprofessoren hatten an der Konkurrenz wenig Interesse, die Kapazitäten, die ein neues Wien dringend nötig gehabt hätte, spürten in ihrer jeweils neuen Heimat in Kalifornien oder Oxford, wie wenig sie den Wienern fehlten. Die Nichtheimkehr in eine zerbombte, hungernde Stadt wurde ihnen leichtgemacht. Und dies zu einer Zeit, in der diese Stadt bereits beschloß, den Makel, der auf ihr lag, in der weiten Welt dadurch vergessen zu machen, daß sie sich wieder als Musikstadt in Erinnerung rief. Allerdings: Wien erinnerte die Welt an Schubert, Mozart, Bruckner. Nicht einmal an Mahler. Gewiß nicht an Arnold Schönberg.

Karajan, immerhin ein Österreicher, in Wien vom Pult gewiesen, schrieb seine bereits zitierte Antwort auf alle Vorhaltungen und dachte, seine weiteren Pläne würden wenigstens in bezug auf die Salzburger Festspiele aufgehen. Man hatte ihn in seiner Heimatstadt sofort aufgefordert, an deren Wiederaufbau mitzuwirken, er sollte an ihnen sogar überaus aktiv teilnehmen: Karajan war als Dirigent von drei Orchesterkonzerten und als musikalischer Leiter von Mozarts »Figaro« (sechs Vorstellungen) und »Rosenkavalier« (fünf Vorstellungen) engagiert; er sollte, so die Salzburger, der absolute Star der ersten Nachkriegsfestspiele werden.

Ernst Lothar blieb es vorbehalten, dies zu verhindern. Er kam im Juni 1946 aus den USA in seine Heimat, reiste unmittelbar nach seiner Ankunft in Wien mit dem »Mozart« – so der Name des Zugs zwischen Wien und Salzburg – in die amerikanische Besatzungszone und entschied in der Stadt, in der er einst gemeinsam mit seinem Mentor und Freund Max Reinhardt gewirkt hatte, über das Schicksal Karajans. Die in den Washingtoner Archiven sichergestellten Memoranden des Theateroffiziers Lothar lesen sich in Nuancen anders als die Jahre darauf von Lothar niedergeschriebenen Memoiren. Sie weisen nach, daß Lothar nach dem ersten Gespräch mit Karajan in Salzburg dessen Enthusiasmus nicht bezweifelte, das Arbeitsverbot für den Dirigenten jedoch unterstützte. Sie zeigen aber auch, daß er nach dem Festspielsommer und nach den Erfahrungen mit Karajan die seltsame Lösung, an der er selbst mitgewirkt hatte, für richtig hielt und sich der Faszination Karajans nicht mehr zu entziehen gewillt war.

Der Faszination? Tatsächlich darf man sowohl den amtlichen Papieren wie den trockenen Erinnerungen des gelernten Juristen Ernst Lothar entnehmen, dieser habe sich in den Gesprächen mit seinem einstigen Freund Werner Krauß und in Diskussionen mit dem Komponisten Richard Strauss als unparteiischer Richter erwiesen, sei aber angesichts der Arbeit Herbert von Karajans aus dem Lot gebracht worden. »Ich greife vor, um zu sagen, daß die bei den Schlußproben im verdunkelten Zuschauerraum auftauchende, ihn rastlos umkreisende Ephebengestalt, die unten mitdirigierte, während es oben der Nominelle tat, mich ebenso fasziniert hat wie der suggestiv verjüngte Opernstil«, erinnerte sich Ernst Lothar Jahrzehnte nachher, selbst wieder ein Festspielkünstler und Burgtheaterregisseur geworden.

Der mit Auftrittsverbot belegte, aber als »outstanding« bezeichnete Dirigent mußte die ihm zugesagten beiden Festspielopern hinter den Kulissen betreuen. Er leitete die Proben, war im Orchester und auf der Bühne zu beobachten, hatte aber schließlich die Leitung für die Aufführungen selbst abzugeben. Die von den Amerikanern gutgeheißene Lösung, die das Gesicht der Besatzungsmacht wahrte und den Festspielen ihre musikalische Brillanz sicherte, war eine den damaligen Verhältnissen angepaßte Lösung – heute würde man sie allerdings wieder eine typisch österreichische nennen.

Herbert von Karajans Kommentar dazu, Jahre später, lautete übereinstimmend mit seinen Gesprächspartnern von Besatzungsmachtseite, er habe gegen das Auftrittsverbot nicht angekämpft, habe keinerlei Intervention zu seinen Gunsten mehr gesucht, sondern beschlossen, die Zeit abzuwarten, die einmal enden mußte. »Ich habe Partituren gelesen, ich habe mich vorbereitet. Ich habe ganz genau gewußt, daß meine Zeit kommt. Und als die Zeit kam, war ich gut vorbereitet.«

Tatsächlich verweigerte er damals und später alles, was man heute »Trauerarbeit« nennt, diskutierte nicht wie sein großer Gegenspieler Wilhelm Furtwängler in seinen verhängnisvollen Briefen, die an Bruno Walter gerichtet waren und den Schreiber im Grunde uneinsichtig zeigten. Und verschwindelte auch nichts wie sein Kollege Karl Böhm, dessen Anhänglichkeit an das Nazi-Regime allerorten freundlich verschwiegen wurde. Karajan wählte seinen eigenen Weg, blieb der sicheren Überzeugung, er verfüge über künstlerische Qualitäten, die man brauchen werde, und hatte zudem das Angebot Walter Legges, das ihm einen Ausweg der besonderen Art zeigte: In Österreich mit Auftrittsverbot belegt, war ihm die Chance geboten, sich durch das Medium der Zukunft der ganzen Welt als Dirigent von Rang bekannt zu machen.

Auftrittsverbot und weitere Hürden

Die Enttäuschung, bei den Festspielen nicht wirken zu können, in Wien andere ans Pult lassen zu müssen, war groß. Die Disziplin, sich für eine Arbeit vorzubereiten, die wiederum auf Hindernisse stoßen konnte, war enorm. Karajan hatte die Disziplin und Ausdauer, Karajan profitierte. Im September 1946 konnte er mit seinen ersten Aufnahmen im Großen Musikvereinssaal beginnen.

Wieder gab es Proteste der Besatzungsmächte, die es unstatthaft fanden, daß Karajan dirigieren sollte. Diesmal jedoch setzten sich wirtschaftliche Interessen durch. Walter Legge selbst agierte nicht als Engländer, sondern als Repräsentant einer Schweizer Firma und sicherte sich das schweigende Einverständnis der britischen Besatzungsmacht nur insgeheim. Die Gesellschaft der Musikfreunde insgesamt setzte auf den jungen Dirigenten und wollte sich unabhängig zeigen: Der Präsident der Gesellschaft, Alexander Hryntschak, bestand als Hausherr darauf, daß im Musikverein nur er etwas zu bestimmen hätte. Der Generalsekretär der Gesellschaft, Rudolf Gamsjäger, fand damals in lebenslanger »Nibelungentreue« zu Karajan, die ihn selbst zu einem der mächtigsten Männer im Wiener Musikleben machte. Karajan notierte diese Namen in seinem Gedächtnis und vergaß in den Zeiten seiner größten Triumphe und seines lebhaftesten Ärgers mit Wien nie, wer ihm 1946 geholfen hatte.

Die Umstände, unter denen damals Schallplatten produziert wurden, schilderten Musiker und Dirigenten und Produzenten eindringlich. Walter Legge zum Beispiel: »Die Arbeitsbedingungen waren grauenhaft. Die Stromversorgung Wiens war ein einziges Chaos. Um genügend Strom mit gleichbleibender Spannung zum Betrieb der Geräte und zum Erhitzen der Wachsplatten zu bekommen, mußte ich eine benzingetriebene, dynamoartige Apparatur anmieten. Das war das wenigste. Wie konnte man aber an das notwendige Benzin gelangen, um die Maschine zu speisen? Die einzige Hilfe von seiten des Militärs waren leere Kanister; auch bei ihnen war Benzin Mangelware. So nahmen meine Wiener Sekretärin und ich jeden Abend ein Taxi, beluden es mit leeren Benzinkanistern und fuhren Taxistände ab, wo wir den wartenden Fahrern ihr Benzin abhandelten, das oft sogar mit einem Schlauch aus den Autotanks geholt werden mußte.«

Legge und Karajan erzählten in ihren Erinnerungen und Interviews über die ersten gemeinsamen Schallplatten-Produktionen ausschließlich von den Schwierigkeiten, die die Zeit aufgab und die zu überwinden waren. Die vom Medium beide gleichermaßen Besessenen hatten dazumal auch noch mit den Unzulänglichkeiten zu kämpfen, die nicht nur ihnen, sondern den Plattenproduzenten in aller Welt Hindernisse in den Weg legten. Nur kurze »Takes« waren möglich, und diese wiederum mußten einwandfrei sein. Die einmal produzierten Wachsplatten waren nicht wetterfest und gingen oft auf dem Transport vom Ort der Aufnahme zu den Fertigungswerken in Brüche, froren fest oder schmolzen. Die Heizung an den Orten, an denen aufgenommen wurde, war höchstens behelfsmäßig. Die Musiker waren Strapazen ausgesetzt, unterernährt, von Existenzsorgen geplagt. Dennoch, man musizierte keineswegs nur der gesicherten Devisen wegen, man musizierte auch aus Begeisterung für die Musik.

Und wenn man Karajan hieß, zeigte man außerdem Begeisterung für diese Chance, Musik festzuhalten und das Musizieren einem immer größer werdenden Personenkreis zur Kenntnis zu bringen. Die ersten Wiener Aufnahmen waren zudem noch keineswegs von der Notwendigkeit, ein Riesenrepertoire zu erweitern, getragen. Man begann praktisch bei Null. Man musizierte nach ehernen Gesetzen des Marktes und zugleich nach den Intentionen der Stadt, von der aus man die Schallplatten in die Welt sandte: die Wiener Klassik, Brahms, Walzer aus Wien. Aufnahmen, die auf Schellacks dem Publikum zumutbar waren.

Nach den ersten Symphonien begann Legge in Wien mit dem Ensemble der Staatsoper, das er sozusagen in einem Aufwaschen unter Vertrag genommen hatte, auch Mozart-Opern zu produzieren. Versuchsweise wurden 1947 Arien und Duette aus »Don Giovanni« mit Irmgard Seefried und Erich Kunz aufgenommen, dann ging es bald an die ersten Gesamtaufnahmen. Allerdings: Als diese entstanden, war Karajan vom Auftrittsverbot befreit, und die Enttäuschung, auch den Salzburger Festspielsommer 1947 nicht dirigiert zu haben, war der Erwartung der kommenden großen Ereignisse gewichen.

Ein Kampf um Salzburg und die Folgen

Am letzten Tag des Jahres 1947 – Karajan hatte bereits seine ersten Auftritte absolviert, hatte am 26. Oktober die VIII. Bruckner mit den Wiener Philharmonikern musiziert und sein erstes Gastspiel im Teatro La Fenice in Venedig im November hinter sich – schrieb Karajan in seiner »Zuflucht« in St. Anton am Arlberg einen Brief, den man ruhig ein Dokument nennen darf. In allen einschlägigen Charakterstudien als konfliktscheu dargestellt, nahm sich Karajan am 31. Dezember 1947 selbst die Scheu und erklärte dem Komponisten Gottfried von Einem, dessen Oper »Dantons Tod« mit großem Erfolg bei den Salzburger Festspielen 1947 uraufgeführt worden war, die Zukunft aus der Sicht des Salzburgers Karajan, der sich bereit machte, ins öffentliche Leben zurückzukehren.

»Lieber Herr von Einem!

Es ist Ihr gutes Recht, Ihre Meinung zu suchen, wie und wann es Ihnen paßt. Daß Sie dabei die Grenzen des Takts bedenklich überschreiten, will ich Ihrem zu langen Aufenthalt in Deutschland zugute halten. Wovor ich Sie aber wirklich bewahren will, ist, daß Sie nicht in ganz jungen Jahren in die Attitüde fallen, die Sie mit dem alten Pfitzner verbinden würde, nämlich den Verfolgungswahn, nicht genügend anerkannt zu werden. Was wollen Sie eigentlich? Sie dürften doch über Ihre persönliche Berücksichtigung in der letzten Vergangenheit und den Plänen, die man mit Ihnen in der Zukunft hat, mit Recht zufrieden sein. Und dasselbe wird jedem zuteil werden, der für seine Zeit Wesentliches zu sagen hat. Aber wenn Sie Wert darauf legen, mit mir in Verbindung zu bleiben, dann verlange ich von Ihnen gegenüber der Musik der vergangenen Generationen eine Stellungnahme, die, wenn schon nicht durch Liebe so zumindest durch Respekt davor diktiert wird. Ich bin überzeugt, daß, wenn Richard Strauss in Ihrem Leben so genau Bescheid wüßte wie Sie in seinem, er Ihnen mindestens die gleiche Charakterlosigkeit vorwerfen könnte. (Falls es ihm der Mühe wert wäre.) Aber Ihre persönliche Einstellung zu Strauss interessiert mich überhaupt nicht, mich verletzt nur die wegwerfende Art, von einem Künstler zu sprechen, der seiner eigenen Zeit ein vollendeter Ausdruck ihres Denkens und Fühlens gewesen ist. Und Gott segne Sie, wenn Sie dasselbe Ihrer Zeit zu sagen vermögen. Aber über Tetrafakten und Mumifizierungen die Nase rümpfen darf erst der, den sein Genie den neuen Weg finden läßt, auf dem er die alten Formeln und Formelwelt, die bis jetzt Bestand gehabt hat, überwindet. Und diesen Beweis, mein Verehrtester, sind Sie uns momentan noch schuldig!

Ich habe Ihnen immer gesagt, daß mir Ihr Rat, Ihre Mitarbeit erwünscht und lieb ist. Sie wird in dem Moment sinnlos, als Sie sich zum Sprecher einiger Musiker machen und alles, was nicht ausschließlich in deren Interesse steht, mit Spott und Verachtung belegen. Das macht Ihnen selbst wenig Ehre und schadet der ganzen Sache, die Ihnen ja eigentlich am Herzen liegen müßte. Ich bin mir ganz klar über die Aufgabe der Salzburger Festspiele, viel klarer, als Sie es sein können, weil Sie die letzten Jahre im Auge haben, ich aber an dem Aufbau und den wechselnden Geschicken fast seit Beginn derselben mitgearbeitet habe. Was Sie nicht sehen wollen oder können, ist, daß Salzburg eine ganz große Aufgabe hat, den Sinn für Harmonie und Schönheit in der künstlerischen Aussage wieder zu stabilisieren, ganz gleich, ob es sich um Gluck, Mozart, Beethoven oder Blacher handelt. Das ist ihr oberstes Prinzip, und dazu muß das Publikum wieder Vertrauen gewinnen, dann wird es auch das Verständnis aufbringen, die Musik seiner eigenen Zeit zu würdigen. Diesen auf viele Jahre gehenden Plan werde ich verfolgen, ob sich nun der einzelne dagegen oder dafür stellt, und wenn es in Salzburg mir unmöglich gemacht wird, dann woanders! Und es wird sich zeigen, ob nicht gerade diejenigen die Totengräber der heutigen Musik sind, die deswegen dieses Banner tragen, weil sie darin ungestraft dilettieren dürfen, was in einer Beethoven-Sinf. eben sofort aufgedeckt wird. Ich glaube, der ›Zaubertrank‹ in Wien war der schlagende Beweis dafür. Und das nennt sich Gesellschaft für Neue Musik. Die Aufführung war jedenfalls gegen die neue Musik. Und dafür bin ich da, weil ich mir das Verantwortungsbewußtsein zumute, zu wissen, was und wie es gespielt werden soll. Über Fehler in der Programmgestaltung wollen wir in 3 Jahren rechten, ob dann zuwenig nach der oder jener Seite hin berücksichtigt worden ist. Ihr Gelächter in der Presse stört mich nicht, es wird denen auch früher oder später zum Bewußtsein kommen, wo ich hinaus will, und nach dieser Zeit mag man getrost den Stab über mich brechen. Die Besinnung, die Sie mir wünschen, hatte ich zweieinhalb Jahre. Ich habe mich besonnen und freue mich, wenn Sie bei der Erreichung eines Ideals mittun wollen. Falls nicht, müssen Sie sich der ewig gestrigen Schar der Querulanten anschließen, die meinen Weg auch stets gesäumt haben.

Das überlegen Sie für's neue Jahr.

Herzlichst

H. v. Karajan«

Ein Dokument. Der längste der Öffentlichkeit hiermit bekanntgegebene Brief des Maestros, der sich an diesem Silvesterabend 1947 anschickte, ein Jahr zu beginnen, in dem ihm wieder die Welt gehören sollte, in dem ihm erstmals seinen eigenen Plänen nach die ganze Welt gehören sollte. Er ist im Archiv der Gesellschaft der Musikfreunde einzusehen, dem Gottfried von Einem die Obsorge über sein persönliches Archiv übertragen hat.

Ein ausführlicher Kommentar zu den Absichtserklärungen Karajans wäre denkbar, immerhin wurden sie in den Jahren darauf mit Konsequenz verfolgt und in die Tat umgesetzt.

Die Situation, den Briefschreiber und den Empfänger betreffend, war, kurz angedeutet, diese: Unmittelbar nachdem Karajans Auftrittsverbot aufgehoben worden war, ging der Dirigent seine wohlüberlegten Verträge ein. Mit den Salzburger Festspielen, die ihn auch 1947 als Geisterdirigent gebraucht hatten, waren seine Opernauftritte und Konzerte unter Dach und Fach gebracht. Da er den Widerstand Wilhelm Furtwänglers bei den Wiener Philharmonikern zu spüren bekam, hatte er den Wiener Symphonikern eine enge Zusammenarbeit angetragen und mit der Gesellschaft der Musikfreunde nicht einzelne Konzerttermine, sondern Zyklen besprochen. Die ersten Angebote aus Italien waren eingetroffen und nicht verworfen worden. Für die Zeit nach den Salzburger Festspielen 1948 stand ihm das Angebot der Musikfestspiele Luzern zur Verfügung. Seine Zeit war da.

Gottfried von Einem, der mit seinem Opernerstling Furore gemacht hatte, war über Nacht in Salzburg eingefallen und hatte beschlossen, sich nicht nur der Aufführung seiner Werke, sondern vor allem den Programmen der Festspiele zu widmen. Nach Einems Plänen sollte Salzburg sein Gesicht verändern und ein Fest der Musik des 20. Jahrhunderts werden. Und ein Fest der großen Namen, die alle anders als Herbert von Karajan hießen. Der wichtigste Name auf der Liste Gottfried von Einems (nach O. F. Schuh und Caspar Neher) war Wilhelm Furtwängler.

Karajan, einmal nicht scheu, nicht zurückhaltend, auch nicht diplomatisch, schrieb sich seinen Ärger, seine gesamte Frustration von der Seele und sagte dem langjährigen Bekannten Gottfried von Einem den Krieg an. Und gewann?

Das war nicht leicht und nicht ganz so, wie Karajan es sich in St. Anton am Arlberg vorgestellt hatte. Immerhin hielt man sich bei den Festspielen an die bereits getroffenen Abmachungen. In der Felsenreitschule gab es 1948 »Orpheus und Eurydike« und im Festspielhaus »Le Nozze di Figaro« (in italienischer Sprache). Karajan dirigierte und hatte außerdem zwei Orchesterkonzerte zu leiten: ein Haydn-Strauss-Beethoven-Programm und eine Wiedergabe des Deutschen Requiems von Johannes Brahms mit Elisabeth Schwarzkopf und Paul Schöffler als Solisten.

Während der Festspiele 1947 schon hatte Walter Legge, der schließlich Produzent für Karajan und Furtwängler war, bei einem Abendessen in Furtwänglers Hotel die Ehepaare Karajan und Furtwängler ein für allemal zu versöhnen versucht. Das Gästebuch des Hotels hält den Termin fest: Man hatte am 12. Juli 1947 miteinander gegessen und über Kollegen geplaudert. Am andern Tag legte der ältere der Dirigenten allerdings, wovon Karajan nichts wußte, den Salzburger Festspielen sein Ultimatum auf den Tisch und erklärte, er stünde nur weiter zur Verfügung, wenn diese auf Karajan verzichteten.

Sie gingen auf Furtwänglers Ultimatum ein.

Doch nicht nur Furtwängler dominierte die folgenden Festspiele. Gottfried von Einem präsidierte einem neugeschaffenen Kunstrat der Festspiele, »Romeo und Julia« von seinem Lehrer Boris Blacher wurde uraufgeführt, Blachers »Orchestervariationen über ein Thema N. Paganini op. 26« standen auf einem Programm von George Szell, von Einems Kafka-Oper »Der Prozeß« wurde uraufgeführt, seine Orchestermusik op. 9 folgte im Rahmen eines der ersten Konzerte von Dimitri Mitropoulos in Salzburg.

Die für das Publikum sichtbare Veränderung hieß Furtwängler, der für Karajan spürbar erfolgreiche Gegner Gottfried von Einem. Daß Einem sich in erster Linie für neue Musik einsetzte und Furtwängler als den interessantesten Mitstreiter nützte, war so offensichtlich wie Karajans ernsthafte Idee, den Festspielen wieder die Vorherrschaft eines international attraktiven Dirigenten (sich selbst) zu sichern und damit die Linie fortzusetzen, die er unter Reinhardt, Strauss, Walter und Toscanini erlebt hatte. Daß Einem mit dem Dirigenten, der den Wiener Philharmonikern am nächsten stand, die Festspiele dominieren konnte, war so unabänderlich wie Karajans unbestreitbare Vitalität, die sich irgendwann gegen einen kränkelnden Furtwängler durchsetzen mußte.

An dieser wie an jeder anderen Stelle ließe sich die ein Leben lang wechselnde Beziehung der beiden großen deutschen Dirigenten untersuchen und doch nicht hinlänglich erklären. Zeugen aus der Berliner Zeit wissen von dem übergroßen Interesse Karajans, die Proben aller wichtigen Dirigenten, auch die Furtwänglers zu besuchen und Details zu erhören, mit denen er selbst etwas anzufangen wußte. Musikfreunde aus Wien wie der Industrielle Manfred Mautner Markhof, ein Gönner der schönen Künste und Förderer Karl

Böhms, erzählte in seinen Erinnerungen von den Versuchen Karajans, Furtwängler zum Besuch der ersten Nachkriegskonzerte Karajans zu bewegen und wenigstens eine Art von Kollegialität in das seit Jahren gespannte Verhältnis zu bringen. Karajan selbst erinnerte immer wieder daran, daß er im Enthusiasmus für die Salzburger Festspiele eine Fahrt Furtwänglers durch den Arlbergtunnel nutzte, um diesen zu einer weiteren Mitwirkung an den Festspielen zu überreden – immer wieder war in allen den sehr verschiedenen Berichten zu hören, daß der jüngere der beiden Konkurrenten die Auseinandersetzungen mied, die öffentliche wie die insgeheime Abneigung als fruchtlos und der Sache abträglich empfand und sich nur im Ernstfall für sich selbst einsetzte. Furtwängler hätte, dies scheint wirklich so, nur über seinen Schatten springen, den jüngeren Kollegen anerkennen müssen und hätte bis ins hohe Alter einen Gefolgsmann gehabt. Das permanente Werben um Furtwängler allerdings erschöpfte sich, die Reaktion auf dessen unverhohlene Abneigung setzte ein, der von den Salzburger Festspielen ferngehaltene Karajan plante von 1948 an seine eigene Karriere – auch mit dem Fixtermin »nach Furtwängler«.

Und Karajan plante klug und umfassend. Kaum waren die »Auftrittsverbote« aufgehoben, kaum waren die »Reviere« wieder abgesteckt, ergaben sich die ersten Auseinandersetzungen. In Wien: Die Wiener Philharmoniker setzten, obgleich sie ihre ersten finanziell ertragreichen Plattenaufnahmen mit Karajan gemacht hatten, auf den regierenden Fürsten Furtwängler – und Karajan nahm sich mit all seiner Energie der Wiener Symphoniker an und machte aus dem ewigen zweiten Orchester, das im Einflußbereich der Stadt Wien und als eine Art Lohnorchester vegetierte, ein Ensemble seiner Präzision und Vitalität. Gemeinsam mit dem Generalsekretär der Gesellschaft der Musikfreunde plante er wirkungsvolle Zyklen, eine erste Auslandsreise des Orchesters und ein effektvoll programmiertes Fest auf das andere. Zur gleichen Zeit ließ er sich auch zum Chordirektor der Gesellschaft der Musikfreunde ernennen, wurde einer der traditionsreichsten Institutionen der Stadt, ein in ungezählten Proben hingebungsvoll dienender Chef und reservierte sich für die großen Oratorienaufführungen, die zu den Höhepunkten einer Saison zählten, den von ihm einstudierten Chor.

Via Schallplatte die Welt erobern

In kluger Voraussicht band sich Karajan allerdings weder an den Chor noch an die Wiener Symphoniker, sondern folgte bereitwillig Walter Legge, der mit dem Philharmonia Orchestra London ein Ensemble geschaffen hatte, das nach englischer Sitte seine Existenz durch permanente professionelle Auftritte und ungezählte Schallplatten-Einspielungen zu sichern hatte. Der erfahrene Produzent Legge hatte dieses Ensemble unmittelbar nach Kriegsende ins Leben gerufen und brauchte einen Erzieher und attraktiven Chef. Natürlich fiel es ihm nicht schwer, Karajan nach London zu verführen.

Karajans Periode mit diesem Ensemble ist im nachhinein als glanzvoll beschrieben worden und bildet einen wesentlichen Abschnitt innerhalb der Diskographie des Dirigenten und des Orchesters. Trotzdem, in der Rückschau war es nicht nur Karajan, der die Qualitäten dieses Ensembles vorsichtiger einschätzte; erfahrene Kritiker meinten später, Karajans Charakteristik dieses Orchesters sei professionell gewesen: »Selbstverständlich glaubt man, daß ein hoher technischer Standard ein Segen für die Qualität eines Orchesters ist. Wir spürten aber sofort, daß er auch eine besondere Erschwernis bedeutete: Ein Geiger, der einmal Konzertmeister war, hat ganz besondere Führungsqualitäten erworben, die er nicht mehr ablegen kann. Es ist ihm nahezu unmöglich, sich am dritten oder vierten Pult von einem Kollegen führen zu lassen. Technisch perfekt war das Philharmonia Orchestra von allem Anfang an. Andererseits hatte es seine Grenzen, die es nicht überschreiten konnte – Grenzen, die mir dann den Abschied erleichterten. War eine Komposition mit den Musikern einmal einstudiert, dann wußte man genau, wie sie bei einem Konzert klingen würde. Eine einmal erreichte Qualität wurde immer wieder angeboten. Daß sich die Musiker aber bei einem Konzert steigerten, durfte man von ihnen nicht erwarten. Das hätte ihrem Verständnis einfach widersprochen.«

Walter Legge, naturgemäß in seine eigene Schöpfung verliebt, pries in seinen Erinnerungen die Solisten, die er an den ersten Pulten zum Beispiel der Holzbläser engagiert hatte. Und trotzdem, auch er schwärmte im Rückblick von den Qualitäten, die einen Probenfanatiker wie Arturo Toscanini zu Konzerten mit dem Philharmonia Orchestra verführten, und war selig, daß sich das Orchester nach Karajan ohne besondere Schwierigkeiten auf Otto Klemperer umstellen ließ. Der in seinem musikalischen Urteil unbestechliche Legge schrieb jedoch keine Zeile, in der er auf die Qualität eingegangen wäre, die das Philharmonia von den Orchestern unterschied, zu denen es Herbert von Karajan drängte: den Philharmonikern in Berlin und Wien.

Die aufgestaute Energie Karajans, noch von den ersehnten Zielen ferngehalten, machte sich in Schallplatten-Aufnahmen und zunächst gar nicht erfolgreichen Konzerten in London, dann allerdings höchst erregenden Konzertreisen mit Legges Orchester ebenso Luft wie in Experimenten mit den Wiener Symphonikern, die bis hin zu dem Versuch, Bachs Matthäus-Passion zu verfilmen, auf größtes Interesse stießen. Die Musiker in London, bis heute von einer völlig anderen Einstellung zum Beruf und vor allem nur bedingt an ein Ensemble gebunden, nahmen die Qualitäten Karajans vor allem in den Aufnahmesitzungen zur Kenntnis: Seine Fähigkeit, ein Tempo zu finden und vor allem anschließend auch zu halten, erwies sich als eines der Erfolgsgeheimnisse für alle kommenden Experimente mit den neuen Medien. Seine Belastbarkeit machte in finanziell vernünftigen Rahmenbedingungen jede Art von Aufnahme möglich.

Sein Ton allerdings war in London (und damals auch in Wien) keineswegs so konziliant und ruhig wie in den Zeiten nachher. Noch warf man ihm Unduldsamkeit und Menschenverachtung vor, noch hatte er nicht die Reife, die es ihm ermöglichte, aus einem Ensemble mit einem Minimum an Anweisungen ein Maximum an Effekt herauszuholen.

In Wien gab sich die Gesellschaft der Musikfreunde weitblickend, wie es nur eine seit Jahrhunderten existierende Vereinigung sein kann, von Karajan begeistert: Obgleich durchaus an Konzerten Furtwänglers interessiert, nahm sie in ihre Abonnementreihen einen auch so genannten »Karajan-Zyklus« auf und machte den längst nicht Fünfzigjährigen erst zu ihrem Ehrenmitglied und 1950 zum Konzertdirektor auf Lebenszeit. Das heißt, sie verlieh ihm einen Titel, der in ähnlicher Form vor ihm auch Johannes Brahms verliehen worden war, keinerlei Verantwortung barg, jedoch die höchste Auszeichnung darstellte, die eine der ältesten Wiener Institutionen zu vergeben hatte. Karajan dankte ihr dies: In allen »Krisen«, die sich in seinen Beziehungen zu Wien ergeben sollten, war nie davon die Rede, diesen Titel zurückzulegen, den er sich allerdings, als man ihn anbot, auch sofort mit dem Termin »auf Lebenszeit« erbeten hatte.

Karajans Repertoire in diesen Jahren in London und Wien war, worauf seine Kritiker gern hinwiesen, ganz nach den Wünschen des Publikums ausgerichtet. Weder für Walter Legges Firma noch für das stolze konventionelle Wiener Publikum suchte er Komponisten, die erst populär gemacht werden mußten. Nimmt man einige Zeitgenossen, die großen Kompositionen Béla Bartóks und die von Karajan geliebten Symphonien von Jean Sibelius aus, dann muß man von höchst populären Programmen in den Wiener Konzerten und auf den Londoner Schallplatten sprechen. Allerdings: Die Jahre nach dem Krieg waren für die europäische Musikwelt insofern Jahre der Auseinandersetzung, als man sich entweder in die heile Welt der anerkannten Klassik und Romantik zurückzog und allenfalls noch Gustav Mahler rehabilitierte oder, das andere Extrem, unter der Patronanz risikofreudiger Rundfunkanstalten Musik aufnehmen ließ, die sich als eine Folge der teilweise mißverstandenen Anweisungen Anton von Weberns an den Intellekt wandte. Karajans sehr persönliche Ansichten, Kompositionen nur in sein Repertoire aufzunehmen, wenn er sie »ganz unterschreiben« konnte, hielten ihn mindestens so fern von der Donaueschinger Schule wie die Wünsche der Produzenten und Konzertveranstalter, mit denen er sich nach 1948 verbündete.

Die Zeugnisse aus den Jahren, in denen Karajan sich rasch und entschlossen auf seine Art von Welteroberung vorbereitete, sind unschwer zu sammeln: Walter Legge beschrieb Karajans besonderes Verhältnis zum Medium Schallplatte, das keineswegs nur in seiner sparsamen und ruhigen Aufnahmetechnik bestand. Nicht minder wichtig erschien Karajan auch das Studium aller bereits von Konkurrenten auf dem Markt erschienenen Aufnahmen. Nach Legge war er, wie vordem auf Proben Toscaninis, Furtwänglers oder de Sabatas, darauf aus, die jeweils beste aller bereits gefundenen Lösungen für eine Phrasierung, einen Tempo-Übergang zu horten und sich anzueignen. Glaubt man Legge, dann wußte er die Metronomangaben für jede Interpretation, die »auf dem Markt« war, anzugeben und hatte nicht die geringste Schwierigkeit, die ihm einleuchtendste als seine eigene zu übernehmen – in diesem Sinne war auch sein Loblied auf die Schallplatte als Hilfe für die jungen Dirigenten der nächsten Generation zu verstehen und in der Folge seine Leidenschaft, seine eigene Interpretation makellos und ausschließlich nach seinen Intentionen festzuhalten.

Erzählungen alter Wiener Symphoniker zufolge arbeitete er mit dem Orchester nicht nur für eine erste Deutschlandreise 1950, sondern auch für sämtliche Wiener Konzerte mit einem Eifer, der keineswegs nur aus Aggression gegen die Philharmoniker zu deuten war. Und Karajans Leidenschaft, ein Ensemble von Qualität zu höheren Leistungen anzuspornen, war bei den Symphonikern am richtigen Platz – die Musiker waren im Grunde in der Schule aufgewachsen, die auch das Reservoir der Philharmoniker bildete, hatten nur nicht die Chancen, die diesem Renommierklangkörper zugestanden wurden, sondern mußten mit Jugend- und Kinderkonzerten und populären Auftritten im Auftrag der Gemeinde zu finanziell wesentlich schlechteren Bedingungen den Konzertbetrieb in Wien aufrechterhalten. Und waren außerdem nicht in der Lage, bei der Wahl ihrer Dirigenten mitzubestimmen, sondern hatten jeden Kapellmeister zu akzeptieren, den die Konzerthausgesellschaft oder der Musikverein ihnen vorsetzten. Für Karajan spielten sie sich die Seele aus dem Leib, mit ihm gingen sie in die Arena und forderten ihre weltberühmten Kollegen heraus.

Jahre später, von Karajan nicht mehr »gebraucht«, wurden sie wieder das Orchester für alle Abende in Wien, blieben aber bis heute in der Nähe des von Karajan erstmals in der Geschichte der Wiener Symphoniker erstrebten Niveaus.

Das europäische Imperium entsteht

Einer »Anregung« Furtwänglers hatte – glaubt man den Festreden der Luzerner – Herbert von Karajan seine erste Einladung zu den Musikfestwochen Luzern zu danken: Am 25. August 1948 leitete er erstmals Konzerte des Festspielorchesters, das alljährlich aus den besten Schweizer Orchestermusikern zusammengestellt wurde. Michel Schwalbé, später von Karajan als Konzertmeister zum Berliner Philharmonischen Orchester geholt, saß mit Peter Rybar am ersten Pult; in den folgenden Jahren war Rudolf Baumgartner, künstlerischer Leiter der Musikfestwochen, einer der Tutti-Geiger. In der Regel kam Karajan in den folgenden Jahren als Dirigent dieses Orchesters nach Luzern. 1951 allerdings gastierte er mit den Wiener Symphonikern. Und von 1958 an musizierte er bei den Musikfestwochen nahezu ausschließlich mit seinem Berliner Orchester.

Karajans Dankbarkeit, im Zusammenhang mit der Wiener Musikvereinsgesellschaft bereits erwähnt, artete mit den Jahren auch Luzern gegenüber in Treue aus. Die ausschließlich Konzerten gewidmeten und mit der Seriosität der reichen, reinen, auf Qualität bedachten Schweiz korrespondierenden Festspiele, die nie in üble Konkurrenz zu anderen europäischen Großereignissen traten, waren für den noch einmal in die Welt Strebenden der Inbegriff an gediegenem Luxus.

Karajans Sicht der Schweiz war 1948 allerdings auch die eines über Jahrzehnte in Deutschland mit Blick auf die neutrale Schweiz existierenden Musikers, dem sich dieses Paradies spät, dann aber um so leidenschaftlicher erschloß. Daß er in der Folge aus steuertechnischen Gründen nach St. Moritz übersiedelte und bis an sein Lebensende dort einen Wohnsitz hatte, mag seine durch die Jahrzehnte engen und freundschaftlichen Bindungen auch an die Musikfestwochen Luzern mit gefestigt haben. Kaum anderswo als in Luzern war Karajan in den Jahren seines Weltruhms so gelöst, so privat zu erleben – und selbstverständlich so diskret und exklusiv abgeschirmt, wie es die Schweizer mit Wertgegenständen gern halten.

Die letzte Station Karajans auf seinem unaufhaltsamen Weg zu den Positionen, die er als seine endgültigen ansah, war schließlich die Mailänder Scala, wo er seine Bindungen aus der Kriegszeit und seine Freundschaft zu Victor de Sabata nutzte, um sich eine äußerst günstige Stellung zu verschaffen: Nach den Salzburger Festspielen 1948 brachte er seine Produktion von Mozarts »Figaro« an die Scala, in der Folge ließ er sich als einer der ständigen Dirigenten für das deutsche Repertoire engagieren, wagte jedoch bald auch »Italienisches« in der Stadt, die ihn leidenschaftlich diskutierte.

In Salzburg, 1949 nach Furtwänglers Diktat von der Oper ausgeschlossen, dirigierte Karajan allerdings noch zwei Chor-Orchester-Konzerte, die bereits vertraglich abgesichert waren: Giuseppe Verdis Missa da Requiem mit einem zu drei Viertel deutschen Solistenquartett und Beethovens IX. Symphonie, schon mit dem Singverein der Gesellschaft der Musikfreunde als »externem« Chor, der von da an immer wieder Einladungen Karajans zu internationalen Gastspielen annahm und unter finanziellen Opfern, aber mit größtem Enthusiasmus unterwegs war: Die Mitglieder des Singvereins sind respektable Wiener in oft bedeutenden Positionen der Stadt, deren Ehrgeiz es war und ist, ihre Freizeit der aktiven Musikpflege zu widmen. Die Vertraulichkeiten und Späße, die sich die Mitglieder des Singvereins ihrem Konzertdirektor gegenüber herausnehmen durften, basierten auch auf dessen Wissen um Herkunft und Musikleidenschaft der einzelnen Damen und Herren.

Karajans kurze Annäherung an Bayreuth in den Sommern 1950 (damals leitete er ein Konzert) bis 1952 (seiner zweiten und letzten Mitwirkung im »Graben« Bayreuths) stand unter keinem günstigen Stern. Karajans Freude an dem unbeschwerten Musizieren bei den Proben und an Experimenten mit der Orchesteraufstellung überwog bei weitem nicht die Auseinandersetzungen mit der amtierenden Generation des Hauses Wagner: Die Brüder Wolfgang und Wieland hatten die Aufgabe auf sich genommen, Bayreuth zu »entrümpeln«, aus der Erinnerung an Hitlers Auftritte in eine aufregend neue Zeit zu führen. Wieland Wagner lieferte seine weltweit Aufsehen erregenden Inszenierungen, Herbert von Karajans musikalische Leitung der »Meistersinger«, vor allem von »Tristan und Isolde« im Sommer 1952, wurden von der Kritik als grandios geschildert, insgesamt jedoch weitaus weniger beachtet als die leere Bühne Wielands und die Erregung über den neuen Stil, der von den treuen Wagnerianern im Publikum wie von den geschockten Feuilletonisten in den Redaktionen zum Anlaß extremer Auseinandersetzungen genommen wurde. Karajan, seit seinen musikalischen Kindertagen in Ulm selbst auch Wagner-Regisseur, lehnte die »Deutung« Wieland Wagners ab.

Jahrzehnte später mag man behaupten, die letzte Deutung des »Ring« bei den Salzburger Osterfestspielen wäre ohne Wieland Wagners in den frühen fünfziger Jahren schockierende Regietaten so nicht entstanden. Karajan selbst hätte sich dieser Interpretation nie angeschlossen. Für ihn war die Idee des modisch Radikalen, der zudem unter dem Zwang stand, die Werke seines Großvaters einer anderen Welt darzustellen, weit weg von seinen eigenen Gedanken, wie Musik in szenische Bilder umzusetzen sei. Und die sich damals ankündigende Vorherrschaft des Regisseurs ein Horror. Aufgewachsen in einer Zeit, in der auch auf deutschen Bühnen der Kapellmeister die Rechte hatte, die Italien dem Maestro bis in die Gegenwart einräumt, waren Produktionen, bei denen der Dirigent sich dem Diktat eines Visionärs zu beugen hatte, nicht die Sache eines Herbert von Karajan.

Da umkreiste er lieber auf einer ersten großen Europatournee des Philharmonia Orchestra alle die Städte, in denen er präsent zu sein wünschte – also auch Wien und Berlin. Da widmete er sich lieber der Mailänder Scala mit ihrem Publikum, das Sängern und Dirigenten seine ganze Leidenschaft

schenkt. Da widmete er sich lieber konzertanten Opernaufführungen, die man ihm in Wien im »Goldenen Saal« der
Gesellschaft der Musikfreunde ausrichtete: Noch vor der
Wiedereröffnung der Staatsoper gab er auf seine Art die eine
oder andere Visitenkarte ab und überzeugte mit perfekt pro-
bierten und bis in die kleinste Partie ideal besetzten Aufführungen seine Fähigkeiten, selbst eine »Carmen« im Konzertsaal zum dramatischen Erlebnis zu machen.

Und er wartete.

Glaubt man den Annalen des Berliner Philharmonischen
Orchesters, dann wurden längst wieder Kontakte zu Karajan
gesucht, freilich hinter vorgehaltener Hand und unter Hinweis auf die delikate Situation: Erst 1951 kam der berühmte
Vertrag mit Wilhelm Furtwängler zustande, der zum Jahres-
ende in Berlin und Claarens unterzeichnet wurde und Furtwängler die »künstlerische Oberleitung« übertrug. Damals
noch mit der Formulierung, der Dirigent werde »alles tun,
um die künstlerische Leistung des Orchesters zu heben und
dessen finanzielle Lage zu bessern«. Das traditionsreiche Orchester war im Nachkriegseuropa und wegen der besonderen Lage Berlins keineswegs mehr das große Ensemble, dessen Qualitäten und finanzielle Lage keiner Erwähnung be-
durft hätten. Furtwänglers Vertrag, bald darauf und in der
Folge immer wieder auch ein Thema zwischen Herbert von
Karajan und dem Berliner Senat, gab dem Dirigenten zweifellos mehr Rechte als Pflichten – fünf Konzertprogramme
in der Saison, jeweils eine Reise durch Deutschland und eine
Auslandsreise wurden von ihm verlangt. Gleichzeitig aber
wurde ihm die Entscheidung über Einstellung und Entlas-
sung von Orchestermitgliedern übertragen und festgehalten,
daß ein neuer Direktor des Orchesters nur im Einvernehmen
mit ihm berufen werden sollte. Furtwängler gab für diese
Position keine seiner zahlreichen Wirkungsstätten auf, blieb
bei den Wiener Philharmonikern und widmete sich den Salz-

bert von Karajan im Studio der Deutschen Grammophon Gesellschaft in der Alten Jakobstraße, 1939

...spielprobe in der Felsenreitschule, Salzburg 1947
...bert und Anita von Karajan bei der Ankunft des Wiener Singvereins in Salzburg, 1948
...harmoniker-Ball im Musikverein in Wien: mit Bundeskanzler Leopold Figl und dem Industriellen-
...ar Manfred Mautner Markhof

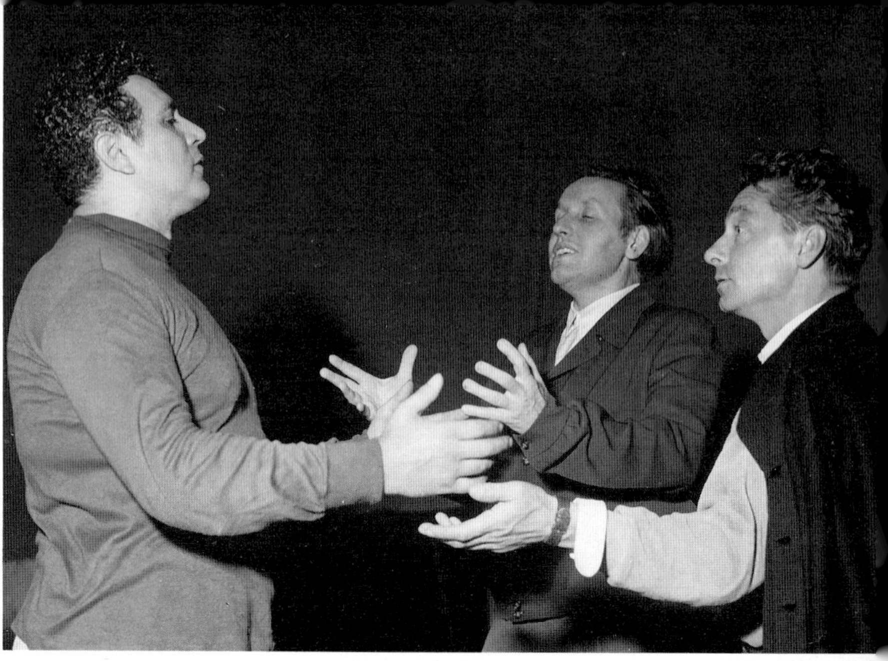

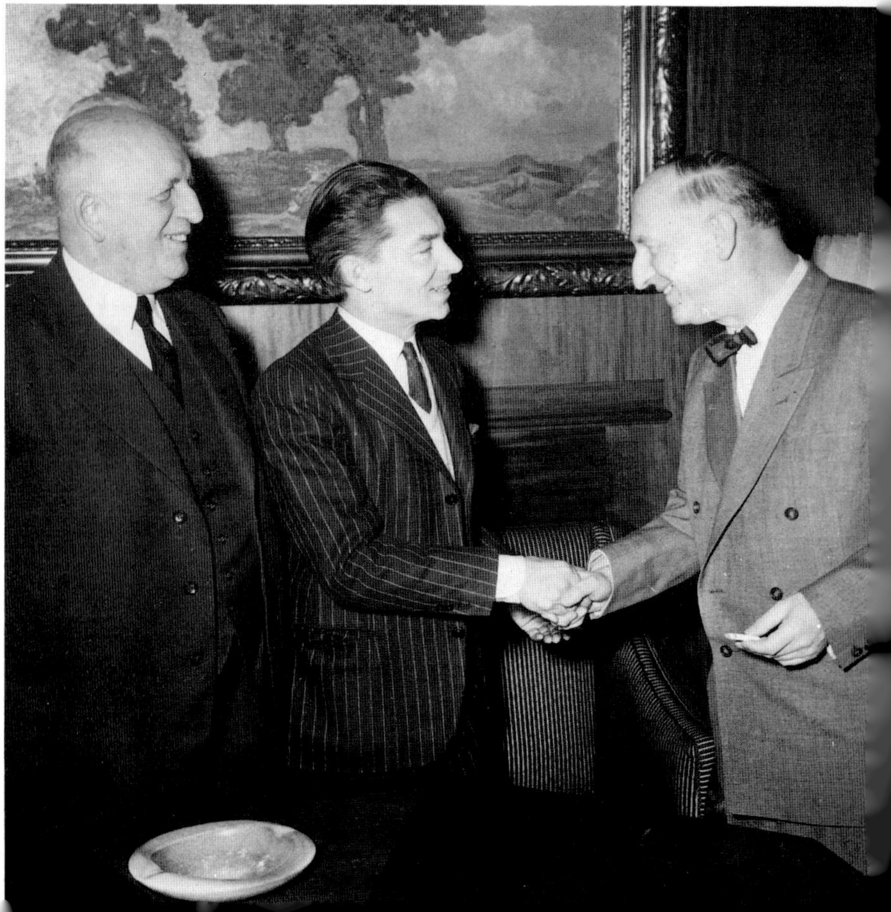

Ramon Vinay und Wieland Wagner bei Proben zu »Tristan und Isolde«, bei denen Karajan sich
en Wagners überwarf, Bayreuth 1952
Regierende Bürgermeister Otto Suhr und Kultursenator Joachim Tiburtius begrüßen den Nachfolger
lm Furtwänglers, Berlin 1955
Maria Callas nach der symbolträchtigen »Lucia di Lammermoor«-Aufführung in der Staatsoper,
1956

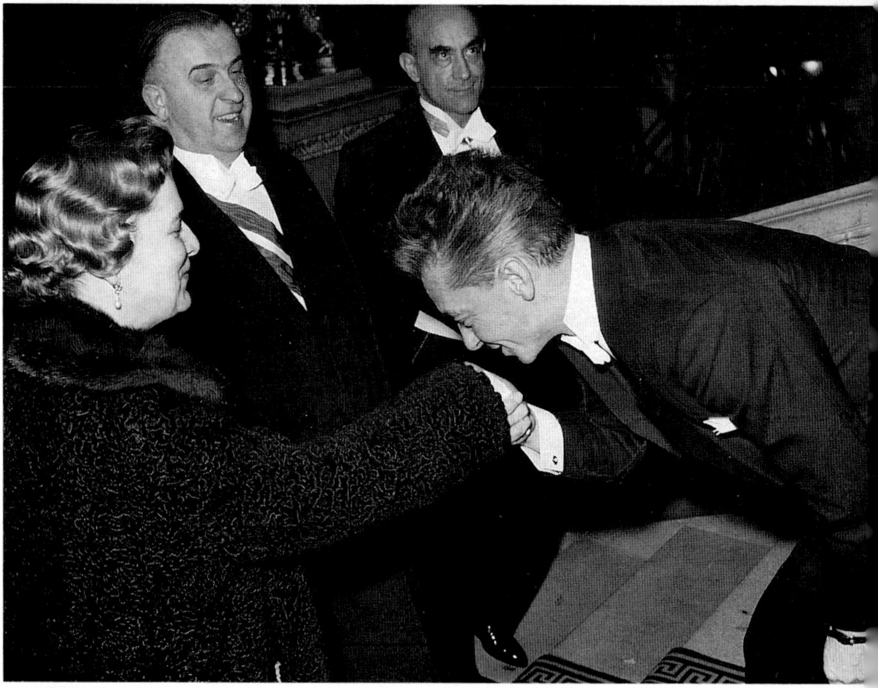

8 Herbert von Karajan, Dimitri Mitropoulos und Leonard Bernstein
9 Ankunft der Gäste des Wiener Opernballs, hier Minister Graf und Gattin
10 Mit Eliette von Karajan auf dem Wiener Opernball, Wien 1959

11 Walter Erich Schäfer, der Helfer in der Not, Wien 1962
12 Sektionschef Egon Hilbert, von Karajan an die Oper geholt, schließlich »Auslöser«
des endgültigen Bruchs Herbert von Karajans mit Wien

burger Festspielen, bei denen auch er Opern seiner Wahl ins Programm aufnehmen ließ. 1951 wollte er Giuseppe Verdis »Otello« musizieren und suchte nicht sehr lange nach Erklärungen, wie sich diese Oper ins »Konzept« Hofmannsthal einbinden ließe; 1954, im letzten seiner Festspielsommer, wünschte er sich eine Neuinszenierung des »Freischütz« und stieß nur bei Teilen der nervös werdenden kritischen Beobachter auf Unverständnis.

Karajan, von lohnenden Aufgaben ausgefüllt und mindestens per Schallplatte längst weit über den europäischen Kontinent als eine Kapazität anerkannt, dirigierte die Berliner 1953 wieder und ließ aus sicherer Entfernung sein Interesse an einer engeren Zusammenarbeit erkennen. Um diese Zeit wurde er erstmals auch aus Wien kontaktiert, ob er eine der Eröffnungspremieren der »Austrian Coronation«, des etwas hypertrophen Festes im wiedererbauten Haus am Ring, leiten wolle, aber er winkte dankend ab. Karajan war als »ein« Dirigent nicht mehr zu engagieren. Nur noch als *der* Dirigent. Die Zeit, in der ihm alle Wünsche erfüllt werden sollten, einige sogar zu rasch, war nahe. Die Saison 1954/55 war der Zeitpunkt, zu dem Herbert von Karajan die europäischen Chefpositionen wie reife Früchte in den Korb fallen sollten.

Ziel der Ziele:
die Berliner Philharmoniker

Als Furtwängler am 30. November 1954 starb, musizierte Herbert von Karajan Rundfunkaufnahmen in Rom und erhielt (aus Wien) ein berühmt gewordenes Telegramm »Le roi est mort, vive le roi« und Tage darauf einen Besuch (aus Berlin). Die Wiener Philharmoniker, die sich mit dem anonymen Telegramm als erste bei Karajan meldeten, wurden längst nicht so wichtig genommen wie die Abordnung des

Berliner Philharmonischen Orchesters, die ein ernsthaftes Angebot zu unterbreiten hatte.

Für Februar 1955 war die erste Amerikareise des Orchesters unter seinem Chefdirigenten geplant worden, eine Reise von politischer Bedeutung. Der amerikanische Veranstalter hatte unmittelbar nach Furtwänglers Tod erklärt, er wäre nur bereit, einen »Ersatz« vom Range Herbert von Karajans zu akzeptieren; das Orchester war nur bereit, mit einem Dirigenten vom Rang eines Herbert von Karajan zur ersten Begegnung mit Amerika, dem Kontinent voll einflußreicher Emigranten und großer europäischer Chefdirigenten in Boston, Chicago, Philadelphia und Pittsburgh, aufzubrechen. Die erste Unterredung mit Karajan erbrachte nicht einmal vierzehn Tage nach dem Ableben des geliebten Chefs die notwendige Orchesterversammlung und die erwartete Resolution:

»Die am 13. Dezember 1954 versammelten ständigen Mitglieder des Berliner Philharmonischen Orchesters glauben, in Herbert von Karajan die künstlerische Persönlichkeit zu sehen, welche die Tradition des Berliner Philharmonischen Orchesters fortzusetzen vermag.

Sie bitten daher ihren Intendanten, Herrn Dr. von Westerman, Verhandlungen einzuleiten mit dem Ziele, Herbert von Karajan die Leitung der großen Philharmonischen Konzerte und der Reisen für einen noch näher zu bestimmenden Zeitraum zu übertragen.

Diese Resolution wurde einstimmig gefaßt.«

Orchester und Dirigent beschlossen in diesem Augenblick, die Zeit vorher zu vergessen. Daß Furtwängler sich bis zuletzt gegen das Engagement Karajans »für eine Reise« ausgesprochen hatte, daß er sogar brieflich mitgeteilt hatte, dies sei »immer ein Zeichen von näherer Zusammenarbeit« und also zwischen Karajan und den Berlinern seinerseits nicht erwünscht, zählte nicht mehr. Daß Columbia Artists Management, fortan eine erste Adresse Karajans, sich in den USA für die »nähere Zusammenarbeit« stark machte und auf seine Art bis zu Karajans Tod immer wieder in die Strukturen des europäischen Musiklebens eingriff, wog schwerer.

Karajan setzte alle Hebel in Bewegung, um sein erstes großes Ziel zu erreichen. In Mailand ließ er sich aus einem an sich wichtigen Vertrag entlassen – er sollte Wagners »Walküre« einstudieren, konnte seinem Freund Ghiringhelli aber klarmachen, was eine USA-Reise mit den Berliner Philharmonikern bedeutete.

Anfang 1955 mußte er heim nach Salzburg, um am Begräbnis seiner Mutter teilzunehmen. Die übrige Zeit aber verbrachte er mit dem Einstudieren der Tourneeprogramme und mit Verhandlungen mit dem Berliner Senat. Denn ganz im Gegensatz zur zitierten Resolution stand für ihn der noch näher zu bestimmende Zeitraum fest. Er wollte Chef des Orchesters auf Lebenszeit werden und diesen Zeitraum möglichst vor Antritt der Reise vertraglich festgeschrieben haben. Seine Erklärungen für den Wunsch nach dieser Position an sich wie seine Interpretation des Zeitraums waren zum Jahreswechsel 1954/55 keine anderen als Jahrzehnte später – und immer einprägsam. Das Berliner Philharmonische Orchester wollte er »als eine Wand«, an die er sich künftig lehnen konnte. Es war das einzige große europäische Orchester, das eine echte Chefstelle zu vergeben hatte. Die unbegrenzte Vertragsdauer wollte er, um unabhängig von tagespolitischen Ereignissen, von Veränderungen innerhalb des Orchesters bleiben zu können.

Karajans Bedingungen waren in der zur Verfügung stehenden kurzen Frist nicht zu erfüllen. Aber sie wurden informell angenommen und in einer allseits befriedigenden Form der Öffentlichkeit als beschlossene Tatsache zur Kenntnis gebracht: Am Tag vor der Abreise des Orchesters kam es zum Dialog zwischen dem amtierenden Kultursenator Prof. Dr. Joachim Tiburtius und Herbert von Karajan, aus dem zwei Sätze ein für allemal das weitere Leben des Dirigenten entschieden:

»Wären Sie bereit, der Nachfolger Wilhelm Furtwänglers hier an der Spitze dieses Philharmonischen Orchesters zu werden, und unter welchen Bedingungen und Formen können Sie uns darob Ihre Meinung sagen?«

»Herr Senator, mit tausend Freuden, anders kann ich's nicht sagen.«

»Das ist wunderschön.«

Am Tag darauf gingen die Berliner unter Herbert von Karajan – diese Kurzform eines Gütezeichens bürgerte sich bald ein – auf ihre erste und zweifellos schwierigste Reise. In den USA gab es Proteste sowohl der Musikergewerkschaft wie auch der Emigranten. Die Proteste richteten sich gegen die »Nazis« Herbert von Karajan und Gerhart von Westerman, aber auch gegen eine finanzielle Unterstützung der Tournee durch die Regierung der Vereinigten Staaten. Diese Beschuldigung, die für die Amerikaner schwer wog, konnte entkräftet werden: Kein US-Geld steckte in der Tournee. Alle anderen Vorwürfe, 1955 nicht minder folgenschwer, wurden von den anreisenden Gästen zurückgewiesen: Sie kämen als Musiker, nicht als ehemalige Nazis, hieß die einfache Formel. Und daß zumindest beim ersten New Yorker Konzert Streikposten vor der Carnegie Hall aufzogen und die Konzertbesucher darauf aufmerksam machten, wen sie da hören wollten, wurde registriert, aber ohne Tumult ertragen.

Die USA-Reise, für Orchester und Dirigent ein Ereignis von besonderer Bedeutung, brachte nicht nur in New York »Konfrontation«, sie bedeutete auf jeder Station eine Begegnung mit kritischen Zuhörern und eine Serie von Auseinandersetzungen zumeist diffiziler Art. Man erinnerte in jeder Stadt den Dirigenten und seine Musiker daran, daß Dirigenten aus Europa in den USA wirkten und Musiker, vor wenigen Jahren zur Emigration gezwungen, sich hier niedergelassen hatten.

Trotzdem: Karajan kehrte, das bestätigte man ihm, mit einem nach Kräften erfolgreichen Berliner Orchester heim und konnte in die zweite Verhandlungsrunde um seinen Vertrag eintreten. Die Unterschrift wurde monatelang hinausgezögert, obwohl die Bedingungen zuletzt doch denen Furtwänglers glichen und Konzertverpflichtungen in Berlin und auf Reisen vorsahen. Lediglich in der Formulierung der Rechte hatte sich eine für Juristen (und gegen Ende von Karajans Beziehungen zum Orchester auch für den Dirigenten) feine Nuance ergeben: Wo bei der Bestellung eines Orchesterdirektors oder Intendanten mit Furtwängler das Einverständnis hergestellt werden mußte, schrieb man in Karajans Vertrag das Wort Einvernehmen. Das hieß, so die Auslegung im Streitfall, Karajans Einfluß auf den Lauf der Welt war von Anbeginn etwas weniger diktatorisch. Andererseits abeı war Karajans Stellung zeitlich definiert. »Dieser Vertrag gilt auf Lebenszeit«, fügte man als eigenen Paragraphen ein, und damit hatte Karajan, was er gewünscht hatte: ein Orchester, dessen Ruf besser war als seine Form, das aber ganz nach seinen Intentionen zu formen war und ihm nicht aus der Hand genommen werden konnte.

Ein Orchester, mit dem sich Staat machen ließ, war es doch in der »Frontstadt« Berlin daheim und ein Statussymbol der zerrissenen Bundesrepublik. Ein Orchester, für das genügend Mittel zur Verfügung standen, zahlten doch die vom Wirtschaftswunder lebenden »Westler« für jede Berliner Institution mit Patriotismus zu. Ein Orchester schließlich, das sich in Aufbruchstimmung befand, waren doch genügend ältere Mitglieder engagiert, für deren Nachfolger Karajan bei Probespielen Musiker nach seinen Intentionen suchen konnte. Und schließlich ein Orchester, dessen Schallplatten-vertrag mit der Deutschen Grammophon Gesellschaft Karajan zwar zu einer Revision seiner eigenen Verträge zwang, ihn jedoch in die Lage versetzte, in Ruhe ein Repertoire aufzubauen, wie es kein Dirigent vor ihm in Europa mit einem einzigen Ensemble anzubieten gehabt hatte.

Karajan – seine Verehrer wie seine scharfen Kritiker bemerkten es nicht sofort – wurde allerdings weder in der Anfangszeit seiner großen Liebe noch später ein Berliner. Er blieb ein Gast in der Stadt. Er mietete weder die Dienstwohnung, die man Furtwängler in seinem Vertrag zugestanden hatte, noch baute er sich ein Haus. Seßhaft wurde er bald darauf anderswo. Berlin war und blieb ihm eine Stadt, in der er sein Hotel und seine bevorzugten Restaurants hatte. Und wo er an den Gesprächen über den Neubau der Philharmonie Anteil nahm, die durchaus emotionsgeladen waren.

Es spricht für die Klugheit des britischen Produzenten Walter Legge, rechtzeitig erkannt zu haben, wohin sich Karajans Interessen richteten: Die Augenblicke, in denen der durch Verträge für Plattenaufnahmen und Tourneen noch auf Jahre ans Londoner Philharmonia Orchestra gebundene Dirigent in erste Gespräche mit den Berlinern eintrat, waren die, in denen Legge sich entschloß, Otto Klemperer als Hauptdirigenten seines Orchesters zu engagieren. Und seiner Plattenfirma zu prophezeien, die Zusammenarbeit mit Karajan würde sich nicht mehr lange halten lassen. Noch war es nicht soweit, doch wirkliche Kenner sahen voraus, was geschehen mußte.

Was niemand, auch die im nachhinein Klugen voraussehen konnten, war Karajans blitzschneller Weg über Mailand an die Wiener Oper. Er ergab sich für Karajan selbst beinahe zu früh. Völlig unerwartete Ereignisse ebneten ihn.

DER GENERALMUSIKDIREKTOR
EUROPAS

Das war das Zeichen

Die Wiener Staatsoper wurde 1955 mit einem zwar patriotischen, jedoch künstlerisch nicht wirklich hochrangigen Fest eröffnet. Man hatte in das in den letzten Kriegstagen zerbombte Haus nicht nur Emotionen, sondern auch große finanzielle Mittel investiert, hatte die neueste Bühnentechnik geordert und nach einigen üblichen Intrigen weder Erich Kleiber noch den sehr favorisierten Clemens Krauss, sondern den von Wiener Industriellen geförderten Karl Böhm zum Direktor bestellt. Man hatte bei Karajan angefragt, ob er eine der Eröffnungspremieren leiten wollte, und sich eine Abfuhr eingehandelt. Man hatte Böhm die Möglichkeit gegeben, innerhalb einer kurzen Festzeit eine Reihe von neuen Produktionen zu zeigen und selbst mehrere von ihnen zu dirigieren. Man hatte »die Welt« zu Gast geladen, und sie war auch gekommen. Doch hatte man kaum eine Produktion von bleibendem Wert zuwege gebracht. Einzig »Wozzeck« wurde dank der Zusammenarbeit Böhms mit Oscar Fritz Schuh und Caspar Neher zu einer Modell-Aufführung, die Generationen überstand und gegenwärtig in den Depots der Wiener Oper ihrer Wiedererweckung harrt. Böhm hatte eine seltsame Wahl an Kollegen eingeladen: Hans Knappertsbusch, Rafael Kubelik (für »Aida«) und Fritz

Reiner dirigierten, beim Ballettabend kam Gottfried von Einem als Staatskomponist zu weiteren Ehren. Publikum und Kritik blieben angesichts der »Austrian Coronation« erstaunlich ruhig. Schließlich freute man sich über die Tatsache, daß Staatsoper und Burgtheater wieder spielten und außerdem, dank des Staatsvertrags, das Land seine Freiheit wiedergewann.

Bald nach dem Fest reiste Karl Böhm in die USA, dirigierte und freute sich seiner ersten großen internationalen Erfolge. In Wien hatte die Oper ihre Mittel in jeder Hinsicht verbraucht, mußte sich mit Reprisen in wenig attraktiven Besetzungen begnügen, mußte Inszenierungen aus dem viel kleineren Theater an der Wien auf die Riesenbühne übernehmen und war über Nacht nicht nur geliebt, sondern auch nach guter wienerischer Art »im Gespräch«. Der Direktor, der an alldem wenig hätte ändern können, war abwesend und außerdem naiv. Als er aus New York heimkehrte und noch am Flughafen über seine Ansichten zum Wiener Debakel befragt wurde, sagte er höchst aufrichtig, er sei nicht willens, dem Haus am Ring seine internationale Laufbahn zu opfern – und damit war er seinen Posten los. Ein Wirbelsturm nach dem anderen fegte durch die Stadt. Böhm spürte dies und war dabei, zu demissionieren, als ihn die gefürchteten Wiener Kritiker baten, es sich noch einmal zu überlegen. Und dies zu einer Zeit, da der Chef der Bundestheaterverwaltung längst mit Böhms Nachfolger Gespräche eingeleitet, vorangetrieben, so gut wie abgeschlossen hatte...

Diejenigen, die mit Herbert von Karajan zu verhandeln hatten, vor allem der Finanzminister des Landes, der als österreichischer »Vater« des österreichischen »Wirtschaftswunders« galt, wußten sehr genau, wer Karajan war, und auch, wie seine Ideen zur Führung eines Opernhauses aussahen. Allen diesen Ansprüchen und Kosten wollten sie sich gewachsen zeigen. Denn angesichts der Emotionen und

Mittel, die man in den Wiederaufbau der Staatsoper investiert hatte, wollte man diese jetzt auch entsprechend glanzvoll geführt wissen. Vom Weltmann Karajan versprach man sich das, was der typische Österreicher Karl Böhm nicht anzubieten gehabt hatte.

In Karajans persönlichen Plänen stand die Eroberung der Wiener Staatsoper freilich für einen etwas späteren Zeitpunkt auf dem Terminkalender. Die Konsolidierung in Berlin und seine Tätigkeit an der Mailänder Scala, die Rückkehr in das von Furtwängler nicht mehr dominierte Salzburg beschäftigten ihn vollauf; die Wiener Oper hätte warten können. Aber ein Karl Böhm, der zornig seine Position zur Verfügung gestellt hatte, ließ ihm keine Alternative. Ohne es zu ahnen, gab er das Startsignal für die »Ära Karajan«.

Für die Öffentlichkeit, die seltsam uninformiert war, gab es freilich ein völlig anderes »Zeichen«, das den Beginn der neuen Ära so außer aller Ordnung anzeige, daß es bis auf den heutigen Tag unwiederholt geblieben ist – es ließ sich wirklich nur einmal in der Geschichte der Oper so und nicht anders einem staunenden Publikum vorführen: In Karajans Jugendtagen hatte Arturo Toscanini mit einem derartigen Gastspiel und mit genau dieser Oper den Maestro davon überzeugt, daß Donizetti keine seichte Musik, sondern ein Musikdrama komponiert hatte. Jetzt wollte Karajan selbst dies ganz so wie Toscanini darstellen.

Am 13. Juni 1956 dirigierte er »Lucia di Lammermoor« mit Maria Callas in der Titelpartie in der Wiener Staatsoper. Nach der Vorstellung gab es Jubelstürme, die unvergessen sind, und einen hysterischen Aufschrei, als sich die Callas schließlich gemeinsam mit Karajan vor dem Vorhang zeigte, vor dem Maestro das Knie beugte und ihm die Hand küßte. »Das war das Zeichen«, heißt es im Libretto Hugo von Hofmannsthals zu der in Wien spielenden Oper »Ariadne auf Naxos«, und ganz Opern-Wien verstand das Zeichen... Nur

Maria Callas selbst nicht, denn bald darauf verzichtete der künstlerische Leiter der Wiener Staatsoper Herbert von Karajan auf ein Engagement der Diva und zeigte sich ausgerechnet in ihrem – und nur in ihrem Fall – unnachgiebig gegenüber scheinbar unangemessenen Gagenforderungen...

Chef in Wien. Was will man mehr?

Die Gespräche Karajans mit dem Chef der Bundestheaterverwaltung und mit den Ministern für Unterricht und für Finanzen sind rekonstruierbar. Karajan legte ein Konzept vor, das ihn erstens nicht zum Direktor, sondern zum künstlerischen Leiter des Hauses machen sollte. Karajan wollte zweitens als Mitgift in die Ehe mit Wien einen Kooperationsvertrag mit der Mailänder Scala einbringen, der einen regelmäßigen Austausch von Gesamtproduktionen und von einzelnen Sängern vorsah und – so erklärte es Karajan – das Wiener Haus mit einem Schlag den international gefragten italienischen Gesangsstars öffnete. Karajan stellte außerdem die rasche Öffnung aller Vorstellungen hin zur Originalsprache in Aussicht und argumentierte, von diesem Zeitpunkt an werde es selbstverständlich sein, für alle wesentlichen Partien die weltbesten Interpreten engagieren zu können. »Billig wird's nicht«, war eine mehrfach ausgesprochene Warnung Karajans, die allerdings beim Finanzminister der Republik Österreich genau den erhofften Eindruck eines redlichen Verhandlungspartners machte. Man wollte Weltgeltung, und daß diese nicht billig zu haben war, verstand auch ein Finanzminister ohne besonderes künstlerisches Einfühlungsvermögen.

Für Karajan war die Staatsoper erstens, was sie für jeden österreichischen Dirigenten sein mußte, nämlich das Ziel aller Träume. Zweitens aber war sie für ihn genau das Haus, an dem er alle seine weit über Österreich hinaus zielenden Pläne realisieren konnte: ein großes Haus auf dem damals letzten Stand der Technik mit einem seit Generationen unübertroffenen Stammpersonal an Chor, Orchester und Bühnentechnik, mit einem enthusiastischen Publikum und mit fest entschlossenen Geldgebern im Hintergrund. Karajan selbst, der die Ochsentour durch die Provinz gemacht und dann an großen Häusern gearbeitet hatte, die Welt kannte, hielt sich für reif, diese Staatsoper zu leiten.

Jahre später freilich gab er unumwunden zu: »Was ich in meiner Staatsopernzeit wirklich lernte, das war wiederum vor allem das Handwerk. Ich beschäftigte mich von Anfang an sehr viel mit der Bühnentechnik, ich lernte auf der Bühne, bei den Beleuchtern und in den Werkstätten, was ich als Regisseur noch zu lernen hatte. Vor allem aber begriff ich, daß ein Haus von dieser Größenordnung nicht mehr zu lenken ist – man muß sich dem Betrieb unterordnen, wenn man ihn in Ordnung halten will. Er gehorcht gewissen Regeln, gegen die man nicht ungestraft verstößt.«

Karajan hat im Rückblick seine gesamte Zeit an der Staatsoper noch einmal als Lehrzeit betrachtet und, nachdem die Erregung über seinen Abgang und über die Kabalen vor und hinter den Kulissen abgeklungen waren, ein überzeugendes Resümee gezogen. »Als ich schließlich von Wien wegging, war mir noch gar nicht klar, was eigentlich geschehen war. Heute weiß ich, daß die damals von mir geforderten Bedingungen einer künstlerischen Arbeit für ein Opernhaus mit Repertoirebetrieb gar nicht gestellt werden können. Wenn man zuerst als Ideal ansieht, daß jeder Opernabend eine Sensation wird, dann erhebt man einen Anspruch, der gar nicht zu erfüllen ist. Es gibt nicht genügend sensationelle Sänger auf der Welt, um auch nur ein einziges Opernhaus Abend für Abend in erster Qualität bespielen zu können. Schon bei der Suche nach einem dritten sensationellen Tenor müßte man verzweifeln. Und auch das Publikum würde ermüden, käme man ihm jeden Abend mit Premierenqualität. Mein Plan war auf Dauer in Wien nicht zu realisieren: Was immer man aber versucht, man wird in einem Opernhaus zu keinen besseren Resultaten kommen, als ich es zu meiner Zeit in Wien erreichte. Das heißt, bei rund 300 Abenden pro Saison hatten wir vielleicht vierzig Aufführungen, mit denen auf der Bühne und im Orchester (und im Publikum) jedermann vollkommen glücklich sein konnte. Vieles war gute Routine, für die man sich nicht schämen mußte. Und mindestens hundert Opernabende in der Saison waren auch in meiner Ära schrecklich. Daran ließ sich nichts ändern, daran wird auch ein Operndirektor heute nichts verbessern können.« So Herbert von Karajan im Original, im Januar 1988 noch einmal ausdrücklich in der Tonbandnachschrift mit Unterstreichung hervorgehoben.

Die Salzburger Festspiele hatten nach dem Tode Furtwänglers zu erkennen gegeben, daß sie ab sofort bereit wären, Karajans bekannte Ideen zu verwirklichen – Gottfried von Einems ernster Widerstand war ehrenhaft und sinnlos, in der Festspielstadt waren zu viele Kaufleute, Hoteliers und selbstverständlich auch Politiker ansässig, denen Festspiele eine Versammlung teuren, mondänen Publikums bedeuteten. Karajans Pläne galten diesem Publikum. Und brachten einige Verwirrung wieder ins Lot: War Karajan nicht überall in Europa der Nachfolger Furtwänglers und nebenbei auch noch Wiener Operndirektor?

Das Engagement Karajans für Salzburg wurde in Wien jedenfalls mit Befriedigung, nicht mit Überraschung zur Kenntnis genommen – die Überraschungen blieben alle Berlin überlassen, wo man dem erst ein halbes Jahr mit dem Orchester betrauten »Chef« naturgemäß unterstellte, er habe sich nur eine gute Ausgangsbasis für Verhandlungen in Wien schaffen wollen. Nicht vorsichtig, sondern nachdrücklich besorgt, stellten die Berliner Erkundigungen an, wie es um eine engere Zusammenarbeit Karajans mit den Wiener Philharmonikern bestellt sein sollte.

Karajan beschwichtigte rasch und versicherte ausdrücklich, daß er seine einmal eingegangenen Verpflichtungen in Berlin auch einzuhalten gedenke. Er beruhigte wenigstens das Orchester dadurch, daß er mehr Konzerte dirigierte, als er in seinem Vertrag versprochen hatte, und weitere Tourneen und Schallplattenaufnahmen garantierte. Zudem lud er kraft seiner Salzburger Position seine Berliner zu den Festspielen ein und bewies ihnen damit, daß er sich als ihr Chef und keineswegs als ein den Wienern (die ihn pragmatisch hatten stehenlassen) dankbarer Dirigent fühlte. Die interne wie die in aller Öffentlichkeit ausgetragene Konkurrenz der beiden Philharmonischen Ensembles, die sich bei früheren Gelegenheiten nie ergeben hatte, wurde dank Karajan eine zusätzliche Komponente im Kräftespiel des Musiklebens. Ein Ansporn für die Berliner, ein Stachel für die Wiener! Und später sehr viel mehr...

Die öffentliche Aufmerksamkeit in Berlin legte sich rasch, das Thema Karajan war eines von vielen und der Stellenwert der Kunstberichterstattung niemals in dem Ausmaß hysterisch bis ausufernd, wie man dies von den Wiener Zeitungen behaupten konnte. Auch alle folgenden »Krisen« in Salzburg oder Wien wurden in Berlin zwar aufmerksam registriert, jedoch nie so wichtig genommen wie in Salzburg oder Wien. Die Berliner Zeitungen zum Beispiel baten ihre österreichischen Korrespondenten immer um sachliche und nicht zu lange Berichte: »Für uns ist das kein so wichtiges Thema«, hieß es, und der Spaß am Wirbel blieb des Österreichers Heimat vorbehalten.

Karajan war damit einverstanden, in Berlin der auf Lebenszeit gesicherte Chef des Orchesters und im übrigen ein Gast in der geteilten Stadt zu sein, in Wien aber der unumschränkte Chef und mit seinen künstlerischen wie gesellschaftlichen Taten der Mittelpunkt allen Interesses zu werden. Daß er dabei den Wiener Philharmonikern in ihrer Eigenschaft als zwar privater, jedoch vom staatlichen Geldgeber immer abhängiger Verein ein gesundes Mißtrauen entgegenbrachte, versteht sich. Karajan war nicht nachtragend, aber auch nicht vergeßlich. Das Orchester hatte Wilhelm Furtwängler nach dem Krieg bevorzugt. Es würde einem amtierenden Staatsoperndirektor nolens volens jeden Wunsch von den Lippen abzulesen haben.

Mit den übrigen »Gruppen« in der Staatsoper fand Karajan rasch ein gutes, kollegiales Verhältnis. Seine auch heute noch als Vorbild zu bezeichnende Technik der Menschenbehandlung machte aus seinen Mitarbeitern Verbündete mit einem ordentlichen Anteil von Angst oder Hochachtung: zugleich allerdings mit einem unbändigen Stolz, Mitarbeiter zu sein und mit der Gewißheit, sich in schwierigen Fällen an den Chef direkt wenden zu können.

Was ich unter Technik der Menschenbehandlung verstehe, ist leicht an einigen Beispielen zu erklären. Wo die Öffentlichkeit einen despotischen Operndirektor vermutete, dort saß in der Staatsoper ein Mann, der sich für private Sorgen eines Choristen oder Inspizienten interessierte, der sich die Namen und die Schicksale seiner Musiker einprägte, der zwar dafür sorgte, daß von seinem Amtsantritt an »Hochspannung« herrschte, jedoch in keinem Augenblick ein tyrannisches Gehabe. Im Umgang mit Beamten bis hinauf zum Minister kühl und selbstbewußt, gab sich Karajan im Gespräch mit Sängern, aber auch mit Bühnenarbeitern und Beleuchtern immer kollegial – umgeben von der Aura des in aller Welt Bewunderten. Er brachte es sogar fertig, mit wenigen Sätzen von einem fest engagierten Sänger den Verzicht auf eine Partie zu erreichen oder von »seinem« Team auf der Bühne die notwendigen technischen Voraussetzungen für eine Probe.

Wo er Schwierigkeiten hatte und diese seine gesamte Amtszeit nicht ausräumen konnte, das war der Direktionstrakt selbst: Mit seinen Generalsekretären (er hatte loyale österreichische Mitarbeiter, denen es nie schwerfiel, sich der Oper verpflichtet zu fühlen und daher dem künstlerischen Leiter auch als Helfer zur Seite zu stehen) ging Karajan relativ pfleglich um, mit seinen Co-Direktoren verkehrte er in den schlimmsten Zeiten von Zimmer zu Zimmer ausschließlich per schriftlicher Anweisung. Mit seinem persönlichen Sekretär André von Mattoni (den er bei seinen Verhandlungen mit dem einstigen Operettentenor und nachmaligen Filmproduzenten Marischka zur Verfilmung der Matthäus-Passion kennengelernt und für sich gewonnen hatte) war er zwar ein Herz und eine Seele, gleichzeitig bedeutete dieser für ihn jedoch eine Hypothek im Haus, denn die Stellung des einstigen Schauspielers, der von Karajan immer im Pluralis majestatis sprach, war über lange Zeit nicht festgeschrieben; auf jeden Fall fungierte Mattoni auch als eine Art Puffer zwischen Karajan und den Gesprächspartnern, und zwar gewandter und amüsanter als alle seine Nachfolger, freilich auch auf einer anderen Ebene. Wo Karajan später Ratgeber brauchte, die zugleich den Zorn aller auf sich lenkten, da war er zu den Zeiten des altösterreichischen Herrendarstellers André von Mattoni noch mit einem »Höfling« allererster Kategorie zufrieden: ein undankbares Geschäft, das Mattoni allerdings nicht nur mit unerhörter Loyalität Karajan gegenüber, sondern auch mit bewundernswertem Stil erledigte. Bis hin zu kurzen Telephonaten mit Journalisten war Mattoni die Stimme seines Herrn und selbst immer genau das, was man in Wien gern einen Bonvivant nennt.

Karajans Neuerungen an der Staatsoper wurden bald nach seinem Amtsantritt auch in der Öffentlichkeit leidenschaftlich diskutiert, unterschiedlich bewertet und hatten auch unterschiedliche Folgen. Seine Entscheidung, Oper nur noch in der

Originalsprache zu geben, veränderte erstens das Ensemble der Staatsoper, brachte zweitens Gäste aus aller Welt auf die Opernbühne und machte drittens an den meisten Opernhäusern Europas Schule: Um einigermaßen konkurrieren zu können, mußte man auch anderswo Karajans Sänger engagieren. Um diese engagieren zu können, mußte man ihnen zugestehen, italienisch oder französisch zu singen. Die Hausmitglieder für die kleineren Partien und der Chor, bis dahin auf deutsche Übersetzungen eingeschworen, mußten sich mit Anlaufschwierigkeiten dem neuen Trend anpassen, und der Etat für Proben stieg auch aus diesem Grund weiter an: Nicht nur die Vorbereitungen für Neuinszenierungen waren zu bewältigen, zwischendurch mußte Oper auf Oper »umgestellt« werden.

Karajan immerhin argumentierte nicht so sehr mit dem seither bei allen Diskussionen ins Gespräch gebrachten künstlerischen Standpunkt, ein Komponist habe auf eine bestimmte Sprache hin komponiert, Karajan sagte rücksichtslos und aufrichtig, er stehe für die Originalsprache, um die jeweils weltbeste Besetzung auf die Bühne bringen zu können; und nahm dabei in Kauf, daß er sich in den Reihen der auch in Wien noch residierenden Publikumslieblinge nicht nur Verehrer schaffte: Über Jahrzehnte hatte man mit Begeisterung »Carmen«, »Rigoletto« oder andere populäre Werke in deutscher Sprache und mit heimischen oder heimisch gewordenen Sängern erlebt, hatte uralte und oft alberne Übersetzungen auswendig gelernt und bei den Da-Ponte-Opern Mozarts jede Textpointe ebenso verstanden wie in der »Zauberflöte«. Von einem Tag auf den anderen änderte Karajan diese Situation. Bei Mozart wurde dem noch in Rudimenten existierenden Wiener Mozart-Ensemble die italienische Sprache verordnet und dem Publikum allmählich das Verständnis und damit auch die Freude an vielen Pointen genommen.

Auf dem Gebiet der italienischen Oper machte Karajan die Leistungen etwa deutscher Tenöre wie Helge Rosvaenge oder altösterreichischer Sopranistinnen wie Sena Jurinac langsam, aber unerbittlich verzichtbar, denn er engagierte die führenden Tenöre und Primadonnen aus Mailand. Mit der Vernachlässigung der Wiener »Lieblinge« bereitete er auch deren treuesten Verehrern Sorgen und mußte schwere Geschütze auffahren lassen, um die eine oder andere Demütigung bei Sängern und deren Anhängern vergessen zu machen.

Die brüchige Achse Wien–Mailand

Karajans Verlobungsgeschenk erwies sich als ein Danaergeschenk, was die Finanzen der Republik anlangte. So weltoffen Opernfreunde auch in Wien waren, so neugierig sie die Tebaldis und Simionatos aufnahmen, so enthusiastisch sie Giuseppe di Stefano und Ettore Bastianini feierten, es blieb ihnen nicht verborgen, daß an der Mailänder Scala die Triumphe des Wiener Ensembles ausblieben, daß man einen Austausch auf der Basis zweier gleichberechtigter Institute nicht im Sinn hatte. Und es wurde allmählich auch von rein kommerziellen Sensationen berichtet: Es blieb kein Geheimnis, daß die via Mailand engagierten Künstler einen besonderen Status dem Fiskus gegenüber hatten, daß sie ihre Gagen unversteuert aus dem Land bringen konnten und daß ihre Vermittler gleichfalls im Ausland saßen und allesamt zu Karajans engstem Kreis gehörten.

Ohne Schwierigkeiten ließen sich Verdächtigungen konstruieren und Tabellen aufstellen, die alle darauf hinausliefen, bei Karajan allein seien die Fäden aller Sängerengagements und aller Finanzkonstruktionen zu kontrollieren; niemand außer Karajan habe auf die Vergabe der enormen Mittel des Staates Einfluß. Allerdings: Herbert von Karajan hatte dies im voraus seinem Minister so angekündigt und war von diesem ermutigt worden. Er wurde über Jahre nicht kontrolliert, nicht einmal als unmäßig bezeichnet. Er hatte in Reinhold Kamitz einen engen Verbündeten und eine Stütze, auf die er sich verlassen konnte. Und er hatte mit Heinrich Drimmel, einem trockenen, konservativen Unterrichtsminister, einen direkten Vorgesetzten, der hingebungsvoll auf alle extravaganten Forderungen Karajans einging und es als seine Aufgabe ansah, den Staatsoperndirektor zu verteidigen. Bei allen bisher einfach unter dem Sammelbegriff »Krise« erwähnten Auseinandersetzungen konnte sich Herbert von Karajan darauf verlassen, daß sein ministerieller Widerpart mehr als fair reagierte und sich aller emotionaler Entgegnungen enthielt.

Karajan nutzte diese Situation mehr als einmal aus und machte den Unterrichtsminister in mehr als einer Auseinandersetzung zum Sündenbock. Doch verstieg sich Karajan – im Gegensatz zu einem seiner Nachfolger – nie zu dem Versuch, seinen Minister zu stürzen, sondern forderte nur den Kopf eines hohen Beamten, der Minister Drimmel bestürzend ähnlich sah und als Leiter der Bundestheaterverwaltung ein schier unbewältigbares Amt innehatte. Er hatte die Endverantwortung für sämtliche Verträge von Staatsoper, Volksoper, Burgtheater und Akademietheater zu tragen, die Verhandlungen mit den Gewerkschaften zu führen oder mindestens zu ratifizieren und die Wünsche der künstlerisch alleinverantwortlichen Direktoren zu ermöglichen – auch wenn einer dieser Direktoren sich wie Herbert von Karajan in allen wesentlichen Fragen an den Finanzminister selbst wandte und in den schwierigen, aber unsensationellen Fragen seinen Generalsekretär einschaltete oder nur seinen persönlichen Sekretär ins Gespräch schickte.

Die erste »Mannschaft« im Direktionstrakt der Staatsoper war durchaus in der Lage, Herbert von Karajans Wünschen zu entsprechen. Egon Seefehlner wurde als Generalsekretär aus der Direktion Böhm übernommen, Ernst August Schneider blieb Leiter des Künstlerischen Betriebsbüros. Seefehlner war ein Mann des Industriellen Manfred Mautner Markhof, der als Präsident der Wiener Konzerthausgesellschaft und als Förderer Karl Böhms großen Einfluß in Wien hatte. Schneider war ein aus Deutschland zugewanderter Routinier, der über Jahrzehnte loyal zum Haus und zu seinem jeweiligen Direktor stand und allmählich eine Institution eigener Art wurde, ein für die Öffentlichkeit unbekannter, für die Sänger unverzichtbarer Vater der Oper.

Karajans erste Zeit in der Wiener Oper verlief, alles in allem, reibungslos. Er hatte zur gleichen Zeit seine Berliner Interessen zu vertreten, also mit dem Orchester seiner Wahl seine zweite große Amerikareise zu absolvieren und die Abonnementkonzerte in Berlin selbst zu leiten. Er hatte seine Engagements beim Philharmonia Orchestra London zu beenden, also wiederum auf einer US-Reise dermaßen kontaktarm zu sein, daß sich die Musiker auf eine Lösung aller Beziehungen zwischen Karajan und ihnen geradezu mit Enthusiasmus vorbereiteten. Er mußte seine erste Salzburger Festspielsaison unter Dach und Fach bringen. Er hatte den nach ihm benannten Konzertzyklus in der Gesellschaft der Musikfreunde fortzuführen. Er konnte wieder philharmonische Abonnementkonzerte leiten. Er hatte mit der Staatsoper in Mailand (»Walküre«) und in Brüssel (»Salome«) zu gastieren und die in seinem Konzept vorgegebene Austausch-Möglichkeit Wien–Mailand wenigstens in Ansätzen auch in dieser Richtung zu realisieren. Dies alles in den Spielzeiten 1956/57 und 1957/58. Mit voller Absicht ist da eine Tätigkeit, die mindestens drei Dirigenten voll ausgelastet hätte, in knappen Sätzen kursorisch abgehandelt.

Damals entstand die Anekdote, Herbert von Karajan springe irgendwo in ein Taxi und hätte auf die Frage, wohin er denn wolle, nur eine Antwort: »Fahren Sie mich, wohin Sie wollen, ich habe überall zu tun.«

Der Titel Generalmusikdirektor Europas war geboren, und Karajan verdiente sich diesen Titel.

Auch auf Lebenszeit – Eliette von Karajan

In dieser Zeit fand Herbert von Karajan – das am Rande – ein neues Privatleben: Nach der Scheidung von Anita von Karajan, die in aller Stille stattfand und keinerlei Begründung brauchte, heiratete er zum Saisonauftakt 1958 Eliette Mouret, vordem Mannequin und Karajan-Verehrerin, seither Ehefrau und ständige aufmerksame Begleiterin des Maestros. Die Illustrierten waren enttäuscht, denn die Hochzeit fand überraschend und in aller Stille statt. Erst nachträglich konnte man eine rührende Geschichte von der jungen, bildschönen Frau lesen, die den Maestro bei Konzerten in Paris gesehen hatte, die ihm aber erst später bei einem Konzert in London »aufgefallen« und der er scheinbar ohne jede Vorwarnung verfallen war. Immerhin, Karajan gab Photos von sich und seiner jungen Frau zur Veröffentlichung frei und war, immer wieder, stolz darauf, sie als ein Schmuckstück präsentieren zu können.

Er gab ihr Gelegenheit, dies einprägsam und gleich einmal rund um die Welt zu tun: Unmittelbar nach seiner Heirat ging er mit den Wiener Philharmonikern auf deren erste Weltreise, eine Unternehmung, die Karajan und das Orchester von Indien über Hongkong nach Japan, weiter nach Honolulu und in die Vereinigten Staaten führte und in New York endete. Es war eine der aufwendigsten und strapaziösesten Konzertreisen, die je ein Orchester und ein Dirigent unternahmen, zugleich eine Staatsangelegenheit, die von Wien aus aufmerksam beobachtet und kommentiert wurde und die Karajan endgültig als Chef des gesamten musikalischen Wien etablierte.

Eine weitere Folge dieser Reise hatte mit der Staatsoperndirektion Karajans nichts, mit seiner weiteren Karriere allerdings sehr viel zu tun: Auf dieser Reise sah der Dirigent erstmals, welchen Effekt auch Fernsehübertragungen von Konzerten haben, wie viele Millionen Menschen zu erreichen waren, in welchen Dimensionen man zu denken hatte, wenn man nicht nur für öffentliche Konzerte oder Opernaufführungen, sondern auch für Television arbeitete: Karajan, damals noch skeptisch und gewohnt, die technische Qualität des Mediums in Zweifel zu ziehen, vor allem mit der Wiedergabe des Tons äußerst unzufrieden, war immerhin von da an von der Dimension der Möglichkeiten angetan. Mit einer einzigen Konzertübertragung in Japan erreichte er mehr Zuhörer als mit allen seinen bis dahin gezählten persönlichen Auftritten. Das gab ihm zu denken.

Allerdings war das Fernsehen zu dieser Zeit für Karajan noch keine Herausforderung. Er hatte genügend andere Themen, die ihn beschäftigten. In Berlin begann er, sein Orchester im Griff zu haben; es war allmählich nach seinen klanglichen Vorstellungen geformt und musizierte mit ihm »sein« Repertoire in der von ihm gewünschten Interpretation; die Kritiker in aller Welt begannen das zu hören und zu kommentieren, der »Oberflächenklang«, ein Mißverständnis zwischen Karajan und seinen Gegnern, wurde geboren. In Wien war er mitten in der Arbeit an »seinem Ring«; das heißt, er inszenierte in Bildern von Emil Preetorius die vier Abende Richard Wagners und wurde dabei beobachtet, als sei dies seine erste Regiearbeit. Weit davon entfernt, sich aus der Tradition zu lösen, hatte er an der Verwendung der damals neuesten Theatertechnik seine Freude und engagierte zum Gaudium der Journalisten den Illusionisten Kalanag, um in »Rheingold« Alberich von der Bühne zu zaubern.

Dabei und bei vielen anderen Gelegenheiten gab er sich weder photoscheu noch weltfremd. Der Einfluß der neuen, dritten, endgültigen Ehe und der Entschluß, in Wien/Mauerbach ein eigenes Haus zu haben, waren unverkennbar.

Ernst Haeusserman, der erste unter Karajans Biographen, der ein gut Teil seines Buches auf Niederschriften von Gesprächen mit dem Dirigenten (und auf Kommentaren des Wiener Musikkritikers Heinrich von Kralik) aufbaute, beschrieb die junge Eliette von Karajan als ein Wesen, dem ein Gänseblümchen im rechten Moment lieber sei als ein Diamant. Man darf annehmen, daß diese Formulierung einem Gespräch der beiden Herren entstammt – der Generalmusikdirektor Europas sah seine Frau, der er nicht Gänseblümchen schenkte, sondern ein Leben in Luxus, wahrscheinlich als ein solches Wesen.

Eliette schenkte ihm, der – selbst als Pilot ausgebildet und sehr stolz auf diesen Umstand – von Termin zu Termin hetzte, eine Andeutung von Beständigkeit. Und sie schenkte ihm Kinder: Die erste Tochter kam 1959 auf die Welt und wurde – die »Unvergleichlichen« lieben solche Gesten – von den Wiener Philharmonikern als Patenkind angenommen. Das Orchester schenkte der Tochter des Dirigenten, mit dem es ein für allemal versöhnt sein wollte, ein Abonnement auf Lebenszeit. Das Berliner Philharmonische Orchester konnte zwei Jahre darauf gar nicht anders, es mußte die Wiener Kollegen kopieren und sich die Patenschaft von Karajans zweiter Tochter erbitten.

Die Rolle, die die Berliner in Karajans Leben spielten, wurde von ihm und ihnen (und den Berliner Musikfreunden) nicht unrealistisch gesehen: Daß Karajans Vertrag von Anfang an sechs Doppelkonzerte im Berliner Philharmonischen Programm vorsah, man jedoch ein Abonnement mit acht Konzerten ankündigte und dann konsequenterweise zwei andere Dirigenten auch auftraten, war für unsereinen ganz natürlich, den Berlinern schien es jedoch eine Boshaftigkeit Karajans. Daß Karajan sich wie sein einstiger Rivale eine dominierende Stellung in Berlin, aber auch die künstlerische Leitung der Wiener Staatsoper zumutete, begriff die Welt als sensationell, die Berliner aber fanden es furchterregend. Immerhin, die Zeit ab 1956 war noch nicht die um 1976 oder gar 1986: In diesen Tagen hatten Dirigenten, deren Attraktion nicht die eines Karajan war, noch nicht wenigstens zwei wichtige Orchester unter ihrer Leitung, wie es seither üblich geworden ist. Erst die Generation, die Karajan nachfolgte, kannte dieses in Wien und Berlin betriebene Spiel mit der Ausschließlichkeit nicht mehr, sondern begann mit Doppeldirektionen, wie sie heutzutage gang und gäbe sind und sowohl von allerersten wie auch von nur beinahe ersten Dirigenten scheinbar mühelos betrieben werden.

Karajan, in Berlin noch nicht wieder heimisch geworden, in Salzburg und Wien als prägender Dirigent der Sonderklasse installiert, arbeitete auch auf dem Sektor Orchesterbetreuung konsequent und vernachlässigte sein Berliner Orchester keineswegs. Aus welchen Gründen auch immer – er lud es zu den Salzburger Festspielen ein und gab ihm damit eine Chance, sich einem internationalen Publikum »in bester Lage« zu präsentieren. Der Berliner Senat, der »sein« Orchester unter Karajan auf Dienstreise in Salzburg spielen ließ, war durchaus einverstanden mit dieser Art von sommerlicher Tätigkeit und begriff vom ersten Moment an, daß es dabei keineswegs um eine Mehrung des Ansehens Karajans ging, sondern um eine einmalige Chance für die Berliner: Sie hatten als das Renommierorchester der »Inselstadt« Gelegenheit, nicht nur unter Karajan, sondern auch mit anderen großen Dirigenten vor einem internationalen Publikum nachzuweisen, daß Berlin allemal noch Berlin und eine Metropole sei. Die Wiener Philharmoniker, die ihre über Jahrzehnte unangefochtene Position in Salzburg durch die

Mitwirkung der Berliner Konkurrenz bedroht spürten, sahen diese Orchesterkonzerte ganz genauso und mußten diese nur hinnehmen, weil sie keinerlei Möglichkeit hatten, den damals allgewaltigen Karajan von irgendeiner Neuerung abzuhalten.

Praktische Argumente gab es angesichts der programmatischen Ausweitung der Festspiele nicht, die Wiener behielten ihre Alleinherrschaft auf dem Gebiet der Oper und waren unbestritten weiterhin das Fundament des Sommers. Polemiken gegen die Kollegen aus der Stadt Berlin waren zudem heikel, denn schließlich konnten sich die Wiener nicht leisten, von sich aus darzulegen, sie hätten etwas gegen künstlerische Konkurrenz einzuwenden.

Herbert von Karajan selbst, der selbstverständlich den Wienern den Herrn und den Berlinern den neuen, interessanten Chef zeigen wollte, hatte freilich noch einen Beweggrund: Er konnte sich auf mehrere Orte »aufteilen« und sich zugleich auf nur zwei Orchester konzentrieren. Er konnte seine bis dahin notwendigen »Zyklen« in Wien reduzieren, seine Zusammenarbeit mit dem Philharmonia Orchestra beenden, sein lebenslanges Desinteresse an kurzen Gastspielen bei anderen großen Orchestern offen zu erkennen geben. Er konnte aus dem Berliner Orchester ein Ensemble nach seinen Idealvorstellungen formen und mit dem Wiener Orchester so musizieren, wie es dieses seit jeher verstanden hatte.

Obgleich er dank der unausgesetzten Reisetätigkeit, die er mit dem Berliner Orchester ja sogar vertraglich zu leisten hatte und mit den Wienern von Fall zu Fall gerne übernahm, in aller Welt präsent war und scheinbar auf allen Kontinenten dirigierte, reduzierte er seine musikalische Tätigkeit de facto auf die Zusammenarbeit mit den beiden illustersten europäischen Ensembles. Von einem Dirigier-Gastspiel in den USA und seiner kurzen Periode als eine Art »Konsulent« beim Orchestre de Paris abgesehen, widmete Karajan seine gesamte Aufmerksamkeit dem Berliner Philharmonischen Orchester und den Wiener Philharmonikern. Wobei er über Jahre den Berlinern den absoluten Vorrang einräumte.

Einen der damals längst formulierten Gründe für seinen Vertrag mit den Berlinern auf Lebenszeit hatte Herbert von Karajan immer deutlich ausgesprochen. Er wollte als ihr Chef von keiner politischen Entscheidung in Berlin abhängig sein. Man hat es ihm als Schwäche, als Zweifel an seiner eigenen Position ausgelegt, als Kleinlichkeit. Karajan sah es auch als eine Absicherung des Orchesters an und wies immer darauf hin, daß es durchaus Zeiten hätte geben können, in denen man plötzlich andere Prioritäten hätte setzen wollen: Zu guter Letzt wurde er in seinen Vorsichtsmaßnahmen bestätigt, als gegen Ende seines Lebens sich nach Wahlen eine Regierung bildete, die weder an einer weiteren Zusammenarbeit mit Karajan ehrliches Interesse erkennen ließ noch das Schicksal des Orchesters als vordringliches Problem einstufte. Die Gegenwart und unmittelbare Zukunft wird unter Beweis stellen, ob angesichts der neuen Hauptstadt Berlin und der enormen Mittel, die diese Hauptstadt für die Kunst braucht, eine eindeutige und vertraglich festgelegte Dominanz auch des Orchesters zu den Bedingungen zählt, die einst wesentlich für Karajan waren und jetzt lebenswichtig für das Philharmonische Orchester wären, das sich seine Position neuerdings zu erkämpfen hat.

Berlins Neue Philharmonie

Ähnlich wie in Salzburg wurde Karajan auch in Berlin eine Art Miterbauer eines für Generationen gedachten Kunsthauses: Wie er mit dem österreichischen Architekten Clemens Holzmeister die bis dahin unvorstellbare Breite der Bühne des zuerst Neuen, dann Großen Salzburger Festspiel-

hauses plante und auf Jahre als der einzige Dirigent und Regisseur galt, der seine Produktionen von diesem Haus inspirieren ließ, so war er der Maestro, der in Berlin mit allem
Nachdruck darauf drängte, daß die seit langem geforderte
Berliner Philharmonie nicht nach Allerweltsplänen, sondern
ausdrücklich nach den revolutionären Entwürfen von Hans
Scharoun gebaut werde. Wieder entstand ein Bau, der unverkennbar von einem Architekten gemeinsam mit einem
Künstler und über alle bis dahin geltenden Regeln hinaus
konzipiert war, zugleich aber ein Konzertsaal, der schließlich
ideal den Anforderungen Herbert von Karajans und der
neuen Zeit entsprach: der »Zirkus Karajani«, der erstmals
nicht an einer Stirnwand das Orchesterpodium und hinter
dem Rücken des Dirigenten den Saal mit dem Publikum
vorsah, sondern eine Zeltkonstruktion, die das Publikum
beinahe rund um das Orchester und den Dirigenten setzte
und die von Karajan in vielen Gesprächen als zeitgemäß bezeichnete Form der Kommunikation ermöglichte.

»Wir haben bewiesen, wie wichtig es dem Publikum geworden ist, mitzuerleben, was ein Dirigent im Konzert tut.
Wenn die Abonnements verkauft werden, sind die Sitzplätze
mit Sicht frontal auf den Dirigenten als erste ausverkauft«,
kommentierte Karajan selbst die neuartige Konstruktion.

Zu diesem – für damaligen Geschmack – Inbegriff moder-
nistischer Architektur, der in kurzer Bauzeit entstand, gibt
es Berliner Geschichte und Berliner Geschichten. Anders als
in Wien, wo man unmittelbar nach Kriegsende gemeinsam
mit der ganzen Bevölkerung begann, den Wiederaufbau der
Staatsoper zu organisieren, gründete man in Berlin erst 1949
einen »Bettelorden«, der Geldmittel für eine neue Philharmonie aufbringen sollte. Erst 1954 beschloß der Senat den
endgültigen Standort des Hauses, 1956 – die Wiener Oper
war mit Glanz und Gloria und Patriotismus längst »in Betrieb«, und Karajan stand bereits vor ihren Pforten – schrieb

man den notwendigen Wettbewerb aus. Karajan war also längst Chef und ein Begriff in Berlin und vom ersten Moment in die Diskussionen und Planungen zur Philharmonie einbezogen. Im September 1960 feierte man die Grundsteinlegung, am 1. Dezember 1961 das Richtfest, am 15. August 1963 die Einweihung.

Unterdessen eilte das Orchester von Erfolg zu Erfolg: 1957 war es erstmals gemeinsam mit Karajan in Japan, 1958 zweimal auf Tournee quer durch Europa, 1959 gab es wieder die traditionelle »Konzertreise durch deutsche Städte«, und immer und überall war Karajan nicht nur der triumphal gefeierte Chef, sondern auch der Chefdirigent, der sich um die Verjüngung des Orchesters, um die Erneuerung seines Klangs und seines Renommees und um die gemeinsame Imagepflege bemühte – als sei er nicht so zwischendurch auch noch an Mailand, Wien und Salzburg interessiert. So waren die Geschichten, die hartnäckig durch die Boulevardpresse geisterten und die Gemüter erregten –, zum Beispiel die Gerüchte um die Ausstattung des Chefzimmers und ein angeblich von ihm gefordertes Bad – mindestens für die Musiker in Berlin völlig substanzlos; für sie war all das nichts weiter als Aufputz für ihre viel wesentlicheren Beziehungen zum »Maestro«, den keiner je so nannte.

Geschichte dagegen ist, daß zwischen der Grundsteinlegung und dem Richtfest in Berlin und in unmittelbarer Nähe zur Philharmonie noch ein Bauwerk ganz anderer Art entstand: Die Berliner Mauer wurde hochgezogen, bevor die Philharmonie eingeweiht werden konnte. Die Idee, die Philharmonie mitten ins Zentrum der Stadt zu bauen, bekam plötzlich einen ganz neuen Stellenwert. Spätestens 45 Jahre danach, als die Mauer völlig unerwartet fiel, hat sich diese Entscheidung als richtig erwiesen, denn dieses Zentrum schickt sich an, tatsächlich das Herz der wiedervereinigten Stadt zu werden.

Noch eine Gemeinsamkeit der beiden Bauten in Berlin und Salzburg ist zu erwähnen: Obgleich die Experten immer mitzureden hatten und Karajan selbst auf Fachleute schwor, die ihm kompetent erschienen, war die Akustik in Salzburg wie in Berlin zwar anläßlich der Eröffnungsfeierlichkeiten gerühmt worden, mußte jedoch vor allem in der Berliner Philharmonie heftig nachgebessert werden. Hier wie dort hatte man uralte goldene Regeln außer acht gelassen, hier wie dort mußte man Zubauten anbringen, um den Saal in den Griff zu bekommen. Im Salzburger Festspielhaus konnte man immerhin für Orchesterkonzerte rasch eine »Muschel« und eine ideale Aufstellung des Orchesters finden; in Berlin brauchte man verhältnismäßig lange, bis man das Publikum auf allen Plätzen »richtig versorgen« konnte und eine Sitzordnung für das Orchester fand, die den Streicherklang mit den Blechbläsern einigermaßen austariert hören ließ und schließlich so »perfekt« wurde, daß auch Schallplattenaufnahmen im Saal möglich wurden.

Die zusätzlichen Einbauten waren in Berlin nicht billig. Sie sind jedoch ein Preis, den man in aller Welt bezahlt, seit man neue Konzertsäle originell zu bauen wünscht und Materialien verwendet, die früher in einem Konzertsaal nichts zu suchen hatten. Daß die Berliner Philharmonie oder das Große Salzburger Festspielhaus relativ vorbildlich geplant und ausgeführt waren, bewiesen diejenigen, die bald darauf in New York dem neuen Konzertsaal der New Yorker Philharmoniker eine Serie von Umbauten bescherten und zur Erheiterung aller Beobachter alle nur möglichen Fehler machten, die in den vergangenen Jahren in Europa als solche erkannt worden waren.

Diesen Klang der ganzen Welt

Was die Philharmonie zuletzt zuließ, war der Klang des von Herbert von Karajan neu geformten Berliner Philharmonischen Orchesters. Die Zeitzeugen, auch die Orchestermusiker dieser Tage, berichten von Karajans höchst behutsamen »Umstellungen«. Erst langsam und mit kleinen Schritten näherte er das an den manchmal auch »al fresco« bezeichneten Stil Furtwänglers gewöhnte Orchester seinem Ideal von »Klangschönheit« an. Wobei er unter dieser Schönheit des Klangs immer ein und dasselbe verstand: daß bei aller Präzision die einzelnen »notierten« Töne in voller Länge gespielt, die trennenden Taktstriche vernachlässigt werden und eine sozusagen undurchdringliche Schicht, auch Oberfläche genannt, erzeugen. Zwei Unterschiede zum »Stil« Furtwänglers waren besonders leicht erkennbar: zum einen die äußerste Präzision, wie man sie erst in der Zeit der Schallplatte kennengelernt und erreicht hat; das allabendliche Anspielen gegen den einmal erreichten Standard wurde unter Karajan gefordert und verwirklicht. Und zum anderen das schier greifbare Klangvolumen, das ein Orchester nur durch einen steten Willen zum vollen, klingenden Ton hören läßt; es wurde von den Berlinern nach den Intentionen Karajans, aber auch durch eine gehörige Portion an Selbstbewußtsein und Impetus jedes einzelnen Musikers zu einem Markenzeichen, das die Orchestermitglieder selbst nicht genug zu rühmen wußten.

Unvergessen bleiben die Interviews, in denen die Vertreter der sonoren Gruppen, der Celli also und der Kontrabässe, sich ihrer puren Kraft bewußt waren und geradezu kämpferisch meinten, sie nähmen es mit jedem Weltklasseorchester auf: »Wir haben den größten Wumm«, sagte Rainer Zepperitz stellvertretend für seine Kollegen vom Kontrabaß und war immer darauf bedacht, den körperlichen

Einsatz auch optisch darzustellen. Angeeifert von Herbert von Karajan, dem er später in seinem Leben einer der heftigsten Widersacher im Orchester wurde.

Eine andere von Karajan anderswo gleichfalls vorgeführte, jedoch mit den Berlinern zur Virtuosität und Spezialität gebrachte »Manie« war sein allseits belächeltes Dirigieren mit geschlossenen Augen: Der Verzicht, Einsätze zu geben, wurde von den Berlinern nach genügend Proben mit offenen Augen als Aufforderung zum Mitgestalten begriffen und keineswegs als Show. Karajans völlig präziser erster Auftakt legte ein Tempo fest, das allgemeine Sicherheit gab. Und weitere Aufforderungen, die in den berühmt gewordenen weichen Handbewegungen lagen, galten nicht dem Einsatz eines Solisten, sondern einer Klangnuance des gesamten Orchesters, das dasaß, zusah und aufeinander hörte. Karajan, der als Opernkapellmeister gewohnt war, sich trotz aller Autorität einem Sänger in Not anzupassen, verlangte von seinem Konzertorchester die Tugenden eines Opernorchesters – und das lange bevor er aus seinen Philharmonikern tatsächlich noch ein Opernorchester formte.

Daß man ihm in der Philharmonie willig nachgab, ist unschwer zu verstehen: Da waren Erinnerungen an die erste US-Reise mit im Spiel, auf der sich die Berliner noch sagen lassen mußten, an ihren ersten Pulten säßen Musiker, die für ein amerikanisches Orchester kaum Konkurrenten wären. Da war das Gefühl für einen völlig neuen Standard, den man mit Karajan erreichte. Und da war selbstverständlich auch die überaus menschliche Freude an dem finanziellen Vorteil, den eine immer engere Zusammenarbeit des privaten Zweigvereins des Berliner Philharmonischen Orchesters, der Berliner Philharmoniker also, mit Karajan auf Platte brachte.

In den Zeiten ihrer allerinnigsten Zusammenarbeit unterschrieben die Berliner die meisten Aussagen ihres Chefs stolz und gern: Wenn Karajan behauptete, er könne von seinen Geigern auch verlangen, völlig einheitlich den rechten Fuß abzuwinkeln, wenn sie für ihn spielten, dann nannten das Zuhörer einen Dompteurakt, Orchestermusiker aber nahmen es nur als ein Gleichnis für die Exaktheit, die von ihnen erwartet wurde. Und wenn Karajan von einem Teppich sprach, auf dem er mit seinem Orchester schweben wolle, dann war das für Zuhörer eine Redewendung, die an Luxus denken ließ, Orchestermusiker aber wollten gruppenweise der besondere Anlaß dieses Klangluxus sein. Unter Karajans Leitung bildete sich nicht nur der völlig neue Stil der Kontrabässe, die schauspielerische Qualitäten anwandten, um sich in einem Konzert aus ihrer Ecke hervorzuspielen; unter Karajan verfielen die weltberühmt gewordenen »12 Cellisten der Berliner Philharmoniker« auf die höchst erfolgreiche Idee, sie allein ergäben ein Ensemble, das zuerst Bearbeitungen verschiedenster Art, dann aber eigens für sie geschriebene Kompositionen spielen konnte. Unter Karajan wurden neue Konzertmeister internationalen Ranges engagiert und Solisten an erste Pulte geholt, wie sie vorher lange nicht mehr in Berlin gespielt hatten. Unter Karajan wurden die Fragen nach dem Engagement oder der Beschäftigung eines Hornisten oder Klarinettisten zu sozusagen weltbewegenden Problemen, die vorher in Berliner Musikerkreisen nicht so ernst genommen worden waren: Wie in jedem guten Orchester entscheiden im Endeffekt der Stimmführer und die auf ihn eingestellte Gruppe von Musikern über die Verträglichkeit mit einem neuen Kollegen, dessen Instrument, dessen Klanggebung. Erst unter Karajan aber wurden diese Entscheidungen, bei denen traditionsgemäß sowohl die Orchestervertretung als auch der Chefdirigent Mitspracherecht haben, zu Debatten, an denen man sich wochenlang erregen konnte. Erst unter Karajan gab es allerdings in der Folge auch ernsthafte Auseinandersetzungen mit solistisch ambitionierten Orchestermusikern, die einerseits dem Ensemble ihre Persönlichkeit geradezu aufdrängten, andererseits als gefeierte Meister ihres Instruments Schwierigkeiten zu machen gewohnt waren: Herbert von Karajan hatte seine besonderen Beziehungen zu allen diesen Problemen, lebte mit ihnen und entschied über sie.

Was die erwähnten finanziellen Vorteile des »privaten« Zweigvereins angeht: Karajan, der seinen Vertrag mit Walter Legge allmählich auslaufen ließ und sich nicht mehr exklusiv an eine Schallplattenfirma binden wollte, spielte in seiner Eigenschaft als künstlerischer Leiter der Wiener Staatsoper für DECCA in Wien große italienische Oper ein, begann aber gleichzeitig, für die Deutsche Grammophon gemeinsam mit den Berlinern ein Repertoire aufzubauen, das ohne Frage das breiteste Plattenrepertoire ist, das bisher in der Geschichte der Musikreproduktion erarbeitet und festgehalten wurde. Daß Karajan ein genialischer Stratege war und offenbar nur kluge Ratschläge annahm, erkennt man an dem brillanten Auftakt: 1959 begann seine erneute Zusammenarbeit mit der Deutschen Grammophon, bezeichnenderweise mit einer auf Jahre gültigen Aufnahme von Richard Strauss' »Ein Heldenleben«. 1962 präsentierte er mit seinem Orchester die erste Stereo-Aufnahme der Symphonien Ludwig van Beethovens in Subskription.

Es war dies die erste Serie, die mit derartiger »Promotion« auf den deutschen Markt gebracht wurde, daß tatsächlich bis zur zweiten Serie – und darüber hinaus bis in die Gegenwart – kein anderer Dirigent und kein anderes Orchester in den Schallplattenläden Fuß fassen konnten. Aus dem ersten Beethoven-Erfolg resultierte, quasi im Zusammenhang mit den großen Enttäuschungen Herbert von Karajans in Wien, schließlich der 1963 abgeschlossene Exklusivvertrag, der den Dirigenten und sein Berliner Orchester ein für allemal zum deutschen Qualitätsbegriff machte und gleichzeitig der Deutschen Grammophon die Chance gab, mit diesem Begriff auf dem wichtigen amerikanischen (und dann auch auf dem japanischen) Markt präsent zu sein.

Es gehörte zu den Eigenschaften Herbert von Karajans, nicht nur als Interpret, sondern auch als Stratege schier unerreicht zu sein. Es wurde ihm allzeit vorgehalten, daß sein Interesse nicht nach der gelungenen Interpretation einer Symphonie erlosch, sich vielmehr auch auf deren »Auswertung« erstreckte und dadurch einer Industrie, einem Orchester und Karajan selbst auch finanzielle Vorteile brachte: Allerdings sah Karajan nichts Schlimmes darin, Musik vor oder nach einem Konzert auch auf dem jeweils technisch neuesten Stand festzuhalten und daran zu verdienen. Wobei ihm die Musik wichtig war, der jeweils neueste Stand der Technik nicht minder wesentlich und das Geld nicht unlieb. Daß er sein Repertoire mit den Berlinern auf den neuesten Stand brachte und immerhin bis Henze und Penderecki ging, im Grunde aber als Retrospektive eines Dirigenten des spätbürgerlichen Konzertsaals betrachtete, war kein Geheimnis. Wie sehr er mit seinen intensiven Bemühungen um technische Qualität Entwicklungen vorantrieb, die Firmen in dem Ausmaß von sich aus gar nicht forcierten, bestätigten nach den faszinierten Aufnahmetechnikern der DECCA auch die Ingenieure der Deutschen Grammophon Gesellschaft und sehr viel später die Chefs der Entwicklungsabteilungen des japanischen Sony-Konzerns.

Wie sehr Karajan die ihm zufließenden Gelder zuletzt auch für caritative Zwecke und schließlich für sein »künstlerisches Vermächtnis« nützte, wurde ihm in seinen allerbesten Zeiten nie bestätigt. Im Gegenteil. Sein Image war um 1960 das eines Imperators, der Macht, Einfluß und manches mehr nur um seines persönlichen Vorteils willen suchte. Und noch einmal: Die Öffentlichkeit und die Journalisten sahen es so, nicht hingegen – noch nicht – die Berliner Musikergemeinschaft, die sich um diese Zeit mit ihrem Chef auf Gedeih und Verderb verbunden hatte.

Immerhin, was damals kaum bemerkt wurde und auch nicht mit der besonderen politischen Situation in Berlin zu erklären war: In Salzburg, seiner Vaterstadt, kaufte Herbert von Karajan Grund und Boden und errichtete ein Haus. In Wien, der Musikstadt seiner Jugend, erwarb er ein Landhaus in der Umgebung und richtete sich ein. In Berlin, der Stadt seiner ersten internationalen Erfolge, lebte er vom ersten Moment an und für immer im Hotel. Mit festen Gewohnheiten, mit Stammlokalen, mit viel Interesse an der Neugestaltung des Musiklebens der Stadt. Aber immer aus dem Koffer, wie man zumindest in Österreich, der Heimat Karajans, sagt.

Trotzdem lebte er intensiv in Berlin, die Konzertverzeichnisse dieser Jahre waren immer so beschaffen, daß die Musiker nie die Anwesenheit ihres Chefs einfordern mußten, sondern mit ihm weit mehr Konzerte spielten, als der Vertrag vorsah. Karajans Imperium war ohne Zweifel über mehrere Städte verzweigt, sein Interesse aber vor allem an der Produktion von Schallplatten hielt ihn immer wieder in Berlin: Seine Erklärung, er habe es als ideal empfunden, Aufnahmen mehrerer Konzerte über Monate vorbereiten zu können und bereits aufgenommene Symphonien, so sie ihm nicht gelungen erschienen, nach einiger Zeit noch einmal vor den Mikrophonen wiederholen zu können, war die lauterste Wahrheit. Was er für die Deutsche Grammophon Gesellschaft mit den Berlinern einspielte, war in der Regel über Monate geprobt. Allerdings gab es Ausnahmen (vor allem, wenn internationale Solisten mit ins Spiel kamen): Dann wurde in erstaunlich knapper Zeit aufgenommen – Karajans besondere Fähigkeit, zu disponieren, ersparte im Ernstfall Zeit und Geld.

Sieht man von einigen langlebigen Gemeinschaften, wie sie sich in den USA aus mehreren Gründen ergeben haben, einmal ab, so hat kein europäisches Orchester so lange und so ausführlich mit einem einzigen Dirigenten für die Schallplatte gearbeitet und dabei so intensiv die jeweils diesem Medium des 20. Jahrhunderts hinzugefügten Neuerungen zu nutzen gewußt. Daß dabei neben enormen künstlerischen Ergebnissen auch unvorstellbare finanzielle Erträge erzielt wurden, versteht sich und ist lange Jahre von sämtlichen Musikern stolz erwähnt worden: Jeder Berliner Philharmoniker ließ sich gern einen Schallplatten-Millionär nennen und war in den allerbesten Jahren der Zusammenarbeit mit Herbert von Karajan auch damit einverstanden, den Chef als die Quelle dieses Einkommens anzuerkennen.

Die allen anderen Aufgaben von Karajans zum Trotz nie zu kurz kommenden Orchesterreisen der Berliner verlagerten sich allerdings immer mehr in den Fernen Osten, und dies keineswegs nur, weil dieser »Markt« für Orchesterreisen erschlossen wurde, sondern vor allem, weil in Japan eine enorme Nachfrage nach immer neuen Schallplatten bestand und jeder »Live-Auftritt« eines europäischen Orchesters den Verkauf der Platten dieses Ensembles sofort ankurbelte. Die Berliner, mit Karajan immer wieder willig auf Reisen, vernachlässigten ihre »Pflichten« gegenüber Musikfreunden der Bundesrepublik über Jahre ohne besonders schlechtes Gewissen. Sie besannen sich eines neuen Patriotismus erst, als es Mode wurde, gegen den Chef zu revoltieren. Spät also, bedenkt man die Zeitspanne, in der das Einvernehmen der Berliner mit Karajan nicht anders als harmonisch zu bezeichnen war.

Und die Berliner unter Karajan waren nicht das einzige Orchester, das zuerst einmal der Faszination Japans erlag. Europäische Ensembles und Opernhäuser gingen in den späten sechziger Jahren mit Begeisterung an die Eroberung eines großen Marktes, der sowohl schier unerschöpfliche Geldmittel wie unglaublichen Enthusiasmus für die abendländische Musik aufbrachte. In den fruchtbarsten Jahren Herbert von Karajans wurde dieser Markt erschlossen – und tatsächlich nicht nur das Geld, sondern auch das Interesse, der Jubel mit

Staunen eingesackt. Daß bald nach Karajan und den Berlinern auch die zweite langjährige Künstlergemeinschaft, die Wiener Philharmoniker unter Karl Böhm, in Japan mindestens jedes zweite Jahr die Hallen füllte und unerhörte Umsätze auf dem Plattenmarkt erzielte, daß große Opernhäuser wie die Deutsche Oper Berlin, die Wiener Staatsoper und die Mailänder Scala mit Gesamtgastspielen in Tokio Furore machten, lag an der Zeit. Diese als beinahe erster für seine Musik und seine Musiker genutzt zu haben, brachte Karajan zunächst Ruhm in Berlin und Ehrfurcht in Tokio ein, in seinen letzten Lebensjahren jedoch »Tadel«.

»Mein verlängerter Arm«, war über Jahre der Lieblingsausdruck Karajans für sein Berliner Orchester, mit dem er nicht nur in Berlin, Salzburg und immer wieder auch in Wien musizierte – da verstand er die Präsenz seines Orchesters durchaus auch als einen Stachel im Fleisch der unabhängigen Wiener, die ihn hoch schätzten, nie aber zu ihrem Chef gemacht hätten. Mit seinem »verlängerten Arm« unternahm er alle die Reisen, die auch politische Bedeutung hatten, also Reisen in die Sowjetunion (1969) wie in die USA, immer mit Unterstützung des Berliner Senats, immer als Bestandteil einer aktiven Außenpolitik der Stadt, die durch ein Schandmal nahe der Philharmonie eine geteilte Stadt war.

Auf diesen wie auf allen anderen Reisen war Karajan – wie übrigens auch auf seinen Reisen mit den trotzdem nie wirklich vernachlässigten »Wienern« – ein Vorbild an Energie, an Tatkraft, an Aufopferung. Ein Chef, wie er im Bilderbuch steht. Ein um die Gesundheit seiner Musiker besorgter Dirigent, ein konzentrierter Arbeiter, ein inspirierender Künstler, der in den auf Tourneen drohenden Momenten der Routine für besondere Konzerte und Erfolge sorgte und immer im Detail wie im Großen richtig zu disponieren wußte. Auch das will gelernt und getan sein: ein Ensemble von mehr als hundert Musikern über Wochen und angesichts verwirrender

Eindrücke im richtigen Moment zur Konzentration und im allerwichtigsten Moment zu Höchstleistungen anzuspornen. Sehr im Gegensatz zu einigen seiner Kollegen, die sich auf Reisen nur für kurze Proben und die unvermeidlichen Konzerte blicken ließen, war er, solange seine Gesundheit das erlaubte, Mitglied einer Mannschaft, die er zum Erfolg zu führen gedachte. Ein Anführer, aber kein Einzelgänger. Man darf ruhig behaupten, auch dies sei Teil seines »Rezepts« gewesen, ein Orchester ganz auf seine Person zu konzentrieren. Doch ist dies erstens das einzig richtige und zweitens kein einfaches Rezept und drittens eines, das nicht nur dem Erfolg des Dirigenten, sondern auch dem des Ensembles, der Mannschaft, zum Durchbruch verhilft.

Alle Meisterwerke, was denn sonst?

Über das Repertoire Karajans (und seiner Berliner) ist viel geschrieben worden. In seinen spezifischen, kurzen Programmen konzentrierte er sich keineswegs nur auf das mehrfach erwähnte klassische und romantische Repertoire. Er erweiterte es durch einige beispielgebende Aufführungen der kaum für ihn komponierten Werke Igor Strawinskys, er wirkte an einer Konzertreihe »Musik des 20. Jahrhunderts« mit, er konzentrierte sich dabei aber keineswegs (wie in Wien) auf Webern und Ligeti, sondern auf Honegger und Schostakowitsch. Er brauchte lange, um sich die Hauptwerke der Wiener Schule anzueignen, doch setzte er seinen Ruf als Plattenmillionär aufs Spiel, um für die Deutsche Grammophon nicht nur das todsichere Plattenrepertoire, sondern auch eine Kassette mit Werken von Schönberg, Berg und Webern einzuspielen. Und er wählte die Kompositionen so, daß sein bereits nach Millionen zählendes Publikum auch diese in monatelanger Arbeit entstandenen Aufnahmen kaufte und ein Theoretiker vom Schlage Theodor Adornos verklausuliert zugeben mußte, eine meisterhafte Interpretation gehört zu haben.

Ein kürzlich erschienenes, nicht ohne Ressentiment recherchiertes und geschriebenes Buch enthält mehrere Interviews mit Künstlern und Mitarbeitern Karajans, die im Rückblick die Zusammenarbeit des Dirigenten mit seinem Orchester würdigen und die fast durchweg anders klingen als Stellungnahmen derselben Künstler und Mitarbeiter aus den Jahren danach. So war zum Beispiel Wolfgang Stresemann, seit 1959 Intendant des Orchesters, glücklich nicht nur über die Zusammenarbeit, sondern vor allem auch über die unerhörte Anzahl von Konzerten, die Karajan mit dem Orchester gab: Weit über seinen Vertrag hinaus, erklärte er, werde da musiziert. In Berlin, wo sechs Programme pro Saison vertraglich festgelegt waren, konstatierte Stresemann für eine Saison 25 gemeinsame Konzerte. Auf Reisen, wo Karajan das Vorrecht auf die Leitung der Konzerte hatte, berichtete Stresemann von einer »totalen« Zusammenarbeit, das heißt von einer ständigen Präsenz Karajans bei den Berlinern.

Michel Schwalbé, nach Karajans Tod einer, der ihm nichts Gutes ins Grab nachrief, war stolz, der ausschließlich Karajans wegen und nur für Karajan-Konzerte engagierte Konzertmeister des Orchesters zu sein, und analysierte die Art Karajans, zu dirigieren, aus der Perspektive des Orchestermusikers völlig richtig: Die wenigen Einsätze, die den Orchestergruppen angebotene Freiheit des Aufeinanderhörens, die knappe Probenarbeit, bei der laut Schwalbé der »emotionelle Teil« ausgeschaltet bleibt, man sich ausschließlich auf die Machbarkeit konzentriert, waren damals durchaus Anlaß zu einem Loblied, das in dem Satz gipfelte: »Wissen Sie, Herr von Karajan ist äußerst sparsam mit der Zeit, mit uns, und ich kenne keinen Dirigenten, der so wenig und so selten langweilig ist. Er ist ja nie langweilig im Gegensatz zu so vielen anderen Dirigenten. Und auch das zeichnet ihn aus. Mit ihm ist es immer spannend und sogar so spannend, daß man mal eine ganze Woche oder zwei Wochen fast nicht mehr kann.«

Und wieder Wolfgang Stresemann mit einer Banalität, die sich ein kenntnisreicher Mann und Dirigent im Zusammenhang mit einem Künstler vom Range Karajans zwar nie hätte leisten sollen, die aber eine wahre Banalität ist und dem Musikfreund nicht oft genug gesagt werden kann: »Wir können nicht analysieren, warum, wenn ein Herr von Karajan vor das Orchester tritt, das Orchester, bevor es überhaupt einen Ton bisher von sich gegeben hat, schon eine halbe Klasse besser – im voraus sozusagen – spielt als unter den meisten anderen Dirigenten. Das ist eben etwas Geheimnisvolles, etwas Mystisches, Erstaunliches, das sich aber einer logischen Erklärung – und hier möchte ich hinzufügen: Gott sei Dank! – entzieht.«

Es ist nichts Geheimnisvolles, nichts Mystisches, es bedarf unter Orchestermusikern auch keiner logischen Erklärung, denn es hat weder unter Karajan noch unter einem anderen Dirigenten je so stattgefunden, wie Intendant Stresemann es für die Nachwelt festgehalten wissen wollte. Es ist nur das, daß ein Orchester jeglicher Qualität in dem Moment, in dem es von einem bereits allgemein als Mythos bezeichneten Dirigenten »gefordert« wird, versucht, über seinen eigenen Schatten zu springen und diesen Dirigenten bereits vor dem ersten erbetenen Akkord zu überraschen. Unzählige Male haben dies die großen Ensembles in aller Welt mit den großen Maestri so gehalten. Unzählige Male ist auf diese Weise eine unvergessene Zusammenarbeit entstanden. Oft aber ergaben sich dabei Proben und Konzerte, in denen nur die allgemeine Massenhysterie außerordentliche Konzerte gehört haben wollte.

Daß unter Karajan die Konzerte immer kürzer, knapper wurden, und zwar nicht erst in den Jahren, in denen man annehmen durfte, lange Konzerte seien ihm zu beschwerlich, ist oft diskutiert worden. Seine wohlmeinenden Interpreten erklärten, es sei für ein Publikum, das der Musik ungeteilte Aufmerksamkeit schenke, mit zwei »Meisterwerken« genügend geboten, auch wenn diese zusammen kaum mehr als eine Stunde reine Spielzeit ergaben. Weniger hörige Kritiker zeigten sich von Anfang an enttäuscht über die knappen Abende mit Herbert von Karajan, in denen man tatsächlich schon nach einer kurzen Symphonie in die Pause geschickt wurde und sich den zweiten Teil von einer symphonischen Dichtung Richard Strauss' oder einer Beethoven-Symphonie »füllen« lassen mußte. Karajan selbst gab dazu keinerlei Erklärung ab. Er machte kurze Programme, und daran hatte man sich zu gewöhnen. Wie es seine Kollegen hielten, interessierte ihn nicht – tatsächlich ließ er sich, so die Auskunft des langgedienten Intendanten der Berliner, über die Programme der anderen Dirigenten seines Orchesters nicht berichten. Er wählte für eine Saison seine Werke (und zumeist auch die Besetzungen, die er im Orchester sitzen haben wollte) und nahm auf die weitere Zusammenstellung dessen, was dem Berliner Publikum geboten wurde, keinerlei Einfluß. Daß bei seiner eigenen Auswahl auch die Vorbereitungen für Konzertreisen und die Auswertung für Schallplattenaufnahmen berücksichtigt wurden, versteht sich. Im übrigen scheint Karajan mit seinem Verknappen der Programme ein Trendsetter gewesen zu sein: Gegenwärtig ist es bei den meisten der attraktiven Dirigenten zu immer kürzeren Konzerten gekommen. Ob sich die Dirigenten Karajan zum Vorbild nahmen oder das Publikum sich von Karajan zu den kürzeren Konzerten verführen ließ, ist nicht untersucht.

Die in jedem Zusammenhang erwähnte Einflußnahme von Plattenfirmen auf die Auswahl der Programme oder Engagements von Solisten ist ein Thema, das Karajan selbst kaum je beschäftigt hat: Seine Wünsche bezüglich der Kompositionen, die er aufzunehmen gedachte, wurden immer berücksichtigt.

Seine Solisten waren in der Regel entweder die herausragenden Meister ihrer Zeit (von Igor Oistrach bis Mstislav Rostropowitsch, von Glenn Gould bis zu dem bei Karajan höchst geschätzten Alexis Weissenberg) oder junge Künstler, die man als seine Entdeckungen bezeichnen mußte. Als die Geigerin, die über Jahre einzig als »Karajans Entdeckung« galt, ist Anne-Sophie Mutter zu nennen; als einer der letzten jungen Pianisten, die dank einiger spektakulärer Auftritte unter Karajans Obhut in eine internationale Karriere katapultiert wurden, verdient sich jetzt Jewgenij Kissin auf eigene Faust hymnische Kritiken, die zumeist noch bissig bemerken, er sei also doch mehr als einer der jungen Musiker Karajans – Kissin selbst hat nichts dagegen, weiterhin im Zusammenhang mit dem Dirigenten erwähnt zu werden, der ihm den Weg ebnete.

Bis ins hohe Alter fand Karajan es notwendig und für ihn selbst belebend, mit jungen Musikern auch Platten aufzunehmen. Und dabei immer anders zu entscheiden, als man von ihm im voraus erwartete: Gidon Kremer, der zu gemeinsamen Schallplatten-Aufnahmen eingeladen wurde, war höchst erstaunt, daß Karajan in kürzester Zeit und unter Verzicht auf lange Diskussionen bei Proben ein Tschaikowsky-Konzert für »reif« erklärte, mußte jedoch anschließend zugeben, daß die sozusagen improvisierte gemeinsame Darstellung besonders lebendig gelungen war und jede Korrektur der Interpretation Schaden zugefügt hätte.

Bei anderen Gelegenheiten verbrauchte Karajan enorm viel Zeit (und damit Geld der Firma) für ausführliche Proben und Korrekturen an den Aufnahmen. Daß der Dirigent bei allen seinen Entscheidungen völlig autonom war und zudem keinerlei Erklärungen abzugeben wünschte, trug sehr zu dem Bild eines Despoten bei. Daß er in der Zusammenarbeit mit seinen Produzenten deren sachgemäße Einwände immer geduldig anhörte und mit seinen Programmentscheidungen den Firmen immer Verkaufserfolge einbrachte, milderte dieses Bild jedoch erheblich.

Wie reich und übersättigt das Berliner Orchester erst werden mußte, um sich eines Tages nach einem anderen als einem Exklusivvertrag mit Karajan zu sehnen, ist rasch gesagt: Es dauerte Jahrzehnte, und es kostete viele Millionen Mark.

Wobei für Karajans große Zeit wie auch für die Entscheidungen seiner letzten Jahre nicht verschwiegen sein soll, daß Karajan für die zweite Natur der Musiker, die »Gage« heißt, größtes Verständnis hatte und in sämtlichen seiner Verträge darauf Rücksicht nahm, daß bei raren Programmen oder Experimenten allenfalls er ein Risiko zu tragen hatte, dem Orchester jedoch seine Sitzungsgelder sofort und die Tantiemen rasch ausbezahlt wurden. »Die Musiker« – damit sind freilich keineswegs nur die in Berlin gemeint; nach Karajans lebenslanger Erfahrung gab es da zwischen den Wünschen von Orchestermusikern in Berlin oder Wien keinerlei Unterschiede.

OPERNKRIEG IN WIEN,
EINE STAATSAKTION

Der Opernball ist in Gefahr

Karajans Position in Wien und Salzburg wurde »in der Welt« mit Staunen zur Kenntnis genommen und kommentiert, jedoch nicht angezweifelt. In Wien selbst war sie nicht unumstritten. Naturgemäß waren kritische Beobachter am Werk, die sowohl Karajans künstlerische Leistungen nicht ohne weiteres begeistert aufnahmen wie auch an der Machtstellung Karajans etwas auszusetzen hatten. Soweit es sich dabei um Journalisten handelte, waren sie von Karajan unschwer als »Gegner« einzustufen und nicht weiter zur Kenntnis zu nehmen. Schließlich war es auch ihm klar, daß ihn zwar die Mehrheit des Publikums, nicht aber die gesamte Wiener Musikkritik lieben konnte. Soweit es sich jedoch um Funktionäre beispielsweise eines Ministeriums handelte, war Vorsicht oder Angriff geboten, immerhin gab es lange Zeiträume, in denen Karajan nicht in Wien war und also die vollkommene Kontrolle über »den Betrieb« nicht ausüben konnte.

Daß er die Staatsoper auch per Telephon leiten könne, war zwar in einer seiner ersten Pressekonferenzen angeklungen, daß dergleichen jedoch Illusion blieb, wußte Karajan nach den ersten mißlungenen Repertoire-Abenden und jedenfalls im nachhinein sehr genau. In seinen autorisierten Erinnerungen gab er Beispiele dafür an: So erfuhr auch er manchmal erst in letzter Minute, der Abenddirigent sei gottlob noch mit dem Flugzeug angekommen; und fand immer wieder Sängerinnen, deren Auftreten er längst untersagt hatte, auf dem Besetzungszettel – aus sentimentalen Gründen, wie man ihm erklärte, oder weil es einfach nicht möglich war, auf sie für immer zu verzichten. Josef Krips war es, der einmal behauptete, ein Opernhaus sei immer so gut wie dessen schlimmste Repertoirevorstellung. Karajan hätte diesen Satz wohl unterschrieben, wäre da nicht in seiner Wiener Direktionszeit mehr als eine wirklich schlimme Vorstellung zu hören gewesen.

Immerhin, Karajan hatte versprochen, nicht nur durch seinen »Verbund« internationale Gäste nach Wien zu holen, sondern auch für Dirigenten von Format zu sorgen, und sehr im Gegensatz zu den bedeutenden Dirigenten-Direktoren vor und nach ihm hielt er sein Versprechen. Wo zum Beispiel Gustav Mahler keinen ernsten Konkurrenten neben sich geduldet hatte und später die Direktoren oder Musikdirektoren Lorin Maazel und Claudio Abbado nur äußerst selten Dirigenten ihres eigenen Formats in der Staatsoper präsentieren konnten, da waren für Herbert von Karajan die interessantesten Dirigentenkollegen seiner Zeit gern gesehene und zuvorkommend behandelte Gäste. Ohne Anspruch auf Vollständigkeit: André Cluytens dirigierte, Dimitri Mitropoulos studierte zwei Premieren ein, der seriöse Joseph Keilberth dirigierte, der junge Georges Prêtre bekam seine Chance. Mit Karl Böhm, dem mehr traurig als verletzt aus Wien geschiedenen Kollegen, wurde nach einer kurzen Anstandspause ein Arrangement getroffen, das den bedeutenden Dirigenten sowohl bei den Salzburger Festspielen wie auch in der Wiener Staatsoper wieder musizieren ließ...

Karajans erste ernsthafte Wiener Krise begann mit der Saison 1961/62. Er hatte »seinen Ring« inszeniert und bereitete sich auf »Pelléas et Mélisande« vor, war aber über seine weiteren Pläne nicht besonders gesprächig. Zur gleichen Zeit stand das technische Personal der Oper kurz vor einem Streik: Der Betrieb des Hauses war nur durch ein völlig unzulässiges Maß an Überstunden aufrechtzuerhalten, eine Neuregelung wurde verlangt, die den seit der Wiedereröffnung der Oper entstandenen Arbeitsaufwand festschreiben sollte.

Die Staatsoper hatte und hat ihre Werkstätten und Kulissendepots am Stadtrand. Bei den immer aufwendigeren Produktionen und einem Repertoirebetrieb war es daher notwendig, täglich eine Unzahl von Transportladungen an Dekorationen quer durch die Stadt zu fahren und das technische Personal mit Aufbau- und Abbauzeiten zu belasten. Die erweiterten Anforderungen an »die Bühne«, vor allem an die von Karajans Faible für Präzision nicht verschonte Beleuchter-Crew, führten zu einem Problem, das eigentlich nicht vom Staatsoperndirektor, sondern von einer ihm quasi zugeordneten Stelle zu behandeln gewesen wäre. Die Auseinandersetzung, die ausschließlich um Arbeitszeitregelungen und Bezahlung ging, wurde jedoch mit Karajan diskutiert, weil er sich zum Anwalt seines Personals machte, den Spielplan der ersten Monate der Saison notgedrungen änderte und im übrigen erklärte, er solidarisiere sich nicht nur mit den Problemen der Beleuchter und Bühnenarbeiter, er wäre geradezu erpicht darauf, deren Sorgen selbst zu lösen.

Bald nach dem Jahreswechsel unterbreitete die vorgesetzte Behörde, der Bundestheaterverband, Lösungsvorschläge, die aber vom technischen Personal per Abstimmung zurückgewiesen wurden. Der Unterrichtsminister zog den Staatsoperndirektor ins Vertrauen und bat diesen, selbst eine Lösung auszuarbeiten. Herbert von Karajan sagte am 30. Januar zu und erklärte, er werde nach einer kurzen Auslandsreise mit einer »Analyse« aufwarten.

Am 1. Februar wurde aus dem Unterrichtsministerium bekanntgegeben, der ungeklärten Situation wegen sei der Opernball 1961 in Gefahr. Man muß Wiener oder noch besser Wiener Gesellschaftstiger sein, um zu erkennen, was eine derartige Mitteilung bewirkte. Wo bisher nur einige Opernnarren von Spielplanänderungen und einem verzweifelten Operndirektor gehört hatten, da stand plötzlich ein damals völlig konkurrenzloses und von der ganzen Stadt mit größter Anteilnahme geliebtes Ereignis auf dem Spiel. Der Opernball, ein Erlebnis tatsächlich für die ganze Stadt, denn lange vor den Opernballgästen zogen Jahr für Jahr auch die Wienerinnen und Wiener gegen ein geringes Entgelt durch die zum Ballsaal umfunktionierte und blumengeschmückte Oper und sahen sich an, wo dann am Abend und bis spät in die Nacht »die Herrschaften« tanzen sollten.

Karajan war im Ausland und begriff offenbar dieses »Signal« nicht in seiner ganzen Tragweite. Ihm war der Opernball eine lästige gesellschaftliche Verpflichtung, ein Abend, an dem er als Hausherr an der großen Stiege zu stehen und Politikern die Hand zu schütteln hatte. Bei allem Österreichertum – daß es des Opernballs wegen zu einer raschen Aussöhnung zwischen dem technischen Personal und der Bundestheaterverwaltung kommen würde, wo bisher wegen seiner Premieren jede Vermittlung ausgeschlagen worden war, konnte ein Karajan nicht ins Kalkül ziehen. So aber war es, und die Ereignisse überstürzten sich. Am 1. Februar war der Opernball »in Gefahr«, am 3. Februar verhandelte die Bundestheaterverwaltung namens des Ministeriums ernsthaft mit dem technischen Personal der Staatsoper, zog dazu allerdings den amtierenden Generalsekretär des Hauses gar nicht zu. Am 5. Februar ließ man den zurückgekehrten Opernchef über die tatsächliche Situation im unklaren, stellte ihm nur eine baldige Lösung in Aussicht und war dabei in Wahrheit quasi hinter seinem Rücken bereits handelseinig.

Am 6. Februar erklärte der Chef der Bundestheaterverwaltung der Öffentlichkeit, eine Einigung mit dem technischen Personal sei erreicht, der Opernball sei gerettet. Ministerialrat Dr. Karl Haertl hatte einen Staatsauftrag glücklich zu Ende gebracht und sollte dafür auch von allen Parteien ausgezeichnet werden. Das künstlerische Personal der Oper wollte ihm zum Dank sogar einen Ehrenring überreichen.

Am 7. Februar reagierte Herbert von Karajan. Er diktierte einen Brief an den Unterrichtsminister, ließ diesen durch André von Mattoni ins Ministerium bringen und flog unverzüglich nach Zürich ab. Als sein Generalsekretär Albert Moser gegen Abend auf einer Pressekonferenz die Demission Karajans mitzuteilen hatte, war sein Chef bereits außer Landes und auch für »seinen« Minister nicht zu erreichen.

Wie immer, wenn es um ernste Dinge ging, legte Karajan Wert darauf, die Öffentlichkeit rasch und genau über seinen Standpunkt zu informieren. Sein Brief rekapitulierte deshalb auch die Dauer der Auseinandersetzung wie die rasche Abfolge der Einigung hinter seinem Rücken. Der letzte Absatz wirkte wie ein Paukenschlag:

»Die Tatsache, daß man sich unter bewußter Ausschaltung des Künstlerischen Leiters und seiner Direktion auf einen Kompromißvorschlag geeinigt hat, stellt einen so schwerwiegenden Eingriff in die Kompetenzen des Künstlerischen Leiters dar, daß dessen Funktion unter solchen Umständen sinnlos wird und es ihm unmöglich macht, das von Ihnen seit Jahren in ihn gesetzte Vertrauen in Zukunft weiter rechtfertigen zu können. Ich sehe mich deshalb gezwungen, mit dem heuten Tag die künstlerische Leitung der Staatsoper in Ihre Hände zurückzulegen.

Mit besten Empfehlungen
Ihr ergebener
Herbert von Karajan.«

Dann ging es Schlag auf Schlag. Am andern Tag berichteten die österreichischen Zeitungen von einem »Mordsskandal«, schrieben über die »internationale Blamage« und waren der Ansicht, das Ansehen des Landes sei geschädigt worden. Am selben Tag verabschiedeten die verschiedenen Gruppen der Wiener Staatsoper Resolutionen an den Minister, in denen sie dazu aufforderten, die Voraussetzungen für eine rasche Rückkehr Herbert von Karajans zu schaffen.

Am 10. Februar antwortete der Minister auf einer Pressekonferenz mit einer ernsten, ausführlichen Erklärung, der allerdings ein der Öffentlichkeit völlig neues Thema zu entnehmen war: Nach Minister Heinrich Drimmel war die Auseinandersetzung zwischen ihm, dem Bundestheaterverband und Karajan nicht über Einigung oder Nichteinigung in Fragen eines Lohnkonflikts ausgebrochen, war Karajan nicht aufgrund einer Beleidigung abgereist, sondern hatte den Streit selbst vom Zaun gebrochen, weil er mit seiner Staatsoper aus dem Bundestheaterverband ausbrechen wollte. Ohne viel Umschweife las man in der Erklärung:

»Ich sage heute wie stets zuvor: Volle Freiheit des künstlerischen Schaffens für den Künstlerischen Leiter der Staatsoper. Für jeden, auch für Karajan, wenn er zurückkäme. Emanzipierung der Staatsoper für eine völlig neue Existenz, etwa in einer weltweiten Konstellation – nein. Nein – weil diese Konstellation kein Unterrichtsminister der Republik Österreich bejahen dürfte. Keinem Minister und keiner Regierung stünde es an, aus der Wiener Staatsoper das Glied eines weltweiten Kombinates zu machen. Hier sind wir an einer äußersten Existenzfrage angelangt.«

Stunden später erschien via Agentur eine erbitterte Erklärung Karajans, er weise alle Erklärungen des Ministers auf das entschiedenste als unrichtig zurück. Und wiederum zwei Tage später gab Karajan in Zürich ein ausführliches Interview, in dem endlich zu lesen war, was hinter seinen Auseinandersetzungen mit dem Unterrichtsminister und seinem Beamten zu suchen war: Tatsächlich hätte er, Karajan, dem Minister auch einen Plan vorgelegt, den man als eine künstlerische, weltweite Organisation verstehen könne, in der die Staatsoper den ersten, günstigsten Platz gehabt hätte ...

Karajan hätte ohne die ministerielle Provokation die Katze so nicht aus dem Sack gelassen. Er plante eine verwegene Konstruktion, die er später auch im Detail vorstellte: Da es für jede Oper im Grunde weltweit nur *ein* ideales Ensemble gäbe, wollte er mehrere führende Opernhäuser der Welt zu einer Art Verbund zusammenschließen und an diesen Häusern jeweils eine Oper »ideal« herausbringen, um sie anschließend in diesem »Idealzustand« von Haus zu Haus reichen zu lassen. Eine Utopie! Der Traum eines Opernproduzenten, dem ein Haus von der Größe und den Mitteln der Wiener Staatsoper nicht alle Wünsche erfüllen konnte.

In der Praxis wurde das Vorhaben nur einmal durchgeführt: mit Franco Zeffirellis Inszenierung von »La Bohème«, die deckungsgleich in Mailand, an der Wiener Staatsoper, in Salzburg, in Berlin und schließlich an der New Yorker Met zu sehen war und an beinahe allen diesen Häusern von Karajan dirigiert wurde. Sie ist gegenwärtig noch immer im Repertoire der Wiener Staatsoper, während alle anderen Opernhäuser nicht einmal mehr die Dekorationen in ihrem Fundus haben.

Opernfreunde wären bereit gewesen, dieser Illusion mit Skepsis zu begegnen, viele Argumente pro und contra zu diskutieren und lange Nächte diesem Thema zu opfern. Doch Herbert von Karajan holte seine Illusion seinem Minister gegenüber aus dem Sack, als ein einziger Termin, ein einziges Thema auf der Tagesordnung stand: In Wien war ein Opernball in Gefahr. Und der Minister ging mit Karajans bis dahin nie bekanntgegebenem Plan an die Öffentlichkeit, als Karajan beleidigt demissioniert hatte. Das waren zwei Fehlentscheidungen. Ein aufregendes Thema war verspielt, ein Krach überdimensionalen Ausmaßes war vom Zaun gebrochen.

Und Wien zelebrierte seinen Opernkrach mit viel Pomp. Einerseits war der geliebte Opernball gesichert, andererseits konnte man Resolutionen einbringen, am Abend in der Oper lautstark nach Karajan verlangen, am Tag Sitzstreiks veranstalten und ohne Gefahr erklären, schuld an der Misere sei wieder einmal die Bürokratie. Wer nicht direkt in die Auseinandersetzung involviert war, beobachtete nicht untätig, daß Herbert von Karajan das Thema eines internationalen Opern-Verbunds erst einmal vom Tisch schob und als sein eigentliches Anliegen wiederum ein anderes, populäres Thema ansetzen ließ: »Völlige Dispositionsfreiheit« forderte er und wies auf die absurde, aber durch Gewohnheiten geheiligte Situation hin, mit der Direktoren der Bundestheater in der Tat zu kämpfen hatten. Sie hatten niemals Budgethoheit im eigenen Haus, mußten sich in allen finanziellen Fragen dem Bundestheaterverband unterwerfen und waren nicht imstande, bei Gagenverhandlungen oder bei Ausgaben im künstlerischen Bereich nach eigenem Ermessen zu handeln – nicht einmal die Höhe ihres eigenen Budgets war ihnen bekannt.

Karajan trat mit seiner Forderung nach einem eigenen Budget und nach Budgethoheit gegen Beamte an und hatte daher die Sympathien aller Künstler und einer überwiegenden Mehrheit der Bevölkerung mit einem Schlag auf seiner Seite. Karajan zeigte auf ein überaltetes und unklar definiertes Verhältnis zwischen den staatlichen Bühnen und der ministeriellen Kompetenz. Und Karajan hatte für seine klug formulierte Idee von allein verantwortlichen Direktoren mehr Fürsprecher, als sich sein Minister gedacht hatte: Den Salzburger Festspielen graute vor der Möglichkeit, Herbert von Karajan könnte ernste Auseinandersetzungen mit der Behörde haben, die ihren festen Sitz im Festspielkuratorium hatte. Für die Wiener Festwochen war plötzlich unsicher, ob Karajan an der

Spitze der Staatsoper das wiederhergestellte Theater an der Wien eröffnen werde. Unzählige Institutionen machten sich für ihn stark, und selbstverständlich erklärte sich auch der Direktor des Burgtheaters – vorsichtig – mit dem Kämpfer Karajan gegen den Beamten Karl Haertl solidarisch.

Zwei Sätze nur zu diesem gewissenhaften Beamten, der eine Partie aufgezwungen bekam, die er nicht angestrebt hatte: Er war alles andere als unmusisch, alles andere als stur, er war einfach an seine Aufgaben gebunden und gewissenhaft. Er hatte den Auftrag erhalten, zu einer raschen Lösung des Konflikts mit dem technischen Personal der Bundestheater zu kommen; er erfüllte ihn und nahm dabei wissentlich und ohne Rücksicht auf seine persönlichen Risiken in Kauf, die Feindschaft eines Künstlers vom Format Karajans auf sich zu ziehen.

Immerhin war nach diesem genialen Schachzug Karajans auch seine Rückkehr für diesmal im Entwurf dieser Krise bereits programmiert. Und Karajans Lernprozeß in der Position eines allmächtigen und zugleich vom Alltag seiner Allmacht beraubten Operndirektors längst nicht abgeschlossen. Der unter öffentlichen Druck geratene Minister suchte und fand einen für alle Parteien halbwegs ehrenhaften Ausweg aus der Situation: Er bestellte einen anderen Beamten seines Ministeriums, der nach Lösungsmöglichkeiten für alle von Herbert von Karajan angesprochenen Probleme zu suchen hatte. In Gesprächen mit Karajan erreichte dieser aus der Geschichte auf eine gar nicht hübsche Art wieder entschwundene Ministerialrat den notwendigen Kompromiß. Herbert von Karajan und sein Minister sprachen in der Öffentlichkeit nicht mehr von Karajans Idee eines Opernverbunds; Herbert von Karajan aber bat, von seinem Mitarbeiter Paul Hager auf ihn aufmerksam gemacht, Professor Walter Erich Schäfer, den Generalintendanten der Württembergischen Staatstheater, als Direktor an die Wiener Staatsoper zu kommen.

Alles schien in bester Ordnung. Eine kluge Stimme aber prophezeite damals, nichts sei in Ordnung: Der Wiener Schriftsteller und Kritiker Hans Weigel schrieb ein umfangreiches Dossier mit dem Titel »Schade um Karajan!« und meinte in diesem: »Es bedurfte gar nicht einer sichtlich offiziösen publizistischen Breitseite in einer Tageszeitung, sondern nur einiger psychologischer Kenntnisse hinsichtlich unseres Herrn Unterrichtsministers, um die nächste Opernkrise mit Macht herannahen zu spüren.« Und weiter: »Er (Karajan) hat um einmal zu oft gesiegt. Er hat den Irrtum begangen, im Frühjahr zu glauben, daß er einen Krieg gewonnen hatte. Und er hatte nur eine Schlacht gewonnen. Er hielt für Strategie, was nur Taktik war. In aller Öffentlichkeit hatte er den ihm vorgesetzten Minister der Unwahrhaftigkeit bezichtigt. Ein Minister, der sich schwach fühlt, wirft daraufhin den betreffenden Künstler hinaus. Ein Minister mit starken Kräften und ebensolchem Gedächtnis kann es sich leisten, den zornigen jungen Fünfziger im Triumph heimkehren zu lassen, und weiß die nächste Gelegenheit abzuwarten. Daß es an solchen Gelegenheiten in Zukunft nicht fehlen werde, mußte selbst Tafelklasslern der Menschenkenntnis klar sein. Es ist schade um Herbert von Karajan, ewig schade!«.

Die Wiener lasen Hans Weigel, nannten ihn eine Kassandra und waren zufrieden, an der Seite Karajans einen vernünftigen Co-Direktor zu wissen.

W. E. Schäfer als Nothelfer

Schäfer war ein ruhiger, abgeklärter Theatermann alten Schlages, der ein ordentlich geführtes, attraktives Haus vorzuweisen hatte und Bayreuths erste Sänger im Ensemble, ein aufmerksamer Zuhörer bei Gesprächen, eine vertrauenerweckende Vaterfigur und somit ein Gegenpol zu Karajan und seiner auf ihn in der Öffentlichkeit oft hektisch erscheinenden Führungsmannschaft. Karajans Vorschlag, eine unantastbare Autorität zu holen, der man zugleich nicht die geringste Verbindung zum Wiener intriganten Treiben nachsagen konnte, war genial. Schäfers vorsichtige Annahme der Wiener Position für eine kurze Probezeit führte zu einer gewissen Beruhigung und vor allem zur Rückkehr des Maestros in das Haus am Ring.

Am 16. März 1962 versammelte Karajan das Personal der Staatsoper im Zuschauerraum des Opernhauses und bedankte sich für alle demonstrative Unterstützung. Mit Kleinigkeiten wie der vorgesehenen Ehrung des in Ungnade gefallenen Beamten hielt Karajan sich nicht auf. Mit Gerüchten wie dem, er hätte die Staatsoper zum Flaggschiff eines internationalen Konzerns machen wollen, gab er sich nicht ab. Ihm war die Heimkehr wichtig – und die Zustimmung zu seiner Heimkehr am allermeisten. Dann fand am 19. März die »Aida«-Vorstellung statt, die erst nach minutenlangem Jubel des Publikums (und des zu diesem Anlaß erschienenen Bundespräsidenten) beginnen konnte. Daß Karajan am nächsten Tag auf dem Flughafen Schwechat einen herzlichen Händedruck mit seinem Minister zu wechseln hatte, ergab sein Terminkalender, auf dem die zweite große Auslandsreise mit den Wiener Philharmonikern stand, die zumindest für Karajan nie in Gefahr gewesen war. Ihm war ja quasi freigestellt, wann er zurückkehren wollte. Und er hatte dafür gesorgt, daß sie so stattfand, als hätte es in Wien keinerlei Ärger mit dem »Chef« gegeben.

Man fuhr nach Moskau, Leningrad, Oslo, Stockholm, Kopenhagen, Hamburg, London und Paris. Man hatte in der Sowjetunion den erwarteten großen Erfolg, erzeugte in Oslo jedoch einen mittleren Skandal, weil Herbert von Karajan sich von einem Photographen belästigt fühlte und den zweiten Teil des Konzerts vor dem norwegischen König erst dirigierte, nachdem man ihm den Film des Journalisten mit Entschuldigungen überreicht hatte.

Das gleichfalls geplante anschließende Gastspiel der Wiener Staatsoper mit »Pelléas et Mélisande« an der Mailänder Scala mußte allerdings ohne Herbert von Karajan stattfinden, der sich einer Nierenkolik wegen in Behandlung begab. Die Diagnose einer psychosomatischen Erkrankung war anno dazumal noch nicht populär, aber Tatsache war: Karajans Körper reagierte eindeutig auf eine Belastung, die auch für ihn nicht so gering gewesen war.

Damit endete die erste, sozusagen wilde Phase der Beziehung Karajans zur Staatsoper. Und es begann die zweite Phase seiner Versuche, das Haus am Ring zu leiten – jetzt nicht mehr allein, sondern in Zusammenwirken mit einem ausgewiesenen Theatermann, der nach Wien gebeten worden war, um an der Seite eines unruhigen künstlerischen Leiters für Ruhe und Ordnung zu sorgen. Eine zweite, wenn auch sehr kurze Phase.

Schäfer hat sie in seinen Memoiren hübsch und ruhig beschrieben und mehrere Pointen über Herbert von Karajan beigesteuert. So war nach W. E. Schäfers Erinnerung Karajan schon in Aachen wegen Überschreitens des Etats entlassen worden; so war nach Schäfer die bereits erwähnte Berliner »Zauberflöte« Karajans und Gründgens' »eine der schönsten Aufführungen«, die der Theatermann je gesehen hatte. In Schäfers Erinnerungen bestand Wien und sein Opernleben aus bedeutendsten Sängern, bedeutenden und weniger bedeutenden Dirigenten, gescheiten Kritikern und einem Publikum von leidenschaftlicher Anteilnahme. Sein Resümee, als er aufgab: »Die Furchen, die meine Tätigkeit in Wien zog, waren nicht so tief. Dazu war die Zeit von rund anderthalb Jahren doch etwas zu kurz. Dabei wäre vieles zu tun gewesen, und wir beide, Karajan und ich, waren uns darin vollkommen einig.«

Schäfer entschied nach einem »Urlaubsjahr«, seine Aufgabe bestünde doch in der Fortsetzung seiner Stuttgarter Tätigkeit. Ein Kreislaufkollaps erleichterte ihm die Wahl des Zeitpunkts, er erklärte sich für zu schwach für Wien.

Walter Erich Schäfer war nicht ohne Vorbehalte gekommen. Er wollte sich in Stuttgart nur beurlauben lassen, versprach, die Feuerwehr in Wien zu spielen, die darauffolgende Saison zur Verfügung zu stehen und dann erst endgültig über seine Zukunft entscheiden zu wollen – und Schäfer entschied zwischendurch insofern zugunsten Stuttgarts, als er dort einer Verlängerung seines Vertrages zustimmte, während er in Wien noch mitten im Aufbau seiner Position war.

Karajans Gesprächsbasis mit Schäfer war hervorragend gewesen. Da seine Entourage gutes Benehmen kannte und einem älteren, souveränen Theatermann gegenüber nicht unhöflich sein konnte, waren alle Voraussetzungen für ein intern ausgezeichnetes Klima gegeben. Da zugleich das Unterrichtsministerium Karajans Frontalangriff gegen die Vorherrschaft des Bundestheaterverbandes mit Rückzugsgefechten beantwortet und sich nicht nur in Wien, sondern auch in Salzburg seinen Wünschen gebeugt hatte, mußte Karajan zufrieden sein: In Wien wurde ein hoher Beamter dafür abgestellt, alle Wünsche der Staatsoper sozusagen außerhalb der Bundestheaterverwaltung zu erfüllen; in Salzburg wurde der bewußte Ministerialrat aus dem Kuratorium der Festspiele abberufen, um Karajan seinen Anblick zu ersparen – daß Karajan einerseits eine derartige Geste seitens des Ministers erwartete, Heinrich Drimmel andererseits sich einem derartigen Vorschlag beugte, war symptomatisch für das hysterische Klima im Land. Wo allenfalls der »Generalmusikdirektor Europas« seine Position einmal hatte ausreizen wollen, dort hätte eine besonnene Regierung ihm seine Grenzen zeigen können. Sie tat es aber nicht, sondern gab sich angesichts der enormen Überschätzung von Oper, Theater, Festspielen im Land im voraus geschlagen. Wo Karajan im Grunde eine ernsthafte Entscheidung nicht nur für sich, sondern für die Bundestheater forderte, also eine finanzielle Emanzipation von einem Beamtenapparat, dort gestand ihm die Regierung nicht nur diese zu, sondern auch gleich unumschränktes Recht über alle künstlerischen, personellen und finanziellen Entscheidungen.

In Wien hatte der neue Co-Direktor dies rasch begriffen und war mit den zugestandenen Rechten sorgsam umgegangen, in Salzburg begriff das vor allem Karajans alter Widersacher Gottfried von Einem und stellte sein Amt als Vorsitzender des Kunstrates zur Verfügung: Mit seinem eindringlichen Appell, man liefere Salzburg der Willkür Karajans aus, erreichte er allerdings wenig, denn angesichts der Euphorie über den touristischen Erfolg der Festspiele war kaum jemand daran interessiert, sich Diskussionen um einen Kunstrat anzuhören, in dem verdiente Altsalzburger vornehm und wenig populär über die Salzburger Dramaturgie zu sprechen beliebten.

Der Donner, den Gottfried von Einem erschallen ließ, wurde nicht gehört. Die Besorgnis, die einzelne Beobachter in Wien erkennen ließen, wurde beiseite geschoben. Die Attraktion eines Herbert von Karajan war rundum überzeugend. Und seine Zusammenarbeit mit Schäfer ließ Kritiker verstummen.

Der Theatermann, der rückblickend über seine Wiener Zeit schrieb, sie habe keine sehr tiefen Furchen hinterlassen, war immerhin derjenige, der eine Zusammenarbeit Karajans mit Günther Rennert in die Wege leitete (es wurde daraus keine gemeinsame und keine freudvolle Arbeit, sondern der von Karajan demonstrativ ungeliebte Versuch einer Wiederbelebung von Monteverdis »Krönung der Poppäa«) und sich für ein Engagement des gebürtigen Ungarn und einstigen Mitarbeiters von Béla Bartók einsetzte: Aurel von Millos kam erstmals als Ballettdirektor nach Wien, versuchte altmodische, gute Sitten einzuführen und neben eigenen Choreographien vor allem die anerkannten Meisterchoreographien des 20. Jahrhunderts zu zeigen. An einem Haus, das vor Generationen auch ein Tempel des Tanzes, seit Jahrzehnten jedoch nur noch eine Oper mit einem eigenen, unterbewerteten und unterbeschäftigten Ballettensemble war, war dies eine Sisyphusarbeit, an der von Millos nicht nur in der Ära Karajan, sondern auch in einer zweiten Direktionszeit scheiterte. Immerhin, Herbert von Karajan tat, was alle dirigierenden Wiener Operndirektoren nach ihm auch taten: Er versicherte den Ballettchef seines allergrößten Interesses und kümmerte sich dann nicht mehr um den Tanz. Er stellte sich für eine Zusammenarbeit zur Verfügung, hatte aber dermaßen seltsame Ideen anzubieten (er wollte Strawinskys »Le Sacre du Printemps« dirigieren, Aurel von Millos sollte sich vor allem mit Projektionen auf den Bühnenboden befassen und nicht zu extrem choreographieren), daß niemand ernsthaft an die Zusammenarbeit dachte und diese schließlich auch nicht zustande kam. Der Praktiker Millos ließ sich durch derartige Rückschläge entmutigen. Er verließ das Haus beim ersten Widerstand äußerst höflich, weil er begriff, daß man ihm seitens der Direktion nicht die Arbeits- und Probenbedingungen zugestehen wollte oder erkämpfen konnte, die ein international aufstrebendes Ensemble von sich aus hätte haben müssen, das Staatsopernballett dagegen von sich aus keineswegs anstrebte. Die in Wien lange Zeit völlig bedeutungslose Tanzwelt brach wieder zusammen und schlief für Jahre weiter, bis Aurel von Millos ein zweites Mal kam, mehr Unterstützung erfuhr und mehr Attraktionen, darunter auch den Tänzer Rudolf Nurejew erstmals als Choreographen, ins Haus bringen konnte. Herbert von Karajan war zu dieser Zeit, ohne sich um den Tanz zu kümmern, schon weit entfernt von seiner einstigen Wirkensstätte.

Ernst Haeusserman, dessen Buch über Herbert von Karajan man unter dem Blickpunkt einer intimen Bekanntschaft des Autors mit dem Gegenstand seines Buches zu lesen hat, widmete weder Walter Erich Schäfer noch dem zum Ministerialrat beförderten Dr. Alfred Weikert, dem Sonderbeauftragten in Sachen Karajan, große Abschnitte seiner Nacherzählung der laufenden Ereignisse. Zwar hielt auch er fest, daß eine enge Zusammenarbeit Karajans und seines neuen Direktors vorgesehen war, zeigte aber gleichzeitig die Probleme auf, unter denen die Staatsoper zu diesem Zeitpunkt zu leiden hatte – die Karajan alle genau kannte, ansprach, aber nicht zu lösen imstande war. Da war die allgemein ausgebrochene Reisehysterie bei Sängern wie bei Dirgenten, die sogar einem Haus vom Wiener Format nur noch zu bestimmten kurzen Perioden erstklassige Sänger und zu beinahe keinem Zeitpunkt residierende erstklassige Dirigenten sicherte. Karajan selbst sprach damals in einem Interview bereits von drei Monaten, in denen die Sängerelite Wien zur Verfügung stünde (den Monaten, in denen nicht die Scala und die Met gleichzeitig diese Sänger von Wien abwarben), und den schwieriger zu bespielenden Monaten, in denen sich Wien mit leichteren oder dem Haus entsprechenderen Opern (Wagner bis Strauss) würde befassen müssen. Karajan selbst gab zu, daß er »das Ensemble« erneut werde »aufforsten« müssen. Und Karajan selbst rief nach Dirigentenkollegen, dies wenigstens mit bestem Gewissen, war er persönlich doch in Sachen Oper ausschließlich auf Wien und Salzburg konzentriert und konnte von sich behaupten, längst alle vorhandenen Angebote in aller Welt auszuschlagen.

Wobei Karajans Strategie der Konzentration zwar Wien und Salzburg zugute kam, ihm selbst jedoch auch einen klugen Vorteil reisenden Kollegen gegenüber verschaffte: Der im alten Stil erzogene Kapellmeister wußte genau, welche Schwierigkeiten auch ein Karajan bei kurzen Gastspielen an anderen Opernhäusern haben würde, genoß in vollen Zügen die Heimvorteile, die ihm Wien und Salzburg verschafften, war klug beraten, nicht in New York mit einem zweitrangigen Orchester Erwartungen zu enttäuschen oder in Berlin mit einem beinahe zweitrangigen Ensemble plötzlich entheroisiert dazustehen.

In Wien (und noch mehr bei den Festspielen) war Karajan der Mittelpunkt, zu dem »man« kam. Ob er es geblieben wäre, hätte er sich allein und ohne die ihm bedingungslos zur Verfügung stehenden Künstler und Häuser zu seinem Publikum in aller Welt begeben?

Die kurze Ära Schäfer ging verblüffend rasch zu Ende. In die durch seinen Klinikaufenthalt entstandene »direktionslose« Zeit, in der Karajan im Ausland und Schäfer handlungsunfähig war, fiel ein Opernabend, wie er seltsamerweise seltener vorkommt, als man nach den realen Gegebenheiten des Betriebs annehmen könnte. Eine Vorstellung der »Meistersinger von Nürnberg«, kurzfristig angesagt, mußte noch sehr viel kurzfristiger abgesagt werden, weil der Tenor Wolfgang Windgassen nicht verständigt worden und ein möglicher anderer Stolzing nicht greifbar war. Als Sündenböcke für dieses Unheil, das nur in einer Stadt wie Wien als ein echtes Unheil gewertet werden konnte, boten sich der Generalsekretär der Oper, Albert Moser, und der Leiter des Künstlerischen Betriebsbüros, Ernst August Schneider, an. Jedermann aber, Journalisten und der letztverantwortliche Minister, waren so weltklug, die beiden tapferen Herren nicht zur Verantwortung zu ziehen, sich vielmehr dem künstlerischen Leiter der Staatsoper zu widmen, der erklärt hatte, ein Opernhaus sei auch per Telephon zu leiten, wenn man das nur wirklich wolle.

Es war Mai 1963. Schäfer war dabei, Abschied zu nehmen, und ein rasch nach Wien geeilter Herbert von Karajan beriet sich einmal mehr mit seinem Minister.

»Das ganze Quid pro quo«

Mit großem Vergnügen kann man heute noch in den vorhin erwähnten Kapiteln Ernst Haeussermans den Bericht über ein Arrangement nachlesen, wie es so nur in Österreich – und tatsächlich nur so – stattgefunden haben konnte: Burgtheaterdirektor Haeusserman war gebeten worden, auf seinen Mitarbeiter Reif-Gintl zu verzichten, da man diesen zum Volksoperndirektor machen wollte. Reif-Gintl hatte seinen Vertragsentwurf bereits im Detail vorbereitet, als man ihm mitteilte, der neue Volksoperndirektor werde Albert Moser, der Generalsekretär der Staatsoper. Allen Interessierten erklärte man, als Nachfolger Walter Erich Schäfers sei bereits Hermann Juch von der Volksoper bestellt. Und der zum Chef der Bundestheaterverwaltung avancierte Alfred Weikert bestätigte dies auf einer Fahrt von Salzburg nach Wien in Amstetten, also auf halbem Weg zwischen der Festspiel- und der Bundeshauptstadt. Zwei Stunden später erfuhren er und der Burgtheaterdirektor, Vertraute allen kulturellen Geschehens und Eingeweihte in jede Form des Wiener Kulturringelspiels, bei ihrer Rückkehr nach Wien von der Bestellung Egon Hilberts zum neuen Direktor der Wiener Staatsoper.

Herbert von Karajan hatte, noch einmal auf Ratschlag Paul Hagers (dem an der Staatsoper eigene Inszenierungen regelmäßig mißrieten, der jedoch die notwendige Nibelungentreue hatte, sich im Kreise um Karajan zu halten), den amtierenden Wiener Festwochenintendanten zu sich gebeten und ihm die Direktion angeboten: Egon Hilbert, dem einstigen KZ-Insassen, einem der Helden des Wiederaufbaus eines Musiklebens, dem über seine eigenen Füße gestolperten Bundestheaterchef, dem in Rom »im Exil« als Leiter eines Kulturinstituts Agierenden, dem Mitretter des Theaters an der Wien, dem einzigen Wiener, von dem jeder Wiener wußte, daß er unter allen Umständen einmal Staatsoperndirektor werden wollte, und zwar alleiniger und ausschließlicher Staatsoperndirektor. Hier ein ausführlicheres Porträt des »Opernnarren« einzufügen, ist nicht ratsam – die Geschichte eines Menschen, der sich wie kein anderer mit Seele und Leben der Wiener Oper verschrieben und geopfert hat, von Karajan im falschen Moment geholt und im falschen Moment unterschätzt wurde, wäre ein eigenes Buch wert. Es kann leider nicht geschrieben werden. Egon Hilbert, der nach dem Ausscheiden Karajans die Wiener Staatsoper weiter leitete, starb Minuten nach einem Telephongespräch mit mir: Er hatte als Operndirektor resigniert, versprach mir für die nächsten Tage Gesprächstermine, um »seine Geschichte« zu erzählen, wollte sich zum letztenmal in sein Büro fahren lassen, um dort den Schreibtisch auszuräumen, und starb an dem Gedanken, nicht mehr Operndirektor zu sein.

Mir unvergeßlich und zudem in einem Notizheft aus der Zeit festgehalten ist ein Telephonat mit André von Mattoni, das offenbar zu dem Zeitpunkt geführt wurde, da Herbert von Karajan mit Egon Hilbert seine Abmachungen bereits getroffen und dem Minister mitgeteilt hatte, die leitenden Herren des Wiener Kulturlebens aber alle auf der Autofahrt von Salzburg her ungefähr in Amstetten waren. »Mein Lieber, erschrecken Sie nicht. Wir haben den Hilbert ernannt. Aber der wird schon tun, was wir wollen«, sagte mir André von Mattoni und interpretierte damit auf seine vornehme Art, was Herbert von Karajan an diesem Tag wohl dachte: daß er mit dem Fanatiker als seinem treuesten und ergebensten Mitarbeiter wohl wenigstens keine Vorstellungspanne mehr im eigenen Haus erleben würde. Karajan irrte.

Immerhin, er baute vor. Das erste offizielle Gespräch über die Zusammenarbeit, am 16. Juni 1963 in Mauerbach geführt und von Karajans persönlichem Anwalt protokolliert, legte in 28 Punkten ein Übereinkommen fest, das erstaunliche Fragen als besonders diskutierenswert auswies: Liest man es heute wieder, begreift man in der Retrospektive nicht, wie der Beginn einer Zusammenarbeit überhaupt denkbar war zwischen Persönlichkeiten, die einander schriftliche Zusagen über einen »ständigen Kontakt« oder »gemeinsame Besprechungen« machen mußten, wobei ausdrücklich festgehalten wurde, daß Hilbert sich hinter gemeinsam gefaßte Beschlüsse stellen werde... Das seit langem einzusehende Dokument ist eine Art Offenbarungseid im voraus und erklärt jedem Fachmann, daß sich da nicht zwei künftige Partner, sondern zwei voneinander entschieden nicht begeisterte Persönlichkeiten zu einem Zweckbündnis zusammenschlossen.

Gefeilscht wurde auch um die weiteren Mitarbeiter und deren Rangordnung: Der Schweizer Agent Emil Jucker, damals eine Vertrauensperson Karajans, war als Nachfolger Albert Mosers für das Generalsekretariat vorgesehen; dem Oberspielleiter Paul Hager sollte in der Position eines »Chefplaners« ein Teil seines Einflusses beschnitten werden; erst im letzten und für ein weiteres Gespräch aufgesparten Punkt wurde über »ältere und alte Mitglieder des Sängerpersonals« gesprochen und zugleich wieder nicht gesprochen. Eine Andeutung, künstlerische Fragen oder Fragen des Spielplans hätten gleichfalls auf der Tagesordnung gestanden, ist in dem Protokoll nicht zu finden. Herbert von Karajan hat sie nicht angeschnitten, liest man sofort heraus. Egon Hilbert war nur auf die Festschreibung seiner endlich erreichten Position bedacht, begreift man.

In diesem Zusammenhang ist auch noch ein Zitat aus der Ministerrede vom Juni 1963 aufschlußreich. Herbert von Karajan erhielt das »Ehrenkreuz für Wissenschaft und Kunst«, und Minister Drimmel bekannte sich »ausdrücklich zur Person Herbert von Karajans«. Zum Thema Egon Hilbert sagte er wörtlich: »Die Verfertigung unserer gemeinsamen Kriegstagebücher würde sämtliche kunsthistorischen und belletristischen Sensationsdarstellungen des Wiener Opernlebens aus jüngster Zeit bei weitem in den Schatten stellen. Ich habe Egon Hilbert nicht auf diesen Posten berufen, weil ich persönlich mit ihm so gute Erfahrungen gemacht habe, sondern trotz der Erfahrungen, die ich mit ihm gemacht habe, denn die Tatkraft und Eigenwilligkeit einer Persönlichkeit ist immer der starke Reiz beim Ausfindigmachen von Menschen, die höchster Leistung fähig sein sollten.« Selten zuvor ist in der Geschichte des Wiener Opernhauses ein Direktor von seinem zuständigen Minister so hellsichtig und so vorsichtig zugleich in sein Amt gelobt worden.

Selten aber war auch eine Entscheidung, ein Opernhaus betreffend, so seltsam und widersprüchlich und so sehr auf Verderb hin angelegt: Im nachhinein erscheint es völlig klar, daß Herbert von Karajan, bis dahin Chef im Haus, beweisen wollte, daß dieses Haus nicht zu führen sei. Nicht nach seinen Maßstäben, nicht mit seiner Hingabe an das Haus, nicht nach seinen Ideen von einem Zusammenschluß großer Häuser zur Produktion außerordentlicher Aufführungen, die man im Austausch weitergeben könnte. Und ganz gewiß nicht angesichts des ersten und einzigen Beispiels für diese Art von Produktion, die Karajan tatsächlich in der ersten und letzten Saison mit Egon Hilbert vorzuführen gedachte. Denn bald nach der Übernahme der Salzburger Inszenierung des »Troubadour«, die ein Triumph für eine auf Jahrzehnte als ideal anzusehende Sängerbesetzung auch in Wien wurde, begann die Arbeit an »La Bohème« in der Inszenierung der Mailänder Scala, die Franco Zeffirelli geschaffen hatte und die Karajan in Mailand mit nur einem einzigen großen Widerstand gegen das Publikum durchgedrückt hatte – er hatte auf Giuseppe di Stefano als Rodolfo verzichtet, den vergleichsweise unbekannten Gianni Raimondi ausgewählt und sich den Unwillen aller Verehrer di Stefanos eingehandelt, jedoch, wie's Brauch ist in der Scala, noch während der Vorstellung seinen Tenor durchgesetzt. In Wien kämpfte Karajan nicht gegen irgendeinen Anhang irgendeines Sängers, in Wien wurde ein »Maestro suggeritore« sein Verhängnis.

Wochen vor der Premiere ließ Karajan für die großzügige, teure Inszenierung einen dirigierenden Souffleur engagieren, der auch bei den Aufführungen die Verantwortung für »Einsätze« der Solisten haben sollte. Dies, weil es in Italien so Brauch ist und Karajan und seine italienische Besetzung in Wien nicht anders arbeiten wollten als an der Scala. Aber in der Staatsoper wie anderswo in Wien hielt und hält man sich an Bräuche und nimmt Neuerungen nur ungern zur Kenntnis. Und wehrt sich, wenn Betriebsratswahlen bevorstehen, gegen die Beschäftigung eines »Ausländers« im Souffleurkasten, in dem ein österreichischer Staatsangehöriger zu sitzen hat. Bei »La Bohème« wehrte sich der Betriebsrat des künstlerischen Personals, dem Wahlen ins Haus standen und der sich zu profilieren trachtete, derart, daß Egon Hilbert für den Premierenabend mehrere Versionen einer Absage der Vorstellung bereits bei sich hatte, als er den Maestro suggeritore selbst zu seinem Arbeitsplatz führte. Eine Minute vor dem Aufgehen des Vorhangs und in präziser Abstimmung mit Karajan, der bereits darauf wartete, entweder zum Dirigentenpult oder aus dem Haus zu gehen ...

Faktum: Das künstlerische und technische Personal erklärte fünfzig Sekunden vor dem projektierten Vorstellungsbeginn, es träte in den Ausstand, und die Verantwortlichen in der Oper baten daraufhin (auch das war im Plan vorhergesehen) den Bundespräsidenten, seine Loge nicht aufzusuchen, vielmehr heimzufahren und nicht Zeuge des Krawalls zu werden, den man fünf Minuten nach dem vorgesehenen Beginn entfachen werde. Karajan und Hilbert gingen vor den Vorhang,

...ltreise der Wiener Philharmoniker, 1959
Philharmoniker, die Karajans und Pandit Nehru

15 Die Karajans bei ihrer kirchlichen Hochzeit, Kitzbühel 1958
16 und 17 Karajan als glücklicher Vater

...ajan, die Berliner Philharmoniker und Tochter Isabel
... Wolfgang Schneiderhan und Michel Schwalbé, Berlin 1964
... Maestro für Fernsehaufnahmen größer gemacht, in seinem Haus
...erbach bei Wien

21 Clemens Holzmeister, der Architekt des Salzburger Festspielhauses, küßt seinem heimlichen
Bauherrn die Hand, Salzburg 1960
22 Die Berliner Philharmonie, auch »Zirkus Karajani« genannt
23 Das nach Anregungen Karajans geplante Große Salzburger Festspielhaus, hier als Konzertsaal

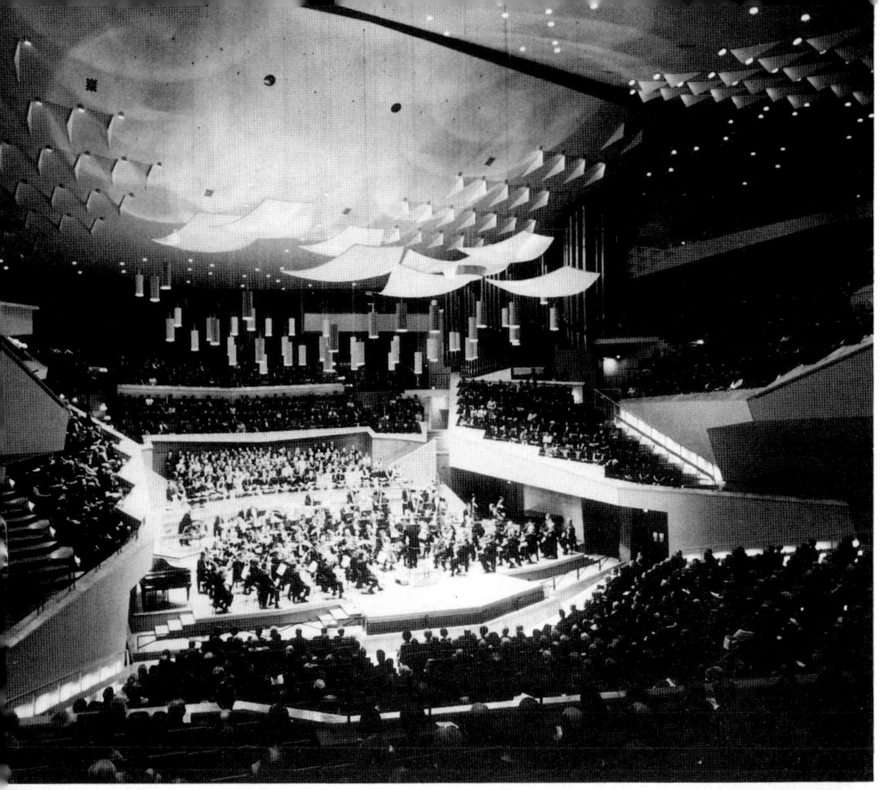

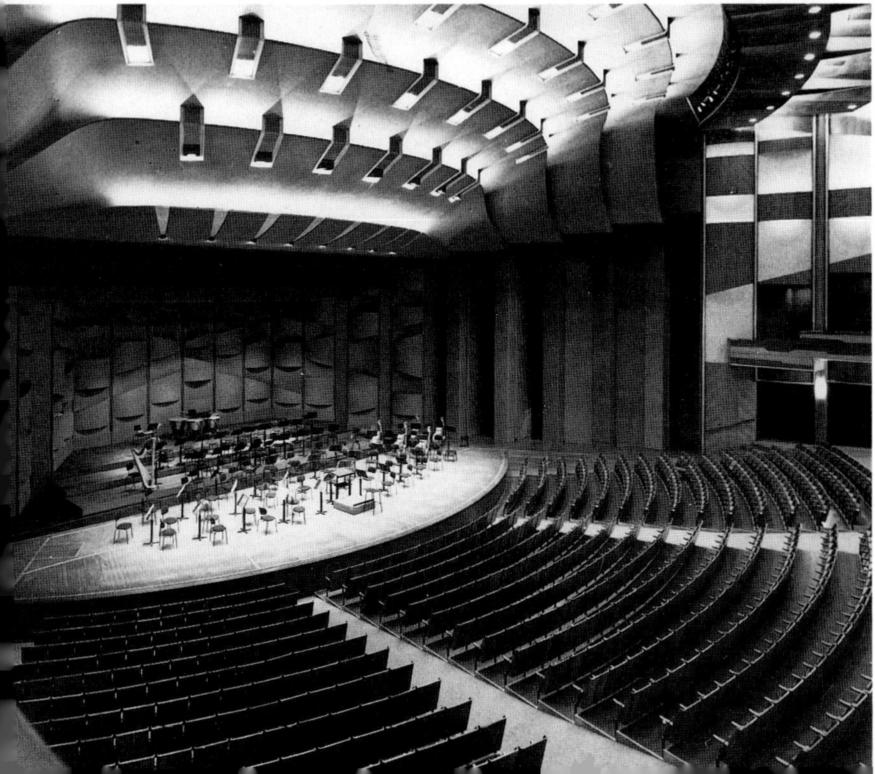

24 Die ersten Konzert-Filmaufnahmen mit Henri-Georges Clouzot
25 Karajan inmitten der Berliner Philharmoniker, »seines« Orchesters

und Hilbert las den Text vor, der die Absage der Premiere bekanntgab. Ein kleiner, auf das höchste erregter Mann, dessen hohe Stimme sich im vor Erregung brodelnden Opernhaus kaum Gehör verschaffen konnte, und Herbert von Karajan, dessen steinerne Miene sich auch nicht veränderte, als er zum Abschluß der höchst ungewöhnlichen Zeremonie vor dem versammelten Wiener Premierenpublikum von seinem Mitdirektor umarmt wurde: Die Szene fügte sich ins Bild als Vorahnung vom drohenden Ende der Ära Karajan, wie dereinst die Handkuß-Szene der Callas den sichtbaren Auftakt gebildet hatte.

Die Szene ist nur deshalb so ausführlich geschildert, weil sie wie die der Callas ohne Beispiel war und weil Opernfreunde dergleichen nicht aus ihrem Gedächtnis streichen wollen. Da war man gekommen, um zu sehen und zu hören, wie eine in Mailand bereits als Wunderwerk gepriesene Produktion sich ganz nach Karajans Ideen auch an der Wiener Staatsoper aufführen ließ, wobei der einzige Unterschied Chor, Orchester und Ambiente hätten sein sollen. Da erfuhr man, daß Wien anders war und sich gegen einen dirigierenden Souffleur aus Italien mit Streik zu wehren beliebte – und wie die Kraftprobe erst einmal zugunsten des Wiener Personals, seiner gewerkschaftlichen Vertreter ausging und erst in der Folge die Gerichte Herbert von Karajan recht gaben und dieser zu diesem Zeitpunkt bereits auf dem Weg weg von Wien war.

»La Bohème« wurde genau eine Woche später, am 9. November 1963, nachgeholt, die italienischen Sänger traten Karajan und der Produktion zuliebe ohne Maestro suggeritore auf, der Beifall war schier endlos, die Kritiken zügellos positiv – und niemand wußte, daß ein Nachfolger der Operndirektion es besser hatte, denn der Betriebsrat Otto Vajda, der den Streik angekündigt hatte, wurde zum Stellvertreter des Bundestheater-Generalsekretärs befördert und also vom

Bock zum Gärtner gemacht und setzte sich mit seiner Erfahrung aus Gewerkschaftstagen in allen Auseinandersetzungen mit der Gewerkschaft sehr für die Arbeitgeberseite ein . . .

Kleinkrieg mit einem Opernnarren

Das nächste dokumentierte Treffen Karajan/Hilbert fand am 2. Dezember in München statt, eine wiederum unvergessene Pressekonferenz in Wien am 3. Dezember: Hilbert hielt einen Monolog, in dem zu wenig Fakten über die Saison 1964/65 vorkamen, Karajan saß einmal mehr versteinert neben ihm und wehrte nicht einmal die Photographen ab, die dieses deutlich ungleiche Gespann festhalten wollten. Und bald darauf wurde »Elektra«, als Karajans Dezember-Premiere vorgesehen, von André von Mattoni unter Hinweis auf eine Erkrankung Karajans abgesagt: Da sprach Hilbert schon nicht mehr mit Mattoni, nahm mit Jucker beinahe nur noch schriftlich Kontakt auf und wollte von Karajan außer mehr Kompetenzen auch nichts mehr.

Für den 12. Januar 1964 war schließlich eine Zusammenkunft Hilbert/Karajan in Zürich angesetzt, von der wiederum ein ausführliches Gesprächsprotokoll existiert. Es ist seither oft zitiert worden, weil es in seiner Absurdität sowohl Hilbert wie auch Karajan kennzeichnet und erklärt, warum die Wiener Staatsoper offenbar Beamte wie Künstler zur Absurdität verführt. Hier einige Zitate aus diesem Protokoll:

»1. Die Besprechung war angesetzt worden, um erstens prinzipielle Probleme der Zusammenarbeit zwischen Herbert von Karajan und Dr. Hilbert zu behandeln und zweitens vordringliche Geschäfte der Direktion, vor allem Spielplan 1964/65 und Verträge 1964/65 zu erledigen.

2. Nachdem der in 1. erwähnte Punkt (prinzipielle Pro-

bleme der Zusammenarbeit) die zur Verfügung stehende Zeit beanspruchte und Dr. Hilbert die Meinung vertrat, daß er unter dem Eindruck dieses Gesprächs mit dem künstlerischen Leiter die Verantwortung für eine Weiterführung der Geschäfte nicht mehr übernehmen kann und dies dem Bundesminister für Unterricht mitteilen werde, wurde der 2. Punkt nicht mehr behandelt.«

Man war zusammengekommen, um sich auszusprechen und die Probleme der Staatsoper zu diskutieren; man ging auseinander, ohne die Probleme der Staatsoper diskutiert zu haben, denn man konnte sich nicht genügend lange aussprechen. Aussprechen worüber? Ich nehme das Protokoll wieder als Beweis.

»Zu den einzelnen Punkten des Aktenvermerkes wird festgestellt: 1. Der künstlerische Leiter ist der Meinung, daß Dr. Hilbert kein Recht hat, sich Staatsoperndirektor zu nennen. Da dies bedeuten würde, daß es nur einen Direktor der Staatsoper gäbe. Die korrekte Bezeichnung muß Direktor der Staatsoper lauten. Nach ausführlicher Diskussion ist Dr. Hilbert mit der Formulierung einverstanden, obwohl er sich seinerseits keines Verschuldens bewußt ist.«

Und etwas später:

»Dr. Hilbert ist der Meinung, daß in München bereits alles betr. das Scalareferat geordnet wurde. Dies wird aber vom künstlerischen Leiter nur in der im Aktenvermerk erwähnten Form akzeptiert. An dieser Stelle kommt es zu neuen Kontroversen über Herrn von Mattoni, da der künstlerische Leiter seine Mitarbeit und die Art ihres Einsatzes selbst bestimmen will, wie er auch Dr. Hilbert das Recht zubilligt, seine engsten Mitarbeiter selbst zu wählen. Er wünscht, daß alle Post (einschließlich Aktenvermerke) ihm über Herrn von Mattoni zugestellt werden, da er sich mit ihm über bestimmte Probleme berät. Da Dr. Hilbert dies ablehnt, bleibt Herrn von Karajan nichts anderes übrig, als die ihm zugestellten Aktenvermerke, soweit er es für notwendig erachtet, wieder zuzustellen.«

Dies heißt, daß Hilbert und Karajan im Zimmer von Karajans Anwalt einander bedeuteten, sie würden künftig voneinander nicht einmal mehr Aktenvermerke entgegennehmen. Die nicht unbeteiligten Anwesenden schalteten sich ein:

»Generalsekretär Jucker macht dringend darauf aufmerksam, daß durch die Situation der letzten Wochen die Vertragsverhandlungen und der Spielplan 1964/65 nicht rechtzeitig vorbereitet wurden. Er sieht in dieser Tatsache eine schwere Gefährdung der Staatsoper, die aufgehalten werden kann, wenn sofort und zielbewußt die Arbeit an den Verträgen und Spielplänen weitergehen kann. Dr. Hilbert stellt fest, daß nachdem in diesem Gespräch die Vertrauensbasis zwischen Herrn von Karajan und ihm nicht hergestellt werden konnte, er die Verantwortung für die Weiterführung der Geschäfte nicht weiter übernehmen kann und dies in diesen Tagen dem Herrn Bundesminister für Unterricht mitteilen werde. Dr. Hilbert wünscht eine gemeinsame schriftliche Formulierung des Besprechungsergebnisses. Herr von Karajan kann sich diesem Wunsch nicht anschließen.«

Das zitierte Protokoll trägt Wien als Ausfertigungsort, ist somit nicht dem Anwalt Karajans, sondern Egon Hilbert zu verdanken. Der seine eigene Position immerhin nicht prägnanter beschreiben konnte als in dieser Denkschrift. Sie spiegelt eine unhaltbare Situation, in der ein Direktor der Staatsoper (der notabene bei seinem ersten Gespräch mit Karajan darauf bestand, er binde seine Direktionsfunktion ganz und gar an die Karajans) sich weigert, den persönlichen Sekretär Karajans weiter als Vertrauensperson zur Kenntnis zu nehmen. Wohl wissend, daß Karajan diesem persönlichen Sekretär nicht nur aus Prestigegründen sein Vertrauen nie entziehen würde, sondern dieses Vertrauen tatsächlich für immer geschenkt hat.

Und die mehrfach gewünschte Unterrichtung des Ministers? Der gelernte Beamte Hilbert hatte sie in sein Protokoll aufgenommen, um ein für allemal festzuhalten, wen er zu unterrichten wünsche, von wem er Gerechtigkeit erwarte, von wem Hilfe. Von Heinrich Drimmel, dem Hilbert immerhin zutraute, die Situation als verfahren zu erkennen: Karajan hatte gegen alle Widerstände eine relative Autonomie der Bundestheater erfochten, er hatte mit zwei Opernproduktionen sein vom Minister nicht akzeptiertes Rezept der von einer Bühne zur anderen transferierbaren Produktion durchgesetzt, er befand sich in den Augen des Publikums im Recht, nach Ansicht gelernter Beamter auf dem Weg zur Revolution.

Was der realitätsferne Hilbert außer acht ließ, nicht wissen konnte: Sein oberster Beamter befand sich auf dem Weg aus seinem Amt. Minister Drimmel resignierte als Unterrichtsminister. Am 2. April 1964 kam Theodor Piffl-Perčević ins Amt, vom Bauernbund seiner Partei als Kandidat ins Ziel gebracht, ein ruhiger, auf Formen haltender Steirer Landespolitiker, der wie alle Steirer Wiener Sitten in der Tiefe seines Herzens als Unsitten bezeichnete und bereit war, mit Unsitten aufzuräumen. Daß es ihn traf, die endgültige Demission Herbert von Karajans entgegenzunehmen, die Nicht-Demission Egon Hilberts als mit dem Gesetz vereinbar zur Kenntnis zu nehmen und keine »Lösung« für eine Fortsetzung der Tätigkeit Karajans an der Staatsoper zu finden, war sein Schicksal.

Piffl-Perčević, längst aus seinem hohen Amt geschieden, hat ein Erinnerungsbuch geschrieben, das seine Sicht der Ereignisse enthält, es ist als Korrektiv für alle die Berichte von der Demission Karajans aus den Federn der Opernkenner höchst empfehlenswert. Die Tatsachen sind bei ihm genauer und für beide »Streitparteien« sicherer nachzulesen als in den Erinnerungen, die Herbert von Karajan beeinflussen konnte, und den Faktensammlungen, die von Parteigängern Egon

Hilberts angelegt worden sind: »Ohne die geringste Gelegenheit oder Notwendigkeit gehabt zu haben, in das damalige Spannungsfeld eingreifen zu müssen, empfing ich am 12. Mai 1964 die schriftliche Erklärung des Dirigenten, daß er aus gesundheitlichen Gründen die Tätigkeit als künstlerischer Leiter der Staatsoper – er hatte nicht Direktor genannt werden wollen – mit dem Auslaufen der Spielzeit, also mit dem kommenden 31. August, beenden werde. Gleichzeitig bot er der Oper weitere Dirigenten- und Regisseurtätigkeit an, machte dieses Angebot aber von der Voraussetzung abhängig, daß eine neue Direktion ihm die Voraussetzungen garantieren würde, die er sich in den letzten Jahren erarbeitet habe. Was Karajan unter einer neuen Direktion verstand, war in einem Punkt jedenfalls klar: eine Direktion ohne Hilbert.«

Piffl-Perčević beschreibt in seinem Buch überdies seine ersten ministeriellen Reaktionen: Er wurde informiert, ein Rücktritt Karajans bedeute auch das Ende der Direktionszeit Hilberts. Er erfuhr nach einem Gespräch mit Hilbert aus der Aktenlage anderes: daß nämlich Hilbert zwar die Möglichkeit besaß, seinen Vertrag zur gleichen Zeit wie Karajan zu kündigen, nicht aber die Republik sich das Recht vorbehalten habe, Hilbert gemeinsam mit Karajan zu kündigen. Und des weiteren erfuhr er, daß Karajan mit der Republik überhaupt keinen Vertrag hatte, sondern nur einen nicht genehmigten, nicht unterschriebenen Vertragsentwurf, in dem über Hilberts Angelegenheit nichts erwähnt wurde.

Das Fazit für einen damals ausdrücklich als bieder empfundenen neuen Bundesminister? Er hatte mehrere Versuche zu unternehmen, Herbert von Karajan für weitere Tätigkeiten an der Staatsoper zu gewinnen; er hatte mit der Tatsache zu kämpfen, daß Egon Hilbert ausdrücklich nicht aus der Direktion auszuscheiden wünschte; er hatte Persönlichkeiten zu suchen, die allenfalls für eine Art Nebendirektion in Frage kamen.

Piffl-Perčević tat all dies. Er diskutierte mit Karajan, er verzweifelte an Hilbert, er ließ sich auf die Suche nach Direktoren an der Seite Hilberts ein und blieb auch dabei derart korrekt, daß er etwa Oscar Fritz Schuh ausdrücklich bat, dieses Amt zu übernehmen, gleichzeitig aber die Nachteile dieses Amtes schilderte. Ein Neuling und korrekter Mann im Umgang mit den Protagonisten eines Operndramas, an dessen Ausgang sie und alle Öffentlichkeit lebhaft theatralisches Interesse hatten. Ein Minister, der seinen Neigungen nach ein Freund der griechischen Sprache war und sich einer operndramatischen Öffentlichkeit und einem Bundeskanzler ausgeliefert sah, der Karajan höchst zugetan war. Ein Minister, der ein Leben lang ruhig seine Pflicht erfüllt hatte und über Nacht von der gesamten Presse des Landes zu Aktionen aufgefordert wurde, die entweder Rechtsbeugung oder harte Maßnahmen gegen einen Operntyrannen namens Karajan werden sollten.

Piffl-Perčević war und ist nicht zu beneiden: Der längst in seine engere Heimat zurückgekehrte Mann weiß, daß er ordentlich gehandelt hat und niemand ihm dies je bestätigen wird. Er hatte damals keine andere Wahl, als seinem Gewissen zu folgen und sich von Tatsachen überfahren zu lassen. Er ging in die Geschichte der österreichischen Unterrichtsminister als derjenige ein, der Karajan aus Wien vertrieben hat. Obgleich er ihn nicht vertrieben hatte.

Bannfluch gegen Österreich?

Herbert von Karajan war ohne jeden Zweifel zu der Ansicht gelangt, er könne von sich aus nicht ohne Gesichtsverlust den knapp ein Jahr zuvor von ihm ins Amt gebetenen Egon Hilbert entfernen lassen. Doch glaubte er gleichzeitig fest daran, daß er in Wien wie auch in Salzburg unverzichtbar sei und man ihm jeden Wunsch erfüllen werde.

Und als er sich dann erstmals sowohl seinen Gegnern wie auch einem »schwerfälligen« Minister gegenüber sah, hatte er an seiner eigenen Verzweiflung und an der Tatsache zu kauen, daß er die verzweifelte Situation der Staatsoper ja selbst verschuldet hatte. Karajans Reaktion auf Hilberts eigenwillige und unkluge Art, sich an die Oper zu klammern, sein Ärger über sein eigenes Unvermögen, die Verzweiflung über die Zwänge eines Opernhauses – dies und noch viele Parameter führten zum unausweichlichen Ende einer Ära, die der Dirigent immerhin mit einer Neuproduktion der »Frau ohne Schatten« im Haus am Ring und mit bösen Interviews in deutschen Magazinen feierte.

Von beiden gibt es heute noch Spuren. Die Wiener Staatsoper hat die »Frau ohne Schatten« in einer szenisch unwesentlich veränderten Fassung im Spielplan. Ein böses Wort, in Wien gebe es nur noch einen »Ackergaul«, kein Rennpferd mehr, das Karajan anno 1964 für die Staatsoper geprägt hat, ist ihm nie wirklich vergessen worden. Und auch seine kurzzeitige Rückkehr Jahre später hat die Tatsachen nicht mehr weggeräumt, daß er nach mehreren Jahren, in denen große Produktionen mit unerhörten Auseinandersetzungen abwechselten, aus eigenem Antrieb ging.

Und alle Krawalle seinetwegen konnten nicht verhindern, daß man Jahrzehnte später mit Karajan über die Staatsopernzeit ruhig und ohne Zwischentöne diskutieren konnte, daß der Dirigent selbst zugab, er hätte das Haus nicht weiter führen können, daß von ihm nie mehr behauptet wurde, er sei von einer bösen Clique vertrieben worden – alle die Direktoren nach ihm, die Wiens Mittelmäßigkeit auch daran beweisen wollen, daß die Genies wie Mahler, Strauss, Karajan, Maazel, Abbado von Kleingeistern aus der Stadt vertrieben worden seien, befinden sich im Falle Herbert von Karajans in Beweisnot und werden von Karajans eigenen Worten widerlegt:

»Selbstverständlich gab es Krachs und große Affären, die in der Öffentlichkeit Aufsehen erregten. Aber ich weiß jetzt, daß ich wegen dieser Auseinandersetzungen, die sich immer auf allerhöchster Ebene und auf den ersten Seiten der Tageszeitungen abspielten, die Staatsoper nicht verlassen hätte. Die kleinen Anstrengungen wurden mir zuviel, ich wurde des Systems müde. Ich weiß noch, wie wir zuletzt versuchten, Egon Hilbert in die Direktion zu nehmen. Ich widmete dem zwei Wochen, wir gingen spazieren, ich erklärte ihm, was ich mir für die Staatsoper vorstellte – dann kam er ins Haus und versuchte vom ersten Augenblick an, das Gegenteil zu tun. Er sprach von einem modifizierten Ensembletheater. Ich erklärte, so etwas gäbe es nicht. Das wiederum wollte er nicht wahrhaben. Wir waren sehr rasch völlig verschiedener Meinung. Ich spürte das und hatte mich im Grunde schon für die Festspiele und bald darauf für meine eigenen Festspiele entschieden. Soviel ich in meiner Wiener Zeit gelernt hatte, ich war zuletzt unglücklich. Ich mußte weg.«

Herbert von Karajan sagte das im Februar 1988. Er unterschrieb auch den Teil eines Manuskripts, in dem die Interpretation gewagt wurde, er habe sich 1964 dazu entschlossen, seine Form von Staatsopern-Vorstellungen mit dem dafür notwendigen Personal zu den Salzburger Festspielen zu transferieren. Ohne die Sorge um das Repertoire, ohne die Verantwortung für ein Haus. Von einem bösartigen Wien, das ihn vertrieben hätte, sprach Herbert von Karajan in seinem 80. Lebensjahr nicht mehr. Warum auch?

Vom »Segen der Widerruflichkeit«

Als er endgültig demissionierte, als alle Versuche, ihn in Wien zu halten, scheiterten, als es für wenige Monate seine Erklärung gab, er beende damit seine künstlerische Tätigkeit in Österreich, was hinterließ er da in der Wiener Staatsoper? Ein von ihm durch und durch verändertes Kunstinstitut, das in den Jahren mit ihm einige gute Schritte weitergekommen war. Ein Haus von internationalem Zuschnitt, gewohnt, die wichtigsten Sänger aller Länder bei sich als ständige Gäste zu haben und für internationale Regisseure und Bühnenbildner eine erste Adresse zu sein. Ein Opernhaus freilich auch, das sich den Zeichen der Zeit rasch aufgeschlossen gezeigt hatte, als diese ein festes Ensemble für obsolet erklärten und die Reisewünsche selbst zweitrangiger Interpreten als Bestätigung von Qualität und die Pflege eines an die lokalen Gegebenheiten erinnernden Repertoires als provinziell erklärten.

Die große italienische Oper war in den Jahren mit Karajan das Um und Auf, die große Wagner-Oper war bei Karajan ein wichtiger Bestandteil des Repertoires, die Mozart-Pflege und eine kontinuierliche Arbeit an den Werken Richard Strauss' waren in den Hintergrund gedrängt worden: Für einige der Mozart-Opern gab es keine fest engagierten erstrangigen Sänger mehr, für viele der typisch wienerischen Opern kein Ensemble mehr. Werke, die wie Pfitzners »Palestrina« von einigen großen Interpreten und einer Fülle guter Sänger am Ort getragen werden, waren unaufführbar geworden. Das Publikum für diese Werke hatte sich beinahe verlaufen. Das Publikum für Spielopern war abhanden gekommen. Das Publikum der Oper war ein Publikum der Schallplattenkenner geworden – ähnlich dem Publikum anderswo auch. Es war mit den Strömungen der Zeit und mit Karajan aus der glanzvollen und heimeligen Periode der

Nachkriegsjahre in eine neue, eine tüchtige, in eine internationalisierte Zeit geraten.

Sinnlos, darüber nachzudenken, ob dies das Werk Karajans war. Sinnvoll, festzuhalten, daß Karajan sich auch in dieser Hinsicht nicht gegen seine Zeit gestellt hatte. Allerdings: Man hat seit Herbert von Karajans Abgang das Rad der Geschichte in der Staatsoper nicht zurückzudrehen vermocht. Karajan erlebte es und registrierte es.

Egon Hilbert, der schließlich seinetwegen den Direktionssessel nicht räumen wollte, konnte weder im künstlerischen noch im finanziellen Budget der Oper »Einsparungen« vornehmen. Die von Karajan dem Finanzminister prophezeite Kostenexplosion setzte sich fort. Weder das Haus noch sein Publikum wollte in der Ära nach Karajan auf die von ihm nach Wien geholten »Stars« verzichten. Das System Karajan, allerorten in Europa imitiert, wird längst nicht mehr so genannt. Es ging vielmehr in der Folge in das von Karajan selbst bei seinen Osterfestspielen praktizierte Konzept ein und gipfelte in brillanten Produktionen, bei denen der Maestro seine eigenen Vorstellungen von Qualität umzusetzen versuchte.

Freilich, Karajans Abgang aus Wien, der sich in genau dem Stil vollzog, den die Öffentlichkeit mindestens so sehr schätzte wie Karajan und den man auf eigene Art zelebrierte, schlug tiefe Wunden. In der österreichischen Innenpolitik ohnehin. Denn der amtierende Unterrichtsminister, der sich mit einem für ihn nicht geschaffenen Problem konfrontiert sah, war nicht nur unsicher, sondern auch konsterniert angesichts der Tatsache, daß man ihn zu den letzten persönlichen Aussprachen mit Herbert von Karajan in ein Tageszimmer im Hotel Imperial bat. Als es geschah, gab sich Piffl-Perčević empört; in seinen Erinnerungen dachte er immer noch darüber nach, ob sich ein Ort für eine Diskussion mit einem österreichischen Minister nicht würdevoller hätte wählen lassen. Er war auch innerlich getroffen, weil ihn sein Bundeskanzler – Josef Klaus, der einstige Salzburger Landeshauptmann, der Bauherr des Großen Festspielhauses – zu Kompromissen zwingen wollte, die er mit einemmal geschlossenen Verträgen und der Würde seines Ministeramts für unvereinbar hielt.

Tatsächlich war die Bundesregierung mit dem Fall Karajan sowohl der Anteilnahme des Kanzlers wegen als auch einer höchst erregten Öffentlichkeit zuliebe über Gebühr mit der Frage befaßt, wie man den aus der Oper drängenden Dirigenten in Wien halten könne. Und hätte liebend gern den in der Oper verbarrikadierten Operndirektor entfernt, was allerdings Minister Piffl-Perčević unter Berufung auf die Gültigkeit von Verträgen zu verhindern wußte.

Aber auch anderswo in Wien brachen Wunden auf, denn Herbert von Karajan gab Interviews im Ausland, legte seine Gründe für seine Absage an Wien dar und nahm – damals wenigstens – nicht ein Gran Schuld auf sich. Als sei ganz Wien im Lager seines Kontrahenten Egon Hilbert, beschimpfte er das Institut, dessen Niveau er neun Jahre festgelegt hatte, und traf damit auch alle die Mitglieder der Staatsoper, die ihm in schwierigen Zeiten viel Arbeit abgenommen hatten. Schließlich fand er, Chef des Berliner Orchesters, kein Wort für die Wiener Philharmoniker, deren Anhänglichkeit er wohl nicht hätte rühmen müssen, deren Qualitäten er jedoch auch noch im Zorn nicht hätte vergessen dürfen. Und schwierig machte er es auch der Gesellschaft der Musikfreunde, die ihn in schlechten Tagen zu ihrem Konzertdirektor auf Lebenszeit gewählt hatte, der er einen auf seinen Namen lautenden Konzertzyklus dankte und jede denkbare Unterstützung. Als er seinen höchst zornigen Abschied aussprach, erwähnte er die Gesellschaft nicht, legte seinen Ehrentitel nicht nieder, setzte aber seine Funktion als Dirigent von Gesellschaftskonzerten aus. Trotzdem, man war auch im traditionsreichen Haus auf dem Karlsplatz nicht glücklich mit Karajans Gesten und hätte gern unterschieden gesehen zwischen den Bemerkungen über einen Minister, über einen Mitdirektor und über eine Gesellschaft, die nichts getan hatte, als ihm seine Wünsche von den Lippen abzulesen.

Schließlich ging der erwähnte Bruch auch quer durch die kulturpolitischen Lager. Sie waren und sie sind in Wien nicht unbedingt mit Bindungen an eine politische Partei oder eine Weltanschauung in Einklang zu bringen, sondern bilden sich nach anderen Gesichtspunkten, ergeben rare Allianzen. Im Falle Karajans war vor allem eine Gefolgschaft besonderer Art und eine kleine Gruppe von heftigen Gegnern auszumachen, die man seltsamerweise wiederum dem konservativen Lager hätte zurechnen können. Unnötig, anzufügen, daß es persönliche Betroffenheiten gab und sich fanatische Parteigänger Karajans zu Haßtiraden gegen enge Freunde hinreißen ließen. (In der sogenannten guten Gesellschaft wenigstens wußte man sehr genau, wer welchem der erwähnten Lager zugerechnet wurde. Schon am Tag des Opernballs, der nur durch einen Affront Karajan gegenüber gerettet worden war, veranstaltete ein britischer Diplomat spontan eine Art Gegeneinladung, zu der man in Abendkleid und Frack und in der Absicht kam, den Opernball zu desavouieren. Auf der Anwesenheitsliste dieser Veranstaltung zu erscheinen, galt als musikalische Nobilitierung.)

Herbert von Karajan wußte, welche Krise sein Entschluß bedeutete, die Oper entweder ohne den selbstgewählten Mitdirektor oder gar nicht mehr zu betreten. Er wußte, was er Wien zumutete. Dennoch, er dirigierte eine nach seinen Intentionen neu gestaltete Fassung der »Frau ohne Schatten« als Abschiedspremiere. Und kannte nicht nur die Musik von Richard Strauss, sondern auch Hugo von Hofmannsthals Verse sehr genau, die der Färber Barak zu singen hat:

Aus einen jungen Mund
gehen harte Worte
und trotzige Reden,
aber sie sind gesegnet
mit dem Segen der Widerruflichkeit.
Ich zürne dir nicht,
bin freudigen Herzens,
und ich harre
und erwarte
die Gepriesenen,
die da kommen.

Kein Stein ist auf dem anderen geblieben

Herbert von Karajan hat in der Wiener Staatsoper in den Jahren, in denen er ihr künstlerischer Leiter war, und anschließend bei seinen kurzen Gastspielen im Haus insgesamt 29 Opern dirigiert – zeitgenössische Werke ebenso wie damals noch als »Ausgrabungen« bezeichnete Werke, eigene Produktionen (bei denen er selbst Regie führte) ebenso wie eine stattliche Anzahl von Inszenierungen, die er im Repertoire vorfand, als er 1957 sein Amt antrat. Die Aufzählung allein ist schon stattlich und soll einmal einen summarischen Überblick über die Tätigkeit Karajans geben. Ich folge bei der Aufzählung einer 1980 erschienenen Publikation der österreichischen Bundestheater, die sämtliche Staatsopernaufführungen seit 1945 auflistet, in bezug auf den Maestro also völlig wertfrei geblieben ist.

Giuseppe Verdis »Aida« war anläßlich der Wiedereröffnung des Hauses am Ring im Rahmen der »Austrian Coronation« in einer wenig gelobten Produktion herausgekommen. Herbert von Karajan übernahm die Oper, wie er sie vorfand, setzte sich für einige geringfügige Änderungen bei den Bühnenbildern ein und erklärte, bei dieser Oper wäre es ihm wichtig, mit attraktiven Sängern das Publikum anzulocken, »Aida« sei in Wahrheit kein Ausstattungsstück, sondern eine Sängeroper. Er behielt mit seiner Ansicht recht, in 16 von ihm geleiteten Aufführungen war der Jubel groß – und einmal für den Dirigenten übergroß, denn nach der ersten »Krise« am Haus kehrte er mit »Aida« wieder ans Dirigentenpult zurück und ließ sich als »Sieger, der heimkehrt« feiern.

Puccinis »La Bohème« ist die Oper, deren Premierenabend 1964 zuerst einmal nicht stattfand und damit den zweiten großen Skandal auslöste. An der Staatsoper dirigierte Karajan neun Vorstellungen dieser Oper, die er später auch zu den Osterfestspielen nach Salzburg übernahm.

An der Gestaltung von Bizets »Carmen« hatte Karajan insofern Anteil, als er die routinierte Inszenierung Josef Gielens kommentarlos übernahm, jedoch bald dem Chor und schließlich auch den Solisten die Aufgabe stellte, die Oper in der Originalsprache zu singen, wie er es auch seinen Künstlern an der Mailänder Scala zumutete. An zehn Abenden dirigierte er das Werk in Wien, seine Salzburger Version von »Carmen« war von dieser Arbeit nicht beeinflußt.

Sechs Aufführungen von »Don Carlos« sah man in Karajans eigener Inszenierung, als er sie aus dem Salzburger Festspielhaus nach Wien zur »Versöhnung« mitbrachte. Die in seiner Direktionszeit von Margarethe Wallmann herausgebrachte, sehr farbenreiche Inszenierung überließ Karajan trotz zahlreicher attraktiver Besetzungen seinen Kollegen. Er erarbeitete sich seine eigene Fassung in Salzburg und mit einem Team, das er auch für eine geplante Fernsehproduktion unter Vertrag nahm. Und wieder ist von einem legendären Zwist zu berichten, denn die Mailänder Scala mußte, als sie unter Claudio Abbado mit »Don Carlos« ihre Stagione 1980 eröffnen und weltweit im Fernsehen übertragen lassen wollte, vor den Sänger-Verträgen mit Herbert von Karajan kapitulieren. Paolo Grassi, damals Intendant der RAI, brach daraufhin endgültig mit Karajan, drohte ihm mit Boykottmaßnahmen in Italien und sorgte dafür, daß wenigstens in seinen Kreisen (also auch für Giorgio Strehler) der Name Karajan fortan ein Synonym für Feind wurde. Strehler hat Grassis Erbe bis in die letzten Lebenstage Karajans getreulich verwaltet und Haßtiraden versprüht.

»Falstaff« dirigierte Herbert von Karajan ein einziges Mal an der Wiener Oper in der szenischen Version, die man schon von der Mailänder Scala kannte. Das war 1957 – Karajan befaßte sich dann über Jahre nicht mehr mit dem Werk, inszenierte es aber für die Salzburger Festspiele 1981 mit Giuseppe Taddei in der Titelpartie noch einmal. Von dieser Produktion existiert ein kostbarer Fernsehfilm.

Beethovens »Fidelio« inszenierte und dirigierte Herbert von Karajan im Mai 1962, leitete aber insgesamt nur zwei Aufführungen in Wien. Die Oper wurde später zum Beethoven-Jahr von Leonard Bernstein im Theater an der Wien gemeinsam mit Otto Schenk neu herausgebracht, übersiedelte ins Haus am Ring und ist unverändert im Spielplan.

Zu Silvester 1960 brachte Karajan die von Leopold Lindtberg betreute luxuriöse Inszenierung der »Fledermaus« heraus. Im zweiten Akt gab es zahlreiche »Einlagen«, alle erreichbaren internationalen Stars traten auf. Die Gesamtaufnahme der Operette auf Schallplatte ist jedoch nicht völlig identisch mit der Wiener Premierenbesetzung: Eberhard Waechter war damals Karajans Eisenstein. Er wurde mit Beginn der Spielzeit 1991/92 Direktor der Wiener Staatsoper, also Nachfolger Karajans. Nach nur sieben Monaten lustvollen Amtierens starb er, nachdem er am Abend vor seinem Tod von der Bühne herunter den Wiener Philharmonikern zu ihrem 150-Jahr-Jubiläum gratuliert hatte. Sein letztes Auftreten als Sänger hatte Eberhard Waechter wieder als Eisenstein in München absolviert; auch Carlos Kleiber hatte sich den Sänger Karajans für diese Partie gewünscht. Karajan dirigierte neun Vorstellungen der Operette, deren Ouvertüre er später noch genüßlich musizierte, die Inszenierung hielt sich lange auf dem Spielplan.

»Die Frau ohne Schatten« von Richard Strauss gilt in Wien immer als sogenannte Chef-Oper, ist also einem ungeschriebenen Gesetz nach immer dem amtierenden Direktor vorbehalten, sofern dieser Dirigent ist. Daraus resultierten in der Ära Karajan Schwierigkeiten, da Karl Böhm als Strauss-Adlatus das Werk zur Staatsopern-Wiedereröffnung einstudiert und dirigiert hatte und nach seiner Versöhnung mit Wien und Karajan das Werk wieder zu dirigieren wünschte. Karajan erfüllte ihm diesen Wunsch in Wien jedoch nicht. Er dirigierte FROSCH, wie diese Oper im Jargon heißt, am 11. und 27. Juni 1964 als seinen Abschied von Wien und dann nie mehr.

Mozarts »Die Hochzeit des Figaro« dirigierte Karajan in Wien und auf Gastspielreisen mit der Wiener Oper in mehreren Versionen. Erst in der Inszenierung von Oscar Fritz Schuh (und Bühnenbildern von Caspar Neher) bei einem Gastspiel in der Mailänder Scala, dann bei den Maifestspielen Wiesbaden, wobei in Wiesbaden eine vereinfachte Tourneeversion aus alten Dekorationsbeständen gezeigt wurde. Karajans Sinn für die Theaterpraxis, selten gerühmt, war in den späten fünfziger Jahren noch derart ausgeprägt, daß er (siehe »Aida«) keineswegs jede Oper unter seiner Leitung in einer szenisch einwandfreien Version verlangte: Heute wäre es undenkbar, daß ein dirigierender Staatsoperndirektor eine derart »verschlampte« Produktion dirigiert. Zu Karajans Zeiten ließ sich dies mit Würde durchaus noch vereinen.

Mit Günther Rennert erarbeitete Karajan in der kurzen Periode, in der ihm Walter Erich Schäfer aus Stuttgart als Direktor zur Seite stand und versucht wurde, Ordnung ins Haus zu bringen, Claudio Monteverdis »Krönung der Poppäa«. Er selbst dirigierte nur drei Abende im Jahr 1963. Sein Herz hing weder an Monteverdi noch an der Fassung, für die sich Rennert entschieden hatte.

1957 ließ er von Josef Gielen Puccinis »Madame Butterfly« in Bühnenbildern eines Japaners inszenieren und dirigierte selbst vier Aufführungen – die Inszenierung steht seither unverändert im Repertoire der Wiener Staatsoper und zeigt weiterhin die Handschrift Karajans: Bei Abenden, die von bedeutenden Sängerinnen gestaltet werden, gibt es keinen Zweifel an der Inszenierung.

Auch Wagners »Meistersinger von Nürnberg« wurden aus der kurzen Amtsperiode Karl Böhms unverändert in die Ära Karajan übernommen. Der Chef dirigierte insgesamt drei Repertoire-Abende, einen davon unter unvergessenen Umständen: Er hatte sich entschlossen, für seinen erkrankten Kollegen Joseph Keilberth einzuspringen, verhinderte jedoch Mitteilungen an die Öffentlichkeit und genoß es, sozusagen überfallsartig vor das Publikum zu treten und das Werk zu leiten.

Im März 1960 setzte Karajan Ildebrando Pizzettis »Der Mord in der Kathedrale« an und leitete vier der insgesamt fünf Staatsopernabende dieser österreichischen Erstaufführung. Für Igor Strawinskys »Ödipus Rex« holte er zur ersten Aufführung am 11. Juni 1958 Jean Cocteau als »Sprecher« nach Wien und dirigierte dieses Werk an diesem einen Abend. Alle Reprisen gab er ab.

»Orpheus und Eurydike«, vorher schon einmal mit Schuh und Neher in Salzburg erarbeitet, dirigierte Karajan an der Staatsoper 1959: Die Oper stand drei Abende auf dem Spielplan des Hauses. Dreimal dirigierte Karajan die Gluck-Oper mit den Damen Wilma Lipp, Giulietta Simionato und Anneliese Rothenberger als Solistinnen.

Verdis »Otello« war die erste Inszenierung Karajans in Wien: Am 15. April 1957 präsentierte er seine praktizierte

Zusammenarbeit der Staatsoper mit der Mailänder Scala und dirigierte die Oper an insgesamt zwanzig Abenden. Die neue Besetzungspolitik brachte auch die ersten gegnerischen Stimmen im Publikum und in den Zeitungen hervor, trieb einen Keil zwischen wienerisches Stammpersonal und italienische Gäste, denn vielen schien es zwar interessant, große Künstler aus Mailand erleben zu können, gleichzeitig aber suspekt, wenn die ebenfalls italienische Sängerin der Emilia eine weitaus höhere Gage zugestanden erhielt als die heimische Interpretin der Desdemona. Da zudem Karajan einem nicht erstrangigen italienischen Jago vor dem Liebling Paul Schöffler den Vorzug gab, hatte er demonstrativen Jubel für den Wiener Baßbariton durchzustehen, als dieser in der zweiten Aufführung singen durfte. Das erfreuliche an diesen ersten, bald vergessenen Mißtönen: Sie waren keinesfalls durch eine Pressekampagne provoziert, sondern eine spontane Reaktion der Wiener Opernfreunde auf ein höchst interessantes Experiment, das in der Zukunft große Opernabende und große finanzielle Folgen haben sollte.

»Parsifal« wurde eine der besonders geschätzten Inszenierungen Karajans, die er selbst neunmal während seiner Amtszeit dirigierte. Wie in vielen Opernhäusern steht das Werk auch in Wien traditionell um die Osterzeit im Spielplan und wird naturgemäß nicht wie eine Repertoireoper behandelt.

In der Zusammenarbeit mit Günther Schneider-Siemssen war auch »Pelléas et Mélisande« ähnlich stimmungsvoll geraten, Karajan dirigierte die Oper Debussys mit besonderem Erfolg achtmal in Wien.

»Der Rosenkavalier« wurde in Wien von Karajan fünfmal dirigiert: Es handelte sich bei der Wiener Inszenierung um eine der ältesten und konventionellsten im positiven Sinn, Robert Kautsky hatte die originalen Bühnenbildentwürfe Alfred Rollers nur geringfügig adaptiert, Josef Gielen in seiner soliden Art inszeniert. Die dem Haus zur Verfügung stehenden Strauss-Dirigenten, inklusive Karajan, leiteten diesen »Rosenkavalier« besonders gern.

»Tannhäuser« inszenierte Karajan 1963 selbst. Die Oper war kurz vor seinem Amtsantritt wenig glücklich auf die Bühne gekommen, eine Neuinszenierung zweifellos angebracht. Trotzdem: In Erinnerung sind vor allem die Jagdfalken und Jagdhunde, die er sich bei den sechs von ihm geleiteten Vorstellungen im Finale des ersten Aktes auf der Bühne wünschte. Und die Tatsache, daß diese Oper von Karajans Mitdirektor Egon Hilbert für einen Tag angesetzt wurde, an dem Karajan in Wien mit einem Konzert der Berliner angesagt war – dadurch wurde die eiserne Regel, eine dem Chef vorbehaltene Oper nicht an andere Dirigenten zu vergeben, durchbrochen. In der Oper hatte es Oscar Danon schwer an diesem Abend.

»Tosca« steht seit 1958 in einer Inszenierung von Margarethe Wallmann und Bühnenbildern von Nicolas Benois unverändert auf dem Spielplan der Staatsoper und hat es seither auf weit über 300 Aufführungen gebracht. Herbert von Karajan dirigierte den ersten Abend, Renata Tebaldi sang die Tosca, Tito Gobbi den Scarpia, für Giuseppe di Stefano sprang wie so oft in jener Zeit Giuseppe Zampieri, der Haustenor der Ära Karajan, ein. Ältere Wiener Opernbesucher, die nicht nur mit Sängern, Dirigenten, Direktoren, sondern auch mit Kritikern vertraut sind, mögen sich erinnern, daß Karl Löbl, später der erste Autor eines Karajan-Buches, nach der Premierenvorstellung schrieb, Karajan habe wiederum das Orchester als Hauptdarsteller eingesetzt, die Sänger nahezu in den Schatten gedrückt, seine »Italianità« sei keineswegs bewundernswert. Fünfzehn »Toscas« dirigierte Karajan.

Aus Mailand importierte Karajan eine Produktion von »La Traviata«. Sechs Aufführungen dirigierte er selbst, dann überließ er die Erfolgsoper vielen Kollegen.

Birgit Nilsson und Wolfgang Windgassen sangen die Titelpartien in einer der berühmtesten Wiener Inszenierungen Karajans: »Tristan und Isolde«, höchst raffiniert musiziert und vor allem im zweiten Akt mit allen erdenklichen Lichtschattierungen zwischen düster und verdunkelt versehen. Karajan dirigierte acht Vorstellungen.

Verdis »Troubadour« wurde 1963 von den Salzburger Festspielen nach Wien übertragen – in einer Besetzung, die heute noch als unübertroffen gilt. Leontyne Price, Giulietta Simionato, Franco Corelli und Ettore Bastianini waren ein Ensemble, das in dieser Qualität kein Opernhaus der Welt zu bieten hatte. Als Karajan in der Ära Seefehlner noch einmal für »Festliche Tage« nach Wien heimkehrte, war »Troubadour« Mittelpunkt eines beachtlichen Skandals: Der Tenor Franco Bonisolli warf bei der Generalprobe nach der mißlungenen Stretta Schwert und Nerven weg, so daß nach erregenden Auseinandersetzungen Placido Domingo als »Ersatz« eingeflogen werden mußte. In Wien dirigierte Karajan den »Troubadour« zwölfmal.

Mozarts »Zauberflöte« stand unter ihm nur dreimal im Theater an der Wien auf dem Programm: Das Haus, das nach dem Krieg Ausweichquartier für die Staatsoper gewesen war, sollte nach 1956 abgerissen werden. Zu den engagiertesten Kämpfern für seine Erhaltung zählte Egon Hilbert, der schließlich als Intendant der Wiener Festwochen erreichte, daß es gerettet und restauriert wurde. Hilbert, der sich unmittelbar nach dem Krieg (aus dem KZ entlassen) für Karajan eingesetzt hatte, lud die Staatsoper unter Karajan mit »Zauberflöte« zur Eröffnung ein. Die drei Aufführungen im Haus, in dem Beethovens »Fidelio« und Lehárs »Lustige Witwe« uraufgeführt worden waren, dirigierte der Chef selbst.

Außerhalb dieser dem Alphabet folgenden »Registerarie« ist Herbert von Karajans Wiener Produktion des Wagnerschen »Ring des Nibelungen«, von ihm selbst als eine Hauptaufgabe bezeichnet, zu nennen. Die Regiearbeit an diesen vier Abenden wurde mindestens von der Wiener Kritik aufmerk-

sam beobachtet und kommentiert, als erlernte Karajan ausgerechnet mit dem »Ring« sein Handwerk, das er zu dieser
Zeit an anderen Bühnen längst ausgeübt hatte. Seine
musikalische Darstellung, nicht weniger durchsichtig und
»kammermusikalisch« als später bei den Aufführungen der
Osterfestspiele in Salzburg, wurde beinahe ohne Einschränkung bejubelt. Sein Sängerensemble war für die meisten
»Ring«-Abende ein Kompendium der besten Wagner-Interpreten dieser Ära. Emil Preetorius, der Münchner Maler und
Altmeister des Bühnenbilds, schuf für Karajan eine Bühne,
die die Ideen Wieland Wagners aus Bayreuth zur Kenntnis
nahm, sich jedoch in eine weniger radikale Richtung bewegte. Karajans Ziel, dem Wiener Opernhaus einen für Jahrzehnte spielbereiten »Ring« zu schenken, wurde erreicht:
Lange nach 1964 waren die einzelnen Abende im Repertoire,
selbst nach dem mißglückten Versuch einer Neudeutung, die
in der Ära Seefehlner mit Filippo Sanjust als Regisseur und
Bühnenbildner unternommen und nach der »Walküre« abgebrochen wurde, gab man noch Vorstellungen in den Bildern
von Preetorius. Die Aufführungszahlen des »Ring« unter der
musikalischen Leitung Karajans: »Rheingold« an 19 Abenden, »Walküre« an 21, »Siegfried« an 13, »Götterdämmerung« an sieben.

Soweit die knappe Aufzählung der Vorstellungen, für die
der künstlerische Leiter der Staatsoper an der Staatsoper
selbst verantwortlich war. Vor 1945 hatte er einmal auf Einladung Bruno Walters gastiert, »Tristan« ohne Orchesterprobe
geleitet und eine Einladung als Kapellmeister aus guten Gründen abgelehnt. Nach 1964 gab es, wie bereits angedeutet, im
Zuge von Versuchen, eine vollständige Aussöhnung Karajans
mit Wien zu erreichen, eine Serie von »Festlichen Tagen mit
Herbert von Karajan«, die zuerst als eine Art Festival innerhalb des Staatsopernbetriebs, unter der ausschließlichen Verantwortung Karajans gedacht waren, deren Umsetzung in die

Praxis jedoch bald scheiterte: Die wenigen Remakes, die da innerhalb von zwei Spielzeiten zustande kamen, waren voller Sentiment angenommene Aufführungen, gesellschaftliche Ereignisse, aber kein neuer Anfang.

Vom »Dienstantritt« im Januar 1957 bis zum Abschied in der Saison 1963/64 leitete der künstlerische Chef des Hauses rund 200 Opernabende selbst und produzierte den Großteil der erwähnten Opern neu, und zwar als Regisseur und Dirigent. Er blieb damit in der Tradition dirigierender Chefs, von denen man bis heute ungefähr 25 Abende im eigenen Haus erwartet. In Karajans Jugend mögen es mehr gewesen sein, in den Jahren, die Karajan zwar nicht mehr in Wien, immerhin aber noch in Salzburg residierte, hielten sich auch seine Nachfolger an ungefähr dieses Limit, freilich ohne sich dabei der Regiearbeit zu widmen.

Und sie waren, sehr im Gegensatz zu Karajan, nicht mehr Direktoren im alten Stil: Tatsächlich hat die Wiener Staatsoper vor und nach Karajan immer, wenn ein Direktor gleichzeitig auch sein erster Dirigent war, nie so viele qualitativ unumstrittene, ja attraktive andere Dirigenten gehabt. Karajan, der bei Amtsantritt erklärte, er werde alle seine Kollegen einladen, hielt sein Wort und sorgte für eine Reihe wichtiger Engagements, wobei sich Debüts wie das von Dimitri Mitropoulos und Wiederengagements wie das von Karl Böhm durchaus zum Ruhm des Hauses auswirkten.

Daß Karajan in den Jahren, die man seither die Ära Karajan nennt und oft als die letzte große Zeit des Hauses am Ring charakterisiert, sein »volles Programm« als Chef der Berliner absolvierte, neben den zwei großen Reisen mit den Wienern mit seinem eigenen Orchester ungezählte Konzertreisen in Europa unternahm, den Bau der Philharmonie in West-Berlin vorantrieb und vor allem das Schallplatten-Repertoire aufbaute, das weiterhin als das umfangreichste gilt, das je ein Dirigent vorgelegt hat, war den Wiener Opernfreunden kaum bewußt. Wie Karajan in diesen Jahren sein Arbeitsleben koordinierte und scheinbar souverän gestaltete, bleibt ein Faszinosum.

Die Kritiken jener Jahre, in Wien, in Berlin, in den seriösen Zeitschriften für Schallplattenfreunde erschienen, ergeben kein einheitliches Bild. Für hemmungslose Gegnerschaften wie für völlig ergebene Gefolgschaften wären Beispiele anzuführen; für fundierte Urteile wie für Haßtiraden. Im nachhinein darf wohl unwidersprochen behauptet werden, es habe nirgendwo und zu keiner Zeit einen Künstler gegeben, der sein Leben so intensiv lebte wie der »Generalmusikdirektor Europas«.

DAS KÖNIGREICH HEISST SALZBURG

Bedingungen wie nirgendwo sonst

Herbert von Karajans endgültige Machtübernahme bei den Salzburger Festspielen wurde in der Öffentlichkeit bekannt, als er entgegen allen bisherigen Gepflogenheiten als künstlerischer Leiter dieser Institution eingesetzt wurde. Heftige Polemiken begleiteten diese Inthronisation, denn allen faktischen Vorrangstellungen aus vergangenen Epochen zum Trotz hatte noch nie ein Künstler in Salzburg auch per Brief und Siegel die Entscheidungen über die gesamten Festspiele zu treffen gehabt. Und selbstverständlich sahen sich nicht nur zahlreiche Mitwirkende, sondern auch die Mitglieder des »Kunstrates« außer Kraft gesetzt und protestierten je nach Temperament laut oder nobel. Sowohl der jahrzehntelang amtierende Festspielpräsident Baron Puthon (derjenige, der 1946 Ernst Lothar erklärt hatte, ohne den Karajan ginge es nicht) wie vor allem der Salzburger Landeshauptmann Josef Klaus, bald Chef der Alleinregierung der konservativen Österreichischen Volkspartei, waren jedoch der Ansicht, Karajan müsse für die Salzburger Festspiele um jeden Preis gewonnen werden, und überwanden, jeder auf seine Art, alle Polemiken. Baron Puthon, indem er seine Persönlichkeit einsetzte und sich selbst als Garant für eine kontinuierliche Fortsetzung aller Festspiel-Ideen präsentierte. Landeshauptmann Klaus, indem er die politische Kraft zur Verfügung stellte und Widerständen, die sich im Kuratorium der Festspiele artikulieren konnten, ihre Wirkung nahm.

Das Festspielpublikum spürte Karajans Allgegenwart im Sommer 1957 vor allem dank der Omnipräsenz des Dirigenten, der sich zudem als zweites Festspielorchester sein Berliner Philharmonisches Orchester mitbrachte – da dieses nicht auf privater Basis mit Karajan selbst oder mit den Festspielen abschloß, sondern in seiner offiziellen Funktion gastierte, hörte man nicht die Berliner Philharmoniker, sondern das BPO, und niemand hörte auf den Unterschied. Karajan dirigierte und inszenierte gleich zwei Opern. »Fidelio« in der Felsenreitschule wurde eine seiner gelungensten Auseinandersetzungen mit dem Naturtheater; Karajan hielt sich an die vorhandene »Ausstattung« und fügte den Arkaden im Felsen kein Leid zu. »Falstaff« im Festspielhaus war einmal mehr eine Art Gastspiel seiner Mailänder Produktion, allerdings mit Chor und Orchester aus Wien und ohne jedes Risiko: Tito Gobbi sang die Titelpartie, Rolando Panerai den Ford, Luigi Alva und Giuseppe Zampieri wechselten als Fenton ab, die Damen hießen Schwarzkopf, Moffo, Canali und Simionato, und der Erfolg der vier Aufführungen war ohne jede Beimischung von patriotischer Sorge, was denn »Falstaff« in Salzburg zu suchen hätte.

Zudem überließ Karajan zwei Mozart-Opern Karl Böhm, übergab eine Produktion der »Entführung« dem Salzburger Team Neher/Schuh und verhalf Dimitri Mitropoulos zu einer »Elektra«-Aufführung in der Felsenreitschule, die durchaus so sensationell wurde wie seine eigenen Produktionen. Und selbstverständlich behielt er die Tradition der Opernuraufführungen bei: Rolf Liebermann kam mit seiner etwas schwächeren Buffo-Oper »Die Schule der Frauen« zu seinem Recht; ein Musiker vom Format und Rang eines George Szell dirigierte.

Die Wiener Philharmoniker, denen Karajan mit seinem Orchester und einer ganzen Serie von brillanten Konzertprogrammen durchaus etwas von ihrem Vorrang, die Festspiele in Salzburg allein zu bestreiten, nahm, waren nicht erfreut, jedoch diplomatisch genug, diese Geste Karajans zu verstehen und hinzunehmen: Ihr Opernchef revanchiere sich für Jahre, in denen sie nicht an seiner Seite gekämpft hatten, war der Kommentar. Vernünftige Argumente gegen die Beschäftigung eines zweiten Orchesters ließen sich angesichts der Arbeitslast, die in Oper und Konzert auf die Philharmoniker weiterhin zukam, ohnehin nicht finden. Sie wurden stille Dulder und mußten zur Kenntnis nehmen, daß Herbert von Karajan ein neues Programmschema beschlossen und realisiert hatte: Er selbst dirigierte zwei Konzerte der Wiener und zwei Konzerte seines eigenen Orchesters. Die weiteren Konzerte der Berliner überließ er Musikern vom Range eines Rafael Kubelik, eines George Szell, eines Wolfgang Sawallisch und Eduard van Beinum, und er sorgte dafür, daß das Schlußkonzert der Festspiele den Wienern unter Dimitri Mitropoulos zufiel, den das Wiener Orchester im Sturm als erklärten Liebling aufgenommen hatte. Er gab sich also als gerechter Festspielchef, der freilich ein Monopol gebrochen hatte. Andererseits bewies er mit der Einladung seinen Berlinern, daß er trotz aller Tätigkeit in Wien und Salzburg willens und in der Lage war, ihnen einen neuen »Markt« zu eröffnen – und tat dies Jahre später noch sehr viel intensiver.

Karajans Planung, immer auf Jahre im voraus gemacht und manchmal auch bekanntgegeben, sah für den darauffolgenden Sommer nur einen geringfügigen Fortschritt in seine »Richtung« vor: In der Felsenreitschule dirigierte er neben »Fidelio«-Reprisen eine neue Produktion von Giuseppe Verdis »Don Carlos«, für die er Gustaf Gründgens als Regisseur und Caspar Neher als Bühnenbildner engagierte. Gegen den international angesehenen Gründgens ließ sich nur einwenden, daß er keine aufregende szenische Deutung fand, gegen die Zusammenarbeit des von »Freund und Feind« anerkannten Caspar Neher wurde kein Wort geschrieben. Die Besetzung war nicht mehr original italienisch, dennoch mitreißend zusammengestellt. Zu Sängern wie Cesare Siepi und Ettore Bastianini kamen Sängerinnen wie Sena Jurinac und Giulietta Simionato, und noch in der kleinsten Partie sang eine Anneliese Rothenberger die »Stimme vom Himmel«. Als zweites Festspielorchester waren nicht wieder die Berliner engagiert; das Verdi–Requiem musizierte Karajan einmal mehr mit den Wienern.

Karajans kurze Ära als künstlerischer Leiter der Festspiele endete nach dem Sommer 1959, in dem er noch diskreter in Erscheinung trat, mit einem Triumph sondergleichen: 1960 eröffnete man das Neue Festspielhaus, ein auf Initiative des Landeshauptmanns von Clemens Holzmeister, dem Salzburg über Jahrzehnte verbundenen Architekten, geplanter und bis ins Detail ausgeführter Bau. Nach allgemeiner Lesart ist das Haus Herbert von Karajans Intentionen zu danken. Zu gewissen Zeiten hat Karajan dieser Fabel nicht widersprochen, in Momenten, in denen es ernst wurde, nie übertrieben: Er hat als wesentlichster Künstler der Salzburger Festspiele den von Clemens Holzmeister konzipierten Bau wachsen sehen und Anteil genommen. Er hat sich für Sichtverhältnisse und Akustik interessiert und nebenbei auch für die Aufteilung der Repräsentationsräume. Er hat bei dieser Aufteilung auf eigene Räumlichkeiten, jedoch auf die bescheidensten im Haus, Wert gelegt. Und er hat sehr im Gegensatz zum Festspielpräsidenten – Karajans alter Lehrer Bernhard Paumgartner hatte Baron Puthon beerbt, da dieser vornehm erklärte, das neue Haus sei zu weitläufig für ihn und er zu alt für die Festspiele – mit keinem Wort gegen die Dimensionen dieses Hauses protestiert.

Der österreichischen Öffentlichkeit, die sich auch der Kosten wegen für dieses Salzburger Großprojekt interessierte, wurde die breite Bühne und das überbreite Bühnenportal im ersten Anlauf mit der Notwendigkeit erklärt, für Aufführungen der Felsenreitschule endlich einen entsprechenden Ausweich-Spielort zur Verfügung zu haben. Damit war klargestellt, daß die in der Felsenreitschule angesiedelten Mozart-Opern künftig ein festes Dach über dem Kopf haben sollten, und die Diskussion um das mit diesem neuen Haus verbundene Programm verschoben. Da niemals eine Aufführung aus der Felsenreitschule tatsächlich ins große Haus übernommen wurde und zumindest Bernhard Paumgartner mit seinem Amtsantritt in aller Öffentlichkeit erklärte, seiner Meinung nach sei dies kein Festspielhaus für Mozarts Opern, hätte eine entsprechende Diskussion zweifellos Aufsehen erregt und vielleicht auch die von Karajan stets verweigerte Programmdiskussion über die Salzburger Festspiele angefacht. Karajan aber nahm Paumgartners Einwände nicht zur Kenntnis, verstand sie wohl auch nicht, denn Mozart war für ihn in Salzburg immer präsent gewesen, sein Ziel aber reichte über das vorhandene Salzburg hinaus. So bestärkte er Bauherr und Architekt in ihren Träumen von einem zweiten Haus, in dem die Festspiele für große Oper und große Konzerte an die 2000 Besucher mehr mit Karten versorgen konnten, und war in den notwendigen Momenten selbst für ihn belästigende Aufgaben wie Presse-Führungen zu haben.

Die Erinnerung trügt nicht – die Photographien aus der Zeit sind noch in den Archiven –, zur Besichtigung der Baustelle aus Wien eingeladene Journalisten wurden nicht von Clemens Holzmeister, sondern von Herbert von Karajan und Clemens Holzmeister über das Haus informiert. Und der überglückliche Architekt ahmte die Callas nach und küßte Karajan, als dieser seinen Bau vor Pressevertretern lobte, im Beisein der Photographen dankbar die Hand. Verständlich, daß Karajan das Haus im übertragenen Sinn auch als seine

Schöpfung verstand. Gegen seinen Willen wäre es nicht hochgezogen worden. Mit seiner Unterstützung erhielt es die allgemeine Zustimmung einer Salzburger Öffentlichkeit, die weder 1960 noch in den Jahren darauf bemerkte, daß ihre Festspiele sich nicht mit dem Engagement Karajans, sondern mit der Einweihung eines zusätzlichen Großen Hauses ein für allemal grundlegend veränderten. Denn dieses Haus ließ sich, bewies Karajan in nahezu drei Jahrzehnten, mit attraktiven Opern und populären Orchesterkonzerten füllen und brachte eine kaum weniger exklusive, doch um Tausende breitere Besucherschicht in die Stadt, die bis dahin auch während der Festspielzeit noch lebenswert erschien. Und die erwähnte breitere Besucherschicht brachte durchaus eine neue Art von Hunger nach noch mehr Festspiel in die Stadt und fügte sich in jedem Detail den Ansprüchen, die Karajan an Festspiele stellte.

Das Große Festspielhaus, gebaut nach Wunsch

Daß zur Eröffnung selbst ein die Medien erschütternder Kampf stattfand, ist heute kaum mehr nachzuvollziehen: Herbert von Karajan, der als Eröffnungsvorstellung »Rosenkavalier« angesetzt hatte und als zweite Produktion gegen Ende der Festspiele die szenische Uraufführung eines Mysterienspiels von Frank Martin, wehrte sich gegen eine Fernsehübertragung des ersten Abends. Sein Argument, er könne keine künstlerisch adäquate Leistung über Fernsehen in die Öffentlichkeit transportieren, wurde von niemandem geglaubt. Erstmals schien der Vorreiter sämtlicher Medien nicht an die Ausstrahlung eines neuen, revolutionären Mediums zu glauben. Gleichzeitig erfuhr man, daß er die Filmrechte für diese Produktion an eine britische Firma vergeben und damit eine Vermarktung unter seiner Kontrolle immerhin für richtig befunden hatte. Herbert von Karajan, der Jahre später seine Rückkehr an die Wiener Oper ausdrücklich davon abhängig machte, daß seine Opernabende via Fernsehen einer breiten Öffentlichkeit zugänglich gemacht werden sollten, sprach sich 1960 ausdrücklich gegen eine Einbeziehung dieser breiten Öffentlichkeit aus.

Er ist auf diesen Widerspruch hin nie befragt worden, er hat seine Freude an dem Medium Fernsehen später derart exzessiv preisgegeben, er wurde in mehr als einer Hinsicht auch für das Fernsehen ein kulturpolitischer Machtfaktor, so daß man einfach darauf vergaß, Karajans Beweggründe von 1960 zu analysieren. Sie wären mit seinem Perfektionsanspruch leicht zu erklären gewesen. Sie wären als Vorsichtsmaßnahme angesichts all der denkbaren Pannen, die es an einem ersten großen Opernabend in einem vorher nie erprobten Haus geben kann, sogar zu begreifen gewesen. Wochen vor dem enormen Fest blieben sie nicht nur unverständlich, sondern auch höchst unpopulär und paßten in das Bild, das man vom despotischen Künstler unschwer zeichnen konnte.

Die Wahrheit läßt sich aus Karajans Einstellung den Opern-Direktübertragungen gegenüber immerhin rekonstruieren: Auch in seinen letzten Gesprächen zu diesem Thema war er bei aller Freude an den Vorteilen von »Home Video«, wie er das nannte, sehr gegen Übertragungen, wie sie außerhalb der Kontrolle der Mitwirkenden, etwa in Form von Reportagen aus der Met, erfolgen und dann auf Kassette vertrieben werden. Sein Leitspruch, man habe auf Qualität zu achten und für Qualität von den Konsumenten eben einen höheren Preis zu fordern, mag auch schon 1960 gegolten haben. Ein »Rosenkavalier« unter seiner musikalischen Leitung sollte für eine breite Öffentlichkeit aufgezeichnet werden, allerdings sorgsam und in vielen »Sitzungen« und mit den ihm vertrauten Mitteln des Films. Eine improvisierte »Reportage« von diesem Ereignis sollte es nicht geben.

Wie sehr Karajan mindestens damals in Erwägung zog, diese wichtige Produktion könne auch Schwierigkeiten machen, ist aus dem Umstand zu ersehen, daß er keineswegs selbst Regie führte, sondern sich Rudolf Hartmann, einen erprobten Routinier und Vertrauten des Komponisten, als Partner holte. Die neue, breite Bühne, von der man bis zum heutigen Tag gefahrlos behaupten darf, sie sei von Anbeginn Karajans Revier gewesen, war ihm damals noch nicht geheuer. Er brauchte Hilfe. Und er holte sie sich bei einem Regisseur, von dem er wußte, daß er ihm keinerlei originelle Deutung bieten werde.

Was die mehrfach erwähnte Zäsur der Salzburger Festspiele anlangt, darf ein anderer Festspielpräsident zitiert werden: Josef Kaut, nach Bernhard Paumgartner mehrere Jahre im Amt, hat Zahlen veröffentlicht. Im Jahr 1955 betrug der Zuschuß der Festspiele 5,3 Millionen Schilling bei Gesamtaufwendungen von 13,1 Millionen. Im Jahr der Eröffnung des neuen Hauses mußte man 19,5 Millionen zum Budget von 33,1 Millionen Schilling zuschießen. Neun Jahre später hatte man wieder eine erstaunliche Erhöhung registriert: Die Ausgaben betrugen 70,1 Millionen, rund 33,6 Millionen Schilling mußten aus den Mitteln von Bund, Land, Stadt und Fremdenverkehrsförderungsfonds aufgebracht werden. Für das Jahr 1991, nur zum Vergleich, hat sich dieses Budget wiederum vervielfacht. Man hat als Einnahmen 136 Millionen Schilling angenommen und den Budgetrahmen mit rund 300 Millionen Schilling abgesteckt. Bei aller Geldentwertung ist dies eine Entwicklung, die sich tatsächlich nur aus den von Herbert von Karajan 1947 niedergeschriebenen Prophezeiungen und den nach seinen Intentionen fortentwickelten Festspielen zu einem halbwegs exklusiven Massenfest erklären läßt.

Sosehr das bis zum Sommer 1963 als »Neues«, dann erst als »Großes« Festspielhaus bezeichnete Bauwerk in die Struktur und Programmgestaltung der Festspiele eingriff – Karajan selbst ging seine eigenen Pläne behutsam an und hatte in den ersten Jahren im Gegensatz zu dem, was man von ihm berichtet, das Haus nicht für sich reserviert. Um gemeinsam mit dem Salzburger Team Schuh/Neher einen »Don Giovanni« produzieren zu können, überließ er bereits im zweiten Sommer die »Rosenkavalier«-Vorstellungen seinem Salzburger Konkurrenten Karl Böhm. Um dem Haus Gerechtigkeit widerfahren zu lassen, setzte er sich ernsthaft für den Versuch ein, von Leopold Lindtberg Goethes »Faust« inszenieren zu lassen. Und hatte nichts einzuwenden gegen eine »Idomeneo«-Produktion, die Ferenc Fricsay dirigierte.

Erst 1962 kam er mit dem von ihm wider jede Salzburger Dramaturgie auf die Bühne gebrachten »Troubadour« heraus und bewies, was für ihn Festspiel genug war: eine Produktion, in der nach seinen Ideen von Regie und unter seiner musikalischen Leitung eine nach damaligen (und heutigen) Vorstellungen ideale Sängerbesetzung präsentiert wurde: Leontyne Price, Giulietta Simionato, Franco Corelli und Ettore Bastianini sangen jeden Einwand hinweg. Und Karajans nachtschwarze Inszenierung wurde mit heftiger Diskussion aufgenommen, enthielt jedoch – gern gebe ich zu, daß mir dies erst angesichts einer als richtungweisend bezeichneten Produktion von Luc Bondy in Erinnerung gerufen wurde – einen wagemutigen und wirklich originellen Moment: Die hochberühmte »Stretta« des Tenors, an deren Gelingen wider alle Vernunft zumeist der Erfolg eines Opernabends gebunden wird, inszenierte Karajan als einen Moment, in dem der Tenor aus dem Geschehen an die Rampe trat und in einem Scheinwerferkegel, einem auf ihn gerichteten »Spot«, das Bravourstück zu singen hatte.

Weitab von all den Auseinandersetzungen über die Regie-
kunst Herbert von Karajans, die niemand je als außerordentlich oder avantgardistisch bezeichnet hat, an der im Gegenteil von Jahr zu Jahr heftigere Kritik geübt wurde, weitab
von einer Würdigung der Ideen Karajans, die im Grunde
von professionellen Beobachtern meist verweigert wurde,
war dies einer der Momente, die man im Rückblick nicht
nur als außerordentlich, sondern tatsächlich als originell festhalten muß. Jahrzehnte vor den gegenwärtig alle Aufmerksamkeit beanspruchenden Leistungen des Musiktheaters, die
von einer Garde junger Bewegungsspezialisten angeboten
werden, hat der Musiker Herbert von Karajan mit diesem
Spot auf Manrico und später mit seiner statuarischen Darstellung der Legende von »Lohengrin« tatsächlich die Regisseure Bob Wilson und Luc Bondy vorweggenommen. Einer, der seinerzeit sein Teil an negativer Kritik eingebracht
hat, kann dies nicht verschweigen.

Trotzdem: Diese »Troubadour«-Produktion, die Karajan
anschließend an sein Wiener Haus übernahm, war der von
ihm absichtsvoll herbeigeführte Bruch mit alten Salzburger
Gewohnheiten und machte älteren Salzburgern viel Kum-
mer. Bernhard Paumgartner zum Beispiel, der noch einmal
verzweifelt einen Ausweg suchte, auch diese Vorstellung innerhalb eines altmodischen Salzburger Konzepts zu veran-
kern. Karajan selbst hielt von diesen Auswegen wenig. Er
hatte längst seine weiteren Pläne im Kopf, also auch schon die
Pläne für den großen »Boris Godunow«, mit dem er 1965 –
nach Reprisen des »Rosenkavalier« und Aufführungen der
»Elektra« – endgültig festschrieb, daß man bei den Salzburger
Festspielen in dem Haus, dessen Existenz man angeblich seinen Großmannsplänen verdankte, auf irgendwelche Salzburger Dramaturgien nicht mehr Rücksicht zu nehmen hatte. Da
allerdings war er bereits im Groll aus Wien weggegangen,
hatte sich 1964 in einer von vielen diplomatischen und staats-

männischen Aktionen quasi in letzter Minute für die Salzburger Festspiele »retten« lassen, war in das Direktorium der Festspiele eingetreten und hatte – um mit Hofmannsthal zu reden – »die Aufsicht über das Ganze« übernommen. Dennoch, auch in den darauffolgenden Jahren und angesichts der Sommer, in denen Karajan scheinbar völlig unberührt von »Salzburger« Fragen vor allem »Boris Godunow« und »Carmen« als Festspielopern präsentierte und ihm das Festspielpublikum dies auch ohne Diskussion abnahm, belegte er das Große Haus nicht für sich. Nur: Die Versuche, Mozart mit immer neuen »Zauberflöten« auch für das Große Haus in Salzburg spielbar zu machen, mißrieten. Und die neuen Opern wie Hans Werner Henzes »Bassariden« hinterließen nicht den Eindruck wie das Aufgebot an großen Stimmen und Chören, das Karajan für seine Auftritte sammelte.

Das heißt, Karajan, der wie in Wien auch in Salzburg als »Einheimischer« nicht im Hotel lebte, sondern sich ein Haus baute und seine Familie stolz vor der Öffentlichkeit verbarg, dominierte ganz nach seinen Urplänen das Geschehen, war aber keineswegs derjenige, der andere Salzburger Pläne vereitelte. In den zu seinen Lebzeiten erschienenen und von ihm schweigend abgelehnten Biographien oder Interpretationen seines Wirkens wie in unzähligen programmatischen Zeitungsartikeln dieser Zeit wird behauptet, er habe unbarmherzig Konkurrenz ausgeschaltet und jede natürliche Entwicklung der Mozart-Festspiele Salzburg unterbunden, um persönlich Vorteile daraus zu ziehen. Dies läßt sich selbst durch die sorgfältigste Lektüre der Festspielprogramme dieser Zeit nicht belegen. In den Jahren, in denen er einerseits die große Oper pflegte und andererseits die Vorbereitungen für seine eigenen Osterfestspiele vorantrieb, wie in den Jahren, in denen er als Dirigent der Osterfestspiele und der Salzburger Festspiele eine tatsächlich nie vorher dagewesene Rolle in Salzburg spielte, fanden von ihm unbeeinflußt große Abende

statt. Die letzten Jahre Karl Böhms zum Beispiel mit muster-
gültigen Aufführungen der »Ariadne auf Naxos« (in zwei
verschiedenen Inszenierungen), von »Cosi fan tutte« (in einer
Art von unendlicher erfolgreicher Aufführungsserie über
viele Sommer), von »Wozzeck« (in einer unvergessenen Realisation im Großen Festspielhaus, der zwar die große Publi-
kumsresonanz nicht zuteil wurde, deren künstlerischer Erfolg
jedoch unzweifelhaft ist). Für eine Mozart-Produktion der
»Entführung aus dem Serail« wurde sogar von 1966 an nicht
mehr der amtierende Dirigent, sondern der genialische Regisseur Giorgio Strehler mit Karajans Unterstützung als ein
neuer Heros der Festspiele bezeichnet.

Bernhard Paumgartner unternahm in der Felsenreitschule
gemeinsam mit Herbert Graf einen wagemutigen Versuch,
mit der 1600 entstandenen Oper »Rappresentatione di Anima
e di Corpo« von Emilio de Cavalieri in einer prunkvollen
Form die barocke Oper wiederzubeleben. Der sensationelle
Erfolg wurde in die von Max Reinhardt bereits bespielte Kol-
legienkirche transferiert und war auf seine Art kein Gegen-
entwurf, sondern ein neben Karajans Erfolgen gleichwertiger
Bestandteil der Festspiele.

Das Schauspiel, in der »Ära Karajan« angeblich sträflich
vernachlässigt, blieb durchaus präsent, und zwar sowohl als
Weltliteratur (»Sommernachtstraum« in herkömmlich erfolgreicher Form und ein Sophokles-Triptychon in einer aufregenden Darstellung von Gustav Rudolf Sellner und Fritz Wo-
truba in der Felsenreitschule) wie in Form der Avantgarde
(ein mißglücktes, doch keineswegs hintertriebenes Europa-
Studio Ernst Haeussermans mit mehreren Uraufführungen).
Glücklos sind ausschließlich die Salzburger Annäherungen an
die Welt des Tanzes zu nennen, die freilich aus mehreren
Gründen kein nachhaltiges Echo fanden, an denen Karajan
weder so noch so wirklich Anteil hatte.

Daß in diesen Jahren neben den Wiener Philharmonikern

und gastweise vorüberziehenden großen Ensembles wieder die Berliner von Herbert von Karajan zu den Festspielen eingeladen wurden und allmählich sicheren Boden unter den Füßen fanden, schließlich als exklusives Orchester der Osterfestspiele und mit zwei traditionellen Konzerten gegen Ende der Salzburger Festspiele einen Sonderstatus erhielten, ist nicht zu leugnen. Es hat jedoch dem Salzburger Herbert von Karajan, wie man als traurige Erfahrung lernen mußte, nicht gutgetan. Sein Zerwürfnis mit seinem eigenen Orchester ergab sich nicht wegen, sondern trotz des internationalen Forums, das er den Berlinern geschaffen hatte.

Nachzuweisen ist, daß die Salzburger Festspiele, als sie die vorhin erwähnte Budgetgrenze von 70 Millionen Schilling erreicht hatten, nach althergebrachten Anschauungen zwar hypertroph und ihres ursprünglichen Konzepts entkleidet waren, jedoch zur allgemeinen Zufriedenheit des Publikums und der Salzburger ein Programm anboten, das von den »Otello«-Aufführungen Karajans über mustergültige Mozart-Interpretationen bis hin zu den Uraufführungen eines Thomas Bernhard und zu Shakespeare-Inszenierungen von Otto Schenk ein wahrhaft breites Spektrum darstellten. In den Orchesterkonzerten waren die damals jungen Dirigenten wie Claudio Abbado, Riccardo Muti und andere vorteilhaft vertreten. Als Gäste kamen Stars wie Leonard Bernstein zum Zug. Allein die zeitgenössische Musik geriet ins Hintertreffen. Klassiker des 20. Jahrhunderts aber bis hin zu den Lebenden wie Penderecki und Ligeti hatten feste Plätze in den »Programmnischen«.

Zwar bot man gegen unbelehrbare Kritiker nicht künstlerische Argumente, sondern erstmals die in Mode kommenden Beispiele für »Umwegrentabilität« an, beantwortete also Fragen nach einem Konzept mit Hinweisen auf den kommerziellen Erfolg einer Region. Doch konnte man mit einigem Recht auch behaupten, die künstlerische Qualität der Festspielprogramme sei angesichts eines so etablierten, so umfangreichen Festivals bemerkenswert. Daß anderswo in Europa eine andere Art von Fest entstanden war, daß selbst in Österreich immer mehr kleine, überschaubare, auch delikate Festivals stattfanden, hatte auf das Flaggschiff Salzburg nur insofern Einfluß, als es eine langsam zu manövrierende, massive Institution wurde. Was einer solchen Institution allerdings nottut, das bot Salzburg Sommer für Sommer. Die Interpretation, mit Karajans Hilfe sei »die Industrie« in Salzburg eingedrungen, habe der Festspielgedanke seine Seele ausgehaucht, ist für Karajans große Zeit nicht gestattet. Die Almanache weisen das Gegenteil nach. Salzburg prosperierte und erlebte eine Hochblüte.

Ein Fest, geschaffen für einen Dirigenten

Am Beginn der Osterfestspiele Salzburg stehen ein von zwei Dirigenten geführtes Gespräch und ein totales Mißverständnis. Herbert von Karajan und Christoph von Dohnányi waren die Gesprächspartner, und der junge Kollege war es, der zu dem von der Wiener Staatsoper geschiedenen älteren Kollegen sagte: »Für Sie müßte eigentlich ein eigenes Festival eingerichtet werden.« Ob dieser (auch von Wolfgang Stresemann so wiedergegebene) Wortlaut stimmt, ist nicht mehr zu eruieren, daß von Dohnányi aber von Karajan sagte, ihm und nur ihm stünde ein eigenes Festival und nicht nur die Dominanz bei den Salzburger Festspielen zu, haben beide Dirigenten bestätigt.

Herbert von Karajan hat die Geschichte auf dem Höhepunkt der Osterfestspiele so rekapituliert, um Christoph von Dohnányi in die Verantwortung für diese Festspiele einzubeziehen. Dieser wiederum stellte mir gegenüber Jahre später klar, daß er den oben erwähnten Satz zwar gesagt, jedoch völlig anders betont habe. Ein eigenes Festival – damit wollte von Dohnányi ausgedrückt haben, daß für ihn ein Fest immer aus dem Nebeneinander von musikalischer Lehre und festlichen Präsentationen des Gelehrten bestehe; daß die Autorität Karajan also nicht einfach die Attraktion eines Festivals (wie der Salzburger Festspiele) sein sollte, sondern wichtig genug, um im Rahmen einer großen eigenen Veranstaltung seine Erfahrung weiterzugeben und nur zum Finale dieser »Werkstätte« auch die Öffentlichkeit zum Festival zu laden. Eine völlig andere Idee also, die vorgetragen wurde. Ein großes Kompliment, das fundamental mißverstanden wurde. Ein Gespräch, das anders gemeint war, jedoch vor den Osterfestspielen geführt wurde, daran besteht kein Zweifel.

Die Entstehung der Osterfestspiele Salzburg ist von ihrem Gründer selbst immer und immer wieder mit der völlig dekkungsgleichen Pointe erzählt worden. Folgt man Herbert von Karajan, so hatte er während einer Vorstellung von »Boris Godunow« bei den Salzburger Festspielen 1965 den Einfall seines Lebens: Warum sollte er nicht seine Idealvorstellungen von Opernaufführungen ab sofort auf der Bühne dieses Festspielhauses, das immerhin auch nach seinen Ratschlägen gebaut worden war, geben. Und zwar auf eigene Verantwortung und Rechnung und erstmals (oder endlich) als Herr im eigenen Haus? »Es folgte ein einziger sehr langer Spaziergang draußen in Anif, und das Konzept war gefunden«, lautet ein weiterer Kernsatz Karajans. »Die finanzielle Konstruktion haben wir auf einem Flug entworfen, und sie hat sich nie mehr wesentlich verändert.« Auch dieses dritte Statement kann man in sämtlichen Darstellungen Karajans nachlesen.

Ganz so einfach war die Geschichte der Osterfestspiele freilich nicht. Sie geht nämlich in die bereits beschriebene Zeit nach 1945 zurück, als Karajan in unfreiwilliger Untätigkeit seine Pläne für eine überragende Tätigkeit bei den Salzburger Festspielen machte. Sie hat unendlich viel mit seinem Wirken an der Wiener Staatsoper zu tun, in dessen Verlauf Karajan die Risiken eines täglichen Opernbetriebs selbst bei großzügiger Dotierung miterlebte und schließlich sah, daß nur ein Festspiel wie Salzburg ihm die von ihm gewünschten Arbeitsbedingungen bieten konnte. Sie ist zugleich von seinen praktischen Erfahrungen in den Aufnahmestudios nicht zu trennen, bei denen der Maestro Opernproduktionen, die mehr oder weniger einer Bühnenaufführung nahekamen, in Plattenproduktionen (und damit in finanziell einträgliche Arbeit) ummünzte.

Als er die bewußte Vorstellung von »Boris Godunow« dirigierte, befand er sich in einer beneidenswerten Situation: Er hatte alle Möglichkeiten, die bis dahin einem bedeutenden Dirigenten zur Verfügung standen, bis zur Neige erprobt und war in einer Position, in der er sich alle diese Voraussetzungen immer und immer wieder verschaffen konnte. Er war jedermanns Chef gewesen. Als Steigerung konnte er also nur noch sein eigener Herr werden. Und dies bedeutete konsequent, er mußte eine Institution gründen, innerhalb derer er sich selbst quasi als Dirigent engagieren konnte. Also ein Festival, dessen Hauptattraktion Herbert von Karajan sein sollte.

Die Osterfestspiele waren dies von Anfang an. Ihre betriebswirtschaftliche Organisation bestand vor allem aus der Zusammenarbeit mit der Institution Salzburger Festspiele, die ihre gesamte funktionierende Infrastruktur zur Verfügung stellte, und aus einer Ges. m. b. H., die als ihr wertvollstes Kapital den Dirigenten Herbert von Karajan einbrachte: Nach dessen Vorstellungen sollten Programm und Mitwirkende gefunden und die notwendigen und teuren musikalischen Vorbereitungszeiten dank einer engen Zusammenarbeit mit der Deutschen Grammophon erheblich reduziert und vor allem verbilligt werden. Ein scheinbar naheliegendes, jedoch bis dato niemals erprobtes Rezept sollte angewendet werden: Wo bisher Schallplattengesellschaften mitunter in Opernhäusern oder bei Festspielen erarbeitete Produktionen zur Grundlage von Gesamtaufnahmen machten, sollten ab sofort die in Schallplattensitzungen erarbeiteten Gesamtaufnahmen Grundlagen von szenischen Produktionen werden, die ihrerseits dann gleich auch wieder Auftakt zur Präsentation und zum Verkauf der Gesamtaufnahmen sein konnten. Ein Perpetuum mobile also, in Gang gehalten durch die Wechselwirkung von Probe, Aufnahme, Aufführung und Käuferinteresse schon für die nächste Probe, Aufnahme, Aufführung etc.

Dieses scheinbar einfache Schema ist tatsächlich Herbert von Karajan und keinem anderen eingefallen, es ist seither von vielen Dirigenten und ihren Produktionspartnern dankbar zur Kenntnis genommen und kopiert worden und hat die stets vermuteten und in der Öffentlichkeit zumeist angeprangerten Wechselwirkungen von künstlerischem Einsatz und finanziellem Ertrag ins Unermeßliche gesteigert: In Wahrheit befand sich Karajan, als er die Idee hatte und erstmals in die Wirklichkeit umsetzte, durchaus in der Position des Künstlers – er wollte sich wenigstens einen Teil der Kosten, die eine neue Produktion braucht, nicht von den konventionellen Geldgebern (Staat oder Gemeinden), sondern gleich von den Plattenproduzenten holen. Er wollte deren Interesse an auch reklameträchtigen Opernaufführungen nicht im nachhinein wecken, sondern im vorhinein nutzen. Zwar nicht zugunsten der längst existierenden Salzburger Festspiele oder der Wiener Staatsoper oder irgendeines Opernhauses, sondern ausschließlich im Interesse eines eigenen Festivals. Doch immerhin vom Standpunkt eines Opernproduzenten und nicht aus der Sicht der sogenannten Industrie.

Freilich war Karajan zur gleichen Zeit Realist genug, um zu errechnen, daß sich diese Art von Zusammenarbeit allein für einen Veranstalter – für ihn also – nicht rechnen würde. Geldgeber herkömmlicher Art mußten zusätzlich gefunden werden: Zuerst war die Schweiz für diese Rolle vorgesehen, die neueröffnete Grand Opéra in Genf (von Herbert Graf geleitet) hatte Karajan das erste Angebot gemacht, auf der beschriebenen Basis ein Festival zu gestalten, das erst einmal einen von ihm inszenierten und dirigierten »Ring« Richard Wagners präsentieren sollte. Doch – wenigstens dies darf als sicher gelten – bei Vorstellungen im Salzburger Festspielhaus begriff Herbert von Karajan, daß er zur Verwirklichung seiner Pläne außer der Idee von der Einbindung der Medien alle anderen notwendigen Parameter eines Erfolges bereits zur Verfügung hatte: Haus wie technisches und kommerzielles Personal in Form der Institution Salzburger Festspiele, Orchester in Form des einen oder anderen der ihm verpflichteten Orchester, die er bereits seit Jahren in Salzburg leitete.

Und – für immerhin denkbare finanzielle Ausfälle waren da eine Stadt, ein Land, eine Bundesbehörde, die längst gewöhnt waren, aus der Umwegrentabilität zu lernen oder zu erklären, daß alle öffentlichen Zuschüsse für künstlerische Ereignisse in Salzburg in Form von Steuer- und anderen Mehreinnahmen wieder hereinzuholen waren. Des Maestros öffentliche Darstellung, alles weitere sei auf nur einem Spaziergang und während eines Flugs geregelt worden, mag übertrieben sein, ist aber in Herbert von Karajans Erinnerung gewiß tatsächlich so geregelt gewesen. Die Ausarbeitung von Verträgen mit unzähligen Institutionen oder die Anfrage an die Wiener Philharmoniker, dann die Diskussion mit den Berliner Philharmonikern dauerten Monate, und auch die Festschreibung von Verträgen mit der Deutschen Grammophon Gesellschaft war nicht am Rande mit einer Bemerkung Karajans erledigt. Immerhin, die notwendigen künstlerischen und geschäftlichen Partner des Festivalgründers waren alle leicht zu überzeugen und in wenigen Monaten zu Unterschriften zu bewegen. Sie hatten als Gegenüber nur einen einzigen, von einer Vision erfüllten Dirigenten und kein Konsortium an Idealisten. Sie hatten Erfahrung mit Festspielen und der finanziellen Auswertung eines solchen Ereignisses. Und wenn sie alle auch Wochen für die Ausarbeitung von Verträgen brauchen: die Form der Osterfestspiele war ohne Zweifel in zwei Herbert von Karajan in Erinnerung gebliebenen kurzen Zeitabschnitten entstanden. Wie er immer behauptete, er sei imstande, eine Bruckner-Symphonie für sich in wenigen Sekunden vor sich erklingen zu lassen, so war er auch imstande, die Konstruktion der Osterfestspiele in ein, zwei Stunden vor sich zu sehen – umd dann die Detailarbeit von Monaten als weniger bemerkenswerte zusätzliche Arbeit wieder zu vergessen.

Immerhin nahm sich Herbert von Karajan Zeit, seine Pläne allen potentiellen Mitarbeitern darzulegen und als rundum erfolgversprechend darzustellen: Als feststand, daß die Wiener Staatsoper den opernerprobten Philharmonikern zur Osterzeit den notwendigen Urlaub für Salzburg nicht gewähren würde, mußte er dem Berliner Senat die Zustimmung abringen, die vorgesehenen Orchesterkonzerte im Rahmen der Osterfestspiele als Dienste des Orchesters zu deklarieren, um in seinem finanziellen Rahmen zu bleiben. Er hatte dem Orchester vorzurechnen, daß dessen Präsenz als Opernorchester nicht eine Herabsetzung (»im Graben« heißt es für jeden Orchestermusiker, wenn er in einem Opernhaus nach seinem Arbeitsplatz gefragt wird), vielmehr eine völlig neue Aufgabe bedeute und zudem durch die den Berlinern bis dahin selten angebotenen Opern-Schallplatten-Verträge lukrativ sei. Er hatte in Salzburg die günstigsten Bedingungen auszuhandeln, um tatsächlich nicht einer unter mehreren Mietern des Großen Festspielhauses, sondern der zeitweilige totale Herr des

Hauses samt seiner Infrastruktur an Werkstätten, Personal, Verwaltung und Kartenbüro zu werden. Vor allem aber mußte er – über den sozusagen außerkünstlerischen Fragen wurde das in den ersten Auseinandersetzungen gern vergessen, war aber in Wahrheit ein großes Problem – Künstler von internationalem Rang finden, die mit ihm und nach seinen Vorstellungen den »Ring« singen wollten – und wenn das auch im ersten Moment erstaunlich scheinen mag, die attraktivsten Wagner-Sänger der sechziger Jahre waren entweder durch Schallplatten-Verträge für Karajans auf einem Schallplatten-Vertrag basierenden Festival nicht frei oder nicht bereit, für die Osterfestspiele ihre Dispositionen zu ändern. Karajan, der das wußte, denn Schallplatten-Verträge waren sein zweites meisterlich beherrschtes Metier, sah darin eine große Chance. Eine neue Generation von Wagner-Interpreten sollte von ihm geschaffen werden, die Umstände forderten es so, der Öffentlichkeit konnte man es als eigene Idee begreiflich machen.

Karajan, dem man zu Unrecht nachsagte, er träte mit den Osterfestspielen in Konkurrenz zu Bayreuth, war sich völlig klar darüber, daß er die Bayreuther Größen gar nicht zu kontaktieren brauchte, weil diese seinen Arbeitsrhythmus in Phase eins, als Mitwirkende eines »Ring«-Zyklus der Deutschen Grammophon, nicht mitmachen konnten. In späteren Jahren und angesichts der notwendigen Reprisen und der dabei noch notwendigeren Umbesetzungen sah man das dann auch deutlich bei Proben, bei denen Hauptdarsteller zu den Bandaufnahmen ihrer engsten Konkurrenten zu agieren hatten. Diese allerdings nicht mehr künstlerisch zu nennenden Zustände waren im Karajan-System so zwingend vorhanden wie viele der Klauseln, mittels derer Wotan sich in Wagners »Ring« Walhall erbauen läßt. Und wesentliche Interpreten waren, Karajan hörte das nicht gern, durchaus unglücklich bei dem Probenverfahren, bei dem sie ihre Partien nicht in einem Einklang von musikalischen und szenischen Versuchen, sondern unter dem Diktat einer einmal fixierten musikalischen Wiedergabe studieren sollten. Was sie bei den Osterfestspielen hielt, war die Faszination des Namens Herbert von Karajan und in musikalischer Hinsicht die Gewißheit, daß der Maestro aller Maestri ihnen zwar während der szenischen Proben unerbittlich ein Tonband vorspielte, bei den Aufführungen selbst dann aber ein atmender, mitfühlender Begleiter war, unendlich weit entfernt von strikt vorgegebenen Tempi.

Totale Vermarktung als Konzept

K arajans Pläne mit den Festspielen zu Ostern wie mit der Produktion und Verwertung des »Ring« waren von Anfang an auf ein Maximum ausgerichtet: Eine Übernahme der Aufführungen in die USA war mit Sir Rudolf Bing, dem General Manager der Metropolitan Opera, abgesprochen. Und eine Verfilmung in Münchner Studios war Inhalt eines gesonderten Vertrags mit Filmkaufmann Leo Kirch und dessen Firma Unitel, an der Herbert von Karajan Anteile hielt. Daß die totale Verwertung zwar andeutungsweise versucht, jedoch nicht zustande gebracht wurde, ist hier schon zu registrieren: Nach großen Auseinandersetzungen kamen immerhin »Walküre« und »Rheingold« in einer Version à la Osterfestspiele Salzburg, jedoch mit geänderter Besetzung, an der Met heraus, dann aber lähmte ein Streik das New Yorker Opernhaus und brachte sämtliche Terminpläne für »Siegfried« à la Osterfestspiele ins Stocken. Den Rest des »Ring« hat New York in einer an Salzburg orientierten szenischen Version, jedoch ohne Karajan und seine Interpreten erlebt. Die Zusammenarbeit eines auf einen einzigen Künstler zugeschnittenen Salzburger Festes mit einem von ungezählten Gewerkschaften mitbestimmten US-Opernhaus war an sich sensationell. Sie war Karajans einzige Opernarbeit in den Vereinigten Staaten, wurde immer auch von Konzerten in New York begleitet und ist im nachhinein auch als ein Meisterwerk des Ronald Wilford, des einflußreichsten Künstleragenten der USA zu sehen: Wilford war Karajans Vertreter in New York und gleichzeitig dank seiner überragenden Position im amerikanischen Opernleben der wesentlichste Partner der New Yorker »Met«, die ohne ihn ihren Spielplan nicht hätte aufrechterhalten können.

»Rheingold« wiederum wurde in anstrengendster Arbeit nach Karajans Intentionen in München im Studio verfilmt, erwies sich jedoch erstens als eindeutiger Flop und zweitens als Wendepunkt in der Zusammenarbeit Herbert von Karajans mit Leo Kirch. Zwar kam es erst Jahre später und scheinbar anläßlich von Auseinandersetzungen wegen einer geplanten Verfilmung von »Don Carlos« zum endgültigen Bruch, ohne Zweifel aber war Leo Kirchs mangelnde Bereitschaft, die Filmarbeit am »Ring« fortsetzen zu lassen, der Grund, der Herbert von Karajan über eine eigene Produktionsgesellschaft nachdenken ließ. Es gibt keinerlei Dokumente, die diese Behauptung untermauern: Karajan, dem ein Teil seines großen Plans von einem seiner Partner nicht erfüllt wurde, war fortan in Gedanken bei der Gründung einer eigenen Gesellschaft, in der er auch die mediale Verwertung ausschließlich nach seinen Vorstellungen unter Kontrolle haben wollte.

Am 19. März 1967 eröffneten die Osterfestspiele Salzburg mit »Walküre« eine neue, beispiellose Ära. Deutsche Kritiker wie K. H. Ruppel stellten Karajan in eine Reihe mit dem Gründer der Bayreuther Festspiele, was freilich einem großen Mißverständnis gleichkam. Richard Wagner hatte nach einer Möglichkeit gesucht, seine eigenen Werke nach seinen eigenen Ideen aufführen zu können. Herbert von Karajan hatte ein Festival gegründet, das seine Möglichkeiten, ohne jeden Einfluß von außen Interpret zu sein, darstellen sollte. Nach Jahren in der Provinz, nach Jahren an den größten Opernhäusern der Welt sollten jetzt Jahre der Konzentration auf ein ausschließlich von ihm dominiertes Festspiel zeigen, wozu ein einzelner fähig ist.

Alle angestellten Berechnungen gingen im ersten Jahr voll auf. Das heißt: Angesichts des Ansturms auf Karten (deren Preis sich an den Salzburger Festspielen orientierte) und der bereits geschilderten erheblich geminderten Vorlaufkosten konnte Herbert von Karajan in großer Freude (und viele sahen und spürten sie, denn Karajan gab einen Empfang für die angereisten Journalisten und Kritiker und war in aller Öffentlichkeit fröhlich und ansprechbar wie selten zuvor und danach) erklären, es gäbe einen minimalen Gewinn von einigen hundert Schillingen nach der Endabrechnung. Für die entsprechend nervösen und angespannten Berliner Philharmoniker erwies sich ihr erster Niedergang »in den Graben« als Triumph sondergleichen, wurden sie doch in einem Großteil der Rezensionen als die wahren Helden des neuen Wagner-Klangs gerühmt. Für die Stadt Salzburg schließlich ergab sich in einer bis dahin »toten Saison« eine zusätzliche Einnahmequelle, die nicht erst lange nachher, sondern unmittelbar während der Osterfestspiele sichtbar und quantifizierbar war.

Am Rande sei noch vermerkt: Eine Auseinandersetzung über das Konzept der Osterfestspiele in wirtschaftlicher und künstlerischer Hinsicht brachte mir den Ruf eines Karajan-Gegners ein und damit Beifall aus unerwünschter Ecke. Und als Kritiker lernte ich, damit zu leben, daß prinzipielle Einwände gegen ein Konzept auch stets in Kritik an künstlerischen Details mündeten. Der von seinen eigenen Festspielen überzeugte Organisator und künstlerische Leiter Herbert von Karajan mußte allerdings aus hundert Gründen Konzessionen an den von ihm propagierten Standard machen, übersah oder überhörte diese aber aus Freude an seinen eigenen Festspielen und nahm Hinweise auf sie als Anzeichen persönlicher Gegnerschaft. Als Salzburger wurde auch er in Sachen Osterfestspiele noch empfindlicher als bei kritischen Auseinandersetzungen mit den Salzburger Festspielen: Die Salzburger Kaufleute und Hoteliers zum Beispiel wehrten sich in mehr als einhundert Leserbriefen gegen eine »Rezension« vom ersten Abend dieser Osterfestspiele, in der einerseits begründet wurde, Karajan habe seinen eigenen Perfektionsanspruch nicht bis ins Detail halten können, und die andererseits warnte, die Fortsetzung der Osterfestspiele werde nicht so kostengünstig bleiben, wie dies im ersten Augenblick dargestellt wurde.

Die Auseinandersetzungen des März 1967 sind vergessen. Tatsache bleibt: Die Osterfestspiele als Institution konnten nicht einmal den gesamten »Ring« kostendeckend einspielen und aufführen; die Gagen der Mitwirkenden, die Kosten der Dekorationen, sogar die Mieten des Hauses und der Infrastruktur stiegen von Jahr zu Jahr derart, daß eine »Ausfallshaftung« von Stadt und Land Salzburg eingefordert werden mußte und auch gewährt wurde. Dabei argumentierte man mit dem Gesamtumsatz, den die Osterfestspiele der Stadt einbrachten. Für die Salzburger Verantwortlichen war (siehe oben) ein finanzieller Zuschuß aller vorangegangenen Erklärungen des Chefs zum Trotz nichts Überraschendes.

Hätten die Osterfestspiele Herbert von Karajans Idee von der privaten und finanziell ausgeglichenen Darbietung über Jahre hin in die Realität umsetzen können, wäre dies einer Revolution auch für die Salzburger Festspiele gleichgekommen, hätte man von einem weit über das Land hinauswirkenden Wunder sprechen müssen. In Wahrheit aber pendelte sich die finanzielle Situation der Osterfestspiele (wie vorherzusehen war) auf einen losen Zusammenschluß mit den Salz-

...ch der Verleihung der Ehrendoktorwürde der Universität Oxford mit Edward Heath (r.),
...d 1978
...t den Berliner Philharmonikern auf Japantournee, Auftakt zum Karajan-Wettbewerb, 1984

28 Die Berliner Philharmoniker pr
in der Halle des Himmlischen Frie
29 Herbert von Karajan in Peking
1979
30 Mit Tochter Isabel beim Segelr
31 Herbert von Karajan als Pilot

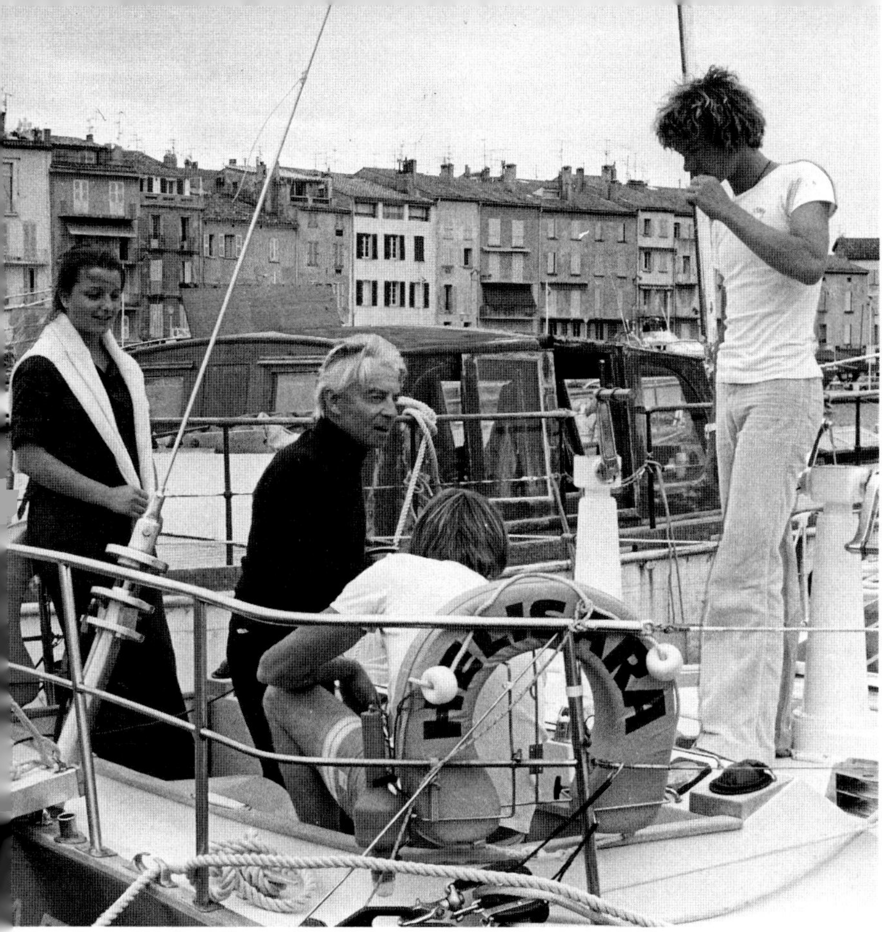

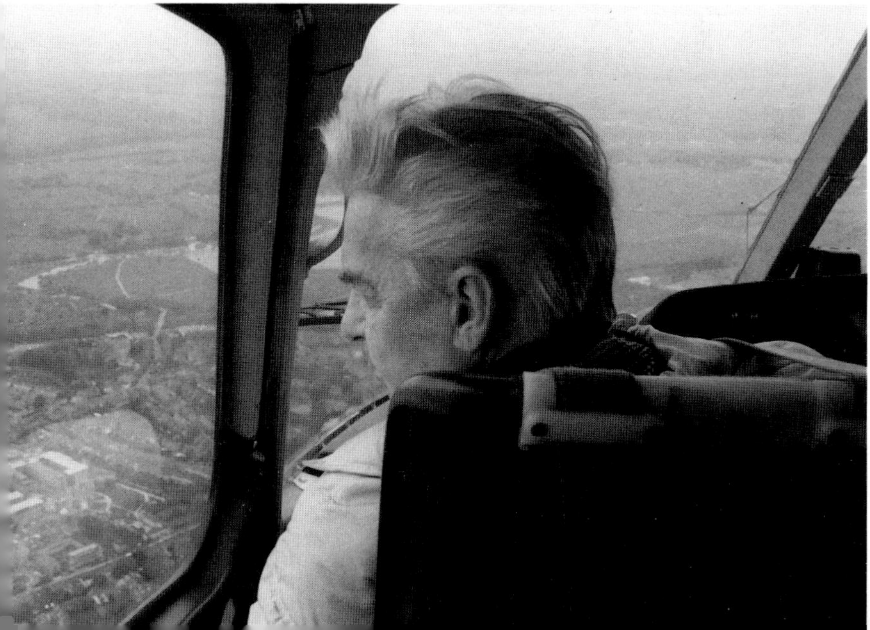

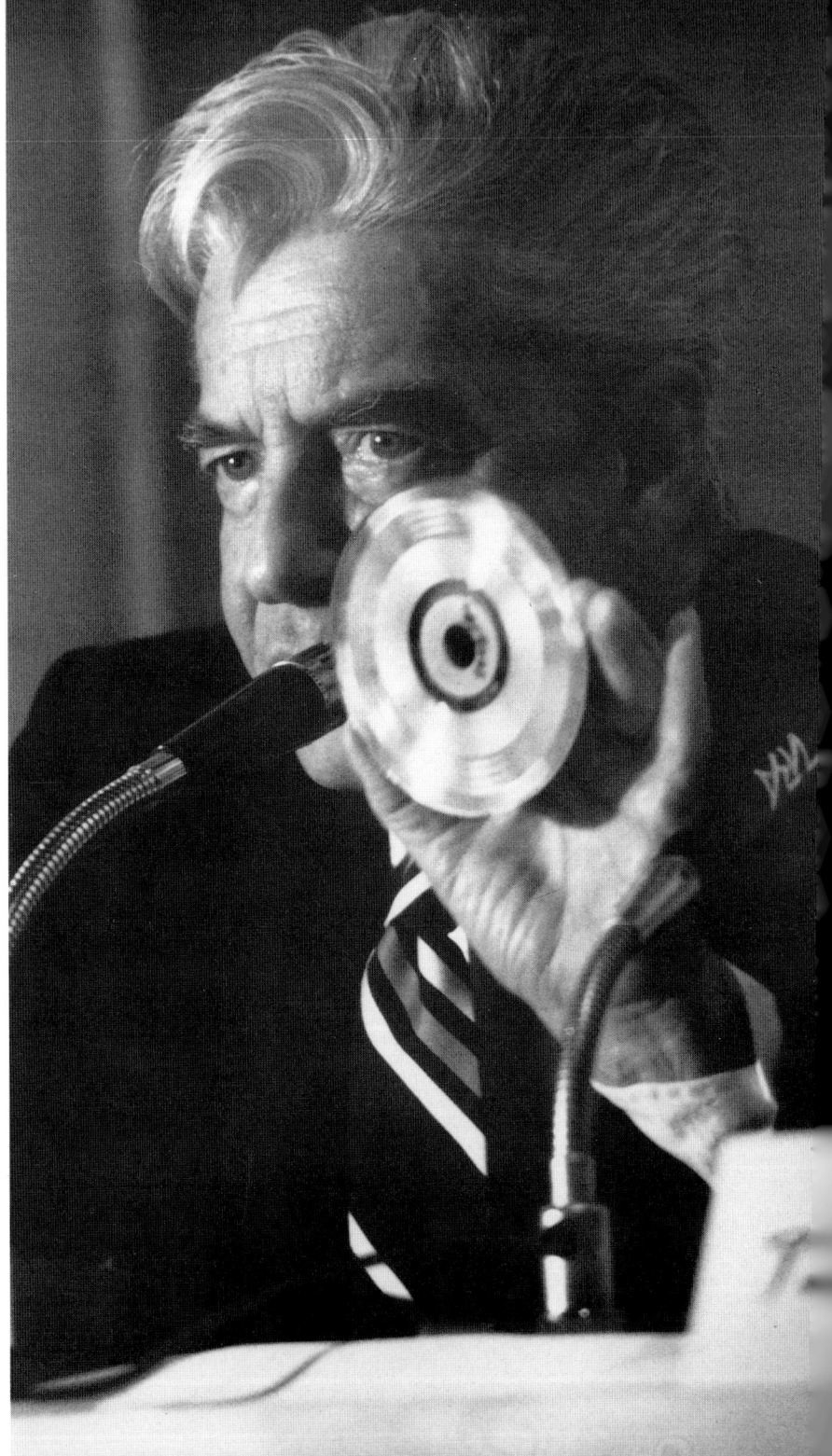

rajan als Promoter der Compact Disc, 1981
nnappschuß, 1983

34 Der Magier

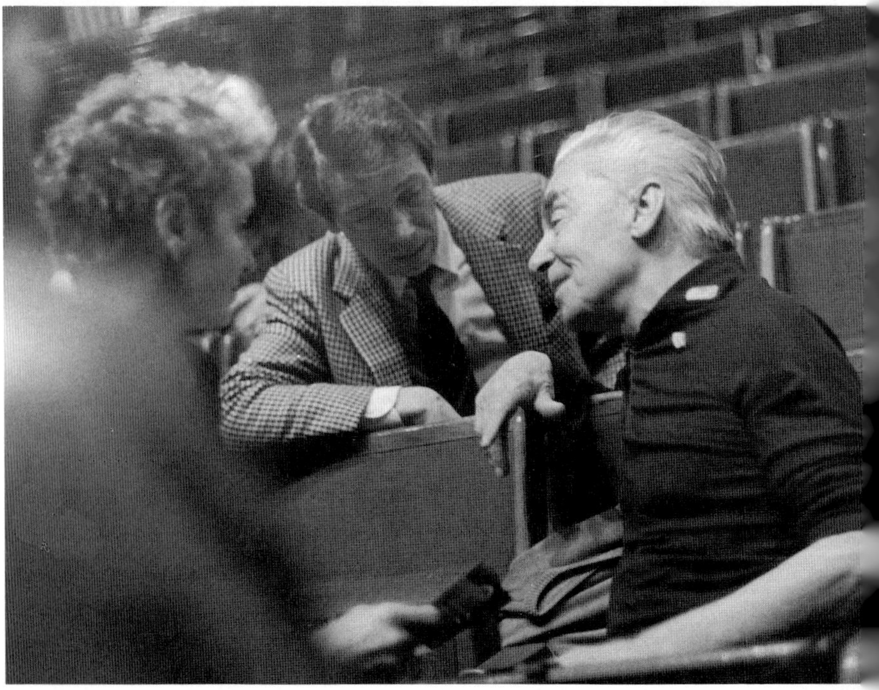

35 Probenpause mit Agnes Baltsa, Anna Tomowa-Sintow und Eliette von Karajan, Salzburg 1976
36 Im Gespräch mit Beate Burkhardt und dem Autor

burger Festspielen und deren Finanzgebaren ein: Mit den Jahren konnte Herbert von Karajan zwar für die kurze Zeit seiner eigenen Festspiele immer noch allein am Pult stehen, mußte jedoch erkennen, daß die Zahl der via Platte zu produzierenden Opern relativ gering war und viele seiner Projekte nur realisierbar wurden, wenn er sie zu Ostern erst einmal seinem treuesten Publikum anbot und anschließend zu gleich hohen Preisen als Festspiel-Aufführungen wieder auf die Bühne brachte. Zu Ostern mit dem Berliner Orchester, dem die Mitwirkung an Opernaufführungen niemals zur Routine wurde, im Sommer mit den Wienern, die allemal nachzuweisen versuchten, daß ihre Routine kein Hindernis auf dem Weg zu höchstem Niveau war. Und zuletzt in einer klaren finanziellen Absprache, die die Kosten jeder neuen Produktion zwischen dem Fest Karajans und dem Fest der Salzburger in dem Verhältnis der Aufführungen zu Ostern und im Sommer aufteilten. Diese Lösung schien plausibel, bedenkt man, daß das Publikum trotzdem zu beiden Terminen in die Stadt kam und bis zum Tod Karajans völlig ausverkaufte, überbuchte Vorstellungen wenigstens vom Standpunkt eines Veranstalters ein überzeugender Erfolg waren.

Was die finanziellen Voraussetzungen anging, hat man freilich seit Karajans Tod auch erkennen müssen, daß sein persönlicher Einsatz, den er sich *nicht* honorieren ließ, und seine Art, persönlich auch die Gagen aller Mitwirkenden zu verhandeln, eine wesentliche Komponente der Osterfestspiele war, mit der in Zukunft nicht mehr gerechnet werden kann.

Daß in den Jahren der Osterfestspiele diese völlig ausverkauften, ja um ein Vielfaches überbuchten Vorstellungen unabhängig von den ins Programm genommenen Werken und auch nach jeder (in Absprache mit den Sommer-Festspielen) weiterer Preiserhöhung keinerlei Rückgang zu registrieren hatten, bleibt unbestritten und ohne Beispiel anderswo. Daß sich ein eigenes Festspiel-Ritual für ein über Jahrzehnte treues Festspiel-Publikum ergab, das Herbert von Karajan als den absoluten Mittelpunkt anerkannte, den »Förderern« eine signierte Aufnahme der jeweiligen Oper, später auch den Besuch einer »Förderer-Probe« zusicherte, war vielleicht in den Details von Karajan so nicht vorausgesehen, jedoch bis ins Detail von ihm mitbestimmt. Von den Zuteilungen der Sitze durch das Kartenbüro der gesamten Salzburger Festspiele bis hin zu den Sekunden vor Beginn einer Opernaufführung oder eines Konzerts, die dem Erscheinen Eliette von Karajans im rechten Seitengang des Zuschauerraums gewidmet waren, war perfektes Timing mit ein Charakterzug der Osterfestspiele, auf die man sich als zahlender wie als kritisierender Gast verlassen konnte.

Ebenso sicher war: Es entwickelte sich keine Diskussion um Sinn und Zweck dieser Osterfestspiele. Die Gemüter erregten sich höchstens über eine Periode der Auseinandersetzungen zwischen Karajan und seinem Orchester sowie über einen in aller Öffentlichkeit ausgetragenen Zwist zwischen Karajan und Sängern, wie es mit René Kollo oder Karl Ridderbusch geschah, die im »Lohengrin« nicht begriffen, daß ein nach schweren Operationen leidender Karajan auch einmal seinen Arbeitston ändern konnte. Die Kongruenz der Festival-Idee mit dem Festival-Publikum war all die Jahre (Thomas Mann verzeihe diese Anleihe bei seinem Sprachschatz) »buchenswert«. Auch die Reduzierung der Neuproduktionen Karajans durch den Zusammenschluß der beiden Salzburger Feste brachte nur ein einziges Resultat, was den Zuschauerstrom anlangt: Er war weiterhin nicht zu bewältigen und wäre auch durch noch mehr Abende im Großen Festspielhaus nicht zu bewältigen gewesen. Nimmt man, wie Giuseppe Verdi es einmal dem damaligen General Manager der New Yorker Met gegenüber in einem Brief tat, das Urteil des Publikums als Maßstab für Erfolg oder Mißerfolg einer

Idee, dann ist Herbert von Karajans Idee der Osterfestspiele ohne Zweifel die gelungenste dieses Jahrhunderts.

Daß sie zudem die bahnbrechende Idee für das an sich fruchtbare Zusammenwirken der an einer naturgemäß immer nur an die 2000 Menschen zugänglichen öffentlichen Aufführung Interessierten und der am Verkauf von Zehntausenden von Schallplatten Verdienenden war, muß immer wieder betont werden: Diese Zusammenarbeit gestaltete sich allerdings nach den Wagner-Aufführungen immer beschwerlicher und führte zu einer deutlich geäußerten Kritik an der Präsenz der Industrie im Rahmen der Festspiele. Als nämlich diese nicht mehr Jahr für Jahr die Platte zur Aufführung präsentieren konnte, mußte sie mit ähnlichen, mit verwandten, mit angenäherten Produkten um so aufdringlicher werben und bewies schließlich auch den an den Festspielen kaum interessierten Salzburgern, daß sie Geldgeber und Mitspieler im Spiel der Mächtigen waren. Und so konzentrierte sich mit der naturgemäßen Ausrichtung auf den natürlichen Mittelpunkt des Geschehens auch die Kritik auf ihn: Zugleich mit aller Begeisterung für den Salzburger Herbert von Karajan wuchs die Kritik an dem Plattenmillionär von Karajan. Und diejenigen, die in minimalsten Dosen miterlebten, welche kaufmännischen Erwägungen bei Festspielen gelten (etwa, indem sie sich bescheiden daran bereicherten, in den Auslagen ihrer Geschäfte auch Werbung für Festspiel-Schallplatten auszustellen), erahnten die großen und übergroßen Summen, die bei Festspielen auf dem Spiel standen, und wurden eher neidisch als dankbar.

Die kritischen Einwände freilich, die gegen das Prinzip selbst vorgebracht wurden, begriffen nur sehr wenige: Karajans Idee, zu den teuren Bühnenproben zuerst Statisten zu engagieren, die als Doubles für die Interpreten seine komplizierten Lichtarrangements ermöglichten, und dann den angereisten Sängern die Proben nicht mit Klavier, sondern zur längst vorgefertigten eigenen Musikaufnahme anzubieten, erwies sich als seltsam steril. In dem Moment, in dem die Sänger den ihrer Partie gemäßen eigenen Ausdruck singend ziemlich genau treffen, wurde ihnen jede Chance, zu singen, verwehrt. Karajan meinte, dies würde ihnen die Arbeit erleichtern. Viele seiner Sänger aber spürten und sprachen es schließlich auch aus, daß genau dieser Umstand ihnen vor allem Irritation und Unbehagen brachte. Irritation durch die völlig gleichmäßige Klangkulisse des eigenen Gesangs, der ihnen in Studioqualität Stunde für Stunde die eigene Höchstleistung als Standard vorgab. Unbehagen durch die tagelang reproduzierte und sich nicht steigernde musikalische Vorgabe, an der nicht mehr zu feilen war.

Karajan selbst war in seiner Klangwelt diesem Problem völlig fern, in seiner Idee von einem ein für allemal vorgegebenen Takt durch ständige Repetition ein und desselben Taktes nicht gestört. Und derart mit der Realisation seiner total vorgegebenen Inszenierung beschäftigt, daß ihm die Idee, er erarbeite nur noch ein von ihm längst perfekt gesehenes szenisches Arrangement, gar nicht kam. Der Künstler, der von den Proben Max Reinhardts in den Tagen seiner Jugend schwärmen konnte, war so sehr Dirigent geworden, daß er während der Proben durchaus nicht imstande war, sich etwa von einem Sänger etwas vorschlagen zu lassen. Jede Bewegung stand sozusagen in seiner szenischen Partitur und sollte nur noch nachgeahmt werden. Jede Geste war von ihm – das war schließlich der Sinn seiner eigenen Festspiele – über Monate in ein nur ihm bereits bekanntes Gesamtbild einzuordnen. Jede spontan gefundene sichtbare Regung störte ihn.

Seltsamerweise wurde zwar in Vorberichten und Interviews, die Karajan seinen eigenen Festspielen zuliebe immer wieder zuließ und oft mit missionarischem Eifer gab, auf dieses neue, andere System der Erarbeitung einer Produktion hingewiesen. Doch in den nach den ersten Aufführungen geschriebenen Rezensionen las man nur noch die Auseinandersetzung mit diesen, nicht mit dem erwähnten Prinzip: Da wirkte wieder Karajans Faszination, und niemand sah, daß zwar der Dirigent noch während einer Vorstellung seine Sänger sowohl führen wie auch unterstützen konnte, der Regisseur aber seinen Darstellern in dem ihnen vorgegebenen Korsett oft keine Chance gab, ihre Persönlichkeit wirken zu lassen. Die Wechselwirkung zwischen einem Minimum an musikalischen Proben in Salzburg und ausgedehnten Beleuchtungsproben, zwischen oft jahrelanger intensiver Vorbereitung des Regisseurs und relativ knappen Auseinandersetzungen mit den Darstellern, ist in so gut wie allen Produktionen der Osterfestspiele unter der totalen Oberherrschaft Karajans nachzuvollziehen. Wie auch einige Details am Rande: Die Verbannung des Chores möglichst aus dem Zentrum des Geschehens war immer nur die Konzession an den aus Wien anreisenden Chor der Wiener Staatsoper, dem Karajan keine dominierende Stellung geben konnte. Daß er im Laufe der Jahre den Chor dann auch bei Inszenierungen der Salzburger Festspiele nach Möglichkeit statisch und außen an der breiten Bühne positionierte, war schon Gewohnheit und wurde zu einem Charakteristikum für Karajans Bildersprache.

Die vieldiskutierte Lichtregie, die Anlaß zu Anekdoten und Übertreibungen in jeder Hinsicht gab, entstand wiederum aus der Möglichkeit, ohne großen Aufwand an künstlerischem Personal und in einem von keinen Abendveranstaltungen behelligten Haus die originalen Dekorationen auch wochenlang auszuleuchten, immer neue Lichtstimmungen zu erproben und diese dank des vorhandenen originalen »Klangs« des jeweiligen Werkes auf den Takt genau im Computer zu speichern. Nuancen, die für einen Besucher niemals deutlich wurden, waren ausführlich und oft auch in Debatten mit den technischen Mitarbeitern festgelegt worden. Bei aller Dominanz des Dirigenten Karajan war schließlich zu bemerken, daß der Light-Designer Karajan schon auf der Höhe seiner Zeit war, als er mit »Walküre« eröffnete. Immerhin hatte er an der Wiener Staatsoper mit dem Licht gearbeitet und die Scheinwerferbatterien des Salzburger Hauses mit ausgewählt. Und er hatte offene Ohren für den Rat von Experten: Sehr im Gegensatz zur allgemeinen Meinung vertrug er sowohl offene Widerrede wie auch konstruktiven Rat, wenn er von einem Fachmann kam. Er bewies dies bei den Osterfestspielen eindringlicher als zuvor an der Staatsoper: Seine Mitarbeiter bis hin zum Inspizienten waren für ihn ein Team, manchmal auch eine Schicksalsgemeinschaft. Seiner festen Überzeugung nach hatte er im Bereich der Bühnen- und Beleuchtungstechnik erste Kräfte engagiert und war deshalb auch bereit, seine Intentionen von ihnen umsetzen zu lassen und dabei aufzupassen.

Sir Rudolf Bing beschreibt in seinen Memoiren höchst erstaunt, daß Karajan, als er zu den Proben für »Walküre« an die Met kam, die skeptischen Mitarbeiter des Opernhauses mit seiner Sachkenntnis überraschte und für sich gewann. Mir selbst sind die Beleuchtungsproben zum besonders statisch konzipierten »Lohengrin« unvergeßlich, weil ich sie neben Karajan miterleben konnte und dabei nicht nur seine kurzen Anweisungen an die Komparsen auf der Bühne, seine Bitten um Wiederholung an den musikalischen Assistenten, sondern auch seine Fragen an den Chef der Beleuchtung mithören und auf Band festhalten konnte. Wo Karajan besondere Lichtwirkungen wollte, dort hatte er für die Mannschaft einprägsame Vergleiche zur Hand und hoffte, daß man ihm seine Wünsche erfüllte.

Daß es selbst im ausgezeichnet ausgestatteten Festspielhaus eine nach zwanzig Jahren altmodisch gewordene Grundausstattung gab und Karajan die Anschaffung immer neuer Scheinwerfer verlangte, versteht sich. Bald nach dem Auftakt zu den Osterfestspielen waren die ersten Light-Designer aus dem angelsächsischen Raum auf europäische Bühnen gekommen, hatte man allerorten nicht nur mit kompakten Dekorationen, sondern wieder einmal mit dem Licht selbst zu spielen begonnen – und Karajan durfte sich als Pionier einer Entwicklung fühlen, die wieder entdeckte, was Generationen vorher, etwa von Adolf Appia, schon einmal erprobt worden war. Und anderswo eiferten ihm Regisseure und Bühnenbildner nach und wurden, als alle Bühnen ihre Lichtanlagen erneuert und auf Computerbetrieb umgestellt hatten, zu großen »Verhinderern« einfachen Theaters.

Trotzdem hatte mit den Jahren das Prinzip Osterfestspiele auch etwas von einem Prinzip Bunker, denn Herbert von Karajan ließ tatsächlich in seinem Kreis, seiner eigenen Welt keine fremden Ideen, keine Anregungen von außen zu. Mit zunehmendem Alter und angesichts einer erprobten und ihm treu ergebenen »Mannschaft«, der er seinen persönlichen Arbeitsrhythmus aufgezwungen hatte, bereitete er seine eigenen Festspiele abgeschieden von der Welt vor und war für kritische Einwände nicht mehr erreichbar: Der gleichbleibende Publikumserfolg, offenbar völlig unabhängig von dem Gebotenen, schien ihn zu bestätigen. Die kritischen Angriffe, einer Gebetsmühle gleich vorgetragen, schreckten ihn nicht. Konkurrenz war nirgendwo in Sicht. Sein persönliches Festival war und blieb ein Unikum und ebenso unantastbar wie er selbst.

Das einzige Ensemble, das ihm zu Ostern Schwierigkeiten hätte bereiten können, sein eigenes Orchester, war – was man in Berlin ungern hört und naturgemäß niemals schreibt – von den triumphalen Publikumserfolgen in Salzburg, der gewohnten Existenz in der Stadt und wohl auch von den Tantiemen dermaßen beeindruckt, daß Auseinandersetzungen mit dem Chef, die man in zunehmendem Maß in Berlin selbst austrug, zur Zeit der Osterfestspiele unter den Tisch gekehrt wurden. Auch bei schließlich völlig geänderten Bedingungen – Berlin war keine Frontstadt mehr, das Orchester drängte heftig darauf, mehr Reisen in der Bundesrepublik und Plattenaufnahmen auch unter anderen Dirigenten machen zu können – fand sich doch in Berlin niemand, der das Erfolgserlebnis Osterfestspiele in Frage gestellt hätte. Einmal mehr waren die Berliner Musiker in ihren beiden Eigenschaften mit sich selbst uneins: Als Berliner Philharmonisches Orchester hätten sie vielleicht ihren »Dienst« auch anderswo versehen. Als Berliner Philharmoniker waren sie die eigenen Unternehmer und immer daran interessiert, ihre Konkurrenten und Vorbilder, die Kollegen aus Wien, eher zu kopieren als an den Kuchen zu lassen.

Tatsächlich gibt es auch für diese Behauptung einen schriftlichen Nachweis: Zu Zeiten, da zwischen den Berlinern und ihrem Chef der Haussegen schon schiefhing, wandte sich das Orchester an Herrn von Karajan, um ihn zu einem gemeinsamen 1.-Mai-Konzert zu gewinnen, das nach dem Vorbild des Neujahrskonzertes in aller Welt über die Bildschirme flimmern und bleibenden Ruhm und sofort fließende Einnahmen bringen sollte. In den zahlreichen nach Karajans Tod erschienenen Berichten über sein Verhältnis zu seinem Orchester ist kein Orchestervertreter je darauf zu sprechen gekommen, wie zahlreich die Versuche waren, Karajan zu immer neuen Kontrakten zu bewegen.

Auch für Karajans Osterfestspiele ist der »Spielplan« zumindest kursorisch – und im Vorgriff – in Erinnerung zu rufen. Von 1967 bis 1970 entstanden die vier Abende des »Ring« nach einem szenischen Grundkonzept, das Günther Schneider-Siemssen erarbeitet hatte und das in seiner Art konsequent zu nennen ist. Die wahrlich nicht stille Sensation dieses letzten Versuchs Karajans, das große Werk Wagners auch szenisch zu deuten, wurde die Mitwirkung der Berliner Philharmoniker (als Opernorchester in dieser Gesellschaftsform zu relativ günstigen Konditionen Vertragspartner der

Firma, die eine Gesellschaft mit beschränkter Haftung und Herbert von Karajan als Grundkapital war). Die Sänger hatten Format, waren aber beinahe alle in für sie neuen Partien eingesetzt und teilweise erstmals für Wagner engagiert. In kleinen Partien mußte Karajan freilich selbst bei seinem dem Außerordentlichen verpflichteten Fest Abstriche vornehmen, hatte er doch nicht die Möglichkeit, auf den Fundus eines Opernhauses zurückzugreifen.

Daß ihm schon nach den ersten Vorstellungen die in Bayreuth vor allem aus Rücksicht auf eine empfindlich gewordene Öffentlichkeit möglichst um Stillschweigen gebetene Winifred Wagner einen begeisterten Dankesbrief schrieb und Karajan gegen dessen Veröffentlichung nichts einzuwenden hatte, machte in mehr als einer Hinsicht einen falschen Eindruck: Karajans Osterfestspiele waren nicht als Gegen-Bayreuth angelegt, obgleich jedermann wußte, daß Karajan sich bei seinen Bayreuth-Gastspielen in der dominanten Gegenwart Wieland Wagners unwohl gefühlt hatte. Karajans Wagner-Inszenierungen waren nicht als Antwort auf die diversen Bayreuther szenischen Revolutionen zu verstehen, sondern tatsächlich als die Erfüllung aller Wünsche, die große Dirigenten haben. Daß nämlich die Szene die getreue Erfüllung aller Forderungen der Partitur ist und niemals dominiert. Karajans oft geäußerte Erklärung, er könne Wagner am besten dirigieren, wenn er auch auf der Bühne seine eigenen Intentionen erfüllt sähe, hatte mit Hochmut überhaupt nichts zu tun, sondern war nur die Meinung, die vor ihm Arturo Toscanini ebenso geäußert hatte wie dessen sanfter Konkurrent Bruno Walter. Die Anwesenheit stiller Arrangeure mit Routine wie Herbert Graf hätte auch Herbert von Karajan als angenehme Hilfe zugelassen; gegen einen Theatermenschen wie Wieland Wagner oder die ihm nachfolgenden Beherrscher der »Werkstatt Bayreuth« hätten sich auch Karajans Vorgänger heftig zur Wehr gesetzt.

Hymnen in aller Welt

Das Echo war vor allem in den ersten Jahren der Osterfestspiele mit wenigen Einschränkungen weltweit hymnisch. Mag sein, daß die Auswahl der anreisenden Kommentatoren auch dazu beitrug – in der Regel waren sie immerhin alle Musikfreunde und hatten anderswo und vor allem in der »Werkstatt Bayreuth« ihr Pensum an Auseinandersetzung mit Neudeutungen zu absolvieren. Bei Karajans Osterfestspielen sahen sie über mögliche Einwände gegen die Szene begeistert hinweg und hörten mit größter Aufmerksamkeit die Musik, die ihnen mustergültig dargeboten wurde. Wer allzu oft auf Kinderkrankheiten der Bühne hinwies oder von einer altmodischen Ästhetik schrieb, hatte es nicht schwer, gelesen zu werden. Er wurde nur nicht verstanden.

Daß es in Salzburg technisch unmöglich war, den »Ring« in einem Jahr zu spielen, war angesichts der knappen Zeitspanne der Festspiele und der unerhörten Probleme, die sowohl die Vorbereitung wie die Durchführung mit »lebendem Personal« mit sich brachte, verständlich. Karajan legte 1970 eine Wagner-Pause ein und präsentierte ein Jahr vor dem Beethoven-Jahr eine partout eigene szenische Version von »Fidelio«, die man im Rückblick getrost als ein Ausruhen vor seiner Interpretation von »Tristan und Isolde« 1972 bezeichnen kann. Eine monumentale Inszenierung! Mir schienen die Bilder damals den Reichsparteitags-Prospekten eines Speer angeglichen. Das Lob, als erster auf Karajans innigliche Beziehungen zum Nationalsozialismus hingewiesen zu haben, wollte ich mir freilich nicht verdienen. Im Großen Salzburger Festspielhaus sind seither Bühnenbildner und Regisseure, denen man anderswo gern bestätigt, sie seien außerordentlich progressiv, an den Gegebenheiten des breiten Raums gescheitert oder zumindest zu ihren jeweils zahmsten Interpretationen gekommen.

An seine letzte Deutung von »Tristan« ging Karajan mit langer, intensiver Vorbereitung heran, für sie holte er noch einmal eine fulminante Alternativbesetzung zum »Traumpaar« vergangener Jahre. Helga Dernesch und Jon Vickers sollten Nilsson/Windgassen vergessen machen, eine schier unlösbare Aufgabe. Für Karajan wurde die Lichtregie und die Arbeit mit dem Orchester die größte Herausforderung seiner Laufbahn.

Die weiteren Osterfestspiele fanden bei immer ungünstigeren finanziellen Voraussetzungen zu einem neuen Duktus: Auf Jahre mit Reprisen oder Opern, die man in einem ursprünglich scheinbar dem Gesamtwerk Wagners gewidmeten Fest nicht erwartet hätte, die Karajan aber noch einmal unter seiner alleinigen Verantwortung aufzuführen beliebte (selbst »La Bohème« oder »Il Trovatore« kamen wieder), folgten die »schweren Brocken«. 1974 inszenierte Karajan selbst »Die Meistersinger von Nürnberg«, 1976 »Lohengrin«, 1980 »Parsifal«, 1982 den »Fliegenden Holländer«.

Bei »Lohengrin« gab es nicht nur eine szenisch in die Zukunft weisende Inszenierung, sondern – wie schon erwähnt – ein erstes Zeichen von Aufruhr in Salzburg: Der von einer Erkrankung noch schmerzgepeinigte Herbert von Karajan konnte seine Ideen von einem statischen, sozusagen flächigen Bild des »Lohengrin« (Jahre darauf leistete sich Robert Wilson ähnliches und wurde dafür hoch gelobt) den Sängern Kollo und Ridderbusch nicht aufzwingen. Mit einigem Theaterdonner erklärten ein strahlender Heldentenor und ein weltweit gesuchter Baß, sie würden nie mehr mit Karajan arbeiten. Noch waren solche Erklärungen höchst unzulängliche Versuche, den Ruf Karajans anzukratzen, immerhin waren es die ersten öffentlich bekannt gewordenen Revolten gegen einen bis dahin als unfehlbar und unantastbar angesehenen Mann.

Daß sie ohne besondere Wirkung blieben und nach kurzen

Scharmützeln in den Tageszeitungen vergessen wurden, ist selbstverständlich. Karajans Verehrer fanden Zweifel an ihm unanständig und hatten zudem im Frühjahr 1978 ein gutes Argument für sich: Man vermißte bei den Revoluzzern das notwendige Verständnis für einen kranken Mann, der ausschließlich seiner Festspiele wegen zu früh wieder in die Arena getreten war. Man ärgerte sich über zwei Sänger, die das nicht sehen wollten.

Karajans »Stil« blieb, was die Osterfestspiele angeht, durchaus von den Bildern Schneider-Siemssens bestimmt. Der Bühnenbildner, der zu seiner großen technischen Begabung die Anpassungsfähigkeit eines Chamäleons besitzt und imstande ist, höchst unterschiedlichen Regisseuren als kongenialer Partner zu dienen, war nicht willens oder in der Lage, von sich aus Karajan zu einer Art von »Fortschritt« zu bewegen. Wo ein Caspar Neher dem Regisseur Oscar Fritz Schuh über Jahrzehnte mit Anregungen Aufgaben stellte, da blieb Günther Schneider-Siemssen über Jahrzehnte ein treuer Gefolgsmann des Regisseurs Karajan, dem er vor allem eine funktionierende Festspielhausbühne garantierte. Und einen in den meisten Produktionen weitgeschwungenen, offenen Raum, der sich durch ständige Veränderungen der Beleuchtung und der Projektionen in »Stimmungen« versetzen ließ.

Dermaßen abfällige Behauptungen hat man zu beweisen: Schneider-Siemssen arbeitete mit gleicher Intensität für das weltberühmte Salzburger Marionettentheater wie für das Große Salzburger Festspielhaus, er zeichnete einem Regisseur von der Lebendigkeit und Realitätsbezogenheit eines Otto Schenk wunschgemäß Bühnenbilder und änderte seinen eigenen Stil für Karajans Produktionen widerspruchslos in monumentale Bauten oder riesenhafte Spiralen. Erwähnenswert sind als seine eigene Erfindung das Schlagwort vom »kosmischen Raum« und seine Experimente mit dem Einsatz von Holographie auf der Bühne. Sein Interesse an

»Laser« freilich wurde von anderen Kollegen durch virtuose Handhabung dieser technischen Neuerung vergessen gemacht. Schneider-Siemssen arbeitet gegenwärtig an unzähligen Opernhäusern in den USA und in Südafrika. Er hat es sich angewöhnt, in Bühnenbildern, die er für die erwähnten Regisseure entwarf, auch selbst Regie zu führen, und entfernt sich dabei von den Arbeiten seiner einstigen Partner nur in Details.

Die Wahl Karajans war Schneider-Siemssen. Seine Bilder für einige Produktionen in der Wiener Staatsoper, vor allem aber sein Fleiß und seine Fähigkeit, stets neue Lösungen anzubieten, wurden Karajan immer unentbehrlicher. Er, Karajan, brauchte für seine Arbeitsmethode einen Partner, der willens und imstande war, unzählige Modelle herzustellen, jede gewünschte Änderung zu berücksichtigen, dabei aber dank seines Status als Leiter der Werkstätten der Wiener Staatsoper, als Praktiker also, immer die »Machbarkeit« zu garantieren. Von einer eigenen Handschrift, einem unverwechselbaren Zeichenstift, einer revolutionierenden Gestaltungskraft war in dem Anforderungsprofil Herbert von Karajans an seinen Bühnenbildner nicht die Rede.

So sind die Erinnerungen, die man Jahre später an die sogenannten großen Produktionen der Osterfestspiele hat, durchaus akustische und keineswegs optische. Allenfalls entsinnt man sich einiger Projektionen, die Schneider-Siemssen über Schleiervorhänge wischen ließ, und vieler von Karajan geliebter Übergänge von Lichtstimmungen, die sich in den großen Räumen Schneider-Siemssens eindrucksvoll ausnahmen. So überzeugend Zeffirellis szenische Lösung zu »La Bohème« über Jahrzehnte geblieben ist, so vergänglich sind die Angebote, die Schneider-Siemssen zu »Carmen« oder »Aida«, zu »Don Giovanni« oder »Otello«, zu » Don Carlos«, »Salome« und »Boris Godunow« gemacht hat. Der Leib-Bühnenbildner Karajans baute auf Wunsch eine plastische »Meistersin-

ger«-Stadt auf die Bühne, nahm die Idee eines »Lohengrin«
nach alten Inkunabeln auf und setzte sie um, verzichtete im
Dienst an seinem Herrn aber auf eine eigene Handschrift.
Karajan dankte Schneider-Siemssen mit nibelungenhafter
Treue. Wer Proben für die Osterfestspiele miterleben durfte,
der erinnert sich mit Rührung und Belustigung des unvergleichlichen Tonfalls in den Diskussionen zwischen dem Regisseur und dem Bühnenbildner: Man hatte den Eindruck,
»Szenen einer Ehe« beizuwohnen.

Das Programm ist einfach: Karajan

Mit den Jahren wurden die Osterfestspiele – ob von
Karajan so gewünscht oder nicht – zu einer Veranstal-
tungsreihe, die einerseits ihre Auswirkungen auf die Salzburger Festspiele hatte, andererseits aber »ihrem treuen Publikum« kein erkennbar außerordentliches Programm mehr,
sondern nur festliche Produktionen Herbert von Karajans
anbot. Obgleich darüber nicht mehr diskutiert und auch
kaum noch geschrieben wurde: Das Festliche an den Osterfestspielen wurde immer deutlicher – die Anstrengung Herbert von Karajans, seinen Verehrern zu Ostern eine Opernproduktion nach seinen Maßstäben zu zeigen.

Karajan selbst rettete sich in Erklärungen einfacher Art, er
produzierte »Salome«, weil er in Hildegard Behrens endlich
eine ideale Salome gefunden hatte. Er produzierte »Elektra«
nicht mehr, weil er weder eine ideale Elektra fand noch die
Kraft aufbrachte, die eine Interpretation dieser Oper vom
Dirigenten verlangt. Er nahm sich erneut »Carmen« vor,
weil er mit Agnes Baltsa und José Carreras ein ideales Inter-
pretenpaar für sich gewonnen hatte (überwarf sich allerdings
bei dieser Gelegenheit mit der Baltsa, die mit ihrem Temperament gegen seine 1985 zwar intensiven, aber tatsächlich

langsamen Tempi ankämpfte und auch auf der Bühne »herumwirbeln« wollte, wo er selbst gezügelte Leidenschaft sah). Und er nahm »Don Carlos« und »Tosca« in seine Osterfestspiele auf und fand keine idealen Besetzungen mehr. Für »Don Carlos« mußte er eine junge Italienerin, Fiamma Izzo d'Amico, als Elisabeth von Valois quasi erfinden, ein Kraftakt, der den Beobachtern durchaus Hochachtung abforderte, jedoch zugleich anzeigte, daß die Zeit und die Umstände nicht mehr nach Karajans Wünschen waren.

Freilich darf nicht vergessen werden, daß Karajans Repertoirewünsche für die Osterfestspiele wie auch für die Reprisen bei den sommerlichen Festspielen immer aus den historischen Wurzeln der Salzburger Spiele hergeleitet werden konnten – mit Ausnahme von »Carmen« und »Boris Godunow« waren sämtliche Opern ähnlich schon vor Karajan für Salzburg reklamiert oder gefordert worden. Und seit Beginn der Festspiele hatte die genialische Deutung des Festspielgedankens durch Hugo von Hofmannsthal nahezu jede Spielplanpolitik möglich gemacht. Karajan selbst – seine aufmerksamen Salzburger Beobachter, vor allem der so feinsinnige wie still kritische Max Kaindl-Hönig, gaben das zu – war für theoretische Erklärungen nie zu haben. Er hatte seine eigene Charakterisierung für ein »Fest«: eine Aufführung unter Anspannung aller künstlerisch verfügbaren Kräfte.

Das hieß jedoch, bei abnehmenden körperlichen Kräften und vollauf damit beschäftigt, sein »künstlerisches Vermächtnis« fertigzustellen, wurde Karajan mit der Tatsache konfrontiert, daß man ihm zwar zu Ostern wie im Sommer durchaus alle seine Vorstellungen und Konzerte aus den Händen riß, er jedoch nicht mehr die idealen Voraussetzungen für optimale Leistungen garantieren konnte. Ideale Besetzungen wurden rar, große Produktionen ihm selbst zu schwer. Sein über Jahrzehnte errichtetes Imperium zeigte Zerfallserscheinungen.

Karajan war viel zu wach, um dies nicht selbst zu begreifen. Er war jedoch gleichzeitig zu schwach, um daraus die großartigste aller möglichen Konsequenzen zu ziehen und sein eigenes, persönliches Festival für beendet zu erklären. Und niemand unter seinen Gesprächspartnern wagte es, dies als Thema zu formulieren: Die Salzburger Festspiele errechneten die sicheren Einnahmen aus immer weniger Opernaufführungen unter Karajan und wußten, daß sie diese weiterhin brauchen würden. Die Mitarbeiter der Osterfestspiele sahen das ungebrochene Interesse des Publikums und dachten nicht daran, die für Karajan immer schwieriger zu bewältigenden Proben und Aufführungen zu Ostern abzubrechen. Die Salzburger Öffentlichkeit machte längst zwischen den Gästen zur Osterzeit und denen im Sommer keinen Unterschied mehr, rechnete mit ausgebuchten Hotels und Restaurants und dachte nicht daran, auf eine zur Tradition gewordene zusätzliche »Hochsaison« samt der kleinen »Zuwaage« der alljährlichen Pfingstkonzerte (bei denen Karajan immerhin bereits Gastdirigenten mit ans Pult seines Orchesters bat) zu verzichten.

Spätestens mit den Aufführungen 1986 begann der unaufhaltsame Zerfall der Osterfestspiele. Zwar konnte Karajan zu Ostern 1987 eine Produktion von »Don Giovanni« präsentieren, die ein fester Bestandteil des großen Mozart-Zyklus der Salzburger Festspiele im Mozartjahr 1991 sein sollte – er band sich dabei auch nicht mehr an Schneider-Siemssen, sondern erbat sich die Unterstützung des höflichen Michael Hampe als Regisseur und Mauro Pagano als luxuriös denkenden Bühnenbildner –, doch wurde mit dem Hinweis auf den Sommer 1991 der Inhalt einer originalen Oster-Produktion endgültig verraten. Zwar ließ sich Karajan für 1988 und 1989 noch einmal »Tosca« auf die Bühne des großen Festspielhauses bauen, doch gab es keinerlei Zweifel mehr daran, daß diese Oper in ungezählten Besetzungen unter seiner Leitung in den Jahren zuvor aufregender und attraktiver gewesen war: Einzig die Abende, an denen aus Sentiment Luciano Pavarotti 1989 den Cavaradossi sang (und dabei selbst große Schwierigkeiten hatte), erinnerten an einstige Glanzzeiten. Und »Tosca« wurde zwischendurch für Karajan, der sich schonen mußte, auf dessen Auftreten man aber unter keinen Umständen verzichten wollte, auch bei den Salzburger Festspielen ins Programm genommen.

Es ist kein Geheimnis, daß Herbert von Karajan zwar daran dachte, sein Fest weiterzuführen und daß er sowohl für Ostern wie auch für den Sommer weiter plante. Es ist aber mindestens im nachhinein ganz offensichtlich, daß er in diese Planung nur mehr wenig Kraft investierte. Für ihn war, auch wenn er das nicht sagte, das Mozartjahr 1991 eine Art Zäsur, die Zeit danach kaum noch der Rede wert. Wenn er sich bei jeder Gelegenheit verbat, daß über einen Nachfolger in Berlin oder die Zukunft der Festspiele diskutiert werde, so war er selbst doch immer wieder in der Laune, von seinem Tod zu sprechen und auch davon, daß er sich um die Zukunft der Festivals in Salzburg keine Sorgen mehr mache.

Ich habe sehr viele von Karajans Bemerkungen zu diesem Thema in Gesprächsnotizen aufbewahrt. Und ich konnte dabei immer wieder dieselbe Beobachtung machen: Karajan hielt es für eine grobe Ungezogenheit, ihn auf die Zeit nach Karajan anzusprechen. Er selbst aber erklärte immer häufiger, er wisse sehr wohl, daß es diese Zeit geben werde – und immer deutlicher, daß dies eine Zeit sein werde, in der er nichts mehr verloren hätte. Das heißt, er wehrte sich dagegen, bei lebendigem Leib begraben zu werden. Er wußte aber, daß mit ihm eine ganze »Zeit« zu begraben sein werde. Und war im vorhinein mit der »Zeit« nachher nicht einverstanden.

257

»Im Sinne des Maestros«

Nichts ist so einfach, wie man es im nachhinein darstellt. Die Osterfestspiele Herbert von Karajans, die bei ihrer Gründung mehrere sensationelle Aspekte aufzuweisen hatten, konnten in den letzten Lebensjahren ihres Gründers unter diesen Aspekten auch in Frage gestellt werden. Sie waren von öffentlichen Mitteln in dem Ausmaß abhängig wie alle anderen österreichischen Festivals auch. Sie waren nicht unbedingt die Festspiele einer künstlerisch sensationell miteinander arbeitenden Gemeinschaft Karajan und Berliner. Sie boten nichts mehr, was man ausschließlich zu Ostern hören konnte. Und sie waren vom Anspruch, den Karajan bei ihrer Gründung formuliert hatte, meilenweit entfernt – anderswo waren vielleicht nicht bessere, jedoch keine schlechteren Interpreten zu hören. Einzig die Fixierung auf Karajan selbst war den Osterfestspielen noch geblieben. Das hieß aber auch, daß sie nicht nur einzig mit, sondern wohl auch einzig für Herbert von Karajan stattfanden. Und daß Herbert von Karajan unter dieser Situation sogar litt.

Es ist Tatsache, daß man unmittelbar nach seinem Tod in kurzen Diskussionen erwog, die Osterfestspiele als eine auf den verstorbenen Gründer zugeschnittene Veranstaltung ein für allemal für beendet zu erklären. Gute Gründe sprachen dafür. Mit einigem guten Willen wäre es ohne große finanzielle Verluste für die veranstaltende Gesellschaft auch möglich gewesen. Daß man sich schließlich anders entschloß und die Osterfestspiele jetzt »im Sinne Herbert von Karajans« weiterführt, hat sich ergeben: Die in einem Fördererverein zusammengeschlossenen Freunde der Osterfestspiele zeigten sich bereit, ihre Einsätze im Spiel zu lassen; die Salzburger Öffentlichkeit hatte größtes Interesse jeglicher Art; das Berliner Orchester erklärte, auf alle Salzburger Einladungen reagieren zu müssen, und präsentierte sich zum 25-Jahr-Jubiläum der Osterfestspiele mit einem eigenen Grußwort an das Publikum: »Als Herbert von Karajan 1989 starb, glaubten viele, daß damit auch die Osterfestspiele beendet wären. Wir jedoch waren überzeugt davon, daß dies nicht in seinem Sinne gewesen wäre und daß eine gute Idee den Menschen überdauern muß. Es stellte sich heraus, daß viele sich dieser Meinung anschlossen und daß sowohl die Mitglieder des Orchesters als auch der Senat von Berlin bereit waren, das nun schon zur Tradition Gewordene fortzusetzen, auch unter terminlich und finanziell sehr erschwerten Bedingungen.« In ihrem Vorwort schrieben sie als ihr Charakteristikum der Osterfestspiele fest, nur bei diesen könne man »ein bedeutendes Sinfonieorchester hören, das sich im Verlaufe von 25 Jahren die wichtigsten Werke des Opernrepertoires erarbeitet hat...«

Im Gegensatz zu den Vorkehrungen, die Herbert von Karajan in seinen testamentarischen Verfügungen zum Fortbestand der Firma Telemondial getroffen hat, sind die Osterfestspiele, ursprünglich mit juristischem Beistand eines Salzburger und eines Schweizer Anwalts als eine Gesellschaft mit beschränkter Haftung gegründet und durch Verträge mit den Salzburger Festspielen abgesichert, von ihm faktisch freigegeben worden. Wo er die Fertigstellung und Organisation seiner Produktionen für »Home Video«, wie er das bei Lebzeiten nannte, in einer Reihe von vorsichtig formulierten Verträgen finanziell absicherte und dafür sorgte, daß seine Mitarbeiter ihre Tätigkeit ohne jeden Druck von außen in seinem Sinn zu Ende führen können, dort überließ er die Osterfestspiele dem Ermessen der Nachwelt. Und schrieb den Vertrag über Mietrechte bei den Salzburger Festspielen nicht über das Jahr 1994 hinaus fest.

Ob sie ihm nicht so wichtig waren? Sie können ihm in ihrer Fortsetzung nicht wichtig gewesen sein, denn sie sollten ja seine künstlerischen Ideen präsentieren. Nach Jahren

in der Provinz, nach Lehrjahren an einem der ersten Opernhäuser der Welt, nach Jahren mit dem attraktivsten Festival
Europas war Karajan zu dem Entschluß gekommen, er
könne seine Intentionen nur auf eigene Faust, auf eigenes Risiko, völlig unabhängig also, realisieren. Er konnte es für
eine kurze Weile. Dann mußte er sich selbst noch in die Abhängigkeit begeben. Die Osterfestspiele ohne Herbert von
Karajan sind jetzt ein Festival wie andere auch.

Was Karajans Interesse für wenige Jahre seines Lebens fesselte, was ihn immerhin bis ans Ende seines Lebens beschäftigte, war der Versuch, Oper ganz nach dem Ideal eines einzigen Interpreten darzustellen. Geblieben sind Erinnerungen
verschiedenster Art, nachzuhören auf Schallplatte und Compact Disc, nachzulesen in den Kritiken ungezählter qualifi-
zierter Beobachter.

Gerard Mortier, der bei den Salzburger Festspielen Herbert von Karajan insofern ablöste, als er das neugeschaffene
Team, das an die Stelle des Direktoriums getreten ist, nach
außen dominiert und in beinahe jeder Hinsicht eine andere
Auffassung von Festspielen und von festlichen Aufführungen hat als Karajan, vertritt in absichtlich provokant formulierten Beiträgen die Ansicht, Karajan sei zuletzt »müde« gewesen und habe sich in Salzburg (er meint im Sommer, hat
aber selbst längst auch die Osterfestspiele vereinnahmt) das
Heft von der internationalen Medienindustrie aus der Hand
nehmen lassen. Sein Mitarbeiter Hans Landesmann wider-
spricht vorsichtig, indem er auf die finanziellen Erfolge hinweist, die die Salzburger Festspiele der Ära Karajan unweigerlich hatten. Ein »Polster« von Millionen D-Mark hat sich
angesammelt, das die neuen Führungskräfte nach Karajan
jetzt als ihre eigene Sicherheit einsetzen können.

Daß Karajan nicht müde, sondern krank geworden war in
seinen letzten Jahren, ist eine feine Unterscheidung, die
Mortier verstehen müßte. Daß die Medienindustrie nicht in

Salzburg, sondern in aller Welt eine nicht zu vernachlässigende Größe darstellt, erkennt man, wenn man nachvollzieht, daß auch die Hauptproduktionen der neuen Salzburger Festspiele in dem System Gerard Mortiers lange vor der Präsentation in der Festspielstadt für eine Gesamtaufnahme auf CD eingespielt werden und sich die Konzerne, ihrer aufdringlichen Allgegenwart in Salzburg wegen angegriffen, in den Jahren seit Herbert von Karajans Tod in Salzburg noch viel allgegenwärtiger gebärden. Der einzige sichtbare Unterschied: Die Künstler, deretwegen sie in den Schaufenstern von Süßwarengeschäften und Warenhäusern werben, sind allesamt nicht in der Lage, ihren Vertragspartnern zu diktieren, was sie in welcher Besetzung zu produzieren oder aufzunehmen vorhaben. Die Salzburger aber leben weiterhin damit, der Wechselwirkung zwischen Kunst und Kommerz einige Prozent Profit abzugewinnen.

Müde? In den Klauen der Industrie? Die Verantwortlichen in den Chefetagen der großen Konzerne stöhnen auf, wenn sie sich der Bedingungen erinnern, die ihnen Herbert von Karajan auf dem Höhepunkt seines Einflusses diktierte. Sie haben es nach Karajan etwas einfacher – und zugleich sind sie wieder unzufrieden, denn ihre Geschäfte gehen mit den diversen Nachfolgern Karajans längst nicht so blendend wie mit dem verstorbenen, betrauerten Tyrannen.

AUS EINEM
UNGESCHRIEBENEN BUCH

Was bleibt dem Interpreten zu tun?

In unzähligen Schriften wird Herbert von Karajan als ein Musiker bezeichnet, der zuwenig und zu unwissenschaftlich über Musik gesprochen hat. Man weist auf diesen scheinbaren Mangel hin und ist sich ziemlich sicher in der Annahme, er hätte wenig gesprochen (oder gar geschrieben), weil er auch nur wenig zu sagen gehabt hätte.

Dem stehen einerseits, so man zu lesen bereit ist, große Zeugen für die musikalische Intelligenz Karajans gegenüber, die ihn etwa vom Standpunkt eines Glenn Gould aus verteidigen, oder auch Sätze, die nicht auf Karajan allein, sondern einfach auf den Interpreten gemünzt sind und die von einem Pianisten stammen, der den Überzeugungen Goulds wahrlich andere entgegensetzt, Alfred Brendel.

Wo sich die schreibenden und also auf längere Zeit in ihren Ansichten überprüfbaren Musikanten Gould und Brendel treffen, dort ist Karajan sofort existent. »Ich möchte daher vorschlagen, die Wörter Werk- und Texttreue aus dem Sprachgebrauch zu entfernen...«, schrieb Brendel schon 1966, als er noch fragte: »Was bleibt dem Interpreten zu tun? Er möge versuchen, die Absichten des Komponisten zu verstehen, und er möge jedem Werk die stärkste Wirkung geben. Oft, aber nicht immer, resultiert das eine aus dem anderen. Die Absichten des Komponisten verstehen heißt: sie ins persönliche Verständnis übertragen. Musik kann nicht für sich selbst sprechen. Der Gedanke, ein Interpret könne seine privaten Gefühle einfach abschalten und an ihrer Statt jene des Komponisten quasi von oben empfangen, gehört ins Reich der Fabel. Was der Komponist mit seiner Niederschrift gemeint haben mag, kann nur mit Hilfe des eigenen lebendigen Gefühls, der eigenen Sinne, des eigenen Verstandes, der eigenen raffinierten Ohren entschieden werden.« Und weiter: »Die zweite Forderung – der Musik die stärkste Wirkung zu geben – versucht das gleiche Problem (was ist der Musik gemäß?) von einer anderen Seite her zu lösen. Ich möchte vor der Vorstellung warnen, daß die größte Wirkung dem lautesten – oder auch dem leisesten – Erfolg entspricht... Was gilt der Gegenwart erhaben, rührt sie, macht sie betroffen? Es ergibt sich das Paradox, daß die zeitentrückte Leistung, in deren Gelöstheit historische Fesseln gesprengt oder überwunden scheinen, nur im Einklang mit dieser unserer Zeit erreicht werden kann.«

Brendel, der ausschließlich über die interpretatorischen Probleme des Pianisten schrieb, war immerhin mit dem Phänomen konfrontiert, daß er als »Museumsdiener« nicht daran interessiert war, auf Museumsklavieren zu spielen und dennoch in der Behandlung eines einzigen Instruments alle die Sorgen empfand, die ein Dirigent im Einsatz ungezählter Instrumente zu überwinden hat. Apropos Museumsdiener: 1972 antwortete er in einem Interview auf die Frage, ob er als Interpret irgendwelche Verpflichtungen gegenüber seinen komponierenden Zeitgenossen fühle, höchst klar. »Ich gestehe, nein. Was nicht heißt, daß ich ihnen nicht die stärkste Förderung und Beachtung wünsche und die sorgfältigsten Aufführungen, die sich denken lassen. Diese nötige Sorgfalt würde mich, wenn ich neue Musik spielen wollte, zur Spezialisierung zwingen. Statt ein umfassendes historisches Repertoire zu pflegen, müßte ich mich auf relativ wenige Stücke dieser Zeit beschränken. Ich habe mich entschlossen, Museumsdiener zu sein.«

Soviel von einem denkenden Interpreten, dessen Intelligenz und Ethik nie in Zweifel gezogen wurden, dessen Ansichten zur Musik in jetzt schon zwei Büchern vorliegen, der bei Musikfreunden und Musikern als ein achtbarer Künstler gilt, den man zudem nie im Zusammenhang mit Herbert von Karajan genannt hat – Alfred Brendel, Museumsdiener, ein Künstler mit altmodischen Ideen, wie Karajan sie ansatzweise formulierte. Daß er das Studium der Urtexte empfiehlt und gleichzeitig nicht nur bei Liszt sicher ist, daß man die originalen Texte nicht alle auch spielen muß, sei noch erwähnt – zu oft hat man Karajans Umgang mit Partituren gerügt und darauf hingewiesen, wie wenig er sich um die einzusehenden Originale gekümmert, wie oft er sich mit den tradierten Ausgaben zufriedengegeben hat.

Karajans Auffassung von Interpretation, in vielen Gesprächen, auch mit seinen Biographen, wiedergegeben, deckte sich mit der Brendels auffallend. Was die Notentreue anlangt, darf ich auf Karajans eigene Mitteilungen im Kapitel über die »Probe« hinweisen, was seine Idee von Interpretation anlangt, sind unzählige Kommentare aus seinem Mund erhalten. Sie mögen alle banal klingen, sind aber alle am Rande einer Probe oder innerhalb eines der unzähligen Interviews gesagt, in denen Karajan vor allem auf der Hut vor Sensationsjägern sein mußte.

Der Grundtenor aller seiner Bemerkungen: Komponisten haben zu allen Zeiten musikalische Vorstellungen nur unzulänglich und vor allem im Detail mangelhaft zu Papier gebracht, sich auf die Kenntnisse der Interpreten ihrer Zeit verlassen, es jedoch nie ausgeschlossen, daß Interpreten einer fernen Zukunft ihre Intentionen anders und vor allem aus dem Verständnis einer fernen Zukunft umsetzen, vielleicht sogar andere, reichhaltigere Instrumentarien zum Klingen bringen würden. Wo andere Dirigenten unter Notentreue vor allem die Ausführung von allen vom Komponisten niedergeschriebenen Noten verstehen, dort führte Karajan seinen Begriff von Notentreue vor allem dadurch ein, daß er Musiker zwang, die Zeitdauer einer Note zu überprüfen und ohne Unterbrechung von einer zur anderen Note zu spielen. Wo jüngere Dirigenten sich mit der Aufführungspraxis einer fernen Vergangenheit auseinandersetzten, dort war Karajan scheinbar großzügiger, sah selbst die jeweilige Komposition in einer inneren Zusammenraffung in Sekunden und fand – er hat es mehrfach zu erklären versucht und ist mehrfach auf Unverständnis gestoßen – so zu seiner Art großen Linie: indem er dann im notwendigen Ausmaß von oft sechzig Minuten wiedergab, was er bei einer inneren Meditation als ein Ganzes in wenigen Augenblicken vorerlebt hatte.

Und Brendels freiwillige Charakteristik als Museumsdiener hätte Karajan, wäre er ihrer ansichtig geworden, zweifellos gefallen. Er wäre damit einverstanden gewesen, daß sein Repertoire als ein Museum der Meisterwerke vergangener Epochen zu begreifen war und keineswegs als das der neueren Musik.

Wo man Karajan von den anderen Dirigenten seiner Epoche unterscheiden kann: Er hat dieses Museum noch einmal neu zu errichten versucht und Zeitgenossen nur zögernd in sein Repertoire aufgenommen. Er hat auch seine Sturm-und-Drang-Jahre nicht dazu genutzt, einen gleichgesinnten schöpferischen Musiker durchzusetzen. Er war von Anbeginn als Herbert von Karajan auf den Plan getreten. Als er im Zenit seiner Karriere die »Wiener Schule« für sich und sein Berliner Orchester entdeckte, da waren Schönberg, Berg und Webern längst etablierte Musiker, denen man unbedenklich einmal auf die Spur kommen konnte. Karajans Freude an dem »Schönklang« auch dieser Komponisten faszinierte die Musikfreunde aller Lager – die Avantgardisten, die allerdings auf Karajans Kommentar zu Schönberg nicht eingingen, und die Traditionalisten, die um Karajans willen sich dieser »Pflichtübung« unterzogen. Sie waren, sie sind im 20. Jahrhundert von der Musik, die das Jahrhundert auch geprägt hat, nicht zu überzeugen, und das spricht nicht ausschließlich gegen sie. Immerhin: Herbert von Karajan hat in seinen Programmen immer auch Musik von Zeitgenossen aufgeführt. In Nazideutschland waren das Egk oder Wagner-Régeny, in philharmonischen Konzerten in Wien waren das Theodor Berger oder György Ligeti, und Karajans Publikum in Berlin hörte Penderecki und Hans Werner Henze. Daß Karajans Ehrgeiz, der Musik seines Jahrhunderts auch zu dienen, sich im Fall des Jean Sibelius als möglicherweise prophetisch erweisen wird und daß Dmitri Schostakowitsch wenigstens noch persönlich eine Interpretation Karajans miterleben konnte und begeistert hörte, sei nur der Vollständigkeit halber angeführt. Zu den traurigen Tatsachen, mit denen sich ein Biograph abzufinden hat, zählt, daß wir zwar zwei Kapitel des nie zu Ende geschriebenen Buches Herbert von Karajans besitzen, jedoch keines zum Thema »Die Musik meiner Zeit«.

Andererseits zählt es zur Freude des Biographen, die zwei Kapitel vor sich zu haben und abdrucken zu dürfen. Denn: Einige der Herbert von Karajan wichtigen »Aussagen«, die man allerdings in der einen oder anderen Formulierung von ihm durchaus bereits nachlesen kann, finden sich in seinen eigenen, sorgsam geschriebenen Kapiteln doch.

Herbert von Karajan:

DIE PROBE

Erstveröffentlichung

Fragt man einen Dirigenten, wozu eine Probe dient, so wird er sagen: »Damit ich dem Orchester meine Auffassung eines musikalischen Werkes klarmachen kann.« Ein Orchester wird, vor dieselbe Frage gestellt, unweigerlich antworten: »In den Proben lernt der Dirigent durch uns seine Partitur kennen.« Und ein Konzertunternehmer würde antworten: »Damit die beiden nicht spazierengehen, sondern für mein Geld arbeiten.« Wer hat recht? Wahrscheinlich alle drei. Warum? Eine Antwort auf diese Frage verlangt zuerst die Klarstellung des Begriffes Probe.

Das Wort ist nicht glücklich gewählt. Es kommt vom lateinischen *probare,* »erproben, untersuchen, prüfen, beurteilen«. Im Deutschen hat es seinen Sinn verändert, z. B. »Weinprobe« (durch Genuß die Qualität bestimmen) oder »die Probe aufs Exempel machen« (etwas damit beweisen).

Unsere alten Klavierlehrerinnen pflegten, wenn den Kindern eine Stelle mißlang, zu sagen: »Probieren wir's halt noch einmal«, als ob durch sinnloses Wiederholen ein Erfolg zu erzielen sei. Das ist das genaue Gegenteil von dem, was ein Dirigent unter Probe versteht. Es bedeutet, ein Musikstück durch gezielte und systematische Arbeit an der Form, dem Inhalt und vor allem an dem musikalischen und technischen Ablauf aufführungsreif zu machen.

Die Probe beginnt eigentlich in dem Moment, in dem der

Komponist versucht (probiert!), sein inneres Erleben in Noten auszudrücken.

Ich habe schon mehrfach zu erklären versucht, daß unsere Notenschrift außer in der Bestimmung der Tonhöhen nur Andeutungen und Richtlinien zu geben vermag. Und so wie der Komponist versucht, mit der Schrift den Sinn, der hinter den Noten steht, auszudrücken, muß auch der Dirigent versuchen, sich das wahre Klangbild und seinen lebendigen Ablauf aus der Notenschrift zu ergründen. Und schließlich ist es der Musiker, der beim Studium seiner Stimme probiert, die technischen Schwierigkeiten zu meistern, damit er sich nachher bei der gemeinsamen Probe auf das Zusammenspiel konzentrieren kann. Freilich kann er nicht die Übersicht haben wie der Dirigent, der in seiner Partitur alle Stimmen vereint sieht, während der einzelne nur seinen Part vor sich hat. Doch gerade aus dieser Abhängigkeit wächst jenes Gefühl das Zueinandergehörens, das die Grundvoraussetzung für ein gemeinsames Musikerleben ist.

Wie spielt sich nun die Probe in der Realität ab? Vielleicht das schwierigste Beispiel einer Probe ist die, bei der ein Werk zum erstenmal von Dirigent und Orchester musiziert wird. Alles ist neu, und es kommen Momente, in denen der Dirigent ein völlig anderes Klangbild hört, als er es sich beim Studium vorgestellt hat. Dann muß er entscheiden, ob er seine Vorstellung nach dem Klangbild korrigieren muß oder umgekehrt. Man hat oft erlebt, daß sogar der Komponist, wenn er anwesend ist, von diesen Zweifeln befallen wird.

Das erste, was bei diesen Proben geschieht, ist das, was man gemeiniglich »durchlesen« nennt. Das Stück wird, so gut es geht, durchgespielt, damit man einen ungefähren Begriff vom Charakter dieser Musik wie vom Metrum gewinnt.

Und hier setzt die Aufgabe des Dirigenten ein. Durch plastische Erklärungen einen ersten Zugang zu eröffnen: keine langen Tiraden, die jedes Orchester haßt, ein Wort, ein Vergleich können einen Schlüssel zum Verständnis bringen und das Interesse und die Freude an der kommenden Arbeit wachrufen.

Daraufhin beginnt die systematische Arbeit. In vielen Fällen muß jeder Takt erarbeitet werden. Wenn es sich um schwierige technische Passagen in Streichergruppen handelt, wird zuerst in ganz langsamem Tempo mit unendlicher Geduld geübt. Vor allem gilt es, einen Spieler oder eine Gruppe zu ermutigen; die Fehler müssen erklärt werden, und jeder neue Versuch muß eine Verbesserung bringen.

Nichts ist schlimmer als fünf oder sechs Wiederholungen mit einem ungeduldigen oder sogar gereizten »Noch einmal« am Ende.

Aber wenn einem Musiker verständlich *und* in ruhigem Tonfall sein Fehler aufgezeigt wird, dann wird er es sicher das nächste Mal besser machen, und mit der Freude am eigenen Besserwerden wächst auch das Vertrauen zum Dirigenten und das Interesse an der Arbeit. Der Dirigent sollte während dieser Periode gefühlsmäßig abschalten. Im wörtlichen Sinne sei er »ganz Ohr«, unbestechlich den Fehler oder nur die Andeutung eines Fehlers heraushörend.

Ist diese Periode vorbei, und hat das Orchester die technische Unabhängigkeit über das Werk erlangt, so folgt der faszinierendere Teil der Arbeit: Jetzt geht es um das Zusammenspiel.

Jeder Musiker muß seinen Teil spielen, aber ebenso beginnt er zu erkennen, was die anderen spielen, wo die einzelnen Gruppen zusammenhängen, wann er seine Stimme einer andern unterzuordnen hat, wann er als Solist hervortreten muß und wo er als einzelner in der Masse sich verliert. Die Wechsel der Tempi, die Accelerandi und Ritardandi werden nicht mehr vom Dirigenten geschlagen, als ob er ein Reitpferd antreiben oder bremsen müßte, sie werden aus einem Massengefühl heraus entwickelt, ebenso wie ein gut angelegtes Crescendo oder Diminuendo. Nicht der Dirigent muß dies durch beschwörende Gesten fordern, sondern die innere Spannung muß so groß werden, daß das Crescendo als notwendige Entladung kommt und nur im Ablauf vom Dirigenten kontrolliert wird.

Dies ist es, was dem einzelnen Musiker das Glücksgefühl gibt, er sei mitschöpferisch an der Sache beteiligt und nicht ein Zahnrad in einem Getriebe, an dem vorne jemand gedankenlos eine Kurbel dreht.

Jetzt darf und muß auch der Dirigent, losgelöst von der Technik des Spielens, sich freimachen, sich tragen lassen von dem, was erarbeitet wurde, um so die Agogik und die Dynamik in innerem Erleben gestalten zu können.

Nun gibt es noch eine andere Art Proben. Wenn ein Gastdirigent vor ein ihm fremdes Orchester tritt mit einem Werk, das z. B. dem großen klassischen oder romantischen Repertoire angehört, somit beiden Partnern vertraut ist, dann ist es klar, daß ein Orchester, das unter der Leitung eines ständigen Dirigenten steht, sich mit der Zeit eine ziemlich feste Vorstellung (z. B. einer Beethoven-Symphonie) erarbeitet hat. Plötzlich wird es mit einer ihm völlig fremden oder sogar gegensätzlichen Auffassung konfrontiert. Es braucht dazu von seiten des Dirigenten ein ungeheures Taktgefühl und eine große Überzeugungskraft, um ein gutes Resultat zu erarbeiten.

Völlig falsch wäre es, die bestehende Auffassung des Orchesters als falsch abzutun oder gar lächerlich zu machen. Aber wie wir schon früher sahen, jede Note, jede Dynamik, jede Agogik läßt eine gewisse Freiheit, die schon in der Natur der Notenschrift bedingt ist.

Hier muß die Arbeit ansetzen. Und bei allem Respekt vor den in der Notenschrift niedergelegten Werten läßt sich doch das Klangbild so gestalten, daß ein dem Vorstellungsinhalt des Dirigenten gemäßes Klangbild herauskommt. Vor Jahren (1960) kam Georg Szell mit seinem eigenen Orchester, dem Cleveland Orchestra, als Gast zu den Salzburger Festspielen. Schon ein Jahr vorher hatte er mich gebeten, eines der Konzerte zu dirigieren. Als wir uns über Programme unterhielten, brachte er die Sprache immer wieder auf die 5. Symphonie von Prokofieff. Er war völlig offen für andere Vorschläge meinerseits, kam aber mit einer eigentümlichen Beharrlichkeit auf die erwähnte Symphonie zurück, bis ich schließlich zusagte. Ich wußte damals nicht, daß er sein Orchester im besten Licht zeigen wollte. Die Symphonie galt als Glanzstück der Clevelander. Sie beherrschten das Werk fast auswendig.

Der Tag der ersten Probe kam, ich wurde dem Orchester vorgestellt und begann mit großer Freude die Arbeit, die mich ungemein faszinierte, da ich schon nach einer Minute fühlte, daß ich vor mir ein Orchester hatte, das bereit war, jede Anregung aufzunehmen und mit Phantasie umzusetzen. In der Pause kam Szell ganz aufgeregt zu mir und sagte, er habe einen Schock bekommen, als er gleich am Anfang merkte, daß unsere Auffassungen diametral verschieden seien. Er habe eine Katastrophe befürchtet; aber er sei hingerissen von dem Orchester, das sich in Sekundenschnelle umgestellt und eine andere Auffassung so natürlich dargestellt habe, als sei es immer so gewesen. Ich hatte von alldem gar nichts gemerkt, ich war viel zu bezaubert von der Begegnung, und das Konzert wird mir unvergeßlich bleiben.

Aber was der Einfluß einer Dirigentenpersönlichkeit vermag, ohne daß auch nur ein Wort gesprochen wird, wurde mir in Bayreuth (1951) klar. Hans Knappertsbusch, der Unvergessene, dirigierte den »Ring«, ich die »Meistersinger«.

Ich hatte für die Bühnenproben meinen persönlichen Korrepetitor mitgebracht, und es war für uns eine liebgewordene

Gewohnheit, diese Proben auf zwei Klavieren vierhändig zu spielen. Mal spielte er die Oberstimmen und ich Mitte und Baß, mal spielte einer die Bläser und der andere die Streicher. Plötzlich stand Knappertsbusch hinter uns und sagte in einer Atempause: »Sie sind bei mir engagiert.« Wir spielten das Spiel mit und fragten: »Wann?« Darauf er: »Heute nachmittag Klavierprobe ›Götterdämmerung‹.« Also wurden beide Klaviere ins Orchester geschafft, und Knappertsbusch saß hoch oben am Pult, und es begann.

Nun war es kein Geheimnis, daß er und ich in puncto Tempi erheblich differierten. Ich habe an diesem Nachmittag meine wertvollste Lektion darin bekommen, was Überzeugungskraft bedeutet. Von der ersten Sekunde an war klar, daß es nur eine Meinung geben konnte. Aber weder mein Partner noch ich haben davon etwas bemerkt, es ging so selbstverständlich und natürlich zu, und ich begriff damals, was ich mich vorher dauernd fragte: wie es möglich ist, daß ein Orchester grundverschiedene Auffassungen darzustellen vermag. Es ist die Kunst der Personifizierung mit einer anderen Meinung. Einziges Kriterium für den, der diese vertritt: nicht die Spur eines Zweifels, dafür die selbstverständliche Gewißheit, daß es so sein muß. Damit werden Berge versetzt. Und es ist die alte Geschichte vom Pferd und dem Reiter.

Doch die schönsten Proben sind die, in welchen man mit dem eigenen Orchester bekannte Werke probiert, sei es, um eine Reiseprogramm vorzubereiten, sei es, daß nach einer gewissen Zeitspanne ein Werk der großen Konzertliteratur wieder einmal »fällig« wird. Nehmen wir an, es handelt sich um eine Symphonie, die im Laufe der Jahre vierzig- bis sechzigmal gespielt wurde, von der man zusammen wenigstens eine, wenn nicht mehrere, Grammophonaufnahmen und einen Televisionsfilm gedreht hat.

Die Ausgangssituation ist hier völlig verschieden. Beide Teile kennen das Werk nach einer stattlichen Anzahl von

Konzerten – womöglich in allen großen Konzertsälen der Welt mit einer immer wechselnden Akustik, die an manchen Orten auf Reisen erst am Abend erfühlt werden muß – und einer noch größeren an Proben bis ins Detail.

Da ist eine unglaubliche Erlebnisfülle zusammengepreßt mit all dem Auf und Nieder, das nun notwendigerweise dazugehört. Die Musiker haben ihre eigenen Eindrücke in die Noten sozusagen hineingelesen, es sind nicht mehr tote Zeichen, sondern lebendige und erlebte Symbole.

Aus dieser Sicht ist es verständlich, daß viele Musiker lieber aus schlecht geschriebenen Noten spielen, die sie jahrzehntelang benützt haben, als aus einem nagelneuen übersichtlichen Druckmaterial. Und sie brauchen die Noten nur mehr als Stütze, in Wirklichkeit spielen sie das, was zwischen den Zeilen steht. Es ist leicht zu sehen, daß solche Proben völlig anders vor sich gehen als alle bisher geschilderten.

Es ist, als ginge man mit einem geliebten Menschen durch eine Bildergalerie. Man war schon oft da und glaubt die Bilder genau zu kennen, aber aus der Gemeinsamkeit des Erlebens kommt plötzlich ein ganz neuer Gesichtspunkt auf. Man ist Jahrzehnte daran vorbeigegangen, aber plötzlich gewinnt gerade dieser Punkt entscheidende Bedeutung.

Es ist unfaßbar, was für ein Reichtum an Aussage in einem großen Kunstwerk verborgen ist. Wer kann sich vermessen zu glauben, ihn jemals voll ausschöpfen zu können? Aber man kann mit den Jahren versuchen, alle die manchmal gegensätzlichen Aussagen in eine gemeinsame Form zu bringen, auf daß der Sinn – das Tao – erfühlt werde. So ist auch die Praxis dieser Proben ganz anders.

Musiker haben ein sehr feines Gedächtnis für musikalisches Geschehen, das auch lange Zeit zurückliegen mag. An diesem Punkt wird angesetzt. Man nimmt z. B. einen Übergang heraus, der das letzte Mal nicht geglückt ist. Einen jener wunderbaren Momente, die fast in jeder Symphonie vorkommen, wo Etwas langsam verlischt oder abstirbt, um Platz für Neues zu machen. Und diese Ahnung muß spürbar sein, bevor sie noch Wirklichkeit ist. Das Orchester muß es sozusagen auf den Lippen haben, ohne es noch aussprechen zu können. Warum nun mißlang die Stelle?

Viele Gründe gibt es dafür. Eine kleine Ungenauigkeit oder Unsicherheit im musikalischen Ablauf, ein Diminuendo, das zu spät einsetzte und korrigiert werden mußte, und schon ist die Atmosphäre gestört.

Oder man war als Dirigent zu sehr verkrampft, um einer Stelle den richtigen Fluß zu lassen. Man muß dabei auch bis zur letzten Konsequenz selbstkritisch sein können.

Oder ein anderes Beispiel. Eine großangelegte Steigerung des Tempos mit gleichzeitigem Crescendo zu einem Höhepunkt. Wie oft mag so eine Stelle danebengegangen sein. Ein Crescendo, das zu spät einsetzt und daher nie zu einem Höhepunkt führen kann oder zu früh, und alle Kraft wird verpulvert, und für den Höhepunkt bleibt nichts mehr übrig.

Jahre hindurch hat man das zusammen erlebt. Nun, in der Probe, wird man darüber sprechen und zuerst von der technischen Seite eine Verbesserung versuchen. Im erwähnten Fall muß das Orchester von sich aus das Crescendo bringen, ohne erst vom Dirigenten dazu aufgefordert zu werden. Es ist ein wundervolles Gefühl, davongetragen zu werden wie von einer Welle, die immer höher sich auftürmt, um plötzlich mit einer alles zermalmenden Wucht herunterzubrechen.

Aber davor braucht es Jahre an Arbeit. Es ist auch völlig unmöglich, ein Werk ein für allemal zu probieren. Es liegt eben nicht am Orchester allein; es ist das Zusammengehen in den innerdynamischen Spannungen, das sich aus jahrzehntelanger Mühe, Arbeit und Liebe ergibt. Es ist *immer* wieder die Darstellung seelischer Grundsituationen *und* deren Auswirkungen im Menschen.

Aber in dem Bemühen um die Gestaltung der musikalischen Form tritt nun ein Problem in den Vordergrund. Es ist in der zweiten Frage am Beginn des Kapitels enthalten und lautet: Kann oder muß der Dirigent vom Orchester lernen? Walter Gieseking, der berühmte Pianist, hatte eine eigentümliche Begabung. Sein Gedächtnis war so fabelhaft entwickelt, daß er einmal auf der Reise von Hannover nach Berlin ein Klavierstück, das außer dem Komponisten niemand kannte, auswendig lernte und es am selben Abend öffentlich spielte. Er sagte nachher, das Lernen sei das leichteste gewesen, sogar seine Hände hätten sich im Unterbewußtsein die richtigen Fingersätze zurechtgelegt. Das schwierigste sei jedoch das Umsetzen in die Wirklichkeit gewesen. Die Finger, die sich sozusagen nur im Geiste bewegt hatten, stießen plötzlich auf das Hindernis Klavier, und das brachte den ganzen Ablauf aus dem Gleichgewicht. Es ist die ewige Konfrontation des künstlerischen Geistes mit der Materie. Von Michelangelo sagte man, er hätte den Marmor als einen Feind gesehen, der sich seinem künsterischen Willen entgegenstemmte.

Und der Schriftsteller steht im Mittelpunkt zwischen dem Geist, der ihn beflügelnd fortreißen möchte, und den Schriftzügen, die mühsam hinterherlaufen, und doch – bei alldem ist es ja nur unbearbeitete Materie: ein Meißel, ein Stück Stein oder eine Feder.

Wieviel größer ist das Problem beim Dirigenten, der lebende Menschen vor sich hat, die ihrerseits sich wiederum nur durch ein Musikinstrument ausdrücken können.

Es würde von grenzenlosem Dünkel zeugen, wenn ein Dirigent glaubte, er könne nur von sich selbst aus ein Stück geistig so sich zu eigen machen, daß daraus eine harmonische Interpretation entsteht. Und Hand aufs Herz, haben wir dies nicht in unserer Jugend auch getan? Das Leben hat uns rasch eines Besseren belehrt.

Wir brauchen ein Orchester für den Reifeprozeß eines musikalischen Werkes genauso, wie das Orchester uns braucht. Deswegen sind die Proben mit dem eigenen Orchester so schön. Es kann sein, daß man mit einem Werk lange Zeit sehr intensiv lebt und daran arbeitet, und wieder kommt eine Periode, da ist es in die Ferne gerückt und bleibt längere Zeit liegen, aber aufgespeichert im Unterbewußten, und plötzlich ist es wie ein Zwang, es drängt wieder an die Oberfläche, und bei den Proben merkt man, daß es sich in der Stille seiner Zurückgezogenheit verändert hat, so wie man sich selbst verändert hat. Es ist, als blicke man in einen Spiegel, und das Orchester spürt es auch, und manches klingt ganz anders als früher.

Ein im rechten Augenblick gesagtes Wort kann mehr helfen als nutzlose Phrasen, da ja doch dem Orchester alles noch von früher her so vertraut ist. »Es klang so alt und war doch so neu«, läßt Richard Wagner Hans Sachs sagen.

Die längste Zeit zur Ausreifung brauchen die Stellen eines Werkes, in denen sich die Grundsituation entscheidend ändert: Crescendi – Decrescendi – Accelerandi – Ritardandi. Natürlich in allen Kombinationen.

Es ist bei den ersten Malen, in denen das Werk erarbeitet wird, unmöglich, vorherzusehen, wo solch ein Wechsel hinführt. Es gibt z. B. eine Stelle in der 5. Sibelius-Symphonie, wo ein Wechsel von einem ganz langsamen Tempo bis zum Prestissimo ungefähr zwei Minuten dauert. Jeder Takt muß ein bißchen rascher sein als der vorhergehende. Dies erfordert eine klare Übersicht, und man muß eigentlich beide Tempi gleichzeitig im Unterbewußtsein spüren.

In diesen Proben werden auch die Stärkegrade des Notenbildes gegeneinander abgewogen. Bei einem fremden Orchester, mit dem man ein Werk zum erstenmal dirigiert, kann man nie sicher sein, welcher Stärkegrad an einer bestimmten Stelle angeschlagen wird. Man erlebt es häufig, wie die Dynamik vom Dirigenten unentwegt hin und her gezerrt wird. Nur – eine Geste, sei sie anfeuernd oder beschwichtigend, kommt dann erst zum Tragen, wenn die Stelle längst vorbei ist; ein Fehler, der nicht mehr korrigiert werden kann, also sinnlos. Beim eigenen Orchester wissen beide Partner aus Erfahrung um die möglichen Stärkegrade, und ein einziges Wort kann eine Fehlerquelle beseitigen.

Der Dirigent darf und muß fordern, daß die Klangwerte von selbst so kommen, wie sie festgelegt waren. Nur so kann er sich auf seine wirkliche Aufgabe konzentrieren, ohne dauernd Angst zu haben, daß etwas nicht so klingt, wie er gehofft hatte. Dies gehört zu den Grundvoraussetzungen einer Interpretation.

Die Arbeit, die jetzt beginnt, wenn man sich freigemacht hat von den Fesseln der Technik, steht auf der Stufe eines gegenseitigen Gebens und Nehmens. Sie ist Austausch von gemeinsam Erlebtem und Erlittenem und der daraus gezogenen Schlüsse. Es ist ein Versuch, sich selbst im Wandel der Zeit zu erkennen und zu verwirklichen.

Aber man vergesse nicht, daß Jahrzehnte dazu notwendig waren. Zuerst vielleicht sogar der Kampf um die elementarsten Werte der Musik: lang – kurz, hoch – tief, laut – stark, bis sie durch die Zeit hindurch Selbstverständlichkeiten wurden und dann nur mehr einem höheren Sinn unterstehen. Blickt man von hier aus zurück zum Anfang, zum Studium der Partitur, zum ersten Erarbeiten einer musikalischen Form für ein geistiges Konzept, so wird einem fast schmerzhaft klar, wie sehr der Dualismus zwischen Geist und Materie uns in den Krallen hält.

Man kann nicht hoffen, zur Klarheit im Geiste und zum Erleben im Herzen vorzudringen, bevor man sich freigemacht hat von der Fessel der Materie. Der Mensch muß zwangsweise die Materie verändern in dem Moment, da er sie berührt.

Heisenberg hat einmal gesagt, wenn ich eine Schneeflocke, die auf meine Hand fällt, untersuchen will, so ist sie schon nicht mehr die Schneeflocke, denn durch die Wärme meiner Haut hat sie sich bereits verändert.

Wenn ich mein geistiges Konzept an einem Orchester verwirklichen will, ist durch diesen Kontakt schon das Konzept verändert. Aber mit der ständig fortschreitenden Veränderung und Veredelung wird auch das Erkennen und Erleben des Sinnes verändert und veredelt werden.

Und so gesehen muß die zweite Frage am Beginn dieses Kapitels bejaht werden, aber tausendmal positiver, als sie dort gestellt war. Sie kommt aus der Erkenntnis, daß Dirigent und Orchester in einer Verwirklichung unlösbar aneinander gebunden sind.

Was sagt ein Orchestermanager auf die Frage, warum der Dirigent mit dem Orchester probieren muß? »Damit die beiden für mein Geld nicht spazierengehen, sondern arbeiten.«

Mit dieser Antwort wird das ewige Problem der menschlichen Trägheit angerührt und das Zurückschrecken vor einer Anstrengung, von der man weiß, daß sie notwendig ist, und die man doch umgehen möchte.

Der Yogi muß vor jeder Meditation mindestens eine Stunde Asanag *und* Pranayama (Stellungen und Atemübungen) zur Anspannung seines Geistes üben. Kein Sportler würde es wagen, in einen Wettkampf zu gehen, ohne vorher seine Muskeln warmtrainiert zu haben. Die Stunde Vorbereitung an der Stange ist für jede Tänzerin eine Selbstverständlichkeit.

Bei dem Musiker hat sich die Überzeugung, daß Proben notwendig sind, und zwar Proben unter vollster Anspannung der geistigen *und* körperlichen Kräfte, relativ spät durchgesetzt. Die Orchester der Zeit nach dem Ersten Weltkrieg hatten die völlig unbegründete Meinung, Proben seien für sie etwas Entwürdigendes, weil man kein Vertrauen zu ihnen hätte. Das Losungswort war: »Auf d' Nacht, Herr Direktor«, was bedeutete, daß in der Probe markiert wurde und man erst am Abend bereit war, sich »maßvoll« anzustrengen.

An einem mitteldeutschen Opernhaus wurde einmal ein weltberühmter Dirigent eingeladen, für die Pensionskasse des Orchesters eine »Tristan«-Vorstellung (ohne Honorar) zu dirigieren. Er sagte zu und verlangte drei Proben. Das Orchester lehnte dies ab mit der Begründung, sie hätten die Proben »drauf«, was in der Fachsprache bedeutet, daß man ein Stück kennt und beherrscht.

Kein Intendant würde heute einem Gastdirigenten in einer Repertoire-Oper weniger als drei Proben anbieten. Bei einer Neueinstudierung sind heute zehn bis zwölf Proben normal.

Der ganze Umschwung im Denken hat sich gleichzeitig mit der Entwicklung der Grammophon-Industrie vollzogen, als die Langspielplatte mit der Stereophonie ihren Siegeszug durch die Welt antrat. Jetzt mußten die Dirigenten lernen, ihre eigenen Fehler und die des Orchesters anzuhören. Da wurden unerbittlich die höchsten Maßstäbe angelegt, und wer nicht bereit oder unfähig dazu war, das Letzte aus sich und seinen Mitarbeitern herauszuholen, der blieb hoffnungslos auf der Strecke.

Und ganz allmählich, aber immer zwingender setzte sich die Überzeugung durch, daß nur der schonungslose Einsatz aller Kräfte die Vorbedingung einer künstlerischen Leistung sein kann.

Die Überwindung der Trägheit und die Freude über eine dazu notwendige Anstrengung haben stets die Intuition des Geistes beflügelt.

Herbert von Karajan:

TECHNISCHE MUSIKWIEDERGABE

Erstveröffentlichung

In den letzten Jahrhunderten ist die Menschheit in den Besitz von technischen Mitteln auf dem Gebiet der Nachrichtenübermittlung in Wort und Ton gekommen, die ein völlig neues Denken in diesen Bereichen erschlossen haben. Und wie fast immer bei solchen Ereignissen, muß man sich fragen, ob es nicht zu primitiv gedacht ist anzunehmen, ein weltfremder Bastler sei zufällig auf einen technischen Ablauf gestoßen, der die Grundlage dieser Entwicklung war. So lesen wir es heute noch in den Schulbüchern über den Teekessel von James Watt, der die Grundidee der Dampfmaschine gewesen sein sollte. Ist es nicht viel einleuchtender zu denken, daß das Verlangen nach der Lösung eines Zeitproblems in der Menschheit mit solcher Kraft heranwächst, daß sie ein Genie hervorbringt, welches den Kern des Problems erfaßt und mit der nur dem Genie eigenen Intuition auch die richtige Lösung findet, und plötzlich erscheint diese Lösung den Mitmenschen als längst vorausgeahnt und selbstverständlich?

Als das mittelalterliche Weltbild zu verblassen begann, setzte sich der Mensch mit der Bewältigung des Raumes auseinander. Hatte die Gotik noch den Innenraum christlichen Denkens in Bauwerken gebändigt, die zum Himmel emporzustreben schienen, so sucht der Mensch jetzt den Raum in seiner Ausdehnung und sogar in seiner Unendlichkeit in den

Griff zu bekommen. Mit seherischer Gabe haben die holländischen Maler das ausgedrückt in ihren Landschaften, die sich in blauen Fernen zu verlieren scheinen, und in ihren Sonnenuntergängen, die schon die Ahnung der Unendlichkeit sind. Und die Intuition der Künstler beginnt sich auf ihre Weise im praktischen Leben umzusetzen. Der Blick des Menschen erweitert sich ins Unendliche durch das Fernrohr, die Feuerwaffe verleiht ihm die Gabe, entfernte Ziele zu treffen; die Buchdruckerei, seinen alles umfassenden Geist über die ganze Welt zu verbreiten; und das Rad, uralte Entdeckung und bis hierher auf die Triebkraft von Mensch und Tier beschränkt, erhält plötzlich ungeheuere, bis dahin unbekannte Triebkräfte aus der Natur. Vom Dampfwagen Serpollets über die erste Eisenbahn bis zu den modernsten Verkehrsmitteln ist es ein steiler Weg.

Und gleich dem Götterboten Hermes wachsen auch dem Menschen Flügel: Der ewige Traum des Ikarus wird 1908 zur Tat, und der Mensch, nunmehr Herr über die Entfernungen auf dieser Welt, greift über sie hinaus und erobert sich den Weltenraum.

Und dies alles ist Ausdruck einer einzigen treibenden Idee, die sich in einem völlig neuen Weltbild verwirklicht. Dies alles wäre wohl unmöglich gewesen, ohne daß ein anderes Gebiet menschlichen Ausdrucks eine ähnlich steile Entwicklung genommen hätte, die Nachrichtenübermittlung. Sieht man von einer primitiven oder akustischen Signalsprache ab, dann war bis zum Ende des vorigen Jahrhunderts die Schrift das einzige Mittel, Nachrichten an entfernte Personen zu übertragen. Aber der Schrift fehlt die Spontaneität von Rede und Gegenrede, in der man die Persönlichkeit des Partners fast körperlich miterlebt, und die Antwort konnte je nach der Entfernung Monate dauern. Dem gesprochenen Wort war die Grenze gesetzt: Es blieb an die räumliche Gegenwart des Partners gebunden. Auch hier erlebt man wieder, daß die

Sehnsucht, den Raum zu überwinden, immer größer wurde und zuletzt den Weg dazu fand: die Elektrizität und in ihrer Folge den Telegraph, das Telephon und das Radio.

Eine uralte Sehnsucht treibt den Menschen – seit eh und je –, die Dinge seiner Umwelt, die ihn beeindrucken, abzubilden. Ob Mitmenschen, Tier- und Pflanzenwelt oder auch nur Gebrauchsgegenstände des Alltags, sie werden in Bild oder Plastik wiedergegeben und damit in Besitz genommen, sich einverleibt oder wie bei der Darstellung von Naturgewalten und Göttern gebannt. Es ist der ewige Gegensatz von Subjekt zu Objekt und Grundlage jeder Kunst, und bis in die erste Zeit der großen technischen Entdeckungen genügt der Pinsel und der Meißel dem Künstler, um sich und das Weltgefühl auszudrücken.

Aber die große Kraft der bildenden Kunst begann zu verblassen, und der Mensch als Einzelindividuum strebt danach, das Abbild seiner eigenen Welt darzustellen. Der frühere zeitliche Ablauf künstlerischen Schaffens wird auf den Augenblick komprimiert. Der Mensch schafft sich eine neue Art des Sehens, ein technisiertes Auge – die Photographie ist erfunden.

Die Musik hat in diesem ganzen Zeitablauf ein sehr eigenes Schicksal gehabt. Lange war sie an kultische Handlungen, an den Tanz gebunden, oder sie beflügelte die Erzählungen der Troubadours. Während des christlichen Mittelalters war sie die Mittlerin von Gottes Wort an die Gläubigen. Sie ist Ausdruck des Glanzes der Fürstenhöfe: als Divertimento, als Zerstreuung für einen winzigen Kreis von Kennern und Liebhabern. Aber ihre Entwicklung nahm einen anderen Lauf, als sich im Menschen eine seelische Strukturveränderung ankündigte; der Zweiseelenmensch drückt sich in ihr aus. Und hatte Mozart noch Musik mit der Selbstverständlichkeit geschrieben, die das Problem und seinen Ausdruck gleichzeitig in Musik faßte, so ringt nun Beethoven mit ihr wie mit einem Dämon. Aber die Menschheit horcht auf, weil diese Musik der Ausdruck ihrer eigenen Nöte, Zweifel und Sehnsüchte ist, mit der sie in eine neue Zeit geworfen sind. Hier beginnt die Musik zuerst langsam, dann später immer schneller und mächtiger, zum Schluß wie eine Lawine sich der Seele des Menschen zu bemächtigen. Weil sie ihr das geben kann, was vielleicht keine andere Kunst zu geben imstande ist, eine Sprache, die an kein Idiom gebunden ist und in der Vielfalt ihrer Aussage ein Abbild der Welt vermittelt. Und noch etwas: War bisher in der Kunst eine Aussage im Raum – hic et nunc – gemacht worden, so spricht jetzt Musik in Raum *und* Zeit: bei Bach als ein ewig bewegter Zustand, später als dynamisches Geschehen, als dramatische Entwicklung – alles typische Urbilder der Seele des heutigen Menschen.

Und was war natürlicher, als daß der Mensch, zutiefst angerührt, erschüttert und erhoben von dieser Musik, den Wunsch entwickelte, solch ein Geschehen und solche Kraft aufbewahren zu können?

Der Boden war reif für die Schallplatte. Sie hat eine schwere Geburt gehabt und eine sorgenvolle Jugend durchgemacht. Ihre Entwicklung hat mehr als ein Lebensalter gedauert, dann aber hat sie einen Siegeszug angetreten und ist Bestandteil unseres geistigen Lebens geworden wie wenige andere Erfindungen.

Versetzen wir uns im Geiste zurück in eine Aufnahme der »Urzeit«. Ein kleiner Aufnahmeraum, ein riesiger Schalltrichter mit einer Öffnung von einem Meter und einer Länge von drei Metern. Dieser Trichter leitete den Schall direkt auf eine Membran, die den Schneidestichel aktivierte und die Tonhelle auf eine rotierende Wachsplatte aufzeichnete. Alle vier Minuten (die Dauer einer Platte) wurde ein Zentner Gewicht hochgekurbelt, das das Ganze antrieb. Vor diesem Schalltrichter war das Orchester postiert, beileibe nicht sitzend, und da man weder Klangvolumen noch dessen Farbe regeln konnte, mußte jeder Musiker, der eine besondere Aussage zu machen hatte – oder dies zumindest glaubte –, in den Trichter hineinspielen. Man kann sich unschwer die Kompetenzkämpfe vorstellen, die daraus resultierten, und wenn ein Fehler gemacht wurde, mußten natürlich die ganzen vier Minuten wiederholt werden.

Dieses Verfahren hat sich bis nach dem Zweiten Weltkrieg gehalten und bildete den Alptraum von Dirigent und Produzent. Erst mit der Anwendung von Magnettonbändern für die Aufnahme, die 45 Minuten Laufzeit hatten und bei denen man einen Fehler sofort korrigieren und das Band an der betreffenden Stelle schneiden konnte, hat sich die Aufnahmezeit eines symphonischen Werkes von circa dreißig Minuten bei höchster Konzentration von zwölf bis fünfzehn dreistündigen Sitzungen auf eine einzige Sitzung reduziert.

Aber nun zurück zu unserer Aufnahme von anno 1900. Der Dirigent konnte natürlich nicht vor dem Orchester stehen: Er hätte den ganzen Klang abgedämpft, von dem ohnehin nur wenig da war, also stand er seitlich und bemühte sich, so gut es ging, seinen Teil an der Sache beizutragen. Zwei Schallplattenfirmen von heute haben den dankenswerten Versuch unternommen, Aufnahmen aus den Jahren 1900 bis 1920 sozusagen nachzukonstruieren, indem man die bestehende Tonspur mit neuesten elektronischen Mitteln aufnahm und verbesserte.

Was sagen uns nun diese Aufnahmen heute? Akustisch wohl überhaupt nichts, unsere Ohren sind dafür zu verwöhnt; in bezug auf Dynamik und Raumgefühl wohl auch nichts, denn wir hören hier mono und ein Orchester von fünfzehn bis zwanzig Mann, während wir stereo und hundert Mann gewöhnt sind. Aber in einer Hinsicht sind sie von unschätzbarem Wert: Sie geben uns Aufschlüsse über Tempi und Agogik der damaligen Dirigenten, hauptsächlich Nikisch und Strauss, die fast diametral entgegengesetzt sind zu dem, was Leute, die diese Künstler noch gehört hatten, als sogenannte Tradition heute noch falsch weitergeben. Die erwähnten Aufnahmen und einige andere mehr leiten die erste Phase ernster Musikaufnahmen ein. Sie dauerte bis in die zwanziger Jahre. Wahrscheinlich war auch durch den Krieg die Weiterentwicklung stehengeblieben. Das Ganze stagnierte irgendwie und blieb auf einen ganz kleinen Kreis musikliebender Menschen beschränkt.

Das änderte sich schlagartig mit der Erfindung des elektroakustischen Aufnahmeverfahrens. Der große Trichter war verschwunden. Mikrophone hingen über den einzelnen Gruppen und Instrumentalsolisten; man konnte sie in Stärke, Klangfarbe und Nachhall auf das aufzunehmende Werk abstimmen. Die Aufnahmen Toscaninis und Stokowskis, die über den Ozean kamen, waren eine richtige Revolution auf diesem Gebiet, und jedes Jahr brachte Verbesserungen in der Aufnahmetechnik und bei den Wiedergabegeräten.

Nichts kennzeichnet diese Zeit besser als eine Anekdote um den großen Pianisten Arthur Schnabel. Electrola (besser bekannt als His masters voice), die damals führende Plattenfirma, wollte als erste das gesamte Klavierwerk Beethovens herausbringen. Der dafür kompetente Künstler war unbestritten Arthur Schnabel, man machte ihm ein Angebot, als über das Honorar gesprochen wurde, nannte er eine astronomische Ziffer. (Man muß bedenken, daß damals die Firmen mit Verkäufen in wenigen tausend Exemplaren zu rechnen hatten, verglichen mit den hunderttausend und Millionen von heute). Electrola lehnte ab.

Da kamen die Jünger von Schnabel und sprachen: »Meister, wir hören, daß Sie das Klavierwerk von Beethoven aufnehmen?« Der Meister: »Nein, meine Kinder, das unsterbliche Werk Beethovens ist viel zu erhaben, als daß man es durch eine mechanische Aufnahme entweihen dürfte.«

Zwei Jahr vergingen, Electrola hatte Angst, eine andere Firma könnte ihr zuvorkommen, sie kroch zu Kreuz und bewilligte das astronomische Honorar. Der Meister begann mit den Aufnahmen. Da kamen die Jünger und sprachen: »Meister, Ihr habt gesagt, man dürfe das unsterbliche Werk Beethovens nicht durch eine mechanische Aufnahme entweihen.« Der Meister: »Der heutige Stand der Technik ist so fortgeschritten, daß es Auftrag und Pflicht für einen großen Künstler ist, das unsterbliche Werk Beethovens durch eine mechanische Aufnahme zu verewigen.« Und so war beiden geholfen.

Hatte somit die Aufnahmetechnik schon einen gewissen Stand erreicht, so waren immer noch genügend Hindernisse da, um eine wirksame und expansive Ausbreitung der Schallplatte zu verhindern. Einige davon: Die Platten waren dick, schwer und zerbrechlich, eine Symphonie erforderte fünf bis sechs Platten, eine Oper vierzig Platten. Man kann sich unschwer die Dimensionen vorstellen, die eine heutige Diskothek damals gehabt hätte. Schon 1934 begann man mit Versuchen für eine Langspielplatte. Die Deutsche Grammophon-Gesellschaft machte ihre ersten Schritte mit einer Langspielplatte von acht Minuten Dauer.

Der Zweite Weltkrieg hat diese Entwicklung dann verzögert, und man fing 1946 eigentlich auf dem gleichen Stand wieder an, auf dem man 1939 aufgehört hatte. Aber etwas hatte sich entscheidend verändert: Der Krieg und die Folgezeit hatten die Menschen viel aufgeschlossener für ernste Musik gemacht. Ganz allmählich baute sich ein, wenn auch sehr beschränktes Repertoire auf.

Die damalige Situation wird am besten charakterisiert durch ein Gespräch, das ich 1948 mit dem künstlerischen Direktor der Electrola hatte. Gerade waren die Aufnahmen der 8. Symphonie von Beethoven (zwölf Sitzungen für 26 Minuten Spieldauer) beendet, und er wollte Vorschläge für ein weiteres Werk. Ich bat, die erste Symphonie von Brahms aufnehmen zu dürfen. Seine Antwort: »Wenn ich das meiner Direktion weitergebe, wird man mich für verrückt halten.« Heute, nach 26 Jahren, gibt es ungefähr zwölf Gesamtaufnahmen – *alle* Symphonien von Brahms.

Dieser Zustand blieb bis in die sechziger Jahre gekennzeichnet durch zwei epochale Erneuerungen: die Langspielplatte und (fast ebenso wichtig, oder besser gesagt: für die Langspielplatten-Aufnahmen Voraussetzung) das Magnetband. Dieses war im Krieg von den Deutschen entwickelt worden und diente zur Nachrichtenübermittlung. Es wurde ein besprochenes Tonband in rasendem Tempo an den Empfänger übertragen, so daß niemand mithören konnte. An Ort und Stelle wurde es dann in natürlichem Tempo abgespielt, diese Erfindung wurde nun einem friedlichen Zwecke zugeführt. Man spielte das aufzunehmende Werk auf ein Tonband, nachher wurden die mißlungenen Stellen noch einmal aufgenommen und in das Originaltonband hineingeschnitten. Dieses Tonband wurde nun mit einem elektroakustischen Schneidestichel wie früher auf eine Wachsplatte überspielt, von der Wachsplatte wurde in elektrolytischem Verfahren die Matrix hergestellt, mit der dann die Platte wie früher gepreßt wurde.

Wer, Dirigent und Orchester, hätte sonst die Nerven gehabt, eine 28-Minuten-Platte ständig von vorne zu wiederholen, wenn zum Beispiel nach 26 Minuten ein kleiner Fehler passierte? Daher ist diese Erfindung die Grundlage der heutigen modernen Aufnahmetechnik.

Nun darf man sich nicht etwa vorstellen, daß sich diese Entwicklung von einem Tag auf den anderen vollzog. Es ging hier genauso wie in anderen Fällen, wo ein großes Publikum von einer neuen Erfindung angesprochen wurde. Es mußten zuerst genügend Abspielapparate hergestellt und ein genügend großes Repertoire vorhanden sein, um dem Publikum den Ankauf eines Apparates zu erschwinglichen Preisen zu suggerieren. (Wir standen 1974 vor genau der gleichen

Situation im Hinblick auf die Videokassette, und wir tun es heute im Hinblick auf die Bildplatte.)

Noch eine Schwierigkeit verzögerte den Prozeß: Es gab eine Platte mit 33,5 Umdrehungen und einer Spieldauer von 20 bis 22 Minuten und eine andere, die 45,0 Umdrehungen machte und nur zwölf Minuten dauerte. Das große Rätselraten begann, welches System siegen würde, denn es war klar, daß die Industrie ein Repertoire in großem Umfange erst dann beginnen würde, wenn eines der Systeme weltweit durchzusetzen sich anschickte. Heute wissen wir die Antwort darauf, aber die Zweifel und Spekulationen haben die Entwicklung damals um Jahre verzögert. Dann allerdings begann eine Aufnahmetätigkeit, die wie ein Rausch über uns kam. Es war die zweite, die große Periode der Schallplatte.

Und so groß und mitreißend war der Strom, daß man kaum bemerkte, wie in der Stille ihrer Laboratorien die Techniker schon daran waren, einen neuen Riesenschritt nach vorn zu machen. Die Stereophonie kündigte sich an.

Es wäre Gegenstand einer Spezialstudie, zu ergründen, warum die Stereophonie ein Welterfolg wurde, während die Photographie in einer, wenn auch nur andeutbaren Raumdimension nie über das Versuchsstadium hinausgelangte. Vielleicht ist der Mensch als primär optisch eingestelltes Wesen eher imstande, in eine zweidimensionale Photographie den Raum hineinzuinterpretieren, als einen fast punktförmigen (Lautsprecher) Klangeindruck ins Räumliche zu expandieren. Aber der Siegeszug der Stereophonie begann, und nach zwei Jahren war es klar, daß damit, wenn auch nicht gleich, das Ende der Monoplatte und der zweiten Ära gekommen war.

Gute siebzig Jahre alt war nun die Platte. Sie hatte aus ersten tastenden Versuchen eine immer steilere Entwicklung genommen und war auf künstlerischem und wirtschaftlichem Gebiet ein nicht mehr wegzudenkender Faktor geworden.

Trotzdem war sie durch all die Jahre hindurch ein stetiger Zankapfel geblieben. Warum? Ehe wir diese Frage nach dem musikalischen Wie und Wozu beleuchten, wird es gut sein, einmal die Anatomie eines Konzertablaufs und parallel dazu seine Fixierung auf die Schallplatte zu untersuchen. Was haben beide gemein? Und wodurch unterscheiden sie sich?

Bis zum Moment, da die Musik erklingt, liegen offensichtlich gleiche Verhältnisse vor: Eine geistige Idee im Kopf eines Komponisten hat sich in einem Schöpfungsakt zu einer musikalischen Form sublimiert. Das sichtbare Produkt davon ist eine Partitur. Sie wird in Zusammenarbeit von Dirigent und Orchester bis zur Konzertreife probiert.

Im Moment, da sie erklingt, trennen sich aber die Wege. Im Falle eines Konzerts erreicht die Musik, die wir uns jetzt auf ihre physikalische Charakteristik reduziert denken müssen, das Ohr des Zuhörers in Form von Schallwellen, die man nach Frequenzaltitude, Schalldruck, Dezibel etc. messen kann. Aber nicht auf direktem Wege, sondern in einer Unzahl von Reflexionen, Brechungen, die erst das ausmachen, was man gemeinhin die Akustik eines Saales nennt.

Und dabei müssen wir etwas verweilen: Was verlangt man von einer Akustik eines Saales? Der Physiker wird uns eine Reihe von Daten nennen, die er postuliert. So muß der Nachhall zwischen 1,5 bis 2,8 Sekunden liegen. Es müssen Materialien zum Bau verwendet werden, die eine günstige Abstrahlung haben. Es muß eine gewisse Luftfeuchtigkeit im Raume herrschen, etc.

Was erwartet nun der Dirigent von der Akustik eines Saales? Hier muß man bedenken, daß der Dirigent mitten im Geschehen steht. Er kann niemals die Hoffnung haben, den Klang so zu hören, wie er im Saal erklingt, und er kann ihn in keiner Weise beeinflussen. Diesen Punkt sollten wir festhalten, weil er beim Vergleich mit Grammophon-Aufnahmen entscheidende Bedeutung hat. Besonders wichtig für den

Dirigenten ist es zu spüren, daß die einzelnen Instrumentengruppen sich gegenseitig hören können, denn ein harmonisches Zusammenmusizieren ist nur möglich, wenn der einzelne Musiker sich selbst als Solist und als Teil des Ganzen empfinden und kontrollieren kann.

Ein akustisch guter Saal hat die Fähigkeit, die sogenannten Klirrgeräusche zu absorbieren. Das sind jene außermusikalischen Geräusche, die entstehen, kurz bevor ein Instrument seinen eigentlichen Klang entwickelt. Dazu gehören das schabende Geräusch der Bogen, wenn sie die Saite berühren, die plötzliche Ausdehnung der Bläser-Mundstücke, wenn die Atemluft eindringt, und vieles andere mehr. Ist ein Saal so gebaut, daß er diese Geräusche schluckt, so bleibt die reine, lautere Musik übrig. Von großer Bedeutung ist in einem Saal das Raumgefühl, das er der Musik verleiht. Das hängt sehr mit der Dauer des Nachhalls zusammen. Aber noch viele andere Faktoren müssen zusammenwirken, um einem das wundervolle Gefühl zu geben, daß die Musik sich selbst trägt, daß der Raum keine Grenzen mehr hat und daß zum Beispiel ein Bläsersolo nicht zwei Meter entfernt erklingt, sondern daß es, gebettet in einen warmen Streichelklang, wie aus dem Unendlichen kommt.

Mit nachtwandlerischer Sicherheit fühlt ein Orchester die Qualität eines solchen Saales. Jeder Solist fühlt sich emporgehoben und ist besser, als er selbst glaubt, und dieses Geben und Nehmen zwischen Dirigent, Orchester und Saal macht das wahre Glück des Musizierens aus. Aber wie selten sind diese Glücksfälle, und wie oft erstarrt die schönste Konzeption in einer nüchternen, kalten Wiedergabe, wenn man beim Bau eines Saales nur mit Form und Rechenschiebern gearbeitet hat.

Was erwartet ein Publikum von der Akustik? Sicher zuerst einen vollen runden Klang. Kein schrilles Hervortreten einzelner Bläser; und etwas Neues, das in den Bauplänen der letzten Jahre stark hervortritt: Man will nicht mehr die strenge räumliche Absonderung Publikum–Orchesterpodium, man will mit einbezogen sein in das Geschehen. Schönstes Beispiel: die Berliner Philharmonie, von der jemand sagte, man wüßte nie, wo das Orchester aufhört und das Publikum anfängt.

Kommen wir nun auf den Vergleich mit der Schallplatte zurück. Statt in das Ohr der Zuhörer zu dringen, wird der Klang von Mikrophonen aufgenommen, die zweckentsprechend im Orchester verteilt sind. In der Aufnahmeapparatur wird die Musik, die wir uns wie früher als akustische Schwingung vorzustellen haben, in elektromagnetische Feldveränderungen auf einem Magnetband umgewandelt. Man hört oft sagen: eingefroren. Das wäre grundfalsch, denn wenn man von Einfrieren spricht, denkt man unwillkürlich an eine Tiefkühltruhe, aus der das Fleisch nach Bedarf geholt wird. Aber dazu ist ein Prozeß des Auftauens nötig, der erstens Zeit braucht und in seiner Folge auch die Struktur und den Geschmack der Materie verändert. Nicht so bei der Aufnahme. Die Magnetfelder auf den Tonbändern sind nicht tot, wenn die Apparatur ausgeschaltet wird, sie leben und sind jederzeit bereit, ihre gespeicherte Information wahrheitsgetreu wiederzugeben. Und so geschieht es. Diese Informationen werden auf elektronischem Wege in akustische Schwingungen zurückverwandelt, welche die Schneideapparatur aktivieren, und von hier ab läuft der Prozeß genauso weiter bis zur Pressung und Abspielung der Platte. Die letzte Instanz sind die Lautsprecher, welche die Rückkehr zum akustischen Wellensystem bewerkstelligen und damit wieder das Klangerlebnis beim Hörer erwecken.

Es ist also ein technisches Ohr zwischengeschaltet worden, das die Fähigkeit der Aufbewahrung und – ich betone es – der lebendigen Aufbewahrung hat und die Möglichkeit, daraus wieder den ursprünglichen Klang herzustellen.

Um nun einen Vergleich zu ziehen zwischen dem lebendigen Hören und der Aufnahme, sollte man die Vorwürfe kritisch prüfen, die der Schallplatte gemacht werden.

1. Die Musik sei kalt und mechanisch. Machen wir einen Versuch. Ein Mensch, der uns nahesteht und dessen Stimme wir genau kennen, spricht zu uns am anderen Ende einer Katakombe mit großem Nachhall. Seine Stimme wird uns befremden und geisterhaft vorkommen.

2. Jetzt lassen wir ihn in einem gefüllten Kleiderschrank sprechen, dessen Tür nur wenig geöffnet ist. Man glaubt einen Erstickenden vor sich zu haben, zweimal hat sich das akustische Bild eines Menschen grundlegend geändert. Wodurch? Durch Umwelteinflüsse.

3. Derselbe Mensch spricht zu uns über ein Sprechfunkgerät. Während er spricht, schneiden wir die hohen Frequenzen bis auf ungefähr 600 Hertz ab. Seine Stimme wird ein unverständliches Geräusch.

4. Wir sprechen mit derselben Person durch ein stereophonisches Telephon, welches die Industrie für die Zukunft schon bereithält und das dieselbe Perfektion im Klang hat wie eine heutige moderne Hi-Fi-Anlage. Wir erleben die Stimme und den ganzen Menschen in einer Wärme und Nähe, die man fast körperlich spüren kann.

Man sieht daraus, wie sehr die kontrollierbaren und unkontrollierbaren Umwelteinflüsse bei der Beurteilung von Empfindungen eine Rolle spielen, und dahin zielt auch der zweite Vorwurf, daß die Musik durch die Aufnahmeapparatur manipuliert werde.

Manipuliert? Es ist das wohl am meisten mißbrauchte und am meisten mißverstandene Wort unserer Zeit. Am meisten mißverstanden, weil es immer abschätzig gebraucht wird, um zu beweisen, man habe etwas Bestehendes durch Verfälschung oder Verdrehung zu einem schlechten Zweck mißbraucht. Manipulieren heißt aber in Wirklichkeit handhaben oder behandeln, und im Lichte dieser Übersetzung gewinnt die Kritik eine ganz andere Bedeutung. Und da stellt sich zuerst die Frage, was in allen Sparten des Lebens nicht manipuliert wird. Es ist die Berührung der Materie mit dem Subjekt, welche sich zwangsweise verändert; Heisenberg hat das einmal so treffend dargelegt (vgl. S. 278). Dies gilt ganz besonders in der Musik und der Musikausführung. Die Grundidee im Kopf des Komponisten wird von ihm manipuliert, wenn er versucht, sie in Form einer Partitur zu fassen. Diese wiederum wird mit dem Kontakt mit dem Dirigenten manipuliert, weil er sie von seinem Standpunkt liest und in seinem inneren Ohr hört, und hundert Musiker manipulieren sie durch ihre Instrumente. Der Klang, der aus dem Orchester kommt, wird erneut manipuliert durch die akustischen Komponenten des Saales, die der Dirigent zu ändern nicht in der Lage ist, so daß er nicht wissen kann, wie der von ihm erstrebte Klang in das Ohr des Hörers gelangen kann.

In das Ohr welches Hörers? Es gibt doch selbst in einem wirklich guten akustischen Saal nicht zwei Plätze, an denen die gleichen Bedingungen herrschen. Man kann aus Erfahrung sagen, daß bei 2000 bis 3000 Hörern nur ungefähr 300 bis 400 der Vorzüge dieses Saales teilhaftig werden. Von da ab fällt die Qualität fühlbar ab, gar nicht zu reden von einem Saal mit schlechter Akustik. Und hier schlägt die Kritik, daß durch die Schallplattenaufnahme die Musik manipuliert wird, in das gerade Gegenteil um. Ja, sie wird manipuliert, aber durch die akustisch-technischen Mittel im besten Sinne des Wortes. Schon bei der Aufstellung der Mikrophone kann den grundsätzlichen Voraussetzungen der Partitur und ihrer Relation zum Raum Rechnung getragen werden. Während der Aufnahmen hat der Dirigent dauernd die Möglichkeit, das Band abzuhören.

Die Aufnahmen von heute werden gewöhnlich auf acht bis

sechzehn Spuren gemacht. Das heißt, daß sie bei der Endmischung dieser Möglichkeiten in zwei Spuren zusammengefaßt werden, und wenn der Dirigent dieses Verfahren gründlich kennt, kann er im Verein mit dem technischen Team ein Endprodukt herstellen, das in allem und jedem seiner klanglichen Vorstellung entspricht. Hier liegen die Vorteile der Platte klar auf der Hand.

1. Diese Platte wird jedem einzelnen Zuhörer das Klangbild liefern, wie es der Dirigent gewollt hat, vorausgesetzt, daß eine erstklassige Aufnahmeapparatur verwendet wird.

2. Der Hörer kann zu jeder Zeit, die ihm recht ist, Musik hören, er kann, wenn er will, einen Satz wiederholen.

3. Er ist sicher, daß er von Ausführenden und Dirigenten die beste Leistung bekommt, denn eine Aufnahme wird so oft wiederholt, bis die Aufführenden sicher sind, daß das Ergebnis ihrer Höchstform entspricht. Es würde schwerfallen, dasselbe von einem Orchester oder Dirigenten zu behaupten, die sich vielleicht gerade auf einer Welttournee befinden und unbarmherzig allen Einflüssen von Klima, Kost, Krankheiten und schlechter Akustik ausgesetzt sind.

Man wende nicht ein, daß das Massenerlebnis des Zuhörens die Qualität fördert. Wenn man eingekeilt ist zwischen Menschen, wenn links vorne eine Dame mit ihrem Armreifen klappert, wenn rechts jemand versucht, aus der Partitur (auf der falschen Seite) mitzulesen, und mit dem Programm den Takt (falsch) mitschlägt und hinten jemand, der keinen Parkplatz bekam und sich seiner Nachbarin gegenüber noch darüber beschwert..., da lobe ich mir die Stille eines Zimmers, in dem ich frei von allen Störungen und allein oder mit gleich empfindenden Menschen mich dem Genuß der Musik hinzugeben vermag, wann ich will, wie oft und wie lange ich will.

Auf dem Gebiet der Oper kann die Platte Resultate erreichen, die in einer normalen Wiedergabe unmöglich sind. Ein Sänger, der allen Anforderungen künstlerischer Natur entspricht, aber vielleicht ein geringeres Klangvolumen besitzt, kann durch die Aufnahmetechnik angehoben werden und wird einem anderen Sänger vorzuziehen sein, der außer einer großen Stimme nichts anderes mitbringt. Die überaus komplizierten Ensemblesätze bei Verdi und Wagner, die normalerweise ein Wettkampf der Sänger um die größte Lautstärke sind, kommen durch subtile Klangmischung in ihrer ganzen Schönheit zur Geltung.

Nun gibt es einen Gegensatz Konzert/Schallplatte, auf den noch hinzuweisen ist. Ein Konzert ist von seiner Natur her eine Kreation, es wird vorbereitend probiert, und seine Ausführung ist von vielen Imponderabilien beeinflußt, etwa von der physischen und psychischen Kondition der Ausführenden und des Publikums, die sich wechselweise beeinflussen. Mehr oder weniger ist es immer der Kampf eines einzelnen gegen Tausende, ihnen seinen Willen und seine Überzeugung aufzuzwingen. Das Überraschungsmoment, wenn es gelingt, mag einer der Reize im Konzert sein.

Und vergessen wir nicht, daß in einem Konzert nicht wenige Zuhörer sitzen, die gekommen sind, um es schlecht zu finden und darüber ihre Meinung zu äußern. Bei der Platte ist das anders. Man kauft doch (nach vorherigem Probehören) kaum eine Platte, die einem nicht gefällt – außer zu Geschenkzwecken; und wenn man sie erworben hat, dann beginnt das Streben, sie (als materiellen Besitz) sich durch oftmaliges Hören auch musikalisch und geistig zu eigen zu machen. Man ist nicht mehr kritisch eingestellt und daher viel offener, die Schönheit eines Werkes zu erfassen und zu genießen.

Diese Möglichkeit des mehrmaligen Hörens eröffnet der Platte und vielleicht noch mehr ihrer jüngeren Schwester, der Musikkassette, ein Gebiet, auf dem sie konkurrenzlos ist: als Lehrmittel. Wo sollte ein Musikstudent vor 1930, speziell wenn er in der Provinz lebte, jemals die Kenntnis der symphonischen und Opernliteratur erwerben? Er mußte sich die Noten mühsam aus der Partitur am Klavier zusammenstellen und bekam somit ein völlig falsches Klangbild, das er dann erst vor den Orchestern, die er leitete, mühsam korrigieren mußte. Heute kann ein junger Dirigent nicht nur eine, sondern sechs bis zehn Aufnahmen des bekannten Konzert-Repertoires hören. Man sage nicht, daß es ihm damit zu leicht gemacht wird, es ist ihm damit die Möglichkeit gegeben, zu lesen, statt zu buchstabieren und im Vergleich mit verschiedenen Deutungen zuallererst herauszufinden, welche potentiellen Möglichkeiten in einer Komposition überhaupt liegen. Und da diese Aufnahmen von Spitzenorchestern stammen, wird er gleich konfrontiert mit einem Niveau der musikalischen Ausführung, die für ihn das Richtmaß sein soll. Man bleibt eben am Beginn einer Laufbahn allzu leicht stecken, wenn man nur immer seinen eigenen Klangkörper hört. Und für alle Interpreten ist die aufgenommene Musik, besonders wenn man sie nach langer Zeit hört, der unbestechlichste Kritiker. Kein guter Freund, kein noch so wohlwollender Lehrer ersetzt einem die klare Sprache dieser einzigen echten Kritik. Nur, nebenbei gesagt, ist es ein mysteriöses Gefühl, eine seiner Platten, die ein Jahrzehnt oder älter ist, abzuhören; man spürt hinter der ablaufenden Musik fast greifbar die Zeit.

Und wenn heute der Standard des Orchesterspiels sicher um Klassen besser ist als früher, so schlägt dies mit gutem Recht für die Schallplatte zu Buche. Die Unerbittlichkeit, mit der sie jeden Fehler – sei er intonationsmäßig, rhythmisch oder im Zusammenspiel – festhält, hat am Anfang den Orchestern schwer zu schaffen gemacht und eine natürliche Auslese herbeigeführt.

Und noch immer gibt es Menschen, und es wird sie immer geben, die sagen: »Ja, aber die lebendige Aufführung ist schöner, man ist dabei.«

Was für eine Bewandtnis hat es damit? Ein Konzert ist nun einmal eine festliche Angelegenheit. Man kleidet sich danach, und am Schluß des Konzertes wird der Abend mit Freunden gefeiert; man tauscht seine Eindrücke aus (schimpft auf den Dirigenten) und hat das erhebende Gefühl, etwas für die Kultur getan zu haben. Aber Hand aufs Herz, wenn man alle äußerlichen Dinge abzieht, wieviel bleibt dann noch für die Musik übrig? Damit soll sicher nicht denen das Wort geredet werden, die behaupten, daß durch die Platte das Publikum aus dem Saal verdrängt werden soll.

Konzerte wird es immer geben, und es soll sie auch geben. Was wäre unser Beruf und unser heißes Bemühen um die Musik, wenn wir nicht den direkten Kontakt hätten mit denen, die sie lieben. Aber wir müssen uns der Grenzen des Konzertlebens bewußt sein, um die Entwicklung nach der anderen Seite zu verstehen.

Es sind am Anfang dieses Abschnittes Vergleiche gezogen worden, um aufzuzeigen, wo die Abläufe gleich sind und wie sie sich unterscheiden. Kein Vergleich kann jedoch gezogen werden, wenn vom Wesen beider Dinge gesprochen wird. Sie sind unvergleichbar, weil sie ganz andere Voraussetzungen haben.

Der Kern der Sache liegt in der Verbreitungsmöglichkeit. Wir müssen uns darüber im klaren sein, daß das Erleben ernster Musik, das zunächst nur einem kleinen Kreis möglich war, in den letzten dreißig Jahren ein großen Teil der Menschen überhaupt erfaßt hat. Die Vehemenz dieser Bewegung hat etwas Explosives und muß ihren Grund haben im Verlust von Werken, die in unserer Zeit ihre Kraft verloren haben – für welche die Menschheit eine Kompensation sucht und in der Musik offenbar auch gefunden hat.

Diesem Phänomen stehen die Möglichkeiten gegenüber, die die heutige Musikausübung zu bieten hat und die in Anzahl und Qualität viel zu gering sind. Wenn man von einem

Konzert spricht, dann denkt man gewöhnlich an einen Abend in einer Großstadt oder an einem Festspielort, bestritten von einem Spitzenorchester unter der Leitung eines Dirigenten von Weltruf. Der Mensch von heute ist sehr wählerisch geworden und ist bereit, immer nur das Beste zu verlangen. Es besteht keine Hoffnung, daß diese ganz wenigen Spitzenkräfte jemals nur einen Bruchteil des Bedarfs decken könnten, es wären Tausende von Konzerten nötig, abgesehen davon, daß viele Menschen über Tausende von Meilen angereist kommen müßten, weil in ihrer Heimat nie ein Konzert dieser Art stattfindet.

Und weiter, wenn nun einer der Begünstigten die Möglichkeit erhält, ein solches Konzert zu besuchen, so ist immer noch nicht gesagt, ob die Programmwahl des Dirigenten seinen Vorstellungen und Wünschen entspricht. Sollen deshalb Hunderttausende, die nicht die Möglichkeit haben, an einem der Musikzentren zu leben, auf immer ausgeschlossen sein von den Herrlichkeiten der Musik?

Die Frage hat sich von selbst gelöst, und die Schallplatte, die das Verlangen nach Musik in einem immer größer werdenden Kreis von Menschen geweckt hat, ist auf dem besten Wege, dieses Verlangen auch zu stillen.

Wie soll die Entwicklung nun weitergehen?

Die Schallplatte ist heute schon in sich eine sehr vollkommene Erfindung. Trotzdem arbeiten die Laboratorien fieberhaft weiter an der Fortentwicklung. Man kann bereits über 30 Minuten pro Plattenseite aufnehmen, und die Apparaturen werden immer komplexer und besser. Hinzu kommt die Erfahrung über eine lange Zeit, die ein Aufnahmeteam mit einem Dirigenten zusammenarbeitet. Jeder weiß schon, was der andere will.

Die Musikkassetten haben eine immer größere Bedeutung erlangt und werden sich wahrscheinlich auch im Preis an die Platten angleichen. Hand in Hand damit geht die Vervollkommnung der Wiedergabegeräte, die heute auf einem Niveau sind, das dem der Schallplatten in nichts nachsteht.

Eine sehr interessante Entwicklungsarbeit läuft in Berlin seit ungefähr zwei Jahren, ausgeführt von einem Team junger Akustiker. Man geht von der Tatsache aus, daß das menschliche Ohr den Klang anders aufnimmt als ein Mikrophon, denn dem Trommelfell, das dieselbe Funktion hat wie das Mikrophon, ist beim Menschen der äußere Gehörgang und die Ohrmuschel vorgelagert, die beide den Klang in besonderer Weise modulieren.

Man nimmt also einen Puppenkopf, wie er in allen Modegeschäften verwendet wird, schneidet ihn längs und in Querrichtung durch und baut innen die Mikrophone ein, und zwar so, daß auch sie den Klang durch künstlich nachgebildeten, äußeren Gehörgang und Ohrmuschel aufnehmen. Auf diese Weise wird eine anatomisch vollkommene Nachbildung des Hörens beim Menschen erzielt. Ungefähr fünf bis sechs dieser Köpfe werden an verschiedenen Plätzen des Konzertsaals aufgestellt, und das Ganze wird dann wie bei einer vielkanaligen Aufnahme zusammengefaßt. Man kann bis jetzt eine derartige Aufnahme nur mit einem Kopfhörer abhören, aber das Ergebnis ist einfach überwältigend. Es ist das einzige mir bekannte System, bei dem man nicht das Gefühl hat, der Klang käme von außen, sondern die Musik scheint aus einem selbst hervorzubrechen, um nach außen zu gelangen. Dieses fast verwirrende Klangerlebnis ist nur vergleichbar dem akustischen Eindruck, den man in seltenen Stunden am Dirigierpodium erleben kann.

KARAJANS »KÜNSTLERISCHES VERMÄCHTNIS«

Eine Epoche bewahren

Es gibt Schwierigkeiten, den genauen Zeitpunkt zu nennen, zu dem Herbert von Karajans Arbeit an dem, was er sein künstlerisches Vermächtnis nannte, begonnen hat. Ein einziges Datum ist als sicher anzusehen: der Gründungstag der Firma Telemondial, die Karajan nach mehreren Versuchen einer Partnerschaft auch auf dem Sektor Musikfilm – im weitesten Sinn – autonom machen sollte. Selbstverständlich sind seine sämtlichen Schallplatten mit den Berliner und Wiener Philharmonikern bereits als Dokumentationen eines Lebenswerkes zu charakterisieren. Und auch alle seine Versuche, auf dem jeweils letzten technischen Standard zu produzieren, sind als Hinweis darauf zu werten, diese Dokumentationen so beständig wie nur irgend möglich zu machen. Und ohne Zweifel waren alle Bemühungen Karajans, Konzerte und Opernaufführungen auch optisch (in welchem Medium immer) zu fixieren, von dieser Absicht getragen.

Ebenso gewiß ist, daß Karajans fester Vorsatz, seine Produktionen der Osterfestspiele auch als Opernfilme festzuhalten, dem sogenannten künstlerischen Vermächtnis zugerechnet werden muß: Die einzige Persönlichkeit, die darüber genauer Aufschluß geben könnte, der Filmkaufmann Leo

Kirch, hat allerdings wissen lassen, er nähme lieber Spekulationen in Kauf, als daß er seine Sicht der Zusammenarbeit mit Karajan und deren Aufkündigung preisgäbe. Da waren in der Firma Unitel Persönlichkeiten von besonderem Format und großer Eigenart zusammengekommen und nicht ohne weitreichende Folgen wieder auseinandergegangen.

Gemeinsam mit Leo Kirch, der sich Interpreten wie Karl Böhm und Leonard Bernstein auch freundschaftlich eng verbunden hatte, waren zur Zeit der Gründung der Osterfestspiele viele Projekte diskutiert worden, die Karajans neue Einstellung dem Medium Fernsehen gegenüber zeigen sollten. Hatte er bei der Eröffnung des Großen Salzburger Festspielhauses dem Fernsehen insgesamt noch skeptisch gegenübergestanden, so hatte er seither außer der Faszination der Breitenwirkung auch begriffen, daß das Medium Fernsehen eine pädagogische Chance barg und daß es zudem die Verwirklichung seines eigenen Traums von einer Dokumentation seines Schaffens ermöglichte. Gemeinsam mit Leo Kirch, der seine Position als führender Filmkaufmann Europas nützte, um in eigenen oder sogenannten Coproduktionen mit Opern- und Festspielhäusern ein einzigartiges Repertoire aufzubauen, wollte Karajan in Salzburg, Berlin und Wien Konzerte und Opern produzieren, die seinen Plänen entsprechen und weltweit seinen Standard festsetzen sollten.

Das gemeinsame Projekt einer Verfilmung des »Ring«, mit »Rheingold« noch in einem Münchner Atelier begonnen, wurde lange vor seiner Vollendung abgebrochen. Die gemeinsame Planung, für die es auch Querverbindungen zu den österreichischen Bundestheatern und den Ankauf von Ateliers in Salzburg gab, endete – wenigstens vor der aufmerksamen Öffentlichkeit –, als Herbert von Karajan anläßlich seiner »Rückkehr« an die Wiener Staatsoper Inszenierungen sowohl im Fernsehen übertragen wie auch für Leo Kirchs Firmen aufnehmen lassen wollte. Der Rest ist eine von dem überlebenden Partner nicht preisgegebene Geschichte einer in die Brüche gegangenen Partnerschaft.

Herbert von Karajan konnte, als er sein eigener Produzent wurde und noch einmal von vorn begann, die Rechte an den für Kirch produzierten Konzerten und Opern nicht zurückkaufen und erklärte in seinen späten Jahren deshalb diese Konzerte und Opern für überholt und künstlerisch nicht mehr vertretbar. In allen seinen Gesprächen und Interviews klagte er über die veraltete Machart und minderwertige technische Qualität der bereits auf den Markt gekommenen Videokassetten und Laser Discs, hatte aber keinerlei Einfluß auf die Marketingstrategien Leo Kirchs und der mit ihm verbundenen Firmen. Zweifellos litt er unendlich darunter, nicht Herr über die Beethoven-Filme und Puccini-Interpretationen zu sein. Ob er bei Einräumung eines Mitspracherechts die vorhandenen Filme wenigstens teilweise autorisiert hätte, ist reine Spekulation. Zeit seines Lebens war er nicht willens dazu. Und von Leo Kirch ist dazu kein Kommentar zu erwarten. Das Publikum aber kauft die kostengünstigeren Videokassetten der »alten« Versionen ebenso wie die zum Erbe Karajans zählenden Laser-Disc-Aufnahmen, an denen zuletzt Karajans Herz hing.

Um Mißverständnissen aus dem Weg zu gehen, empfiehlt es sich demnach, Karajans gesamte Aufnahmen zu erwähnen, jedoch als sein »künstlerisches Vermächtnis« zu bezeichnen, was Karajan auf eigene Rechnung und für die von ihm ins Leben gerufene Gesellschaft Telemondial (mit Sitz in Monte Carlo) produziert hat. Von diesem Moment an traf Karajan sämtliche Entscheidungen in engster Abstimmung mit Dr. Uli Märkle, der vorher beim Österreichischen Bundestheaterverband und dann bei Polydor International Erfahrungen im Kunstmanagement erworben hatte. Sie erwiesen sich als Entscheidungen, deren Endzweck die Dokumentation war: Die Programme aller Osterfestspiele, die

Programme aller Orchesterkonzerte, die Programmwünsche an die Partner auf dem Sektor Schallplatte oder schließlich CD, aber auch die Verträge mit dem einen oder anderen öffentlichen Fernsehsender über Konzert- oder Opernausstrahlungen wurden mit Klauseln belegt, die eine zusätzliche oder endgültige Nutzung durch Telemondial ermöglichte und festschrieb.

Die Gesprächspartner Karajans, einige für sensationelle Einzelinterviews, andere in der Absicht, aus den Gesprächen Serien oder Bücher entstehen zu lassen, wissen ein Lied davon zu singen: Jede Begegnung mit dem Menschen Herbert von Karajan lief fortan darauf hinaus, sich von ihm vor allem anderen erläutern zu lassen, wie und weshalb er seine Kraft in die Produktionen von Telemondial investierte.

Viele seiner öffentlichen Auftritte sind so zu erklären. Daß er nach endlosen Vorgesprächen mit dem Vatikan an der Spitze eines wienerischen Ensembles im Sommer nach Rom fuhr, um an Peter und Paul die Krönungsmesse von Mozart aufzuführen und den Papst selbst die Messe dazu zelebrieren zu lassen, kam zwar einer so gut wie allen Musikern innewohnenden Sympathie für die römisch-katholische Kirche, die Liturgie, den Weihrauch im Zusammenhang mit großen Kompositionen entgegen, zudem lag dem spektakulären Unternehmen aber der Wunsch Karajans zugrunde, seine innige Zuneigung zur römisch-katholischen Kirche auch im Rahmen seines künstlerischen Vermächtnisses zu dokumentieren. Daß er überdies einen klaren Vertragsbruch riskierte und trotz aller Belastungen seines Verhältnisses zu den Berlinern für einen Jahreswechsel nicht zur traditionellen Aufführung der IX. Beethoven in der Philharmonie zur Verfügung stand, weil er eine Einladung der Wiener Philharmoniker erhalten hatte, deren weltweit geschätztes Neujahrskonzert zu dirigieren, wird im Hinblick auf das »Repertoire« von Telemondial plausibel. Gewiß wollte Karajan am Ende seines

Lebens noch einmal ausgiebig Johann Strauß musizieren und den Dreivierteltakt als Lebensrhythmus spüren. Zugleich aber war es selbstverständlich, daß er diese Sparte seines Repertoires in Ton und Bild festgehalten haben wollte und dafür den schönsten Rahmen und das ideale Orchester wählte.

Seine letzten Verträge mit der Deutschen Grammophon zielten darauf ab, daß er via Telemondial der Hauptproduzent aller Aufnahmen war, diese jedoch zur Verwertung des »Tons« an die Firma freigab. Seine Verträge (auch bei den Salzburger Festspielen) mit Fernsehanstalten enthielten eine Klausel, die ihm ein künstlerisches Mitspracherecht bei den Aufnahmen sicherte, zugleich aber auch die Rechte aller Aufnahmen für das von ihm als »Home Video« bezeichnete Medium zusprach. Seine Verträge mit den beiden ihm zur Verfügung stehenden Orchestern räumten diesen großzügige Royalties ein, reklamierten jedoch die Auswertung der Aufnahmen immer für Telemondial. Uli Märkle, der in den letzten Jahren gemeinsam mit dem Zürcher Anwalt Dr. Werner Kupper an Karajans Verträgen arbeitete, sicherte sich als Repräsentant von Telemondial wie als persönlicher Berater Karajans einen gefürchteten Namen in der Branche. Und Karajan machte Märkle das schönste aller Komplimente: Er hörte auf dessen Rat und zeigte sich begeistert, wenn Diskussionspartner die harte Taktik Märkles beklagten. »Wenn man nicht zornig von Ihnen spricht, haben Sie einen Fehler gemacht.« Märkle hat sich dieses Wort Karajans zu Herzen genommen, auch in der Gegenwart gibt es noch Institutionen, die ihn als schwierig einstufen. Er verwaltet Karajans künstlerisches Erbe nach dem Willen Karajans . . .

Karajan hätte gern auch Aufnahmen aus Tagen, in denen er Telemondial noch nicht als Instrument zur Verfügung hatte, in seinen Katalog zurückgeholt – vor allem Aufnahmen von Opern und Symphonien, für die er (und er wußte sehr genau, was er seiner Gesundheit noch zumuten konnte) zuletzt we-

37 Karajans Metamorphosen: als Bach,
van Beethoven, Wagner, Tschaikowsky
und Mussorgskij

ohengrin«-Probe mit Anna Tomowa-Sintow, Salzburg 1976
Trovatore«, Salzburg 1977
arajan als »Schmuggler« in seiner »Carmen«-Verfilmung, 1967

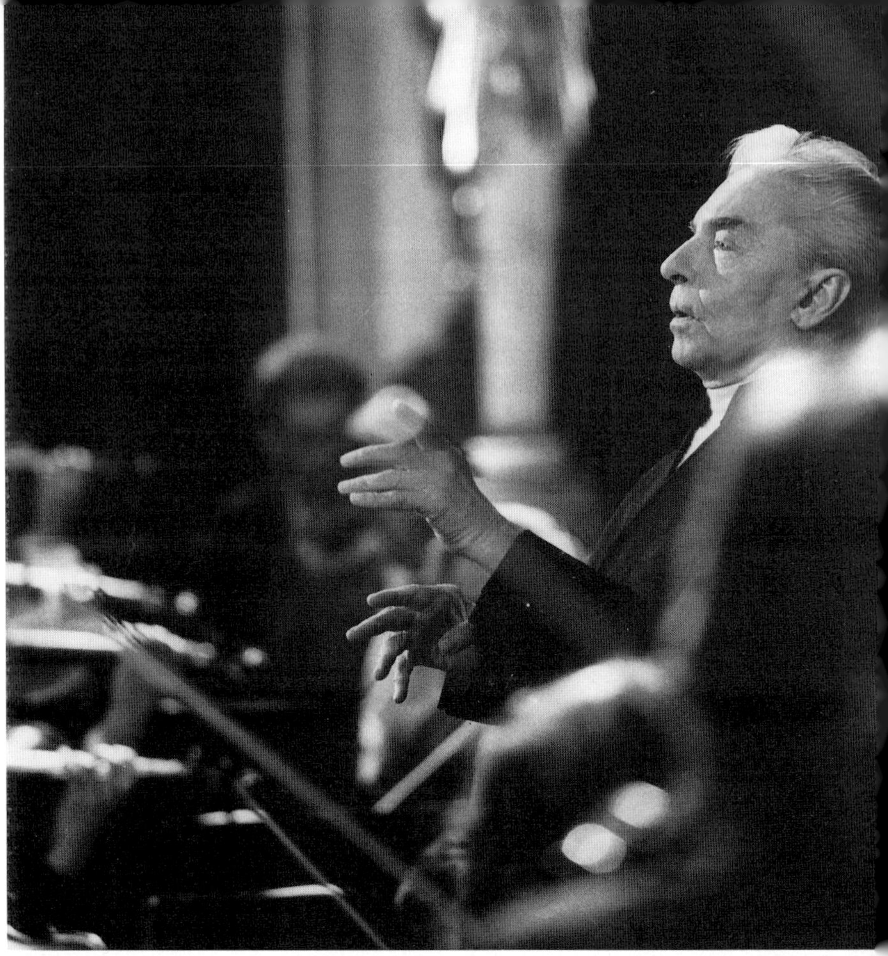

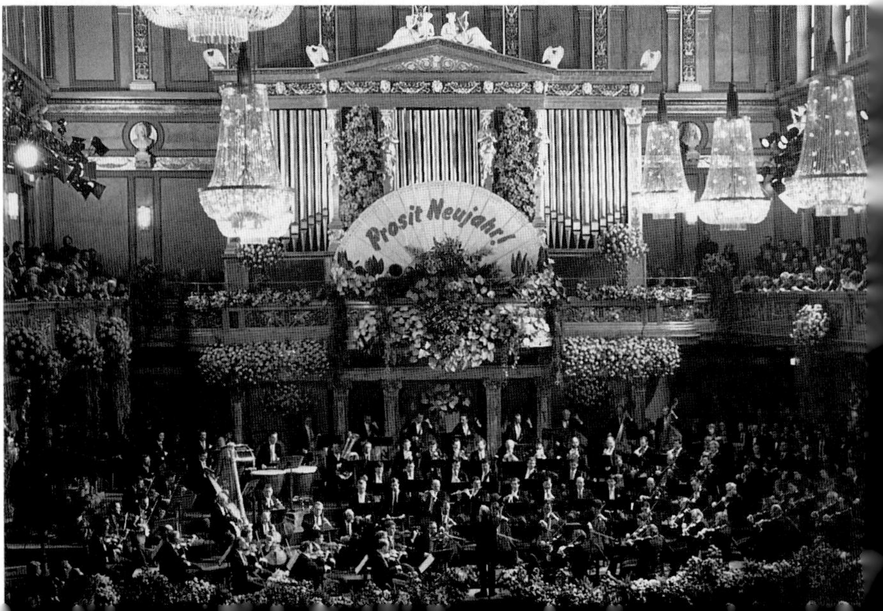
Prosit Neujahr!

41 und 42 Herbert von Karajan dirigiert das Neujahrskonzert der Wiener Philharmoniker,
Musikvereinssaal Wien 1987
43 Einweihung des Sony-Werkes in Salzburg/Anif: (von rechts) Landeshauptmann Wilfried Haslauer,
Herbert von Karajan, Sony-Präsident Norio Ogha und Bundeskanzler Franz Vranitzky, 1987
44 Pressekonferenz für neue Wiedergabetechniken, mit Sony-Gründer Akio Morita, 1986

45 Das Ehepaar Karajan mit Tochter Arabel, Anif 1988
46 Vertragsunterzeichnung in Salzburg: Philharmoniker Werner Resel, Karajan-Berater Uli Märkle,
Festspielpräsident Albert Moser, Herbert von Karajan und Philharmoniker-Vorstand Alfred Altenburge
47 Karajan nach der letzten Bruckner-Aufnahme im Musikverein, Juni 1989

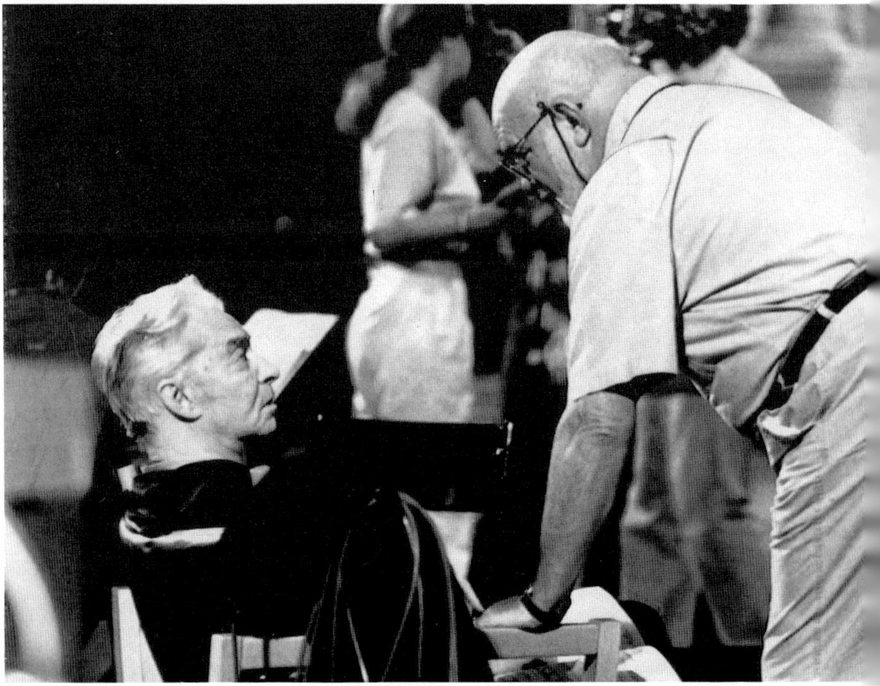

48 Karajan bei seinem letzten New Yorker Konzert, 1989 (© 1989 by Steve J. Sherman)
49 Mit John Schlesinger bei der »Maskenball«-Probe in Salzburg, wenige Tage vor seinem Tod

der die Besetzung noch den Ort der Aufführung und zudem nicht mehr die Spannkraft hatte: Um »Boris Godunow«, um »Die Meistersinger von Nürnberg«, um »Salome«, vor allem aber um »Elektra« trauerte Karajan immer, wenn man ihn über die ideale Zusammenstellung seines Repertoires auf »Home Video« befragte.

»Home Video« hieß in seiner Terminologie sein künstlerisches Vermächtnis, weil es zu seinen Lebzeiten ausschließlich in Form von auf ungezählten Kassetten aufgenommenem Bandmaterial vorlag, teilweise bereits von ihm selbst in die endgültige Fassung gebracht, teilweise von ihm mit den engsten Mitarbeitern zum Schnitt vorbereitet, in einigen Teilen aber sogar noch ergänzungsbedürftig. Für Karajan war »Home Video« eine Bezeichnung, die er vorläufig gewählt hatte, um seine Eigenproduktionen von allen Aufnahmen, die er vorher für andere Firmen gemacht hatte, deutlich abzugrenzen und ungefähr auch das Ziel anzugeben, das er erreichen wollte. »Wie wir das zuletzt nennen werden, werden wir entscheiden, wenn es feststeht, in welcher Form wir diese Filme der Öffentlichkeit präsentieren«, sagte Karajan dazu. Er hatte in japanischen Entwicklungslabors aufmerksam geforscht, was die Zukunft bringen würde. Er war davon überzeugt, eines Tages würde es einen übergroßen und völlig flachen Bildschirm geben, der in einem eigens zu diesem Zweck frei gehaltenen Raum dem Musikfreund eine völlig neue Form des privaten Kunstgenusses ermöglichen werde. Er propagierte einmal, jedermann möge beim Bau seines Hauses einen entsprechend großen Raum für dieses neue System mit einplanen. Gegenwärtig ist die japanische Freizeitindustrie tatsächlich bei der Entwicklung eines Verfahrens angelangt, das Herbert von Karajans Vorstellungen von »Home Video« nahekommt. Und der japanische Konzern Sony und dessen führende Herren geben gern zu, daß die ausführlichen Gespräche Herbert von Karajans mit dem Gründer und Präsidenten von Sony, Akio Morita, am Beginn dieser Entwicklung standen. Karajan und Morita, die gemeinsam den Tonträger Compact Disc in aller Welt salonfähig gemacht haben, sind auch die wahren Erfinder des heute HDTV genannten Aufnahmeverfahrens und der übergroßen, flachen Bildschirme. Als Karajan mit den Aufnahmen in eigener Verantwortung begann, war längst nicht sicher, welche technischen Entwicklungen sich vor allem auf dem Sektor Bildaufnahmen durchsetzen würden: Der Schritt zur digitalen Tonaufnahme war (unter lebhafter Anteilnahme Karajans) gemacht, die CD war vom Publikum auch bereits angenommen worden. Was die Verbreitung von Bildaufnahmen angeht, war die Bildplatte bereits »erfunden«, jedoch noch nicht ausgereift, die Videokassette en vogue, für die allernächste Zukunft die seither in Serie gegangene Laser Disc annonciert. Karajan, der genau wußte, wie seine Filme aussehen sollten, war aber im ungewissen darüber, in welcher Form sie dem Publikum angeboten werden sollten. Ihm schwebte eine zur Perfektion getriebene Videokassette oder Laser Disc vor, die er dem Musikfreund mit digitalem Ton ins Haus und für ein mit Stereoton ausgerüstetes Fernsehgerät anbieten wollte. Dabei rechnete er mit größerem Aufwand und größerem finanziellem Einsatz nicht nur seinerseits: Immer war er der Ansicht, sein »Home Video« werde auch den Musikfreund teurer kommen als eine simple Videokassette irgendeiner bereits vorhandenen Firma. Karajan argumentierte, eine von ihm nach allen erdenklichen Qualitätskriterien hergestellte Produktion dürfe auch mehr kosten. Er argumentierte, es werde sich trotz hoher Preise zuletzt Qualität durchsetzen.

Karajan setzte seine Suche nach dem Medium, auf dem sein künstlerisches Vermächtnis herauskommen sollte, bis zum letzten Atemzug fort. Sein letztes Arbeitsgespräch galt der Frage nach der Qualität und Serienreife der Laser Disc.

Das heißt, Karajan änderte sich nicht mehr. Er war bis

zuletzt von zwei Wünschen beseelt. Die Musik nach seinem besten Vermögen zum Klingen zu bringen und nach den höchsten Standards festzuhalten. Ihm waren das zwei gleichwertige Aufgaben, von denen er die eine aus eigener Kraft erfüllen konnte, für die zweite aber Ingenieure und Forscher als Partner brauchte. Und Zeit, die ihm nicht mehr zur Verfügung stand. Karajan wußte als illusionsloser Mensch, daß er als Dirigent und Produzent oft mit weniger idealen Interpreten vorliebzunehmen hatte, und begriff, daß er als Achtzigjähriger eine Phase des immer rasender voranschreitenden technischen Umbruchs erlebte, also mit seiner Technik nicht einmal für die in Japan bereits eingesetzte Form, die unter dem Kennwort High Definition das Fernsehen mit einem höher aufgelösten Bild versehen und die Bildplatte mit noch klareren Bildern garantiert, produziert hatte. Karajan wußte, daß die von ihm aufgenommenen Filme alle den zu seiner Zeit neuesten Standards nicht mehr entsprachen. Mitleidlos mit sich selbst sagte Karajan, er sei zehn Jahre zu früh geboren, und wußte, daß er in Wahrheit mit einer sich ständig verbessernden Technik zu kämpfen hatte.

Karajan tröstete sich über seine persönliche Situation bei der Arbeit an seinen Filmen allerdings auch: Er hatte von Kindheit an mit der Reklame der Plattenfirmen gelebt, die bereits um 1920 inserierten, sie böten eine lebensgetreue, unüberbietbare Wiedergabe von Musik an. Er wußte daher um 1985, daß sich die Entwicklung der Bildwiedergabe noch längst nicht an ihrem Ende befand. Er wußte, daß er sein künstlerisches Vermächtnis nach dem künstlerischen und technischen Standard seiner Zeit fixieren mußte und für ein Publikum seiner Zeit oder der Zeit unmittelbar nach ihm bereithielt.

Als in einem in Anif bei Salzburg angesiedelten Produktionswerk für CD und Laser Disc im Sommer 1991 eine Gedenktafel für Herbert von Karajan enthüllt wurde, beteuerten die Festredner, Karajans künstlerisches Erbe sei für sie auch ein bewahrenswerter Beitrag zum Fortschritt. Seither darf die Fachwelt rätseln: In Japan und den USA hat sich die Laser Disc durchgesetzt, in Europa zuckt man kollektiv vor den Kosten neuer Geräte zurück. Wiederum neue Erfindungen werden geheimnisvoll angekündigt. Die Technik hat vorläufig keinen Interpreten gefunden, mit dem sie gemeinsame Sache machen könnte. Einen Verbündeten wie Herbert von Karajan finden Ingenieure unter den Musikern von heute nicht.

Bildchiffren

Seine zuletzt für ihn verbindliche Art der Aufzeichnung von Konzerten hat Karajan oft und oft beschrieben. Was die technische Seite anlangt, war sie geprägt von seinem Hang, großzügig zu sein, jedoch weder Geld noch Zeit zu verschwenden. Für Vorbereitungen wie das »Einleuchten« eines Saales und das »Einstellen« der diversen Kameras benützte Karajan ein Jugendorchester, das ihm mit einem jungen Dirigenten zur Verfügung stand. Während er dieses Orchester als Statisterie beschäftigte, konnte er gemeinsam mit seiner gesamten Crew bereits über Bildauflösung, oft auch schon über Bildschnitte diskutieren und ungezählte Probleme lösen. Instrumente wurden »matt geschminkt«, Sitzordnungen ausgetüftelt, bevor noch die regulären Musiker Platz nehmen mußten. Daß er ein Werk in der Regel von mindestens fünf Kameras einmal von rechts und dann von links vom Podium her filmen ließ und anschließend beim zumeist den Aufnahmen folgenden öffentlichen Konzert die wenigen »Totalen« mit den Aufnahmen des Saales entstehen ließ, daß er für ihm notwendig erscheinende Großaufnahmen einzelner Instrumentengruppen zu einem späteren Zeitpunkt Playback-Aufnahmen anordnete und diese mit äußerster Sorgfalt selbst überwachte, ist mehrfach berichtet worden. Dabei war Karajan im Grunde nie auf originelle Bildausschnitte oder gewagte Bildwinkel aus, von denen er in den frühen Tagen des Musikfilms zu viele gesehen oder selbst produziert hatte.

Was er bei den zweimal fünf oder zweimal sechs Aufnahmen ein und derselben Symphonie im vorhinein mit der Partitur in der Hand suchte und als wesentlich bezeichnete, war der richtige Übergang von einer Bildsequenz zur anderen. In den genau richtigen Momenten eine Instrumentengruppe zu zeigen oder ein einzelnes Instrument ins Bild zu bringen war seine pädagogische Absicht. Dies möglichst kostensparend »im Kasten« zu haben war ihm wichtig. Wo bei seinen ersten Musikfilmen gemeinsam mit dem Regisseur Henri-Georges Clouzot nach einem langwierigen Verfahren Kamerafahrten quer durchs Orchester vorbereitet und immer neue Aufstellungen erprobt werden mußten, dort holte sich Karajan mit seiner Art des Einsatzes von Material eine Fülle an »Vorschlägen«, aus denen er im Großen noch vor den Aufnahmen, im Detail irgendwann nach den endgültigen Dreharbeiten wählen konnte.

Diese Aufnahmen selbst, mit den Orchestern in Berlin oder Wien, gingen relativ rasch und zumeist ohne viele Unterbrechungen vor sich. Zwar immer noch unter der Belastung von Scheinwerferlicht und Frackzwang, doch längst nicht mehr so nervenaufreibend wie in den Kindertagen des Musikfilms, konnten sich Karajan und seine Orchester im richtigen Moment auf die Entstehung einer künstlerischen Interpretation konzentrieren und mußten sich dabei nur selten unterbrechen lassen.

Scheinbar sehr unkünstlerisch waren die erwähnten Playback-Aufnahmen, die Karajan mit den »originalen« Musikern zumeist in einem angemieteten Studio oder in einem

Probenraum des Salzburger Festspielhauses herstellen ließ. Dafür mußten mittels sorgsamer Planung die erforderlichen Trompeter oder Hornisten aus dem längst gespielten Konzert zusammengeholt und genau die kurzen Passagen gefilmt werden, die in der Bild-Partitur vorgesehen waren. Derartige Aufnahmen waren kräfteraubend und irritierend, jedoch für Karajan von großer Bedeutung bei der künstlerischen Erreichung seiner Ziele, von denen noch kurz berichtet werden muß.

Von allen so entstandenen Bändern wurden Kopien gezogen, die Karajan in dem von ihm eingerichteten Studio im Keller des Hauses in Anif bei Salzburg immer parat hatte, um zu jeder Tages- und Nachtzeit (und nach Maßgabe seiner Termine und seiner Kraft) am vorläufigen oder endgültigen Bildschnitt arbeiten zu können. Erst wenn er selbst mit einer dieser »Nachbearbeitungen« einverstanden war, wurden die originalen Bänder aus den Tresoren geholt, um die endgültige Version fertigzustellen.

Bei den Arbeiten »daheim« hatte Karajan auf ihn sozusagen dressierte Assistenten, die seine Anweisungen mit einer zuletzt digitalen Schneidemaschine auf Knopfdruck realisieren konnten. Die Mischung der endgültigen Version blieb wiederum seinem Chefkameramann Ernst Wild und dessen Team überlassen. Auch dieses Team ist durch das »Schutzschild Telemondial« weiterhin autonom und allein für die Produkte verantwortlich, die jetzt, Jahre nach Karajans Tod, als sein Vermächtnis erscheinen. Nicht die Vertriebsfirma, das aufeinander eingespielte Team Karajans trägt die Verantwortung dafür, daß Karajans Intentionen (wie immer man sie beurteilen will) umgesetzt werden. Wenn Insider von Auseinandersetzungen munkeln, dann haben sie davon gehört, daß heute noch Karajans »Mannschaft« Forderungen stellt, als wäre Karajan am Leben und in der Lage, ihre Arbeit zu überprüfen.

Was die künstlerische Seite dieser nur kursorisch noch einmal beschriebenen Aufnahmen anlangt, hatte sich Karajan eine Aufgabe gestellt, die man ihm kaum zugetraut hat. Er wollte auf seine Art auch bildhaft zeigen, wie er Musik interpretierte. Seine diesbezüglichen Äußerungen sind oft und absichtlich mißverstanden worden, man unterstellte ihm pädagogische Absichten à la Bernstein. Karajan aber war sich vollkommen darüber im klaren, daß ihm eine Lektion »Freude an Musik« weder von der Hand ging noch vor der Kamera möglich gewesen wäre.

Was er mit seiner Art der Verfilmung einer seiner Interpretationen wollte, war einfacher und komplizierter zugleich. Er wollte der Nachwelt zeigen, wie zu seiner Zeit dirigiert und musiziert wurde. Und er wollte den Musikfreunden mittels der Bilder gewisse Hinweise auf die Struktur einer Komposition, auf den besonderen Wert einer musikalischen Phrase, auf die Wichtigkeit eines musikalischen Übergangs (im Tempo oder von einer zur anderen Instrumentengruppe) vermitteln. Seine Idee war nicht, jeweils die sozusagen agierenden Instrumente zu zeigen oder in klaren Bildsequenzen eine Sonatenhauptsatzform darzustellen. Der sozusagen unbeschwerte Konsument seiner Filme sollte nicht durch besonders originelle Kameraeinstellungen oder gar Wanderungen der Kamera außerhalb des Konzertsaals abgelenkt werden; ihm sollte vielmehr der Eindruck eines geschmackvoll photographierten Konzerts vermittelt werden. Demjenigen aber, der genauer und öfter hinsehen wollte, dem wollte Karajan in Bildchiffren den Blick auf eine tiefere Schicht, auf die Struktur der Komposition schärfen.

Glenn Gould, der herrlich unkonventionelle Musiker und provokante Nachdenker über Musik, war schon von den Karajan-Filmen begeistert, die in dessen Privatstudio in Anif nur noch als Kuriosa lagerten. Schon 1969 beschrieb er die Möglichkeiten, Musik optisch weiterzugeben, und nannte den Ansatz der ersten Filme Karajans mit Henri-Georges Clouzot einen Affront gegen die Konventionen des Konzertsaals. Freilich schrieb er damals auch schon: »Doch obwohl jeder andere Versuch, Orchesterfilme zu drehen, im Vergleich zu dem Ansatz von Karajan verblaßt, ist dieser keineswegs die endgültige Lösung für Musik im Fernsehen.« In seinen Überlegungen, wo die endgültige Lösung zu suchen sein sollte, ging er dann über alle ihm zur Verfügung stehenden Beispiele hinaus und langte in dem Aufsatz »Um Himmels willen, Cynthia, es muß doch was anderes im Fernsehen geben!« ungefähr dort an, wo gegenwärtig die Produzenten von Videoclips halten und weitblickende Produzenten auch für die E-Musik eine Chance der Visualisierung sehen.

Allerdings darf auch in diesem Zusammenhang nicht der grundlegende Unterschied zwischen den beiden Persönlichkeiten Glenn Gould und Herbert von Karajan vergessen werden: Wo der in musikalischen, interpretatorischen Fragen mit Karajan oft wesensgleiche Pianist über Aufzeichnung von Musik und Verantwortung gegenüber dem Schallplattenkonsumenten schrieb, erwies er sich als einer, der Karajans Rezepte in kongenialer Weise niederschreiben konnte. Wo er aber seine Verweigerung gegenüber einem Konzertsaal, einer sozusagen körperlichen Begegnung mit seinem Publikum zu erklären versuchte, da trennten ihn Welten von Karajan. Nicht, daß Karajan die »Stimmung« eines Konzertsaals gebraucht hätte, um musizieren zu können. Aber: Der Meister der musikalischen Überredungskraft via Platte oder Film schätzte das althergebrachte Konzert als eine Probe aufs Exempel hoch und war immer der Ansicht, es habe dieses Konzert zu geben, um auf beinahe unerklärliche Weise gemeinsam mit einem Orchester und einem Publikum über eine einwandfreie erarbeitete Interpretation hinauszufinden. Völlig legitim setzt sich daher der Katalog seines »Vermächtnisses« aus sogenannten Studioproduktionen und Aufnahmen von Live-Konzerten zusammen, ließ Karajan die Krönungsmesse im Petersdom und das Neujahrskonzert im Großen Musikvereinssaal ebenso gelten wie seine Beethoven-Symphonien, die als Studioaufnahmen bezeichnet werden müssen.

Die Anwendung der von Karajan selbst für eine einzige Serie von Aufnahmen verwendeten Bezeichnung »künstlerisches Vermächtnis« ist korrekt. Wichtig ist es, die verschiedenen in den Jahrzehnten vorher entstandenen Schallplatten- oder CD-Anthologien nicht ganz so ernst zu nehmen. So sind zum Beispiel die »100 Meisterwerke«, auf Platte und Musikkassette erschienen, keineswegs die Werke, die ein Herbert von Karajan als die hundert wichtigsten Kompositionen bezeichnet hätte – das bei einer Firma vorhandene Repertoire, die runde Zahl und die Zeitdauer der auf einer bestimmten Anzahl von Musikträgern zu fixierenden Werke gaben da den Ausschlag. Und auch viele andere Zusammenstellungen, die unter verkaufsträchtigen Titeln im Handel waren oder immer noch auftauchen, haben naturgemäß viel mit Kommerz und gar nichts mit Karajans Auffassung vom Stellenwert einer Komposition zu tun. Ihn für kluge oder verkaufsträchtige Kombinationen verantwortlich zu machen, wäre weltfremd und albern.

Ein einziges Mal muß es erwähnt werden: In Europa, wo »Hochkultur« bestimmten finanztechnischen Förderungsmaßnahmen unterliegt, hat der Kulturträger Buch bei Ministerien einen hohen Stellenwert, der Kulturträger Schallplatte jedoch das Odium des kommerziell erfolgreichen Produkts. Obgleich die Industrie jederzeit das Gegenteil beweisen könnte, meint man, jede Opernproduktion auf Platte sei an sich ein finanzieller Gewinn, und drängt mit diesem Aberglauben die Firmen zu gewagten Wunschkonzert-Zusammenschnitten und zugkräftigen Wundertiteln, die spätestens ab der Zweitverwertung einer Aufnahme auch den Interpreten in Zirkus-Nähe rücken.

Andererseits ist nicht zu leugnen, daß Karajans unter der Verantwortung von Telemondial demnächst komplett vorgelegtes künstlerisches Vermächtnis wie alles zu spät begonnene Menschenwerk unvollständig bleiben wird und, wie bereits dargelegt, eine große Anzahl von Karajans wichtigen Werken, vor allem einige seiner großen Opern-Interpretationen, nicht aufweisen kann.

Und weil Kommerz bereits erwähnt wurde: Sehr im Gegensatz zu sämtlichen anderen Unternehmungen Karajans ist sein Telemondial-Vermächtnis im Vertrauen darauf, daß es sich eines Tages auch rechnen werde, jedoch unter seinem persönlichen finanziellen Einsatz zustande gekommen. Was man von den Osterfestspielen als einer privaten Veranstaltung Herbert von Karajans vielleicht hätte erwarten können, das wurde von den für Telemondial reservierten Aufnahmen nachgeliefert: Die mitwirkenden Orchester wurden nicht nur für ihre Aufnahmesitzungen honoriert, sondern erhielten auch im Augenblick der Veröffentlichung der ersten Laser Disc die festgeschriebenen Quoten ihrer Tantiemen. Und das, obgleich mit dem Erscheinen dieser Laser Disc bei Telemondial keineswegs die Geldmittel eingegangen waren, die bereits in die Herstellung der Aufnahmen investiert worden waren.

Herbert von Karajans Wunsch und Uli Märkles Interpretation dieses Wunsches waren: Das Risiko des künstlerischen Vermächtnisses war und ist das Risiko Herbert von Karajans, eines Einzelunternehmers. Sehr im Gegensatz zu den Osterfestspielen, bei denen eine Stadt samt ihren Beherbergungsbetrieben quasi Mitunternehmer war und zuletzt bei dem einen oder anderen Orchesterkonzert ein Kollege den Festspielgründer ersetzen konnte, ist das künstlerische Vermächtnis Herbert von Karajans mit seinem Tod zu einem Ende gekommen. Es wird eine Aufgabe unbedingt erfüllen. Es wird nachfolgenden Generationen von Musikern und Musikfreunden authentisch zeigen, wie Karajan musizierte und wie er selbst die Interpretation sah. Kein Regisseur, kein Kameramann wird zwischengeschaltet sein. Einmal wenigstens wird der Interpret ganz nach seinen eigenen Intentionen immer wieder zu überprüfen sein.

Wobei Karajan auch das vorhersah: daß er mit seiner Art zu musizieren irgendwann einmal unzeitgemäß sein werde. Und dies sagte er auch, wobei er sich nicht bescheidener, sondern aufrichtiger gab, als man ihn bei anderen Gelegenheiten erlebt hat. Beinahe allen seinen »Konkurrenten« gestand er ihre eigene Auffassung zu – und wollte seine eigene einfach auch als solche bezeichnet wissen. Daß nach ihm eine andere Art von Auffassung von Musik entstehen werde, erschien ihm die natürlichste Sache von der Welt.

Wo er beinahe kämpferisch zur Diskussion bereit war, da ging es um nachprüfbare Dinge, um historische Instrumente, die nicht mehr richtig gespielt werden konnten, um einen scheinbar originalen Klang, der Karajan nicht authentisch schien. Eine von Enthusiasten lange Zeit genüßlich am Kochen gehaltene Auseinandersetzung zum Beispiel zwischen Herbert von Karajan und Nikolaus Harnoncourt kam leider nur in den Köpfen der jeweiligen fanatischen Anhänger, nie aber bei einer Diskussion zustande. Karajans Argumente gegen Harnoncourts Instrumentarium allein hätten nicht genügt, einen richtigen »Streit« herbeizuführen. Harnoncourts Position als »reiner Thor« gegenüber einem Maestro wie Karajan wäre angesichts der Marketingstrategien der Firma Harnoncourts nicht zu halten gewesen. Heute läßt sich bei einem österreichischen Theoretiker schon nachlesen, der Unterschied zwischen diesen beiden Interpreten sei in Wahrheit kaum zu finden.

Aus eigenen Mitteln

Karajans letzte Firmengründung Telemondial, auch Vertragspartner der philharmonischen Orchester in Wien und Berlin, zeichnete sich ganz nach dem Willen des Dirigenten auch nach seinem Tod durch besondere Kulanz aus: Karajans »künstlerisches Vermächtnis« ist ein kommerziell risikoreiches Unternehmen, dessen finanzieller Ertrag erst in Jahren, wenn nicht Jahrzehnten zu erwarten ist. Die Mitwirkenden aber sind seit dem Moment, da ein Verwertungsvertrag mit dem japanischen Konzern Sony abgeschlossen worden ist, jedes Risiko los, erhalten weit über die bereits ausbezahlten Sitzungsgelder »Royalties« und müssen die Jahre oder Jahrzehnte nicht abwarten. Das Risiko trägt, da er Telemondial aus seinem Erbe ausschloß, Karajan auch nach seinem Tod allein.

Karajans »Stiftungen« haben nichts mit den bekannten Konstruktionen zu tun, die Firmengründer errichten, um in einem steuerschonenden Land ihr Vermögen dem Zugriff ungebetener Personen oder Gesetze zu entziehen. Daß auf seine Anregung hin zu seinem 60. Geburtstag in Berlin und in Salzburg Stiftungen in seinem Namen ins Leben gerufen wurden, hatte auch erstaunlich wenig mit Karajans ausgeprägtem Sinn für ein »Vermächtnis« zu tun: Er wollte allerdings seinen auch in Finanzkreisen attraktiv zu nutzenden Namen für mehrere gute Zwecke einsetzen und dabei eigene Interessen befriedigen. In Salzburg ging es ihm um eine wissenschaftliche Antwort auf viele Fragen, die einen ausübenden Musiker am Rande befassen: Wo ist der Sitz des musikalischen Empfindens? Wie kann man den Einfluß der Musik auf das menschliche Hirn nachweisen? Was ist dran an den von Generationen großzügig formulierten Gedanken von der Heilkraft der Musik? Wie reagiert der menschliche Organismus (des Interpreten und des Hörers) auf Musik?

Karajan stellte diese Fragen, die Musiker und Wissenschaftler seit Generationen bewegen, den Kapazitäten ihres Faches, lud Nobelpreisträger und Lehrkanzelinhaber ein, ihre Erfahrungen für ihn und sein Publikum zu formulieren. Im Anschluß an seine Osterfestspiele reservierte er jeweils zwei Tage für ein Symposion dieser »Stiftung« und vertraute auf die Begeisterung auch der gelehrtesten Forscher, einmal in einem außergewöhnlichen Rahmen Vorträge halten und mit exquisiten Kennern der Materie diskutieren zu können. Daß die Anteilnahme der Öffentlichkeit an diesen Symposien gering blieb, die Resultate der Diskussionen im Grunde keine weltbewegenden Erkenntnisse erbrachten, die Publikationen weit unter ihrem Wert eingeschätzt wurden, störte Karajan nicht. Er hatte seine Freude an der Begegnung mit Gelehrten, er nahm Anregungen für sich selbst mit, und er trieb mit seinen Fragen einige bereits vorhandene Forschungsprojekte kräftig voran.

In Berlin dachte Herbert von Karajan sozusagen praktischer – die Wettbewerbe, »Begegnungen« und die Orchesterakademie, die namens der Karajan-Stiftung entstanden, sollten spontane oder länger wirkende Hilfen für Musiker darstellen. 1968 angekündigt, wurde im Jahr darauf der erste Internationale Dirigenten-Wettbewerb der Herbert-von-Karajan-Stiftung in Berlin durchgeführt, dem außer einer Unzahl von Querelen und Auseinandersetzungen über die Modalitäten der Durchführung wie über die Qualitäten der Preisträger einige (nicht viele) erfolgreiche Dirigenten-Debüts zu danken sind. Dimitri Kitaenko und Bruno Weil seien stellvertretend für die erfolgreichen jungen Musiker genannt, deren Karriere bei diesen Wettbewerben begann und die dann seitens des Maestros unterstützt wurden.

Viele dieser Wettbewerbsteilnehmer haben erfahren, was Karajan unter Fürsorge oder Hilfestellung verstand: Sie schwärmten noch Jahre später davon, daß sie mit Fragen über die Bewältigung einer schwierigen Stelle in einer Symphonie oder einer Oper kommen konnten und sich Karajan Stunden, ja Tage für sie Zeit nahm. Vierhändig am Klavier mit ihnen den »Rosenkavalier« durchzugehen und dabei auf die Tricks aufmerksam zu machen, die es einem Kapellmeister ermöglichen, immer wiederkehrende »Schmisse« von vornherein abzuwenden, war eine der Lieblingsbeschäftigungen Karajans, von denen die Öffentlichkeit nichts erfuhr.

Daß nicht sämtliche Berliner Preisträger das »große Los« zogen, ist oft und oft erwähnt worden. Daß Karajan bei diesen Wettbewerben selbst zu wenig in Erscheinung trat, eine Jury walten ließ und sich nach anfänglicher Euphorie nur wenig Zeit für eigene Auftritte bei den Veranstaltungen nahm, ist ihm übelgenommen worden. Daß einige der Preisträger jetzt Chefs in St. Petersburg und Oslo sind und einer von ihnen an der Wiener Staatsoper hervorragend Mozart dirigiert, wird nie im Zusammenhang mit Herbert von Karajan gesehen. Die vordergründige Annahme, aus dem Kreis der Wettbewerbsteilnehmer hätte sich ein junger Herbert von Karajan, quasi als designierter Nachfolger wenigstens in Berlin, entdecken lassen müssen, wurde enttäuscht.

Karajan selbst hatte von den jungen Maestri dieser Tage eine viel realistischere, traurigere Meinung und wußte selbst genau, daß auch er für den »Nachwuchs« oder die Zeit nachher nur Anregungen geben konnte. Seine seltenen Kurse (etwa in Luzern oder einmal in Leningrad) brachten keine Genies hervor. Wie hätte er in einigen Stunden vermitteln sollen, was er selbst sich in Jahren der Arbeit an einer Provinzbühne angeeignet hatte?

Daß aber Dirigenten vom Range eines Christoph von Dohnányi oder eines Carlos Kleiber keine Gelegenheit vorübergehen ließen, Karajans Proben mitzuerleben, ist selbst der Karajan-Gemeinde verschwiegen worden. Sie kamen, um zu genießen. Sie beteuerten im privaten Gespräch, wie viele Anregungen sie bei den Proben erhielten. Sie schwärmten, ihrer eigenen Position durchaus bewußt, von Karajans Qualitäten. Christoph von Dohnányi: »Er ist schon ein unfaßbarer Könner.« Und Carlos Kleiber in einem Brief an Karajan: »Der Kapellmeister von München möchte nichts, als in den Proben des Kapellmeisters von Salzburg sitzen dürfen.«

1970 begann eine gleichfalls von Karajans Stiftung angeregte Reihe von »Internationalen Begegnungen für Jugendorchester« in Berlin, deren Auswirkung freilich nicht enorm einzuschätzen ist. Sie mag jungen Musikern eine kurze Bekanntschaft mit der Stadt und sehr kurze Momente des Musizierens unter Herbert von Karajan eingetragen haben. Mit der Wirkung, die eine ernsthafte Arbeit eines Jugendorchesters allerdings haben kann, sind sie jedoch nicht zu vergleichen. In der Bundesrepublik wie anderswo haben sich aus jungen Ensembles international anerkannte Gruppen entwickelt und geschätzte Orchestermusiker engagieren lassen. Die Idee, anläßlich kurzer Begegnungen unter der Patronanz Herbert von Karajans in Berlin etwas Bleibendes entstehen zu lassen, erwies sich als verfehlt. Nach nur fünf »Versuchen« endete 1978 die Serie dieser Treffen, in die viel Energie von Karajans Mitarbeitern investiert worden war.

1972 allerdings hatte man, einfach als »Institut der Herbert-von-Karajan-Stiftung Berlin«, die Orchesterakademie des BPO ins Leben gerufen, und diese scheint, obgleich nicht ohne Vorbild, eine Gründung mit weitreichenden Folgen: Karajans lebenslange Kenntnis der Gebräuche in Wien, wo praktisch sämtliche Orchestermitglieder Schüler von Orchestermitgliedern sind, wurde mit einigen Änderungen nach Berlin übertragen. Bereits ausgebildete junge Musiker sollten auf »philharmonisches« Niveau gebracht werden, der notwendige Nachwuchs – nicht nur der Philharmoniker, vor allem aber dieser – sollte gesichert sein. Sehr im Gegensatz zu

Wien hatte der Berufsstand eines Orchestermusikers weder in Berlin noch sonstwo in der Bundesrepublik die Reputation, die es ermöglichte, höchstqualifizierte Musiker ins Orchester zu locken. Immer wieder mußte (konnte) man in Berlin Musiker mit solistischen Ambitionen an die ersten Pulte engagieren, hatte dabei jedoch das Risiko auf sich zu nehmen, diese nach einigen Jahren wieder zu verlieren. Karajans Wiener Erfahrungen, die einmal mehr den Terminus »lebenslang« einschlossen, sollten durch die Orchesterakadamie in Berlin zu ähnlichen Ergebnissen führen.

Daß diese Ideen trotzdem nicht aufgingen, ist festzuhalten und zu erklären. Anders als in Österreich ist man in der Bundesrepublik über Jahrzehnte nicht gewohnt gewesen, Berlin als das Zentrum aller Kunst zu sehen. Auch andere große Städte verfügen über Orchester von internationalem Ansehen. Eine Hierarchie unter Orchestermusikern in österreichischem Sinn ist nicht gegeben, ein Mitglied des Berliner Philharmonischen Orchesters ist nicht per definitionem sämtlichen anderen Orchestermusikern überlegen. Zu Probespielen der Berliner reist man aus ganz Deutschland an. Zu Probespielen in München ebenfalls. Die wienerische Idee eines Orchesters, das sich ständig aus sich selbst heraus erneuert, ist den Berlinern fremd. Ihre Orchesterakademie ist nicht geworden, was Karajan nach Wiener Vorbild im Sinn hatte.

Und noch ein Gesichtspunkt muß erwähnt werden, wenn man erklären will, was sich verändert hat: Nicht nur in der Bundesrepublik ist eine neue Zeit angebrochen, in der äußerst begabte junge Orchestermusiker auch in Ensembles drängen, die etwa in Zusammenarbeit mit einer Rundfunkanstalt geregelte Arbeitszeiten und »Lebensqualität« anbieten, während die Arbeit in einem Orchester wie bei den Wiener oder Berliner Philharmonikern so gut wie nie aufhört und Reputation mit sehr viel der erwähnten Lebensqualität erkauft werden muß.

Immerhin, Karajans uneigennützige Idee ist dieser dritten Frucht seiner Berliner Stiftung nicht abzusprechen. In Berlin allerdings engagiert man weiterhin Musiker aus der ganzen Bundesrepublik und selten aus der Orchesterakademie des eigenen Orchesters.

Zu Kopf gestiegen

Klaus Geitel – einmal mehr muß man ihn zitieren – schrieb den bösen, aber treffenden Satz: »Den Berlinern ist ihr Karajan wohl eher zu Kopfe gestiegen als ans Herz gewachsen.« Ob das Verhältnis sowohl der Öffentlichkeit wie auch der Musikwelt Berlins zu Herbert von Karajan je richtiger beschrieben wurde?

Die ständige Zusammenarbeit Karajans mit dem Orchester, die in Jahrzehnten auch zu traditionellen gemeinsamen Konzerten in Salzburg, in Luzern, in Wien führte, deren von allen Musikern besonders geschätzte Tätigkeit auch Schallplattenaufnahmen in kleiner Besetzung in St. Moritz, in Karajans Domizil, einschloß, die dem Symphonieorchester von Rang seit Beginn der Osterfestspiele 1967 auch die Reputation eines außerordentlichen Opernorchesters brachte – all das konnte eine allmähliche Entfremdung zwischen dem Orchester und Karajan nicht verhindern. Das auch von Karajan oft strapazierte Bild einer Ehe mit den Berlinern und einer Liebschaft mit den Wienern mag banal erscheinen, gab aber allemal die wahren Verhältnisse wieder. Ende der siebziger Jahre, das Berliner Orchester hatte mit und dank Karajan eine überragende Position in der Welt errungen, spürte man Abnutzungserscheinungen, traten Spannungen offen zutage.

Eine Berliner Deutung will in der kurzfristigen Arbeit Karajans für das Orchestre de Paris einen »Erpressungsversuch« Karajans sehen, während wohlwollendere Interpreten in der Zusammenarbeit Karajans mit den Franzosen kaum mehr als eine Episode und einen letzten Versuch, andere als seine beiden Orchester zu leiten, konstatieren.

Übereinstimmung herrscht bei allen Chronisten, daß Herbert von Karajans »Auseinanderleben« mit dem Orchester mit der Umbesetzung des Intendanten des BPO zu tun hat: Auf Wolfgang Stresemann folgte 1978 Dr. Peter Girth, ein vitaler, für seine Position offenbar zu junger Mann, der den Anforderungen seiner heiklen Position nicht gewachsen war. In seine Amtszeit fallen die Auseinandersetzungen um die Besetzung der Position eines ersten Klarinettisten mit Sabine Meyer sowie die aufsehenerregende »Ausladung« des Orchesters von den Salzburger Pfingstkonzerten.

Im Fall der Auseinandersetzung um die Musikerin ging es vordergründig um das Selbstbestimmungsrecht der Musiker, die nicht nur Stimmrecht beim Probespiel hatten, sondern nach einem Probejahr über die endgültige Aufnahme ins Orchester zu entscheiden haben. Karajan, der die Klarinettistin favorisierte, wurde durch seinen Intendanten unterstützt, die Orchestermusiker – so wenigstens sahen sie es – fühlten sich von ihrem Vorgesetzten überrumpelt, als dieser Sabine Meyer einen Vertrag für das Probejahr gab, den die Berliner selbst nicht unterstützten. Die heftigen, selbstbewußten Äußerungen, die einzelne Orchestermitglieder in aller Öffentlichkeit taten, die Angriffe gegen den Intendanten, die nicht mehr zu verheimlichende Aversion einiger Musiker gegen das »Diktat« Karajans lösten schließlich eine Reaktion aus, die in Musikerkreisen weltweit Aufsehen erregte: Als der Berliner Senat sich auf die Seite des Orchesters stellte und die Abberufung des Intendanten beschlossene Sache war, lud Herbert von Karajan für das von ihm geleitete Konzert der »Pfingstkonzerte« in Salzburg die Wiener Philharmoniker ein, die zu dem Vormittagstermin eigens eingeflogen wurden und ihre Berliner Kollegen ersetzten (vgl.

S. 331). Die Berliner revanchierten sich, indem sie ihre Konzerte im Rahmen der Salzburger Festspiele und der Luzerner Musikfestwochen kündigten und unter ihrem aus der Pension zurückgeholten interimistischen Intendanten Stresemann ein »klärendes Wort« Herbert von Karajans forderten.

»Die Geschichte« ist längst Geschichte: Die Wiener Philharmoniker sprangen gern auch in Salzburg und Luzern für ihre Berliner Kollegen ein und festigten ihr Verhältnis zu Karajan. Dieser ließ sich im letzten Moment eine Grußadresse an sein Berliner Orchester abringen und in knappsten Verhandlungen vor seinem ersten Konzert zu den Berliner Festwochen auch eine Art neuer Vereinbarung über seine Anwesenheit bei Probespielen und seine Verpflichtungen dem Orchester gegenüber. Wolfgang Stresemann hatte als direkter Verhandlungspartner bereits Karajans Ratgeber Uli Märkle an der anderen Seite des Tisches sitzen und bestätigte diesem Jahre später, er hätte kalmierend auf alle Beteiligten eingewirkt. Das Vertrauensverhältnis des Berliner Orchesters zu Herbert von Karajan aber war ein für allemal gestört und wurde nie mehr repariert.

Wobei der Standpunkt beider Parteien zu berücksichtigen wäre: Karajan war zu diesem Zeitpunkt bereits ein kranker Mann, der seine Kraft auch den Berlinern gewidmet hatte und jetzt die Früchte einer jahrzehntelangen Zusammenarbeit genießen wollte. Das Orchester dagegen war, wie jedes andere Ensemble auch, ein ganz und gar nicht homogenes »Volk«, in dem verschiedenste Ansichten die Runde machten, jedoch zumeist die provokantesten auch an die Öffentlichkeit gelangten. Einmal mehr war es den Zeitungen überlassen, sich um Material für lesbare Beiträge zu kümmern. Einmal mehr fanden sich selbstbewußte Orchestermusiker, die diese Beiträge lieferten. Einmal mehr waren Differenzen interessanter an das Publikum zu bringen als Berichte von Musikern, die weiterhin Karajans Autorität anerkannten.

Was die Öffentlichkeit las, waren die Berichte von Spitzen eines Eisbergs, der im wachsenden Selbstbewußtsein des Orchesters und in der kaum noch zu kaschierenden Krankheit Karajans seine wahren Ursachen hatte. Tatsächlich ist es faszinierend, im nachhinein festzustellen, was die eigentlichen Gründe für die Entfremdung zwischen einem von Karajan im Laufe der Jahre engagierten und zu weltweiten Erfolgen geführten Orchester und dem ausschließlich von der Kritik angezweifelten, von Musikfreunden und der Gesellschaft jedoch uneingeschränkt als Meister aller Meister bestätigten Dirigenten waren: Einerseits war da ein saturiertes, in seiner Position bestätigtes, auf mehreren Kontinenten als »bestes« bezeichnetes Orchester, das auch mit anderen Dirigenten triumphale Auftritte haben wollte, das in seinen kammermusikalischen Formationen Erfolge verzeichnete, das sich jeden Wunsch erfüllen konnte. Und andererseits erwies Karajan sich allmählich als ein Chef, der zunehmend mit körperlichen Beschwerden zu kämpfen hatte, der immer mehr Energie in sein siegesgewohntes Auftreten investieren mußte und der nicht altern wollte. 1975 hatte er sich einer ersten schweren Bandscheibenoperation unterziehen müssen, war vorher und nachher von Schmerzen geplagt und fand, da er selbst es so wollte, bei seinen Mitarbeitern (und Sängern und Beobachtern im Publikum) keinerlei Mitgefühl. 1978 erlitt er bei einer Probe in der Philharmonie einen Schlaganfall, der vor der Öffentlichkeit schlicht geleugnet wurde und wiederum Kräfte band: Karajan wollte auch mit siebzig kein anderes Bild als das des sportlichen, gestählten, strahlenden Helden von sich sehen und war doch ein gebrechlicher, von Schmerzen geplagter Mensch, der dies in Momenten der Wahrheit auch zugab.

Daß er in dieser Zeit seine Aktivitäten längst eingeschränkt hatte, daß er sein Repertoire kaum noch erweiterte, sich nur noch der Reproduktion seiner bereits mehrfach eingespielten

Kompositionen widmete und sein Hauptaugenmerk auf die »Verewigung« zu richten begann, war eine natürliche Folge für ihn und gewiß Auslöser für jenen langsam aufbrechenden Zwist zwischen ihm und dem Orchester, das wie jeder lebende Organismus Weiterentwicklung bitter nötig hatte: Die Eroberung von musikalischem Neuland war, das spürte das Orchester sehr genau, mit dem Chef nicht mehr möglich. Eine weitere Perfektion war, erkannte das Orchester, nur noch auf dem Gebiet der gemeinsamen Arbeit vor Mikrophonen und Kameras, kaum aber im herkömmlichen Sinn im Konzertsaal oder im Orchestergraben zu erreichen. Noch blieb es unausgesprochen, doch schon war es denkbar: Ein Ende war in Sicht.

Karajans Reaktion auf diese Erkenntnis blieb bis zu seinem Tod dieselbe: Er selbst erwähnte von Zeit zu Zeit, es werde nach ihm ein anderer die Berliner zu leiten haben. Er verbat sich jede Bemerkung dieser Art von seiten der Berliner oder gar in irgendwelchen Journalen, denen ein Musiker ein Interview gab. Er suchte nach Schreibern, denen er Stoff für seine Biographie geben konnte, verbat sich jedoch alle Neugierde dieser potentiellen Biographen. Er wollte seinen künstlerischen und finanziellen Besitzstand sichern und war nicht der Ansicht, dieser sei noch durch Erweiterung seines Reviers zu erreichen.

Ein Zitat nur aus einem langen Fernschreiben an den Berliner Kultursenator, zu einem viel späteren Zeitpunkt abgesandt, im Tenor aber den Kern der Sache treffend: »Diesem (dem Intendanten des Orchesters) muß endlich klargemacht werden, daß er sein taktloses Verhalten mir gegenüber radikal ändern muß, da ich sonst eine gerichtliche Klage gegen ihn einreichen werde. Er hat unter vielem anderen nichts über meinen Gesundheitszustand und schon gar nichts über einen Nachfolger in meinem Amt verlauten zu lassen. Ich lege besonderen Wert auf die Feststellung, daß ich einen lebenslänglichen Vertrag habe und jede Diskussion über einen Nachfolger zu meinen Lebzeiten pure Phantasie ist.« Herbert von Karajan war, als er diese Zeilen diktierte, wie schon seit Jahren in einem Überlebenskampf und wußte dies. Er hatte aber nicht die geringste Lust, davon etwas zu lesen.

Seine sehr persönlichen Schwierigkeiten, sich außerhalb des Arbeitsbereiches menschlichen Bindungen hinzugeben, Vertrauen zu schenken und einzufordern, sein Leben mit einer für seine Arbeit notwendigen Entourage an Sekretären, Beratern, Juristen, die eine oft nur schwer durchdringbare Mauer zwischen Wohlmeinenden wie Neugierigen und ihm errichtete, ergaben auch immer neue Hürden zwischen ihm und den Musikern, die – wie alle Orchestermusiker in aller Welt – auf ihrem Standpunkt beharrten, ein Dirigent sei zwar vonnöten, gleichzeitig jedoch nur so lange beachtenswert, solange ihm ein Orchester zur Verfügung stehe.

Die unzähligen Berichte über Karajans luxuriöses Leben, über seine Wohnsitze, seine Yachten, seine jeweils neuesten, teuersten, schnellsten Sportwagen, die allesamt Berichte aus zweiter Hand waren, denn Karajan selbst legte großen Wert auf gefilterte Berichte über sein Leben außerhalb des Konzertsaals und ließ die Hochglanzphotos von ihm in der Pilotenkanzel seines Jets oder am Steuer seiner Yacht nur in mehrfach zensierter Form zu, waren nicht dazu angetan, ihn zu einem »Kollegen« der Orchestermusiker zu machen, denen er längst keine Besuche in St. Moritz oder in seinem Haus in Anif bei Salzburg mehr gestattete. Dies war die eine Seite der Medaille, die andere aber war menschlich tief berührend: Sie war der Herbert von Karajan, der längst nicht nur für Auftritte vor seinem Publikum, sondern auch für die Proben vor seinen vertrautesten Musikern alle Energien sammeln mußte; der Proben nur noch unter Schmerzen abhalten konnte und weder dem Orchester noch sich selbst eingestehen wollte, wie schwer ihm schon die Aufgabe wurde, den Dirigentenstab in die Hand zu nehmen. Wäre Karajan imstande gewesen, an das Mitleid zu appellieren, auch die Berliner hätten ihn umsorgt. Da er seinem ganzen Wesen nach jedoch unfähig war, sich in seinen Leiden darzustellen, gab es nur die unausgesprochene, aber fühlbare Sympathie der im Umgang mit dem Alter zutiefst menschlichen Wiener Musiker, die ihn stumm dankbar machte.

Um ausschließlich beim Verhältnis des Berliner Orchesters zu seinem Chef zu bleiben: Die Orchestermusiker fühlten sich in einem goldenen Käfig; Karajan dagegen spürte die Unruhe der »Gefangenen«, die einer Fortsetzung seiner Arbeit abträglich sein mußte. Zudem fand er in diesen letzten Jahren guter Zusammenarbeit mit »seinem« Orchester also immer deutlicher zurück zu den Wiener Philharmonikern, denen 1981 ihr Ehrendirigent Karl Böhm gestorben war und die in virtuoser Manier und äußerst einfühlsam um die Sympathie Herbert von Karajans zu werben begannen. Als eine Gemeinschaft von Musikern, die stets mehrere Götter gleichzeitig für sich in Anspruch zu nehmen gewohnt war, gelang es den Wienern ohne Schwierigkeiten, zum Beispiel Leonard Bernstein und Herbert von Karajan innerhalb kürzester Frist in Konzerten begrüßen zu können. In Berlin dagegen war man sich der weltweiten Attraktion Leonard Bernsteins ebenfalls bewußt, fand aber jahrelang keine Möglichkeit, den Dirigenten mit dem BPO vertraut zu machen. Und hatte Schwierigkeiten, Sir George Solti einzuladen oder sich der seltenen Arbeitsanfälle eines Carlos Kleiber zu versichern: Wobei nicht Karajans Konkurrenzdenken, sondern die völlig andere Wesensart der Berliner und das über Jahrzehnte entstandene Markenzeichen »Die Berliner Philharmoniker unter Herbert von Karajan« den notwendigen Gastspielen im Wege standen.

Wie jedermann in Berlin gern zugibt, war der Nachfolger Wolfgang Stresemanns, der Sohn des einstigen Wiener Mitdirektors, Hans Georg Schäfer, mit ein Faktor für die zunehmenden Verständigungsschwierigkeiten Karajans und des Orchesters. Überdies ergaben sich aus den Plänen von Karajans amerikanischem Generalagenten Ronald Wilford vor allem Projekte, die dem Dirigenten und weniger dem Orchester dienten.

Zuletzt wurde aus einem Vertrag, den Wilford für eine Fernost-Reise der Berliner unter Karajan aufsetzte und der den jeweils lokalen Managern nicht nur die Gagen diktierte, sondern auch die Abnahme von Konzertfilmen der Telemondial, eine Staatsaktion, die den greisen Dirigenten als geldgierigen Moloch darstellte. Das Berliner Orchester, das an den Erträgen aller gemeinsamen Arbeit gern partizipierte, gab sich moralisch entrüstet, und Karajan, der seine Kraft und sein Eigenkapital in die gemeinsame Arbeit investiert hatte, fühlte sich brüskiert. Da freilich waren, was niemand wußte, seine Tage bereits gezählt und die Emotionen über Geschäftstüchtigkeit oder Moralität längst überflüssig.

Die Auseinandersetzungen zwischen den Berlinern und Karajan waren schon alle ausgetragen: die um die Einstellung der Klarinettistin Sabine Meyer, die um die Positionierung des Intendanten Peter Girth, die um Karajans erneute Bindung an die Wiener Konkurrenz, die um ein aus Berliner Orchestermusikern gebildetes Kammermusikensemble, das ohne Rücksicht auf die Interessen Karajans und des Orchesters in Nebengeschäften auf eigene Rechnung Ruhm und Honorare zu machen trachtete; und auch die um den Vertrag des Berliner Orchesters mit Karajans Firma Telemondial, den das Orchester nach den Auseinandersetzungen zu Pfingsten 1984 kündigte, um ihn alsbald wieder zu unterzeichnen – es bezieht aus ihm auch gegenwärtig Tantiemen und wird nur ungern daran erinnert, daß und wie es diese Zweckgemeinschaft zu verlassen trachtete: Als die Musiker in einer Versammlung im November 1982 nicht nur die Anstellung von Sabine Meyer

328

ablehnten, sondern auch eine Vertragsverlängerung des Intendanten nicht zu diskutieren wünschten, antwortete Karajan mit einer Sistierung aller Verträge mit den Berliner Philharmonikern, dem Verein also, der gemeinsam mit ihm das große Geld machte. Orchesterreisen und die gemeinsamen Aufnahmen für »Telemondial« sollten künftig entfallen.

Das war eine einfache, deutliche Kampfansage, die das Orchester mit Entrüstung aufnahm, jedoch noch nicht mit Gegenmaßnahmen beantwortete. Sabine Meyer, die ihren Vertrag für ein Probejahr erhielt, war in der Folge diplomatisch genug, sich einer letzten Abstimmung über ihr endgültiges Engagement nicht mehr zu stellen. Intendant Girth verspielte durch seine völlig unharmonische Stellungnahme für Karajan allen Kredit beim Orchester. Karajan selbst war bereit, mit seinem Orchester weiter zu musizieren, suchte aber in der Folge immer deutlicher nach Möglichkeiten, sich für seine Pläne auch andere Ensembles zu sichern.

Daß »andere Ensembles« auch ein Stichwort für Berliner Querelen ist, haben die Mitglieder des BPO gewiß bereits vergessen: Im Versuch, weitere Geldquellen zu erschließen, gründeten sie ein Kammerorchester, das im Titel durchaus andeutete, es sei ein Berliner Philharmonisches Kammerorchester, und in seinen Programmen, es nehme sich um den vom »großen« Orchester vernachlässigten Mozart an – die Zeit der Mozart-Interpretationen à la Harnoncourt war nicht die Zeit Karajans, die Programme seiner Konzerte und Reisen waren nicht auf Mozart abgestimmt, man sah also eine »Marktnische« und zugleich die Chance, neben allen Aktivitäten mit Karajan auch noch Einnahmequellen ohne ihn zu erschließen. Das führte in Berlin zu Auseinandersetzungen, an denen sich Karajan gar nicht beteiligen mußte, weil bereits sein Intendant von Amts wegen dazu aufgerufen war, jede »Nebenbeschäftigung« auf ihre Verträglichkeit mit den Anforderungen des Orchesters zu überprüfen. Es führte später auch zu Schwierigkeiten mit dem Chef selbst, denn dieser war nicht bereit, ein Kammerorchester über eine gewisse Dimension hinaus in New York unter der Trade Mark gastieren zu lassen, die er gemeinsam mit dem Orchester zu einem Welterfolg gemacht hatte.

In beiden Fällen waren dominierende Orchestermitglieder, die sich als Widerpart Karajans verstanden, die Triebkräfte: Sinnlos, im nachhinein nachzuprüfen, ob es sich andauernd um ein Kräftemessen mit dem Chef handelte oder um das in jedem Orchester von Format zu beobachtende Phänomen, aus der einmal gewonnenen Reputation soviel wie möglich in künstlerischer wie finanzieller Hinsicht herauszupressen.

Am Rande: Ein geschriebenes Gesetz schiebt den Philharmonikern in Wien und Berlin Riegel vor, wenn sie in diversen Formationen und unter Ausnutzung des philharmonischen Titels musizieren wollen. Ein ungeschriebenes Gesetz erlaubt in Berlin und Wien Musikern dieser Orchester, in ihrer Freizeit in den verschiedensten Ensembles mitzuwirken und ihre Fähigkeiten sowohl in den Dienst von Mozart wie in den von zeitgenössischen Komponisten zu stellen. Die schier unlösbare Aufgabe eines Intendanten ist es, die Koordination aller gewünschten Sonderdienste und die notwendigen Dienste eines großen Symphonieorchesters zu koordinieren und dabei die Forderungen nicht nur des Chefdirigenten, sondern auch des einen oder anderen bedeutenden Gastdirigenten zu erfüllen. Das geschriebene Gesetz gesteht dem jeweiligen Chef zu, sich die Musiker zu wählen, die bei seinen Konzerten an den ersten Pulten sitzen. Ein ungeschriebenes Gesetz ist es, wichtigen Gastdirigenten eine Orchesterbesetzung anzubieten, die möglichst alle ersten Musiker des Orchesters in Proben und Konzerten zur Verfügung stellt.

Daß sich in Berlin die Auseinandersetzungen um eine Frau im Orchester, die Diskussionen um den an Herbert von Karajan orientierten Intendanten des Orchesters, an die durch seine Krankheit reduzierten Konzerte des Chefs und dessen Interesse an einer medialen Verwertung aller seiner Auftritte interessierten Gründers der Firma Telemondial zu einem Konglomerat aus Diskussionen und Interessenskonflikten auswuchsen, muß zumindest unter Musikern nicht weiter erörtert werden. Daß die freundlichen, indirekten Bewerbungen aus Wien, Herbert von Karajans Wünsche mit Leidenschaft zu erfüllen, Nadelstiche gegen die Berliner waren, versteht wohl auch der Außenstehende.

Karajan selbst, immer wieder muß es erwähnt werden, mit seiner Schwäche, seinem Kampf gegen Schmerzen, seinem total ruinierten Körper in seinen Aktionen gefesselt, begriff die Berliner Situation auf seine Weise: In seinen Augen hatte er – und er allein – erst eine Musikergemeinschaft geschaffen, die Weltmaßstäbe setzte und diese auch auf dem Weltmarkt anbieten konnte. Nach seinen Vorstellungen hatte diese Gemeinschaft von Musikern von ihm und seinen Verträgen profitiert und die Verpflichtung, ihm und seinen Wünschen Rechnung zu tragen. Was immer sich diesen hinderlich entgegenstellte, sah er als »Verrat« an. Ein Standpunkt, den man nicht teilen mußte, aber zu verstehen trachtete, vor allem seitens der Industrie, die aus Verträgen mit Karajan allemal profitiert hatte.

Karajan hatte in seinen Jahren der Auseinandersetzung mit dem eigenen Orchester mehr als die Aussetzung seiner Aufnahmen mit den Berlinern in den Kampf zu werfen. Als ihm das Orchester einerseits das Engagement der Klarinettistin verweigerte, andererseits den Berliner Senat aufforderte, Intendant Girth abzuberufen, erprobte der Chef erstmals sein Recht als Gründer und Leiter eines Festivals: Für die Pfingstkonzerte 1984 hatte er Gastdirigenten eingeladen, für das einzige von ihm selbst dirigierte Konzert am 11. Juni lud er die Wiener Philharmoniker ein. Das Orchester wurde, wie bereits erwähnt, unter großer Aufmerksamkeit eigens für dieses

Konzert nach Salzburg geflogen und erklärte, es habe keinerlei Anlaß, einem Ruf Karajans nicht zu folgen.

Die Berliner konterten zwei Tage später, indem sie den mit Karajan und seiner Firma Telemondial bestehenden »Bild-Ton-Verwertungsvertrag« aufkündigten und erklärten, sie würden fortan auch auf Schallplatten mit Dirigenten ihrer eigenen Wahl musizieren. Karajans Firma setzte den nächsten Schritt, indem sie die Berliner auf Einhaltung des geschlossenen Vertrages verklagte und dabei enorme Entschädigungssummen einforderte. Der Berliner Senat reagierte, indem er den Intendanten Girth von seinen Pflichten entband und Wolfgang Stresemann in seinem 80. Lebensjahr noch einmal zum kommissarischen Intendanten ernannte. Orchester und Senat setzten den Schwierigkeiten gewiß kein Ende, indem sie die Konzerte des Orchesters bei den Salzburger und den Luzerner Festspielen für den Spätsommer 1984 absagten. Diese Festivals wiederum zeigten sich solidarisch mit Herbert von Karajan und baten auf seine Anregung die Wiener Philharmoniker, die vier Konzerte zu übernehmen.

Mit einem Aufwand sondergleichen wurde die Auseinandersetzung zelebriert und gleichzeitig nach der Möglichkeit gesucht, sie aus der Welt zu schaffen: Das Orchester verlangte eine versöhnliche Geste Karajans; der Dirigent war nicht bereit, mehr als einen allgemein gehaltenen Brief zu verfassen; der Interimsintendant blieb neutral, so gut es ging.

Für die Berliner Festwochen war eine Aufführung von Beethovens h-Moll-Messe angesetzt, deren Abhaltung als eine Art allerletzter Termin zu einer »Versöhnung« betrachtet wurde. Der Termin wurde eingehalten. Herbert von Karajan wollte die Messe dirigieren, das Orchester wollte sich nicht vor aller Welt als völlig uneinsichtig bezeichnen lassen. Nach einem Notenwechsel kam es zu den notwendigen Proben, nach einer Probe zu dem vom Orchester gewünschten ausführlichen Gespräch, nach diesem zu einer Presseerklärung, es sei eine Möglichkeit zur weiteren Zusammenarbeit gefunden worden. Dabei hatte, wie Stresemann in einem Erinnerungsband berichtet, Karajan auf viele praktische Bitten des Orchesters die richtigen, einsichtigen Antworten zur Hand und sein Berater Uli Märkle für alle schwierigen Verhandlungsmomente den richtigen Ton.

Das Konzert konnte stattfinden, die offizielle Versöhnung gefeiert werden, der Friede herbeigebetet werden. Von einer echten Versöhnung jedoch konnte nicht mehr, nie mehr die Rede sein. Nach dreißig Jahren gemeinsamen Musizierens war die Zusammenarbeit Herbert von Karajans mit dem Berliner Philharmonischen Orchester in der Praxis nicht zu Ende, gemeinsame Arbeit jedoch nur noch als eine harte Pflicht für Orchester und Dirigent möglich.

Daß Karajan unter den Auseinandersetzungen ebenso wie unter seiner zunehmenden Krankheit litt, erschütterte Musiker weniger als Musikfreunde. Als er, der sein Leben lang den Sportsmann und Sieger hervorgekehrt hatte, bei einem Konzert mit seinen Berlinern im Sommer 1985 im großen Salzburger Festspielhaus ausdrücklich um Verständnis dafür bat, daß er künftig nicht mehr »stehend« dirigieren werde, und sagte: »Der Grund ist ganz einfach: Ich kann nicht mehr stehen«, da war dies offenbar nur für diejenigen, die im Auditorium saßen, ein herzbewegender Moment, eine teilweise Abdankung.

Die Berliner Philharmoniker unter Herbert von Karajan – sie wurden und bleiben ein Begriff, den die musikalische Welt als Garantie für präzises, klangschönes, unerhörtes Musizieren zur Kenntnis nahm. Sie werden dank der Schallplatte, dank der Laser Disc auch in Jahrzehnten zu hören und nachzuprüfen sein. Sie haben gegenwärtig – und dies ist keineswegs als Spitze gegen Herbert von Karajans Nachfolger gemeint – kein Äquivalent.

DAS LETZTE JAHR

Die Nachfolger können nicht mehr warten

Am 25. August 1988 erklärte Herbert von Karajan mit einem seiner gefürchteten Ein-Satz-Briefe an den Präsidenten der Salzburger Festspiele seine Tätigkeit im Direktorium der Festspiele für beendet. Am 28. August legte er in einer Presseaussendung »ein Schäuferl nach«, wie es im österreichischen Sprachgebrauch heißt:

»Nachdem ich am 25. August meine Tätigkeit im Direktorium der Salzburger Festspiele für beendet erklärt habe, stellt sich die Frage, welche Maßnahme die Verantwortlichen zu ergreifen gedenken, um den spektakulären Prestigeverlust der Festspiele 1988 zu steuern. Meine Pflicht ist es, dann zu prüfen, ob und wie die Verantwortlichen gewillt und fähig sind, dies in die Tat umzusetzen. Ebenso wie ich danach festzustellen habe, ob diese Maßnahmen mit dem vereinbar sind, was meine Mitarbeiter und ich in den vergangenen Jahrzehnten entwickelt und praktiziert haben und was die Salzburger Festspiele zu dem gemacht hat, was sie für die ganze Welt sind: das beste Festival. Bis dahin soll alles der Zukunft überlassen bleiben. Motto: Weniger Worte, mehr Taten. «

Wer Salzburg und die sommerliche Touristenseligkeit in den letzten Augusttagen kennt, kann ermessen, was diese beiden knappen offiziellen Statements waren: eine Absage zuerst an den von ihm selbst gewählten und gegen vielerlei Widerstand ins Amt geholten Präsidenten der Salzburger Festspiele, der sich freilich in mehr als einer Lebenslage als ebenso treuer wie bei wichtigen Entscheidungen schwacher, unentschlossener Lehensmann Karajans erwiesen hatte; und ein deutlicher Hinweis schließlich an die offiziellen Institutionen, daß Herbert von Karajan für den Festspielsommer 1989 nicht unter den bisherigen Bedingungen zur Verfügung stehen werde.

Was die Form der Absage angeht, war sie auch eine Reaktion auf Präsident Albert Mosers ungeschicktes Taktieren in den Tagen davor. Eine außergewöhnliche Hitzewelle hatte Karajan so mitgenommen, daß er die letzten Vorstellungen von »Don Giovanni« nicht dirigieren konnte. Da er keinen Grund sah, dies zu verheimlichen, drang er auf eine prompte Veröffentlichung seiner Absage und wollte auch deutlich erklärt haben, daß das Festspielpublikum nicht nur eine, sondern zwei Vorstellungen von seinem Assistenten Bruno Weil geleitet hören werde. Albert Moser dagegen sagte stückweise ab und erweckte so genau den Eindruck, den Karajan vorhergesehen hatte und in der Öffentlichkeit nicht erwecken wollte. Seine Haltung, er habe alle möglichen Verpflichtungen erfüllt, jedermann werde einsehen, daß er sich eine Absage nicht leichtgemacht habe, war von den Festspielen und ihrem Präsidenten nicht verstanden worden.

Zudem war es Karajan, dem eifrigen Zeitungsleser, nicht entgangen, daß man ernsthaft nach »frischem Blut« für das Direktorium suchte und der Salzburger Landeshauptmann, jahrelang einer der eifrigsten Gefolgsmänner Karajans, schon einen Kandidaten ausgewählt hatte, den er demnächst ins Rennen schicken wollte. Die Tatsache, daß Karajan dies aus den Zeitungen erfahren mußte, man sich nicht mehr die Mühe machte, zuerst mit ihm zu diskutieren, war für ihn kein Prestigeverlust mehr, sondern ein deutlich lesbares Zeichen an der Wand. Man war allmählich bereit, ihn zu übergehen.

Karajans offizieller Nachsatz war die etwas verschleiert formulierte Forderung, den Salzburgern und den auswärtigen Mitspielern in den Intrigen endlich zu erklären, was man sich unter Salzburger Festspielen ohne Karajan erwarte. Die Programmgestaltung 1989 war längst abgeschlossen, die Eröffnungspremiere im Großen Haus war mit Giuseppe Verdis »Maskenball« festgesetzt. Karajan aber wollte warnen: Seine Mitwirkung war zwar als selbstverständlich vorausgeplant, nicht aber fixiert worden.

Ganz ohne künstlerische Beweggründe: In Salzburg dachten ein bald darauf aus erstaunlichen Gründen zum Ausscheiden aus seinem Amt gezwungener Bürgermeister ebenso wie ein Landeshauptmann, der alsbald seiner (konservativen) Partei eine Wahlniederlage bescheren sollte, zu oft und zu laut über die Zukunft der Festspiele nach, immer davon ausgehend, daß diese nicht mehr bleiben sollten wie in den Jahren zuvor, in denen sie nach Karajans Konzept immerhin vom Publikum angenommen und von Bürgermeister und Landeshauptmann glücklich akzeptiert worden waren. In Salzburg und Wien kursierten mit Billigung politisch einflußreicher Männer Gerüchte, die Weichen für einen Neubeginn seien zu stellen, die Zeit nach Karajan sei vorzubereiten.

In Salzburg präsentierte sich ein langjähriger Bekannter Herbert von Karajans, Gerd Bacher, als einer, der »zur Verfügung stehe«, falls man Festspiele unter anderen Vorzeichen und mit ihm als bestimmendem Intendanten aufziehen wolle. Dergleichen hörte einer, der seine Lebensenergie in eine Stadt und eine Serie von Festen investiert hatte, nicht gern, schon gar nicht in einem Augenblick, in dem er seine Lebenskraft geringer werden spürte. Er war sich darüber im klaren, daß er seinen Kampf gegen Alter und Krankheit nicht ewig werde kämpfen können. Aber für ihn war selbstverständlich, daß man darüber nur mit ihm und nie hinter seinem Rücken zu sprechen habe. Und daß eine Suche nach seinem Nachfolger nicht in der Öffentlichkeit stattzufinden habe. Nicht so, als gäbe es ihn gar nicht mehr.

Ich erinnere mich genau und kann es in meinen eigenen Notizen und Kommentaren nachlesen: Herbert von Karajan, der viel über Furtwängler und den Konkurrenzkampf mit ihm sprach, war sich bewußt, daß er durch seine Existenz die Salzburger Festspiele dominierte. Er war sich ebenso sicher, daß kein ernstzunehmender junger Mann vor den Toren wartete, um endlich seine Position einnehmen zu können – der einzige Anwärter auf eine Nachfolge war tatsächlich Claudio Abbado, der aber keinerlei Chancen hatte, von Karajan gefürchtet zu werden. Der einzige ruhmreiche Dirigent war Lorin Maazel, und der war aus dem Rennen um Positionen in Österreich ausgeschieden. Der einzige Musiker, den Karajan selbst gern ins Rennen um seine Nachfolge geschickt, selbst noch in die Position geholt hätte, war weiterhin völlig unansprechbar – Carlos Kleiber. Er und Karajan hatten einen guten Kontakt, aber nur noch Phantasten klammerten sich an Kleiber – einen Dirigenten von Format. Karajan hatte ihn längst als einen »hoffnungslosen Fall« durchschaut und begriffen, daß man ihm realistischerweise keine Verantwortung für eine Institution zumuten sollte. Seine höchst richtige und bildhafte Darstellung der Lebenshaltung des »Kapellmeisters Carlos Kleiber« hatte er schon abgegeben: einer der besten Musiker, der allerdings mit einer Tiefkühltruhe lebe und immer nur dirigiere, wenn diese wieder einmal gefüllt werden müsse.

Im Oktober 1988 hatte er mit Carlos Kleiber noch einmal einen kurzen und herzlichen Briefwechsel geführt: Man hatte Kleiber und die Berliner Philharmoniker zu einem Konzert für den 10. März zum Bundespräsidenten »bestellt«. Kleiber hatte zugesagt, und Karajan hatte erst davon erfahren, als es beinahe zu spät war. Er mußte ihm mitteilen, daß an diesem 10. März der Dienst des Orchesters bei den Osterfestspielen beginne. »Sie wissen, daß ich Ihnen zu jeder Zeit und immer mein Orchester zur Verfügung stelle«, schrieb er Kleiber und provozierte damit einen Brief, der einer Liebeserklärung von seiten Kleibers sehr nahekam: »Bitte glauben Sie mir: Sie sind mir wichtig, von mir verehrt in geradezu fanatischer Weise. Wo ich spüre, daß man Ihnen vielleicht Ärger bereiten könnte, möcht' ich die Leut eigenhändig erwürgen. Ich habe keine dirigentischen Ambitionen. Lieber höre ich Ihnen zu. Wenn Sie also denen Hiesln sagen ›es geht nicht‹, ist die Sache erledigt und alles wieder in Ordnung. Ich bleibe – das klingt vielleicht sehr eingebildet – einer derjenigen wenigen, die die Freude haben, wirklich zu wissen, was Sie in Takt soundsoviel gezaubert haben. Ich bleibe ihr unwürdiger Schüler und, wenn ich darf, ihr Freund.« Wort für Wort der Carlos Kleiber, den Karajan mochte und traurig nicht verstehen konnte.

Beinahe zur gleichen Zeit gab es auch eine Begegnung mit Leonard Bernstein, die »buchenswert« erscheint in der Geschichte der Beziehungen großer Dirigenten untereinander. Karajan hatte in Wien mit den Berlinern gastiert, Bernstein war zu seinem Konzert gekommen und in der Pause in die Garderobe gegangen, nach Schönbergs »Verklärter Nacht« und höchst begeistert. »Ich habe ihm erzählt, daß ich das Stück so oft als Ballettmusik dirigiert habe, daß ich es kenne wie kaum eine andere Musik. Und daß ich es nie vorher so gehört habe. Und das war wirklich so gemeint«, sagte Bernstein Minuten nach dem Gespräch in Wien und war, wie vorher schon im Falle Karl Böhm vom alten Herbert von Karajan wehmütig begeistert. »Er war sehr nett und sehr aufgeregt. Ich glaube, ich komme gut mit ihm aus. Wir werden sicher etwas gemeinsam unternehmen«, erzählte Herbert von Karajan am anderen Tag. Er hatte an den Komplimenten des Kollegen eine aufrichtige Freude.

Eine zweite, letzte Begegnung ergab sich am 18. Oktober in Berlin. Man sprach sich aus, und man schmiedete phantasievolle Pläne. Karajan wollte auch Bernstein gern »Termine« in Berlin geben. Bernstein und Karajan überlegten, ob es nicht möglich wäre, gemeinsam eine Tournee mit den Wiener Philharmonikern zu organisieren. Eine kurz darauf ausgesprochene Einladung aus Japan erreichte Karajan und wurde von ihm als Möglichkeit zu einem gemeinsamen Auftreten erwogen. Karajans und Bernsteins Tod haben diese Pläne alle Phantasie bleiben lassen. Immerhin, zwei Dirigenten, die auch so etwas wie Konkurrenten hätten sein können, waren an ihrem Lebensabend Kollegen, die einander schätzten und gut voneinander sprachen.

In Salzburg hatte Karajan also sehr konsequent zuerst einmal seinen Sitz im Direktorium aufgegeben und dann nach den Bedingungen gefragt, die »man« ihm für eine Mitwirkung 1989 anzubieten habe. Ohne falsche Bescheidenheit und der Tatsache sicher, daß »man« sowohl die österreichische Bundesregierung wie auch die Salzburger Landesregierung und schließlich alle anderen im Festspielkuratorium vertretenen Institutionen sein würden. Karajan hatte gelesen, wie man ihm in österreichischen Wochenzeitschriften vorgehalten hatte, er lähme die Festspiele auch dadurch, daß er zuwenig dirigiere; jeder Opernabend, den er nicht leite, enthalte den Festspielen einen Gewinn von wenigstens einer Million Schilling vor. Und Karajan hatte kleine Stiche hinnehmen müssen, die wenigstens der Öffentlichkeit nicht als Idiotismen, sondern als muntere Künstlerlaunen angepriesen worden waren: Der Pianist Friedrich Gulda hatte sich für Konzerte engagieren lassen, war dann als Mitwirkender beim Eröffnungsspektakel vor dem Dom aufgetreten und hatte unmittelbar nachher seine Mitwirkung an den Festspielen mit einem deutlichen »Ätsch« in Richtung Karajan abgesagt. Und Karajan hatte einmal mehr begreifen müssen, daß man von ihm triumphale, ausverkaufte Opernabende und Konzerte erwartete, jeden künstlerischen und vor allem finanziellen Erfolg den Festspielen insgesamt zuschrieb, sich aber zugleich bei aller Kritik an Programmen der Festspiele hinter der vorgehaltenen Hand auf die Launen des selbstherrlichen Direktoriumsmitglieds Karajan berief. Wäre er gesund gewesen, er hätte sich zu einem »Kampf« aufgerafft. Er war aber alles andere als gesund, und deshalb trat er vom Kampfplatz ab.

Zugleich, das wußte er, eröffnete er den Kampf um seine Festspiele (und seinen Nachfolger) nach seinen eigenen Regeln. Er setzte sich und seine Stellung als Publikumsmagnet ein und wollte sich zeigen lassen, was »man« für die kommenden Festspiele als Alternativen anzubieten hatte.

Man hatte nichts in der Tasche. Der Bundeskanzler erklärte, es werde debattiert werden. Die Unterrichtsministerin brachte Hans Landesmann, einen österreichischen Geschäftsmann mit kulturellen Interessen und Ambitionen als neues Direktoriumsmitglied ins Gespräch und versprach sich von ihm auch Ideen zu einer Strukturreform. Der Landeshauptmann wies noch einmal auf seinen Favoriten hin, den Salzburger Gerd Bacher – damals kurzfristig nicht Generalintendant des ORF, jedoch ein mächtiger Mann –, und handelte sich damit nur eine Erklärung Herbert von Karajans ein, unter einem Festspielpräsidenten Gerd Bacher sei an seine Mitwirkung nicht zu denken.

Die Wiener Philharmoniker, im Sommer in Verhandlungen über eine Gagenerhöhung und mehr Mitspracherecht bei den Festspielen, erwiesen sich als Karajans natürliche Mitstreiter: Auch sie erklärten, es sei mit ihrer weiteren Mitwirkung in Salzburg nur zu rechnen, wenn eine Karajan befriedigende Lösung gefunden werde. Sie handelten sich damit zwar den Vorwurf ein, geschäftstüchtig und erpresserisch zugleich zu sein, befanden sich aber immerhin in Gesellschaft eines Dirigenten und in Auseinandersetzung mit Politikern und Managern, und das schien ihnen die richtige Position für ein Orchester. Daß sie sich sehr im Gegensatz zu den Kollegen aus Berlin Karajan »auslieferten«, sahen sie nicht: Sie taten nur, was sie immer getan hatten – sie traten für eine Zusammenarbeit mit einem großen Dirigenten ein und waren bereit, von dieser in künstlerischer wie finanzieller Hinsicht zu profitieren. So und nicht anders sahen es die Musiker.

So und nicht anders sah es auch Karajan: »Ich kenne die Wiener. Aber ich verstehe sie auch«, war sein Kommentar. Er war ein wenig gerührt von der wienerischen Art, ein wenig amüsiert von der Situation, aber ganz und gar nicht weltfremd.

Diejenigen, die vorerst nur wußten, daß ihnen Herbert von Karajan ein Dorn im Auge war, die sich als eine lose Vereinigung von Erneuerern auch nur lose zusammenschlossen, die kein Erfolgsrezept für Salzburg ohne Karajan anzubieten hatten, kamen in Zeitnot und gerieten in Gefahr, die Salzburger Festspiele 1989 organisatorisch zu ruinieren. Herbert von Karajan wußte dies und diktierte seine Wünsche recht erbarmungslos. Er nannte die Kulturministerin in aller Öffentlichkeit schlicht eine »Lügnerin«, weil sie voreilig von einer Einigung berichtete, wo er noch keine sah. Er erklärte den zum Direktoriumsmitglied vorgeschlagenen Geschäfts- und Kulturmann Hans Landesmann zum »Dilettanten«, weil dieser in einem ersten Bericht über den Zustand der Festspiele erklärt hatte, unerträglich sei vor allem die allseits geduldete Dominanz des heimlichen Meisters von Salzburg. Er hatte nicht die geringste Scheu, von Salzburg aus Botschaften zu verschicken, die Politikern und Kulturpolitikern angst und bang werden ließen. Und er legte sich geradezu genüßlich mit Gerd Bacher an, der noch im November des Jahres dachte, seine eigene Salzburger Präsidentschaft sei eine beschlossene

Sache. Karajans scheinbar nebenbei gemachte Bemerkungen, er sehe nicht, was ein Gerd Bacher an künstlerischer Neuerung in die Festspiele einbringen könnte, reizten den gern aggressiven Mann zu einer unüberlegten Tat: Bacher bestellte sich den Kulturchef des Österreichischen Rundfunks zum Interview und nannte Karajan vor laufender Fernsehkamera wutentbrannt einen Despoten und die Wiener Philharmoniker ein Orchester, das der Republik Österreich und nicht Herbert von Karajan gehöre.

Damit war Ende November 1988 Gerd Bacher von sich selbst als Festspielpräsident in Salzburg aus dem Rennen geworfen worden. Fortan glaubte niemand mehr, er wäre imstande, Festspiele ohne Karajan und mit zum Dienst befohlenen Philharmonikern durchzuführen. Daß man in Salzburg am 1. Dezember den vollen Wortlaut seines »Positionspapiers« zu den Festspielen veröffentlichte, war nur mehr ein Rückzugsgefecht und gleichzeitig eine Erinnerung an den letztmöglichen Termin: In der ersten Dezemberwoche war es unumgänglich notwendig, die Festspielprospekte für den nächsten Sommer auszuliefern und die Kartenbestellungen zu erwarten. Das Programm stand in allen Einzelheiten fest, unzählige Verträge waren ausgefertigt worden, für die Eröffnungspremiere aber hatte der Dirigent Herbert von Karajan nicht zugesagt, und für sämtliche Opernaufführungen und den Großteil der Orchesterkonzerte fehlte die Zustimmung der Wiener Philharmoniker. In dieser ersten Dezemberwoche mußte »man« mit den Philharmonikern und Herbert von Karajan handelseinig sein.

Man wurde es am 6. Dezember 1988, dem letztmöglichen Tag. Die zu Hilfe gerufene Bundesregierung in Wien nahm die Bedingungen Herbert von Karajans an und gab ihm (aus Unvermögen) keinerlei Gelegenheit, sich von einem künstlerischen Neubeginn in Salzburg überzeugen zu lassen. Man einigte sich, nur weil man sich einigen mußte, auf den knappsten Kompromiß: Den Wunsch nach einer »Lösung« erfüllte man weder den Festspielen noch Karajan. Die Wiener Philharmoniker erhielten einen neuen Vertrag nach ihren finanziellen Vorstellungen und einen »beratenden« Sitz im Festspielkuratorium. Den Präsidenten und den Generalsekretär der Festspiele beließ man in ihren Ämtern. Hans Landesmann berief man für den 1. Januar 1989 ins Direktorium. Für Frühjahr 1989 erwartete man sich von ihm einen Vorschlag zur Strukturreform der Festspiele. Ein Problem war wenigstens für einige Zeit und ohne die geringste Einigung vertagt.

Herbert von Karajan unterschrieb drei Tage später seinen Dirigentenvertrag für den Sommer 1989 und widmete sich weiter seiner Arbeit an Telemondial-Filmen, auch in Berlin. Besondere Vorkehrungen für die Festspiele 1989 waren nicht zu treffen, die Vorbereitungen nach seinen, Karajans, Plänen, waren nie wirklich unterbrochen worden.

In den letzten Tagen vor dem vorläufigen Zusammenbruch der Revolution in Salzburg hatte Karajan sich allerdings nicht nur den Arbeiten an seinem »Vermächtnis« gewidmet, sondern auch die zweite »Front« besichtigt.

Den Jahreswechsel beging Karajan in der Berliner Philharmonie mit einem der kürzesten Programme, die er je dirigiert hatte. Immerhin: Bei dieser Gelegenheit präsentierte er den jungen russischen Pianisten Jewgenij Kissin und damit noch einmal einen Künstler, der alle Anlagen dazu hatte, unter seiner Patronanz ein Star zu werden.

Und gleichfalls bei dieser Gelegenheit spendeten Karajan und die Berliner 50000 D-Mark für die Erdbebenopfer in Armenien und waren einmal mehr unter den Musikern, die (von der Öffentlichkeit dafür kaum bedankt) bares Geld für einen humanitären Zweck zur Verfügung stellten. Etwas unauffälliger als andere Dirigenten hatte Karajan mit seinem Orchester immer wieder im Lauf der Jahre Wohltätigkeit geübt, im richtigen Moment nicht nur für politische, sondern auch für menschliche Probleme Arbeitskraft investiert. Als er und sein Orchester noch eine funktionierende Gemeinschaft waren, sah man das als selbstverständlich an und vergaß oft, aus Spenden eine öffentliche Angelegenheit zu machen. Die Zeiten allerdings, in denen er und sein Orchester noch eine funktionierende Gemeinschaft waren, lagen weit zurück: Die Berliner gaben in aller Offenheit ihre Interviews zum Stand der Dinge, zählten die Konzerte, die Karajan nicht mehr mit ihnen musizierte, ließen keine Gelegenheit vorübergehen, auf seinen Gesundheitszustand hinzuweisen. Ihnen lag scheinbar nur noch wenig daran, sich für Jahrzehnte gemeinsamer Arbeit dankbar zu erweisen. Karajan spürte und wußte dies sehr genau. Er sprach darüber, allerdings nur insgeheim und mit dem ausdrücklichen Zusatz, dies sei jetzt nicht für die Öffentlichkeit bestimmt. Aber er hielt fest, daß er »seine« Berliner und ihre Stimmung begriff.

Ende Januar, Anfang Februar musizierte Herbert von Karajan mit erstaunlichem Elan im Großen Musikvereinssaal: Er nahm seinen »Maskenball« in der für die Festspiele vorgesehenen Besetzung auf und hielt die letzten Proben für die New Yorker Konzerte mit den Wiener Philharmonikern ab. Er arbeitete rund um die Uhr und leistete sich erstmals eine Arbeitsweise, die seine Plattenfirma zwar ruinös nannte, die sie ihm jedoch nicht verwehren konnte: Er ließ sich für die gesamten »Sitzungen« die Anwesenheit sämtlicher Mitwirkenden garantieren, er arbeitete und nahm nach einem Zeitplan auf, der allen an der Aufnahme Beteiligten den Angstschweiß auf die Stirne trieb.

»Es erzeugt Spannung«, sagte er und brach mitten in den ersten Sitzungen zu früh ab. »Alle waren sofort sehr viel besser«, konstatierte die Aufnahme-Crew erstaunt, als die Sänger inklusive Placido Domingo daraufhin mit größter Intensität zu singen begannen, um ihre kostbaren Termine anderswo nicht in Gefahr zu bringen.

»Ich bin extrem glücklich«, versicherte Karajan und machte den Wiener Philharmonikern ein Kompliment nach dem anderen. »So was gibt es nicht noch einmal«, behauptete der amerikanische Regisseur John Schlesinger, der eingeflogen war, um seine künftigen Darsteller zu beobachten und Karajans musikalische Deutung der Oper mitzuerleben. »Maskenball« hatte seit vielen, vielen Jahrzehnten nicht auf dem Programm des Dirigenten gestanden, trotzdem war Karajan wohl vorbereitet und genoß diese Arbeit an einer Oper sichtbar. Jede Routine war weggewischt, er konnte eine ihm wichtige Arbeit noch einmal und beinahe ganz von vorn beginnen.

Zwischendurch leistete er sich den Luxus seiner letzten Jahre und probierte ein wenig an der Ouvertüre zum »Zigeunerbaron«. Sie hatte ihn von seinen Anfangsjahren in Ulm an begleitet, war eine seiner ersten Schallplattenaufnahmen in Berlin gewesen...

Die Aufnahme des »Maskenball« unterscheidet sich von den meisten Verdi-Interpretationen Karajans der letzten Jahre deutlich. Sie ist nicht makellos, verblüfft aber durch dunkle, langsam gesetzte Farben. Sie ist ein Dokument. Für Karajans Spätstil ebenso wie für die Tatsache, daß Herbert von Karajan in seinen letzten Jahren nicht ein Ensemble, sondern eine von pragmatischen Überlegungen diktierte Besetzung auch in Ordnung fand: Josephine Barstow war ihm als intensive Darstellerin wertvoll. Placido Domingo wollte er unbedingt mit im Spiel haben. Leo Nucci entdeckte er sozusagen für sich und behielt, wie man seither gehört hat, mit seinem Sinn für entwicklungsfähige Stimmen einmal mehr recht.

Ende der Komplimente in Berlin

In Berlin waren die Gelegenheiten, Komplimente mit dem Orchester auszutauschen, nicht mehr gegeben. Karajan hatte dem Senat als seinem Vertragspartner mitgeteilt, seine Ärzte hätten ihm geraten, seine Dirigententätigkeit einzuschränken. Im vorläufig neuesten Buch, das aus Berliner Sicht berichtet und wertet, wird dieser Brief immerhin zitiert:

»Es ist Ihnen wahrscheinlich bekannt, daß ich die vergangenen zehn Jahre unter den verschiedenartigsten Krankheiten sehr zu leiden hatte, wie zum Beispiel einem Schlaganfall, an dessen Folgen ich noch heute laboriere, drei Operationen an der Wirbelsäule und schwere Zirkulationsstörungen. Im letzten Jahr kam noch eine Darmgrippe dazu, die bis heute nicht ganz auskuriert ist. Ich habe die letzten Konzerte, einschließlich des Silvesterkonzerts, nur mit größten Schwierigkeiten absolvieren können. Dies hat mich nun veranlaßt, nach meiner Rückkehr eine umfassende und genaueste Untersuchung von drei Ärzten in Deutschland machen zu lassen. Das Resultat: Die Ärzte haben mir erklärt, daß, wenn ich meine Tätigkeit nicht drastisch reduziere, sie jegliche weitere Behandlung ablehnen müssen.«

Deutlicher, aufrichtiger hat Karajan in einem Brief, dem Veröffentlichung drohte, auch in seinen letzten Tagen nie über seinen Gesundheitszustand geschrieben. Wer sich der von ihm selbst sich aufgezwungenen »Haltung« erinnert, begreift, wie ernst Karajan das Thema war, wie unerbittlich er sich mit diesem Schriftstück in die Hände des Berliner Senators begab. Sogar das Wort »Schlaganfall«, das man bis dahin aus seinem Mund nicht gehört hatte, wurde nicht mehr ausgespart, Herbert von Karajan hatte nichts mehr zu verbergen, er gab sich völlig preis.

Das Orchester und der Berliner Senat jedoch beantworteten diese Offenheit mit der Ausrufung einer neuerlichen »Eiszeit«. Die Politik mischte sich ein. Der amtierende Kultursenator (CDU) wurde von seinem als Nachfolger vorgesehenen Kollegen (SPD) aufgefordert, mit Karajan keine neuen Vereinbarungen einzugehen. Die Alternative Liste im Senat brachte einen Antrag über den »im Amt ergreisten Karajan« ein und wollte gemeinsam mit dem Orchester die fällige Nachfolgersuche betreiben.

Die Situation beschrieb der Karajan-Intimus Klaus Geitel nicht unparteisch, aber einprägsam am 9. Februar 1989 in der »Welt«: »Was im Grunde jedermann weiß, hat Herbert von Karajan nun noch einmal dem amtierenden Kultursenator von Berlin, Volker Hassemer, und sein Berliner Philharmonisches Orchester wissen lassen. Daß er nämlich nicht mehr ganz jung ist. Er wird 81 Jahre alt am 5. April. Er sieht sich dadurch gezwungen, seine Verpflichtungen auch in Berlin zu reduzieren. Eines ist ganz klar: Die Ära Karajan geht zu Ende. Sie läuft langsam aus; und manche meinen sogar: zu langsam. Sie wünschen Beschleunigung... Im Falle Karajans muß man tatsächlich nichts überstürzen. Alle seine möglichen potentiellen Nachfolger sind dem Orchester (wie dem Berliner Publikum) längst vertraut und stehen seit vielen Jahren regelmäßig am Berliner Pult. Sie sind überdies vertraglich naturgemäß gar nicht frei, das Orchester zu übernehmen, und sie alle halten sich schon mit Rücksicht auf den gerade in Dirigentenkreisen hochgeschätzten alten Herrn vorsichtig bedeckt. Man denkt nicht daran, den Rock zu verteilen, während der Träger noch lebt. Berlin aber denkt natürlich immer noch an die goldenen Zeiten, in denen Karajan auf der Höhe des Lebens sein vertraglich vorgeschriebenes Soll an Konzerten regelmäßig beglückend übererfüllte und beinahe ein Viertel aller philharmonischen Konzerte selbst leitete, ohne dafür übrigens sonderlich bedankt zu werden, wonach ihm wohl auch niemals sonderlich der Sinn stand. Berlin wird einstweilen mit seinem nur Halbdutzend Karajan-Konzerte leben können und müssen. Geduld: Es braucht nicht SPD oder AL. Die Zeit arbeitet unerbittlich gegen den Maestro Europas an.«

Viele Berliner Musiker waren anderer Ansicht, nannten und nennen Geitel einen devoten Hofberichterstatter, waren ungeduldig und wollten nicht wahrhaben, daß Karajan mit der Wiener Konkurrenz auf dem Weg nach New York war. Herbert von Karajan wußte auch dies und hüllte sich vor der Öffentlichkeit trotzdem in Schweigen. Als er in New York bei seinen Proben in der Carnegie Hall kurz zu einem Gespräch mit Kritikern bereit war, wurde diesen vorher schon bedeutet, es werde keine Antworten auf Fragen nach Berliner Problemen geben.

In unzähligen Telephonaten, sehr privat, sehr am Rande, sprach er aber und verordnete nur Stillschweigen für den Moment. »Ich kenne Musiker und weiß von aller Undankbarkeit, die Orchestermusiker auf dieser Welt entwickeln können. Aber ich habe erfahren, daß die Berliner alle anderen Orchestermusiker übertreffen. Sie haben von mir Proben, Konzerte, Salzburg und Millionen genommen. Sie haben nie umsonst gespielt. Sie wollen jetzt nicht einsehen, daß ich weniger Kraft habe. Sie wollen weiter alles haben. Am liebsten meinen Kopf.«

Selten in meinem Leben habe ich so viel Enttäuschung in einer Stimme gehört wie in der Herbert von Karajans, als er im Februar 1989 von dem Orchester sprach, das einmal seine »Wand« gewesen war. Verständnis für all das, was man zuletzt doch unter menschlicher Schwäche versteht, war von ihm zu erwarten.

Erschütterung, daß man ihm gar keine Schwäche zugestehen wollte, gab er im privaten Kreis preis. Seine Pläne allerdings behielt er für sich: Daß er Überlegungen anstellte, welches Orchester in den nächsten Jahren an seinen Osterfestspielen mitwirken könnte, daß er die Wiener fragte und bei den Dresdnern anfragen ließ, drang nicht über den allerkleinsten Kreis hinaus. Daß er nicht vorhatte, sich von den Berlinern vor die Tür setzen zu lassen, ließ er dagegen gern als Indiskretion verbreiten. Hinweise, selbst in dem von ihm als ungenügend empfundenen Vertrag stehe als Vertragsdauer »auf Lebenszeit«, machte er gern und in der Öffentlichkeit.

Vor mir liegt mein Bericht über die Auseinandersetzungen mit Berlin, und ich erinnere mich ganz genau, wie der letzte Absatz zustande gekommen ist. »Karajan, dessen Gesundheitszustand stabil ist, ihm lediglich weniger öffentliche Auftritte gestattet, gibt zu seinen Zukunftsplänen keinen Kommentar ab. Sein Vertrag als Chefdirigent der Berliner Philharmoniker ist auf Lebenszeit abgeschlossen«, schrieb ich nach einem nächtlichen Telephonat, in dem Herbert von Karajan sehr präzise zwischen unserem Gespräch und den Absätzen, die er davon auch der Öffentlichkeit zugänglich gemacht haben wollte, unterschied. Seine Enttäuschung über die Berliner war Kern des Gesprächs, sein Titel »Chef auf Lebenszeit« war der Passus, den er am andern Tag in der Zeitung lesen wollte.

Dies festzuhalten ist im nachhinein wesentlich. Denn das Berliner Orchester hat, wie allgemein bekannt, nach einer kurzen, unangemessen kurzen Frist die Geschichte verfälscht, die Periode der Entfremdung mit seinem Chef auf Lebenszeit vergessen lassen wollen, sich erneut als das Orchester Karajans bezeichnet und die Verbindungen, die es von und für Karajan eingegangen ist, als seine eigenen wiederaufgenommen. Das heißt auf die aktuelle Situation übertragen: Als hätte das Berliner Philharmonische Orchester die Osterfestspiele in Salzburg, die Pfingstkonzerte, die regelmäßigen Orchesterkonzerte bei den Salzburger Festspielen und bei den Musikfestwochen in Luzern initiiert und aus eigener Kraft über Jahrzehnte bestritten, ist es dazu übergegangen, den Festspielveranstaltern seine Verbundenheit zum Ausdruck zu bringen und nebenbei zu erwähnen, kleinere Auseinandersetzungen mit dem früheren Chefdirigenten seien nur »schlimmen Ratgebern« zu verdanken gewesen. Seine und seiner Musiker Ziel sei immer die Anwesenheit der Berliner in Salzburg und Luzern gewesen. Karajan hat das freilich so vorhergesehen und kommentiert: »Ich werd' es sehen und werde sehr, sehr lachen.«

All das mag durchaus im Sinne der Festival-Veranstalter sein, die von Festspielen nicht genug bekommen können oder wollen. Es war im Sinne der Orchestermusiker, die weiterhin ihre Konzerte haben müssen und auf den Nebeneffekt der bei Gastspielen entstehenden Reklame für Audio- und Videoaufnahmen nicht verzichten müssen. Karajans »Rezept«, das ihm zu seinen Lebzeiten auch von den Berlinern als kommerziell und anfechtbar vorgehalten wurde, funktioniert und wird deshalb auch von den Berlinern weiterhin praktiziert. Nur: Herbert von Karajan selbst hätte, wäre es ihm vergönnt gewesen, länger zu leben, dieses Erfolgsrezept nie mehr mit seinem Berliner Orchester angewandt. Sehr im Gegensatz zu Bemerkungen, die man jetzt sammelt und wiedergibt, war er ein »starrer« Mensch, der – ich glaube fest daran, welche Beweise auch für eine andere Möglichkeit gesucht werden – auch auf die Berliner nie zurückgeblickt hätte: Sie waren, als er starb, für ihn wie das abgeschlossene Kapitel eines Buches, an dem er niemals weitergeschrieben hätte.

Das will man in Berlin so nicht wahrhaben, sondern hängt einer anderen Lesart nach. Der langjährige Intendant Wolfgang Stresemann hat bald nach Herbert von Karajans Tod ein Buch herausgebracht, das im Tenor kein nur nobles Abschiedsbuch, sondern eine Abrechnung mit dem unbequemen und so ganz und gar nicht geselligen Maestro ist. Und dann öffnete man in Berlin einem Journalisten die Archive, um eine Geschichte des Orchesters in der Ära Karajan schreiben zu lassen, der vor allem zu entnehmen ist, wie einer

ruhm- und ertragreichen Zeit doch auch eine Periode qual-
voller Zusammenarbeit des besten Orchesters der Welt mit
einem kalten Despoten folgte. Karajan kommt nicht gut weg
in dieser Darstellung, einmal mehr auch gekränkter Autoren-
eitelkeit wegen. (Klaus Lang hatte eine Karajan-Dokumenta-
tion für den Rundfunk gestaltet, die von Karajan nicht ge-
bührend gewürdigt wurde, und war seither nicht mehr gut
auf ihn zu sprechen.)

Tatsächlich waren die vielen Abschiede Herbert von Karajans im Jahr 1989 künstlerische Ereignisse, an denen in der
Hauptsache die Wiener Philharmoniker Anteil hatten und die
Berliner keinen haben wollten. In Berlin nahm man ihm übel,
daß er im Februar drei Konzerte mit den Wienern in der
Carnegie Hall in New York musizierte. Man nahm ihm übel,
daß diese Konzerte zu einem Triumph wurden, wie ihn die
ältesten New Yorker Musikfreunde in diesem Ausmaß weder
vorher noch nachher je erlebt haben.

Tatsächlich hatten die Wiener Philharmoniker gut vorge-
sorgt und klug gehandelt: Ein eigener Verein, der von Ronald
Wilford unterstützt und einer kunstliebenden Amerikanerin
finanziell gesichert ist, garantiert den Wienern alljährlich eine
»Philharmonische Woche« in New York. Herbert von Karajans drei Konzerte im Rahmen dieser Institution werden
unvergeßlich bleiben. Die Philharmoniker reisten mit zwei
Programmen an. An zwei Abenden musizierten sie die
h-Moll-Symphonie von Schubert und ein Strauß-Programm
mit der »Zigeunerbaron«-Ouvertüre als Auftakt; ein Abend
war noch einmal der gewaltigen VIII. Symphonie von Anton
Bruckner gewidmet.

Schon bei den Proben im hermetisch abgeriegelten Saal
spürte man die außerordentliche Situation. Karajan probte,
hinfällig und zugleich aufs äußerste konzentriert, einmal
mehr verliebt in die Piecen von Johann Strauß, und versuchte,
gutgelaunt, mit dem Orchester sein altgewohntes Spiel vom

lautesten Schlußakkord, den es je gegeben hat. »Er muß es immer wieder machen, und er macht einen immer noch nervös«, sagten die Trompeter, als Herbert von Karajan tatsächlich kaum die Symphonie probte, sich jedoch darein verbiß, er wolle endlich einmal einen Schlußakkord hören, der nicht an Kraft verliere, sondern sich bis zum Niederschlag noch steigere. »Das reizt einen, auch wenn man es von ihm schon oft erlebt hat«, war die Reaktion.

Allerdings: Das Publikum der Carnegie Hall war auch noch nie so laut in seinem Jubel wie nach der Wiedergabe der VIII. Bruckner unter Herbert von Karajan. »Standing ovations« sah man, und anschließend las man Kritiken, wie man sie über ein Karajan-Konzert nirgendwo auf der Welt in ähnlich hymnischer Qualität je gelesen hat. Der Grundtenor: Ein historisches Ereignis, von dem die Besucher noch ihren Enkeln erzählen werden.

Karajan genoß die Begeisterung in vollen Zügen. Der federleicht gewordene, kleine, schmerzgeplagte Mann, der gesellschaftlichen Verpflichtungen längst enthoben war, hatte die Dirigenten Barenboim, Ozawa, Masur um sich, war einmal mehr das anerkannte Oberhaupt einer Gilde, die sich sonst in Konkurrenzkämpfen erschöpft und diese offenbar erst einstellt, wenn einer über eine Markierung hinausgewachsen ist. Karajan genoß die Zuneigung seiner Kollegen.

Karajan war, noch einmal, mit einem Orchester auf Reisen – Karajan schien trotz der Anstrengung glücklich. Als man ihn Wochen später fragte, ob man eine weitere Konzerttournee für ihn planen könne, erklärte er, er sei sofort wieder dazu bereit.

»Hofberichterstatter« aus Berlin, Salzburg und Wien haben dieses letzte New Yorker Gastspiel miterlebt, unter ihnen Zweifler an der Bedeutung Herbert von Karajans. Das gemeinsame Urteil war, daß Karajan mit den Wienern nie zuvor einen derart geisterhaften Beginn der h-Moll-Symphonie

Schuberts zuwege gebracht hat, daß seine »elegischen« Walzer in New York genauso klangen wie beim legendären Neujahrskonzert in Wien und daß Anton Bruckners Symphonie, ein Riesenwerk auch in der einzig von Karajan gespielten zweiten Fassung, den Musikern wie dem Publikum ein Übermaß an Mitarbeit abzwang. Es gehört Körperkraft dazu, diese Symphonie zu spielen, und große Aufmerksamkeit, sie wirklich zu hören. Es ist Titanenkraft notwendig, sie überzeugend zu dirigieren.

Auf die Gefahr hin, den Kollegen zu strapazieren, noch einmal ein Zitat von Klaus Geitel, der als Beobachter beim Gastspiel in New York war: »Mit Bruckners VIII. Symphonie am folgenden Abend haben Karajan und das Orchester zweifellos New Yorker Musikgeschichte geschrieben. Sie haben das schöne Haus schier zum Einsturz gebracht. Mit einem einzigen aus Hunderten von Kehlen aufsteigenden Jubelschrei sprang das vieltausendköpfige Publikum nach dem Schlußakkord schlagartig auf die Beine und bereitete dem Dirigenten und dem herrlich spielenden Orchester ans Delirium grenzende Ovationen, wie Carnegie Hall sie dem Vernehmen nach noch niemals erlebt hat. Selbst ein erfolgverwöhnter Künstler wie Karajan dürfte selten in seinem langen Leben eine vergleichbare Anerkennung seiner Leistung auf ähnlich spontane Weise erlebt haben.«

Und speziell für Geitels Berliner Leser: »Obwohl es durchaus nicht so gedacht war und von Karajan mit keiner Silbe ausgesprochen wurde, hat sich dieses Gastspiel als eine gewaltige Ohrfeige für Berlins Kulturpolitik erwiesen. Ein Kulturkrämertum, das den weltweit höchst respektierten, noch immer vor einzigartiger künstlerischer Energie berstenden Mann lebendig begraben will, muß einen langen Schaufelstiel haben. Oder es gräbt sich selbst das Grab. Was freilich im Grunde zu hoffen wäre.«

Dergleichen als Kommentar an eine Berliner Adresse abzugeben ist wohl nur einem Berliner gestattet. Es wurde registriert. Trotzdem, das Ende der Zusammenarbeit Karajans mit seinem Berliner Orchester war noch nicht gekommen. »Ordnungsgemäß« fanden die Osterfestspiele statt. Vom 18. März bis zum 27. März dirigierte Karajan vier Konzerte und zweimal »Tosca«. Für die beiden Aufführungen mußte er wieder proben. Luciano Pavarotti war dem Maestro zuliebe als Cavaradossi gekommen – eine Attraktion, die sich Karajan gewünscht hatte. Seine Konzertprogramme waren nicht neu, aber effektvoll: Prokofieffs Symphonie classique und Tschaikowskys Klavierkonzert, bei dem er den jungen Russen Jewgenij Kissin auch in Salzburg präsentierte. Und Giuseppe Verdis »Missa da Requiem«, für die er Anna Tomowa-Sintow, Agnes Baltsa, Vinson Cole und Paate Burchaladze engagiert und den Singverein der Gesellschaft der Musikfreunde eingeladen hatte.

Noch einmal, es war tatsächlich das letzte Mal, war er in seinen drei »lebenslänglichen« Positionen tätig: Daß er Chef seiner Osterfestspiele sein würde, solange er lebte, stand außer Zweifel. Daß er Konzertdirektor des Singvereins sein wollte sein Leben lang, hatte er immer betont. Und Chef der Berliner »auf Lebenszeit« war er auch bei diesen Osterfestspielen 1989, bei denen er zwar Aussprachen mit dem Orchester aus dem Weg ging, aber so tat, als habe er von Aufforderungen, zurückzutreten, nie etwas gehört.

Zum Thema Aus-dem-Weg-Gehen gab und gibt es die »Berliner Sicht«, wonach ein sehr alter, despotischer Mann seine Macht nicht aus den Händen lassen wollte, sich nicht mehr für ein Orchester einsetzte, sondern ausschließlich der Vollendung seines persönlichen Musik-Film-Testaments lebte und im übrigen sämtliche Probleme negierte. Und selbstverständlich begriff niemand, warum er sich Aussprachen verweigerte, die Proben hielt und Konzerte dirigierte und sein persönliches, ausschließlich auf ihn ausgerichtetes Festival feiern ließ, sich aber in sich zurückzog, wenn man von ihm Diskurs und Menschlichkeit erwartete. Wohlverstanden: aus der Sicht derjenigen »Berliner«, die in offiziellen Funktionen für das Orchester sprachen oder sich gern Journalisten als Auskunftspersonen zur Verfügung stellten. Aus der Sicht Karajans dagegen gab es nur noch ein undankbares Kollektiv, das seine exklusive Bindung an ihn aufgekündigt hatte, das seine Entscheidungen nicht mehr widerspruchslos entgegennahm und das vor allem deutlich und öffentlich darlegte, es sei auch ohne ihn ein Klangkörper von internationalem Format.

Ohne sich da auf die eine oder andere Seite schlagen zu wollen, kann man nachvollziehen, was es für einen leidenden alten Mann bedeutete, einem Orchester gegenüberzustehen, das einmal bis in die Fußspitzen seines gewesen war und das ihm jetzt als eine Formation von jungen, undankbaren, unversöhnlichen Gegnern erschien. Musikern, die ihn spüren ließen, daß sein Wort nur noch pro forma angehört wurde. Und das angesichts der täglichen, stündlichen Mühe, die für ihn allein das Überleben bedeutete. Die wienerische Art, ihn für seinen Selbstbehauptungswillen zu bewundern und zu schätzen, einmal gegen die sachliche berlinerische Mentalität gestellt – wie hätte ein Karajan anders als durch starren Rückzug auf seine vertraglich unantastbare Position reagieren sollen? Ein Mann, der ein Leben lang seine Bedingungen diktiert hatte?

Orchestermusiker, deren guter Wille oder wenigstens der Wunsch zu einer zeitweisen Verständigung außer Zweifel stand, wurden weder in den Pausen im Festspielhaus noch zwischendurch in Anif vorgelassen. Der Umgang beschränkte sich auf Formales in den Proben, auf die gemeinsamen Konzerte und die »Tosca«-Aufführungen. Eiszeit war angebrochen.

Der Chef legt die Zügel aus der Hand

Und niemand außer Karajan wußte, daß er selbst einen Schlußstrich zu ziehen gedachte. Niemand, denn Vertrauen und gemeinsame Diskussion über diese Entscheidung waren durchaus nicht die Sache Karajans.

Sein letzter Schritt wurde in seinem persönlichen Stil getan, dessen Charakterisierung schwerfällt. Eigenwillig muß man ihn nennen, als schlimm kann man ihn bezeichnen, herrisch war er ohne Zweifel.

In Kürze: Die neugewählte Kultursenatorin von Berlin, von Amts wegen dazu ausersehen, nach Salzburg-Anif zu kommen, um mit dem Chef der Berliner die Zukunft zu diktieren, wurde am 24. April höflich empfangen und mit einem vorbereiteten Schreiben konfrontiert, das ihr Herbert von Karajan erst einmal zur Lektüre überließ. Es ist seither in korrekter Form unzählige Male zitiert worden.

»Sehr geehrte Frau Senator,

Ich bitte Sie zur Kenntnis zu nehmen, dass [sic!] ich mit heutigem Datum meine Arbeit als künstlerischer Leiter und ständiger Dirigent des Berliner Philharmonischen Orchester beende.

Die Ergebnisse der ärztlichen Untersuchungen, die sich nun über Wochen erstreckt haben, setzen mich außerstande meine mir obliegenden Aufgaben, wie ich sie sehe, zu erfüllen.

Weiters muß ich darauf hinweisen, daß ich seit vielen Jahren Ihre Vorgänger im Senat gebeten habe, endlich eine grundsätzliche Festlegung meiner Plichten [sic!] und Rechte vorzunehmen. Obwohl mir dies wiederholt zugesagt wurde, ist bis heute nichts geschehen.

Ich habe selbst Sie vergangene Woche persönlich um eine schriftliche Klärung vor unserem Salzburg-Treffen gebeten, da in meinem Vertrag diese wichtigen Definitionen nicht enthalten sind. Wiederum habe ich keine Antwort erhalten! Mit verbindlichen Grüssen [sic!] Herbert von Karajan.«

Nur für die Kommentatoren der ersten Stunde war es von Wichtigkeit, daß dieser Brief Tippfehler enthielt, daß er nicht in Herbert von Karajans Sekretariat, sondern von Karajans letztem Vertrauen und Ratgeber, Uli Märkle, persönlich geschrieben war. Keiner der Kommentatoren sah den Brief und wußte, wieviel körperliche Mühe allein in die noch einmal selbst gesetzte Unterschrift Herbert von Karajans investiert war – sie sollte etwas kräftiger ausgeführt sein als seine anderen Unterschriften, und das kostete den Dirigenten in diesen Tagen eine große, eine kräfteraubende Energie.

Das kurze Treffen in Anif ist von Frau Dr. Martiny und Herbert von Karajan ziemlich übereinstimmend geschildert worden. Es war ein höfliches, unverbindliches Gespräch, wie man es nach der Überreichung eines derartigen Dokuments wohl nur mit Mühe über die Runden bringen konnte – ein unverbindliches Gespräch zwischen einem 81jährigen Dirigenten, der mit diesem Moment unwiderruflich seine Lebensposition aufgegeben hatte, und einer jungen Frau, der ersten SPD-Senatorin, die zwischen Bestürzung, Erleichterung und Ingrimm zu wählen hatte. Sie wußte, daß sie mit einer negativen Sensation heimzukehren hatte; sie begriff, daß die Forderung ihrer Partei erfüllt war; sie mußte zur Kenntnis nehmen, daß man sie nur hatte kommen lassen, um sie als Botin für eine Entscheidung Herbert von Karajans zu benützen.

Frau Dr. Martiny, von Karajan selbst später noch als »recht charmant« bezeichnet, Repräsentantin der Gegenwart, hatte die Antwort einer zu Ende gehenden Zeit in

Händen. Und genau das, was man in einer weniger schwerwiegenden Situation den Schwarzen Peter hätte nennen können.

In diesem einen Zusammenhang jedoch war es einfach die böse, anklagende Absage eines Mannes, an dessen Autorität zu zweifeln der munteren, lebenskräftigen Gegenwart sehr gelegen war, dessen Status aber viele Menschen nicht anzweifelten: Für Musikfreunde und Musiker blieb er der wesentlichste Dirigent auch ohne das Orchester in Berlin.

Daß Karajan alle die Ratgeber um sich und sogar die eigene Familie zu diesem Fall nicht angehört hatte, daß er die Zeichen guten Willens nicht glauben wollte, daß er den Kampf zu beenden wünschte und dies in seinem eigenen knappen Stil tat, wurde begriffen. Und zwar nicht nur in diesem kurzen Vormittagsgespräch in Salzburg im hellen Wohnzimmer mit dem Blick hinaus auf eine ruhige Gegend, sondern Stunden danach in den Büros des Berliner Senats, in den Redaktionen der Zeitungen, in aller Welt. Der Dirigent Herbert von Karajan, der als letzter ein Orchester von Weltrang per Vertrag auf Lebenszeit unter seiner Kontrolle gehabt hatte, hatte dieses Orchester aus dem Vertrag entlassen. Unwiderruflich.

Die Entscheidung, von vielen herbeigesehnt, von Karajan aus eigenem Entschluß und nach langen Überlegungen getroffen, machte die erwartete Sensation. Sie wurde in Berlin freilich anders gesehen als in Anif bei Salzburg und vom Berliner Philharmonischen Orchester als Kollektiv »mit Bestürzung und Überraschung«, von den Wiener Kollegen vorsichtig zur Kenntnis genommen und nicht weniger vorsichtig kommentiert. Wobei nie zu vergessen ist, daß Verallgemeinerungen vor allem gefährlich werden, wenn man von der Meinung oder dem Kommentar eines Orchesters berichtet: Bei Musikern von Format gehen die Meinungen allemal auseinander, werden entweder zu hysterisch oder überhaupt nicht formuliert, sind nie wichtiger oder richtiger zu nehmen als die unzähligen Verallgemeinerungen von den schlampigen Wienern oder den korrekten Preußen. Bis zuletzt gab es Orchestermusiker in den Reihen der Berliner, die es für unklug hielten, eine Auseinandersetzung mit dem Chef zu suchen. Und die offizielle Mixtur aus Bestürzung und Überraschung las sich doch ein wenig seltsam, denn Überraschung konnte ein Orchester, das über Jahre mit seinem Chef bereits auf Kriegsfuß gestanden hatte und in mehr als einer Frage längst auch mit Anwälten vorgesprochen hatte, über eine endgültige Absage nicht empfinden.

Bis zuletzt und über seinen Tod hinaus hatte Herbert von Karajan recht unversöhnliche Gegner im Orchester. Und hat, so jedenfalls las man es bald nach seinem Tod, einige durch seine Aufkündigung des Paktes auf Lebenszeit noch hinzugewonnen. Und einigen hat er wenigstens die Chance gegeben, stellvertretend für ihn seinen Ratgeber Uli Märkle zu verteufeln – den Mann, dem Karajan mehrfach gutgelaunt bestätigte, er sei nur so lange »gut«, solange er die entsprechenden Gegner habe. Und lange vor dem April 1989 sowie Jahre später gab es auch höchst unterschiedliche Ansichten in den Reihen der Wiener Philharmoniker über den Umgang mit Herbert von Karajan, über Kollegialität, über die Konsequenzen, die man aus den Zwistigkeiten der Berliner zu ziehen hätte.

Dennoch gilt, was in Wien und Berlin hinter vorgehaltener Hand gesprochen wurde und was Karajan in seine Überlegungen einbezogen hatte: In Berlin war man nach einer Schreckpause und einem Versuch, noch einmal Karajans Standfestigkeit zu erproben, vor allem in den politischen Kreisen erleichtert, eine unkünstlerische Frage ein für allemal vom Tisch zu haben. In Wien war man sowohl unter Musikern wie auch bei den Musikfreunden der Ansicht, es könne sich auf die guten Beziehungen zwischen Karajan und dem Orchester noch positiv auswirken, daß der Chef für seine weiteren Pläne zuerst immer an die Termine der Wiener Philharmoniker denken würde. Der mehrfach erwähnte kleine Unterschied im Naturell der beiden europäischen Spitzenorchester war durchaus lokalbezogen – und Herbert von Karajan wohl bekannt.

In Anif bei Salzburg aber wurde bereits weiter gedacht und die Liste der europäischen Ensembles zusammengestellt, die für Osterfestspiele und Pfingstkonzerte in Frage kommen konnten, falls die Wiener Musiker nicht zur Verfügung stünden oder sich Engpässe ergeben sollten. Und in Anif bei Salzburg war dem Hausherrn auch völlig klar, daß er allein und ohne Rückendeckung irgendeiner Salzburger Institution entschied und daß die guten persönlichen Beziehungen vieler Salzburger Hausherren zu dem Berliner Orchester sich längst verselbständigt hatten, an Karajan vorbei.

Bei Auseinandersetzungen kannte er weder »Altersweisheit« noch Güte, schrieb nach seinem Tod Wolfgang Stresemann, dem man Menschenkenntnis nicht absprechen kann. Allerdings bot er in seinen Erinnerungen an Herbert von Karajan die Theorie an, der Dirigent habe seinen Brief an die Berliner Senatorin in der Absicht überreicht, von ihr umgehend gebeten zu werden, seinen Abschied noch einmal zu überdenken. Stresemann beruft sich auf Karajans tatsächlich mehrfach geäußerten Wunsch, seinen Vertrag mit dem Orchester von politischen Veränderungen in Berlin unabhängig zu halten.

Nun gab es in Berlin erstmals eine Veränderung im politischen Leben der Stadt, die Karajan hätte betreffen können: Stresemann meinte, Karajan habe dies ebenso empfunden und seine Macht auch gegenüber dieser neuen politischen Kaste erproben wollen und sei an ihr gescheitert. Fairerweise schreibt Stresemann auch, daß dies einzig seine persönliche Theorie sei, und liefert Fakten nach, die ihr widersprechen: Auch die vom Orchester delegierten Mitglieder, die nach

Anif »pilgerten« und dem Dirigenten einen Brief überreichen wollten, in dem zwei Drittel der Orchestermitglieder baten, er möge seinen Entschluß bedenken, wurden nicht vorgelassen. Und von wenigstens einer Einladung Herbert von Karajans – an das Leipziger Gewandhausorchester – berichtet Stresemann gleichfalls. Allerdings kommt er zu folgendem Schluß: »Er mußte fürchten, es ginge ihr (Frau Dr. Martiny) um eine einvernehmliche Auflösung seines Vertrags, wenn nicht Kündigung. Beides mußte er als Niederlage empfinden, wenn nicht als Rausschmiß, als peinliches Ende seiner in der ganzen Welt anerkannten Tätigkeit als Chef der Berliner Philharmoniker. Also besser der Senatorin zuvorkommen, selbst kündigen, die Initiative behalten.« Diese Deutung ist eine Deutung, nicht mehr. Kein Wort Karajans ist überliefert, daß eine derartige Taktik vor dem Besuch der Senatorin erwogen worden wäre oder ein derartiges Taktieren durch die Reaktion der Senatorin eine für Karajan unerwartete Wendung gebracht hätte. Im Gegenteil, auch Gespräche nach dem unheilvollen Apriltag sind geführt worden, die zumindest mir einen zutiefst enttäuschten Dirigenten und einen jedem Gespräch mit dem Orchester abholden Chef in Erinnerung bringen. Zudem ist jede nachträgliche Interpretation, jede Hypothese, was im Sommer 1989, was bei den Osterfestspielen 1990 geschehen wäre, sinnlos. Der Tod löste den von Karajan ausgesprochenen Bann.

Nicht sinn-, sondern wirklich taktlos ist die Deutung, die man im Karajan-Berlin-Buch von Klaus Lang findet und die ohne Zweifel die Ansicht eines Teils des Berliner Orchesters wiedergibt: Herbert von Karajan habe sich zu dem Schritt gegen sein Orchester entschlossen, weil er seine Aufnahmen für Telemondial bereits »im Kasten« hatte. Karajan hatte sie nicht im Kasten, im Gegenteil, er hatte seine Pläne, seine Träume, und die liefen auf viele auch für Telemondial noch aufzunehmende Konzerte hinaus.

Nach der US-Reise nahm Karajan in Wien die VII. Symphonie von Anton Bruckner auf. In Sitzungen, die nach seinem gewohnten Ritual von Kameras auf der einen und dann auf der anderen Seite gefilmt wurden und schließlich in seinem letzten Konzert im Großen Musikvereinssaal gipfelten. Für die Aufnahmeperiode war allerdings außer der Bruckner-Symphonie auch die h-Moll-Symphonie von Franz Schubert auf dem Programm. In seinen immer kürzer werdenden Arbeitsperioden aber bewältigte der Maestro in der vorgesehenen Zeit nur »den Bruckner«. Und saß, während die Musiker bereits das Podium räumten, für Minuten im Goldenen Saal und wartete, weil ihm noch ein junger Organist vorspielen sollte.

»Warum schau'n Sie so traurig«, fragte er mich, der ich neben ihm saß. Ich erklärte, ich hätte mich unendlich auf die Schubert-Symphonie gefreut und wäre neugierig gewesen, wie sie nach dem New Yorker Konzert jetzt im Wiener Saal geklungen hätte. »Machen Sie sich nichts draus. Man muß alles ordentlich machen. Der Bruckner ist in Ordnung. Und den Schubert nehmen wir beim nächstenmal auf«, versicherte Herbert von Karajan.

Seine Liste war noch nicht zu Ende. Sein Wort, er wäre gern zehn Jahre später auf die Welt gekommen, galt immer noch. Er hätte gern noch zwanzig Jahre musiziert.

Es scheint verquer, im nachhinein und angesichts des Wissens, daß Herbert von Karajan bei seinem Abschied von seinem Berliner Orchester dem Tode schon verzweifelt nahe war, eine Debatte führen zu wollen. Die Fälle allerdings in seinem Leben, die beweisen könnten, daß er einmal getroffene scharfe Entscheidungen rückgängig machte, sind an den Fingern einer Hand abzuzählen. Und keiner war so entscheidend wie dieser endgültige Abschied von einem für ihn lebenslang wichtigen Orchester in einer ihm ein Leben lang nicht lebenswichtigen Stadt.

Herbert von Karajan machte die Proben zu »Maskenball«
vor Festspielbeginn in Salzburg noch intensiv mit. Er bereitete sich auf sein erstes Auftreten als einfacher Dirigent der
Festspiele vor. Er ging zu den Bühnenproben im Großen
Festspielhaus, sah John Schlesinger, der eine monumentale
szenische Lösung gefunden hatte, bei der Arbeit zu und freute
sich des aufwendigen Bühnenbildes. Er ließ sich bei seinen
Probenbesuchen, die ihn nicht anstrengten, da er noch kein
Orchester zur Verfügung hatte und die Sänger ja die Proben
mit ihm bei den Schallplattensitzungen gemacht hatten, pho-
tographieren und gab sich begeistert von dem, was er sah.
Niemand erwartete etwas anderes als eine triumphale Fest-
spieleröffnung.

Zukunftspläne bis zum letzten Atemzug

Am 15. Juli, einem Samstag, telephonierte er ausführlich
mit seinem Berater in Monte Carlo. Für den Tag darauf
waren Präsident Norio Ogha und sein engster Mitarbeiter in
Anif angesagt, die Firma Sony wollte ihr großes Angebot
zur Übernahme der »Home Videos« machen und Karajans
»künstlerisches Vermächtnis« erwerben. Zum Abschluß des
Gesprächs meinte Karajan, er fühle sich nicht sehr wohl.
Nicht mehr.

Am andern Tag, bevor die japanischen Gäste erwartet
wurden, diskutierte er die ihm wesentlichsten Fragen noch
einmal am Telephon mit Uli Märkle und meinte, man müsse
sich außerdem Gedanken darüber machen, wer denn an seiner Stelle »Maskenball« dirigieren könne, falls er dazu nicht
imstande wäre. Aber das wäre eine Frage, über die man auch
am späteren Nachmittag noch nachdenken könne.

Daraufhin alarmierte sein Gesprächspartner in berechtig-
tem Aufruhr einen Arzt, der Herbert von Karajan aufsuchen

sollte. Der allerdings kam in Anif »ungelegen«. Der Sony-Präsident war bereits in Karajans Schlafzimmer, und Karajan hatte sich jede Störung während des Gesprächs über CD, Laser Disc, Marktchancen und Preise – über die Zukunft – verbeten.

Dann, mitten im Gespräch, sank er nach rückwärts. Vor den Augen seiner geschockten Freunde starb er. An einem herrlichen, sonnigen Sommermittag. In seinem Haus. In seiner Stadt.

Versuche seines Butlers, Herbert von Karajan mittels Mund-zu-Mund-Beatmung wiederzubeleben, blieben vergeblich. Ein in höchster Eile herbeigerufener Rettungshubschrauber kam zu spät.

Herbert von Karajans Gesprächspartner Norio Ohga, der Zeuge des Todeskampfes wurde, erlitt einen Infarkt.

Eliette von Karajan, die gerufen worden war, konnte nur noch ihren toten Mann in ihren Armen halten. Stundenlang wich sie nicht von seiner Seite.

Albert Moser, der Festspielpräsident, gab die erste Nachricht an die Öffentlichkeit.

Herbert von Karajans Büro im Salzburger Festspielhaus wurde geschlossen und abgesichert.

Uli Märkle und Karajans Rechtsanwalt Kupper trafen ein. Die Medien taten, was man von ihnen erwartete. Nachrufe wurden geschrieben oder aus Archiven hervorgeholt. Erste Trauersendungen wurden gestaltet und ausgestrahlt. In aller Welt bat man diejenigen, deren Beziehung zu Karajan bekannt war, vor Mikrophone und Kameras. Das mitleidlose Geschäft, auch öffentliche Trauer genannt, mußte getan werden.

Und dann geschah etwas Unerwartetes. Nach österreichischem Gesetz ist eine Beerdigung erst nach einer gewissen Frist und unter Einhaltung vieler Regeln möglich. Herbert von Karajan aber wurde, wofür freilich in Salzburg die Genehmigungen selbstverständlich erteilt wurden, in der Nacht auf den 18. Juli in einem Stunden vorher ausgehobenen Grab auf dem Friedhof von Anif beigesetzt. Er hatte das Grab lange vorher selbst ausgewählt. Er hatte offenbar damit gerechnet, in Anif bei Salzburg zu sterben. Nur seine Familie und sehr wenige Menschen nahmen an dem Begräbnis teil. Herbert von Karajan hatte es so gewollt. Rasch, in aller Stille, ohne jedes Aufsehen, an einem von ihm selbst gewählten Platz »kam er unter die Erde«, bevor die Welt richtig begriffen hatte, daß er gestorben war. Die Fernsehleute, die Photographen, die großen Enthüller aller privaten Ereignisse kamen zu spät. Sie konnten nur ein frisch zugeschüttetes Grab, ein einfaches Holzkreuz, eine Rose auf dem Grabhügel als »Funkbild« in die Welt schicken. Karajan hatte ihnen kein Recht an seinem Begräbnis zugestanden.

»Er ist noch nicht unter der Erd', und schon denken sie über seinen Nachfolger nach«, sagt man in Österreich, wenn ein großer Mann stirbt, und man hat immer recht mit dieser Redensart. Von Herbert von Karajan konnte man das nicht sagen. Mit seinen Verfügungen hatte er diese ihm sehr geläufige Redensart für sich außer Kraft gesetzt wie so viele Redensarten und Gepflogenheiten, die er gut kannte, für sich aber nicht gelten lassen wollte.

HERBERT VON KARAJAN
UND DIE FOLGEN

Das Erbe und wie es verwaltet wird

Seither sind bemerkenswerte Ereignisse zu verzeichnen gewesen, die durchaus mit Herbert von Karajan, seinem Leben, seinen Ideen, seinen Initiativen zu tun haben und noch erwähnt werden müssen. Um seinen »Nachlaß« im bürgerlichen Sinn gab es eine äußerst kurze und sinnlose Auseinandersetzung: Nach den gesetzten schweizerischen Worten seines Anwalts und Nachlaßverwalters Dr. Kupper hatte der Dirigent sehr klare Verfügungen getroffen, die im Kern kaum von einem Testament eines einfachen Mannes zu unterscheiden waren. Sein in verschiedensten Firmen investiertes oder untergebrachtes Kapital sowie die aus den trotz aller Auflistungen nahezu unzählbaren Aufnahmen für Tonträger fließenden Mittel gingen und gehen nach Abzug einiger Legate (Karajan hat sein Personal, aber auch seine Orchesterwarte nicht vergessen) an die Familie. Einzige Ausnahme ist die Firma Telemondial, die als Verwalterin der zu Karajans Lebzeiten nur teilweise edierten Musikfilme und Hüterin vieler seiner künstlerischen Rechte eingesetzt ist und auch finanziell so ausgestattet bleibt, daß sie ohne jede Abhängigkeit von Erben oder Einflüssen von außen realisieren kann, was Karajan sein »künstlerisches Vermächtnis« genannt hat. Die dafür notwendigen Verträge sind wie alle anderen Verfügungen des Dirigenten nach übereinstimmender Auskunft der Mitarbeiter großzügig und wohlüberlegt geschlossen worden, Vorsorge für eine Endfertigung aller »Produkte« ist getroffen, die Vereinbarungen mit den Vertragspartnern, also zum Beispiel den Philharmonikern in Berlin und Wien sind durchaus zugunsten der Musiker auszulegen und werden auch so ausgelegt.

Daß sämtliche finanziellen Fragen unter der Annahme geregelt werden mußten, Herbert von Karajan sei in der Schweiz »gemeldet« und also »im Ausland« gestorben, ist die Tatsache, die unmittelbar nach seinem Tod in Österreich für einige Aufregung sorgte: Im Grunde war es jedoch kein patriotisches Bekenntnis Karajans zu einer neuen oder gegen die alte Heimat, das diskutiert wurde, sondern nur die formale Frage, bei welchem Finanzamt und unter welcher Steuergesetzgebung seine Erbschaftsangelegenheiten abzuhandeln waren. Daß Herbert von Karajan ein Salzburger war, aber »ohne Wohnsitz« in seiner Vaterstadt starb und begraben wurde, bewegte die Aufmerksamkeit der Öffentlichkeit nur kurz. Alsbald fand man sich mit der Tatsache ab, daß der einst auch als »Auslandsösterreicher« gescholtene Künstler versucht hatte, seine Gagen zu einem möglichst günstigen Steuersatz zu verdienen.

Daß man sich bei den Salzburger Festspielen 1989 schwertat, in der Eile einen attraktiven Dirigenten für den verwaisten »Maskenball« zu finden, ist nicht mehr erwähnenswert. Sir Georg Solti sprang ein und ließ sich anschließend auch überzeugen, die künstlerische Verantwortung für die Osterfestspiele zu übernehmen, die nach eingehenden Gesprächen zwischen der Festspiel-Direktion, Eliette von Karajan und dem Nachlaßverwalter seither fortgesetzt werden: Es war abzusehen, daß die engen Verbindungen zwischen den beiden Festivals und das höchst menschliche Interesse Salzburgs an einer reichen Klientel diese Fortsetzung erzwingen würde.

Herbert von Karajans Anteil an diesen Osterfestspielen ist nicht zu leugnen, er stellt allerdings auch eine Hypothek dar.

Der jeweilige Hauptdirigent wird immer an der Attraktion Karajan gemessen werden und daran, ob er imstande ist, diese Festspiele (in Zusammenarbeit mit den Festspielen im Sommer, doch auch mit eigenem Charakter) interessant zu halten. Es zeigt sich freilich jetzt bereits, daß es keinen Dirigenten gibt, der imstande ist, allein die Anziehungskraft eines Herbert von Karajan zu bieten. Sir Georg Solti wird mit Claudio Abbado alternieren, die Philharmoniker aus Berlin sind weiterhin zu den von Karajan dereinst ausgehandelten finanziellen Bedingungen in der Stadt, und ihre Anwesenheit und die ihres amtierenden Chefdirigenten haben auch mit den Programmen für die nächsten Jahre zu tun.

Andererseits: Weder Sir Georg Solti noch Claudio Abbado personifizieren die Osterfestspiele. Sie haben Wünsche bezüglich des Programms und müssen diese mit den Verantwortlichen der Salzburger Festspiele koordinieren. Sie verlangen Gage, und zwar keine geringe. Die Osterfestspiele müssen mit Schwierigkeiten rechnen und stehen zudem vor Vertragsverhandlungen. Denn ihre Partner, die Salzburger Festspiele, vermieten Haus und Infrastruktur nur noch bis 1994 zu den Herbert von Karajan gewährten Konditionen.

Daß Veränderungen, die mit dem Mozartjahr 1991 bei den Salzburger Festspielen selbst begonnen haben, auch Änderungen bei den Osterfestspielen auslösen werden, sah Herbert von Karajan voraus. Sein zu oft zitierter Satz, er werde auf einer Wolke sitzen, auf Salzburg hinunterschauen und sehr, sehr viel lachen, ist weiterhin gültig und mehrfach interpretierbar.

Bei den Festspielen selbst hat sich mit Karajans Ausscheiden aus dem Direktorium und den darauffolgenden Querelen eine totale Veränderung angebahnt. An die Stelle eines Direktoriums ist eine Intendanz getreten: Der Belgier Gerard Mortier ist Hauptverantwortlicher, der Wiener Hans Landesmann besetzt die wichtige zweite Position, ein Salzburger Bankier hat sich als Präsident zur Verfügung gestellt. Formhalber hat man in Salzburg eine totale Neustrukturierung vermieden, weil man sonst allenfalls auch ein Salzburger Festspielgesetz in Frage gestellt hätte, das immerhin seit Jahrzehnten die finanzielle Sicherheit garantiert hat.

Die Zeit nach Karajan, von der man bereits zu Karajans Lebzeiten zu schwärmen begann, läßt sich freilich ganz anders an, als man das prophezeite: Die großen Festspiel-Opern werden präzise nach dem »Rezept« vorbereitet, das Karajan erfunden hat (und dem ich immer noch wenig abgewinne). Sie werden weiterhin möglichst mit einer Gesamtaufnahme auf Compact Disc kombiniert; sie werden jedenfalls weiterhin von den Festspielen zugunsten der produzierenden Firmen präsentiert. Die als eine von Karajan nach Salzburg eingeschleppte Pest bezeichnete Präsenz der internationalen Schallplattenindustrie ist mit Karajans Tod nicht ein Gran zurückgedrängt worden; die Einflußnahme der Industrie ist dem Anschein nach enorm, weiterhin de facto aber gering. Die Wechselwirkung zwischen Festspiel und CD-Angebot wird als ein Zustand unserer Zeit hingenommen und hat mit Karajan nur insofern etwas zu tun, als er – das begreift man jetzt – der erste Dirigent in Europa war, der diese Wechselwirkung erkannte und sie zu nutzen wußte. Um nur einen sogenannten Antipoden Karajans zu nennen: Nikolaus Harnoncourt, dessen Ansichten über Interpretation in der Tat andere waren als die Karajans, verfügt über ungefähr dieselben Verbindungen zum Medium Tonträger, und die von ihm favorisierten Ensembles oder Interpreten sind bei den Festspielen in Salzburg genauso in den Schaufenstern angesiedelt wie noch vor einigen Jahren die Stars der Crew Herbert von Karajans. Doch wäre es falsch, wollte man da ausschließlich Harnoncourt erwähnen. All das trifft auch auf andere Dirigenten oder Interpreten zu, die unter anderen Vorzeichen das Erbe Karajans bei den Festspielen angetreten haben und zu nutzen wissen, was ihnen da an günstigen Konditionen geboten wird. Karajans vor Jahrzehnten an Gottfried von Einem geschriebener Brief über die Salzburger Festspiele hat nichts von seiner Eindringlichkeit verloren. Nur: Es fehlt der eine Dirigent, die *eine* Persönlichkeit, die sich als neuer Toscanini, Furtwängler oder Karajan zu etablieren imstande wäre. Die Festspiele haben einen der wesentlichsten deutschen Regisseure, Peter Stein, als Schauspieldirektor engagiert und wollen mit einem außerordentlichen Einsatz das Schauspiel forcieren. Für besonnene Beobachter ist dies ein untrügliches Zeichen: Gerard Mortier weiß, daß er einen Hauptanziehungspunkt für fünf Wochen Festspielprogramm haben muß, aber keinen Musiker hat, der das sein könnte. Sein Programm, einen möglichst zeitgenössischen Komponisten zu favorisieren, ist so interessant wie undurchführbar. Das Festspielpublikum und das für zeitgenössische Komponisten, das sind zwei sehr verschiedene Arten von Kunstfreunden.

Die Philharmoniker in Berlin haben einen Chefdirigenten. Claudio Abbado wurde »im zweiten Wahlgang« nach Berlin gebeten und war für eine sehr kurze Zeitspanne jedenfalls dem Anschein nach sowohl in Wien wie in Berlin derjenige, der den Löwenanteil des einstigen Imperiums Herbert von Karajans an sich gezogen hat. Sein Abgang als Musikdirektor der Wiener Staatsoper und seine mit den Salzburger Festspielen längst nicht so innigen Beziehungen lassen jedoch vermuten, daß er weit davon entfernt ist, der neue »Generalmusikdirektor Europas« zu werden. Er hat dazu weder das Naturell noch die Ausstrahlung. Und noch ist der Schatten, den Herbert von Karajan wirft, über ihm und seinen Beziehungen auch zu den Berlinern: Nach der ersten gemeinsamen Japanreise – auch Abbado bereist mit Enthusiasmus dieses tantiementrächtige Land – waren die Berliner in aller Öffentlichkeit vor allem begeistert, daß es eine große Reise auch ohne Karajan gegeben hätte. Es las sich, als hätte insgeheim jemand an dieser Möglichkeit gezweifelt.

So bleiben als ein verwaltetes Erbe Herbert von Karajans die Konzert- und Opernfilme, die noch nicht vollständig ediert sind und deren Wirkung vorläufig auch nicht abzuschätzen ist. Die Vision Karajans von einer sozusagen endgültigen Umsetzung von Musik in Bilder wird eine Vision bleiben. Die unaufhaltsame Weiterentwicklung der Technik hat Karajan noch zu Lebzeiten überholt, den Neuerungen, von denen man ihm noch aus Japan berichten konnte, sind seine Bild-Ton-Dokumente zumindest in der technischen Qualität nicht gewachsen, eine vollständige Übernahme zum Beispiel seiner für »Home Video« gedrehten Filme auf High Definition ist nicht möglich. Das bedeutet aber nicht, daß der Sinn seiner Filme an Substanz verloren hätte.

Der Dirigent Karajan, der sich als letzter Kapellmeister einer Epoche verstanden hat und manifestieren wollte, was er repräsentierte, hat seinen Willen mit eigener Kraft und eigenem Geld durchgesetzt: Anders als in den Generationen vor ihm wird man ein umfassendes und klares Bild von den Interpretationen Herbert von Karajans aus dem Blickwinkel Herbert von Karajans haben. Daß sie es über kurz oder lang als ein historisches Bild sehen werden, steht außer Zweifel.

In unseren Gesprächen bestand der Dirigent Karajan immer darauf, von der unendlichen Vielfalt der Möglichkeiten, Musik zu interpretieren, zu sprechen. Wo er sich Diskussionen verbat, wo er Kritik an anderen Dirigenten äußerte, da ging es um das, was er selbst Dokumentenfälschung nannte, um für ihn feststehende und aus den Noten ablesbare Dinge. Und um ein richtig durchgehaltenes Tempo.

Zum Erbe Karajans zählt – und dies nicht zufällig – im Zusammenhang mit seinen Ton- und Bild-Ton-Dokumenten der Standard, den er vorgegeben hat und den nicht nur Musiker, sondern auch Musikfreunde prüfen können. Ohne Zweifel wird auch in der Zukunft der Streit über »Auffassungen« nicht enden. Jetzt schon kann man sich aber Zeugen vom Format eines Christoph von Dohnányi oder Carlos Kleiber oder auch eines alten Herrn wie Sir Georg Soltis erbitten, wenn die Treue einem Tempo, die Klarheit einem Klang gegenüber unstreitbar festgestellt werden soll. Die Dirigenten und die Musiker sind es, die sich mit ihren Aussagen sofort zu Herbert von Karajan bekennen.

Noch ein Epilog?

Um die Zeit nach Karajan zu einem vorläufigen Ende zu bringen: Bald nach dem Tode Herbert von Karajans geisterte noch einmal für Tage die Meldung durch die Zeitungen, erst jetzt habe ein Beamter in Washington ein Verfahren eingestellt, das gegen Herbert von Karajan 1989 angestrengt worden sei, um ihn auf die »Watch-List« zu setzen. Tatsächlich war ein solches Verfahren eingeleitet worden. Man hatte noch einmal eine Notiz aus dem Jahr 1945 hervorgeholt, Herbert von Karajan sei »Agent« des Sicherheitsdienstes gewesen.

Karajan selbst hatte dieses Verfahren nicht mehr zur Kenntnis genommen. In seiner Umgebung waren allerdings hochgestellte Persönlichkeiten als Vermittler aufgeboten worden, um weitere »Schritte« zu unterbinden. Zwei Jahre nach seinem Tod und der Einstellung des Verfahrens ist man im Institut für Zeitgeschichte in Wien der Ansicht, es gäbe nicht die Spur eines über die bewußte Notiz hinausführenden Hinweises; bei näherer Untersuchung hätten sich irgendwelche Fakten, die Karajan zu einem SD-Agenten machten, nicht eruieren lassen.

Bald nach seinem Tod fanden sich Musiker, die sehr deutlich von Herbert von Karajan und also auch von ihrer eigenen Haltung zu seinen Lebzeiten abrückten. Rolf Liebermann zum Beispiel hatte Fragen, ob er Präsident in Salzburg werden wolle, mit der Bemerkung quittiert, er würde unter allen Umständen erst einmal bei Karajan anfragen und dessen Meinung einholen. Er fragte nicht und wurde auch nicht Präsident. Michel Schwalbé, langjähriger Konzertmeister der Berliner, der sich von Karajan von einer großartigen Position in der Schweiz nach Berlin holen ließ, war plötzlich kein dankbarer Musiker mehr, sondern vergaß seine eigenen Erklärungen, für ihn sei Karajan der »König der Musik«. Dietrich Fischer-Dieskau, der große Sänger, hatte während seiner Karriere gern mit Karajan gesungen und ihn herzlich umarmt und vergaß dies rasch, als der Dirigent gestorben war. Und so fort.

Die Wiener Philharmoniker gestalteten für Herbert von Karajan die eindrucksvollste Trauerfeier, die im Großen Festspielhaus zu Salzburg zu erleben war. Unter den Dirigenten Sir Georg Solti, Seiji Ozawa und James Levine musizierten sie – und dann, als immer noch keine einzige Trauerrede gehalten war, spielten sie ohne Dirigenten Mozarts Maurerische Trauermusik. In Wien baten sie Leonard Bernstein zu der Trauerfeier für Herbert von Karajan. Sie hatten Karajan in guten und schlechten Zeiten gut und schlecht behandelt. Sie haben seither Karajan einfach in die Reihe der Dirigenten aufgenommen, auf die sie stolz sind.

Die Gesellschaft der Musikfreunde in Wien reagierte auf Karajans Ableben auf eine noble Art: Sie hat die Position, die ihr Herbert von Karajan nie zurückgab, die er »auf Lebenszeit« behielt, nicht nachbesetzt. Sie hat seither keinen »Konzertdirektor« mehr gewählt und also auch keinen Nachfolger. Geht es nach den Absichten des amtierenden Direktoriums, wird die Gesellschaft dieses Amt auch weiterhin ruhenlassen. Johannes Brahms, Wilhelm Furtwängler und Herbert von Karajan haben in den Augen der Gesellschaft keine Nachfolger.

Die heutezutage notwendige Feststellung, daß sich Herbert von Karajan nach wie vor »ausgezeichnet verkauft«, darf nicht fehlen. Sie wird von der Schallplattenindustrie in Form von erweiterten Editionen, vor allem aber dank der Tantiemenabrechnungen belegt. Immer noch entscheidet sich eine überwältigende Anzahl von Musikfreunden für ihn und seine Interpretationen. Woran Karajan mit Fleiß und Energie gearbeitet hat, was man einmal neidisch und abschätzig sein Imperium nannte, das ist vorläufig noch intakt. Man vergesse nicht: Karajan wollte Musik zu einer bis dahin nicht gekannten Breitenwirkung verhelfen. Er hat es getan und tut es nach seinem Tod in erstaunlichen Dimensionen immer noch.

Diese Dimensionen und die Tantiemen sind kein Gradmesser für den künstlerischen Wert der Taten Herbert von Karajans. Niemand ist so vermessen, den Umsatz, den Erfolg mit »Größe« gleichzusetzen. Karajan aber, der sein ganzes Leben auch der »Wirkung« gewidmet hat, ist über seinen Tod hinaus erfolgreich. Noch läßt sein Name keinen Musikfreund gleichgültig. Noch gesteht man ihm Faszination und zugleich handwerkliche Virtuosität zu. Noch streitet man seinetwegen. Noch mißt man Dirigenten an ihm. Noch hat man etwas zu ihm zu sagen.

Sein Grab auf dem Friedhof von Anif ist zumeist mit Blumen oder Kränzen geschmückt, aber keine Pilgerstätte geworden. Der Platz nächst dem Salzburger Festspielhaus, der jetzt Herbert-von-Karajan-Platz heißt, wird weder von den Einheimischen noch von den Touristen so genannt. Die beiden Orchester, mit denen Karajan Jahrzehnte musizierte, haben in ihren Abonnements keine Gedenkkonzerte für ihn eingeführt. Die Staatsoper in Wien hat ebenso wie die Salzburger Festspiele längst Besucher, denen nicht in Erinnerung gerufen wird, daß Karajan hier einmal den Ton angegeben hat. Von Heldengedenken ist in seinem Fall nicht die Rede. Wenn aber Musiker beisammen sitzen und sein Name fällt, dann wird debattiert. Wenn über die Möglichkeiten, ein Opernhaus zu führen, gesprochen wird, dann fällt sein Name. Er hat in diesem Jahrhundert etwas bewegt.

Herbert von Karajan – eine Erfahrung

Herbert von Karajan hat die Musikfreunde zu seiner Zeit auf mehr als eine Art herausgefordert. Er hat ihnen Musik ebenso angeboten wie die von ihnen immer wieder erhoffte Lust an der Auseinandersetzung über seine Art der Interpretation. Er hat mit vielen seiner Ideen, die nicht ausschließlich künstlerische waren, das Musikleben seiner Zeit zumindest verändert. Wer ihn dabei nahezu ein halbes Jahrhundert erlebte, dem muß gestattet sein, seine eigene Meinung innerhalb dieser Zeit zu ändern. Mir ist das zum Beispiel geschehen.

Ich habe es in meinem Vorwort angedeutet: Herbert von Karajan war zuerst einmal für mich einer der aufregendsten Dirigenten. Dann war er für mich der künstlerische Leiter der Wiener Staatsoper, mit dessen Ideen ich längst nicht so sympathisieren konnte wie mein damals mir vorgesetzter kritischer Kollege. Dann wurde er mir ein Kontrahent, als er seine Osterfestspiele ins Leben rief, ich an der Rezeptur und der Machbarkeit zweifelte und von der Öffentlichkeit gebührenfrei zum Karajan-Gegner ernannt wurde – ein Epitheton, das mir viele Leser einbrachte. Schließlich aber wurde er mir eine Art Vaterfigur: Indem ich die letzten Jahre seines Lebens als sein Chronist geduldet wurde, erlebte ich einen armen, bedauernswerten Menschen, der sich in großen körperlichen Qualen zu öffentlichen Auftritten trieb und scheinbar gegen alle Vernunft nicht aufgeben wollte. Auch in diesen Jahren provozierte er keineswegs nur Sympathie, war er in seinem Umgang mit Menschen wie mit Problemen oft unduldsam, oft eitel, manchmal auch verräterisch in seiner Wortwahl. Man wußte nicht recht, ob er sich als *der* musikalische Gegenpol fühlte oder als einer, der die pure Wahrheit gesagt hatte, als er einmal erwähnte, es sei ihm nicht gegeben, Befehle anzunehmen.

Seit er gestorben ist, hat sich mein Bild von ihm nicht verklärt, ist er von den großen oder einflußreichen Künstlern unseres Jahrhunderts immer noch nicht derjenige, der meine Liebe hat. Manchmal aber spüre ich, daß er – den schließlich alle Kritiker genüßlich ins Visier genommen hatten und viele Musiker für abgetan erklärten – in seinem konsequenten Kampf ums Überleben, seinen künstlerischen Anschauungen beispiellos war und daß nicht meine Zuneigung, aber meine Hochachtung vor ihm im Zunehmen begriffen ist. Aufatmend, weil ich mein Manuskript beendet habe und die Biographie in mehreren Bänden getrost Wissenschaftlern der nächsten Generation überlassen kann, pflege ich diese meine Hochachtung und fühle mich bereichert, weil ich nicht nur große Liebende der Musik, sondern auch Herbert von Karajan für eine Zeit seines und meines Lebens sprechen durfte.

ANHANG

DATEN UND FAKTEN

1908 5. April: geboren in Salzburg.

1912 Klavierunterricht bei Franz Ledwinka, Mozarteum.

1913 Wunderkindauftritt bei einer Wohltätigkeitsveranstaltung in Salzburg.

1916 Schüler am Konservatorium Mozarteum.

1917 27. Januar: erstes Auftreten in einem Mozarteumskonzert. 15. April: Karajan darf erstmals an einem Hausmusikabend der Familie mitwirken. Bernhard Paumgartner wird im Herbst Direktor am Mozarteum und Mentor der Brüder Karajan.

1919 26. Januar: Karajan spielt erstmals in einem Orchesterkonzert unter der Leitung Bernhard Paumgartners.

1926 Matura am Gymnasium in Salzburg. 25. Juni: Karajan wird bei einem Orchesterkonzert des Mozarteums als »Absolvent« des Mozarteums bezeichnet. Im Herbst Inskription an der Technischen Hochschule in Wien und an der Wiener Musikakademie: Hauptfach Klavier bei Josef Hofmann, Dirigieren bei Alexander Wunderer.

1928 17. Dezember: Abschlußkonzert der Klasse Wunderer an der Musikakademie.

1929 22. Januar: Erstes Konzert im Salzburger Mozarteum. 2. März: Premiere der ersten eigenen Einstudierung von Mozarts »Figaro« am Stadttheater Ulm und Engagement als »Koordinierter Erster Kapellmeister«. Hört Toscanini bei einem Scala-Gastspiel in der Wiener Staatsoper.

1930 19. April: »Salome« im Salzburger Landestheater unter seiner Leitung. 22. Juli: Leitung eines Burggarten-Konzerts des »Wiener Sinfonie-Orchesters«, der nachmaligen Wiener Symphoniker. Im Sommer Assistent der Dirigenten-Sommerkurse der Internationalen Stiftung Mozarteum.

Aller Anfang ist schwer – sogar für einen künftigen »Generalmusikdirektor Europas«.

1931 Besucht Bayreuther Festspiele und hört Toscanini (»Tannhäuser« und »Parsifal«).

1933 Der Ulmer Intendant kündigt Karajan erstmals, verlängert aber den Vertrag um ein Jahr. Am 8. April unterschreibt Karajan eine Beitrittserklärung zur NSDAP in Salzburg. Die NSDAP wird im Mai in Österreich verboten. Bei den Salzburger Festspielen leitet Karajan die Bühnenmusik in der Reinhardt-Inszenierung von »Faust« (Komposition: Bernhard Paumgartner).

1934 Nach Ablauf seines Vertrages in Ulm (letzte Vorstellung »Figaro« am 31. März) ist Karajan arbeitslos. Nach einem Probedirigieren wird er am 15. Juni als Erster Kapellmeister nach Aachen engagiert. Dirigiert am 21. August ein Privatkonzert der Wiener Philharmoniker in Salzburg. (Der zweite Teil des Konzerts findet im Mirabellgarten statt, Margarethe Wallmann choreographiert den »Nachmittag eines Fauns«.) Am 18. September »Fidelio« unter Karajan in Aachen, am 23. Oktober »Die Walküre«, am 8. Dezember das erste Orchesterkonzert (statt des amtierenden GMD Peter Raabe).

1935 Karajan gastiert in deutschen Opernhäusern, verhandelt mit Karlsruhe und wird am 12. April Generalmusikdirektor in Aachen, tritt seiner eigenen Aussage nach der NSDAP bei und erhält eine mit Datum 1. Mai 1933 »nachgereichte« Mitgliedsnummer. Beginnt Gastspiele im Ausland.

1936 Gastspiel des Aachener Chors und Orchesters in Brüssel am 26. April mit der h-Moll-Messe von Bach.

1937 1. Juni: Karajan dirigiert eine Vorstellung von »Tristan« an der Wiener Staatsoper. In Salzburg plant man für 1938 »Fledermaus« in einer Inszenierung Max Reinhardts unter Karajans Leitung (wird nie realisiert).

1938 8. April: erstes Konzert mit dem Berliner Philharmonischen Orchester. 26. Juli: Heirat mit Elmy Holgerloef (geb. 1898, nach anderen Angaben 1903). 30. September: Debüt an der Berliner Staatsoper mit »Fidelio«. 21. Oktober: »Tristan und Isolde« (»Das Wunder Karajan«). 18. Dezember: Premiere »Zauberflöte« in der Inszenierung Gustaf Gründgens'. Erster Vertrag mit der Deutschen Grammophon Gesellschaft.

1939 28. Januar: Uraufführung des »Bürger von Calais« von Wagner-Régeny in Karajans Einstudierung in Berlin. Im Februar Gastspiel der Aachener Oper mit »Walküre« in Lüttich. Am 25. Februar beginnen unter Karajan die Sinfoniekonzerte der

Preußischen Staatskapelle. 15. März: Gastspiel in Stockholm. 20. April: Ernennung zum Staatskapellmeister. Karajan arbeitet von da an ständig in Aachen und Berlin.

1940 18. Februar: »Elektra«-Premiere in Berlin zum 75. Geburtstag von Richard Strauss. Heinz Tietjen inszeniert, Karajan dirigiert. 9. Mai: erstes Konzert in der Mailänder Scala. Im Dezember Gastspiel mit Bachs Hoher Messe in Paris.

1941 7. März: erstes Konzert in Rom. Im Mai in Paris Gastspiel der Berliner Oper mit »Walküre« unter Karajan.

1942 13. Mai: erstes Konzert beim Maggio Musicale Fiorentino. Sofort anschließend Aufführungen von »Don Giovanni« in Florenz. Aachen kündigt den Vertrag Karajans als GMD. Karajan versucht, die Leitung der Dresdener Oper zu erhalten, Heinz Tietjen verhindert es. Scheidung von Elmy Holgerloef. 22. Oktober: Heirat mit Anita Gütermann (geb. 1917) in Berlin.

1943 März 1943: Karajan dirigiert im kleinen Saal der Mailänder Scala. Konzerte und Plattenaufnahmen mit dem Concertgebouw Orchest in Amsterdam.

1944 Januar: Konzerte in Bukarest. April: Konzerte in Paris.

1945 Februar: letztes Konzert in Berlin. Das Ehepaar Karajan fliegt nach Mailand, lebt am Gardasee und bleibt nach dem Kriegsende vorerst in Mailand. Karajan dirigiert im Spätherbst Konzerte in Triest und findet eine Transportmöglichkeit nach Salzburg. Aktiviert seine Beziehungen (zu Baron Puthon in Salzburg und den Philharmonikern in Wien).

1946 18. Januar: Karajan dirigiert die Wiener Philharmoniker im Musikvereinssaal. Die russische Besatzungsmacht verhindert ein weiteres für 2. März vorgesehenes Konzert. Walter Legge beginnt seine Verhandlungen über einen Schallplatten-Vertrag mit Karajan. Der Internationale Rat empfiehlt der österreichischen Regierung ein Dirigierverbot für Karajan. (Es wird im Oktober 1947 aufgehoben.) Die Salzburger Festspiele engagieren Karajan für »Rosenkavalier« und »Figaro«. Die amerikanische Besatzungsmacht verbietet ein öffentliches Auftreten Karajans. Walter Legge beginnt im Herbst in Wien mit Aufnahmen der Wiener Philharmoniker unter Herbert von Karajan für Columbia.

1947 Karajan, der weiter Auftrittsverbot hat, dirigiert Schallplatteneinspielungen und bereitet erneut Vorstellungen für die Salzburger Festspiele vor. Er darf wiederum nicht dirigieren. Im Oktober wird das Dirigierverbot aufgehoben. 26. Oktober: Karajan

Am 12. Juli 1947 versuchte Walter Legge bei einem Essen in Salzburg Unstimmigkeiten zwischen Furtwängler und Karajan auszuräumen. Das Ergebnis war Furtwänglers Ultimatum an die Festspielleitung: Er stehe nur zur Verfügung, wenn man auf Karajan verzichte. Und Salzburg ließ sich darauf ein.

dirigiert die VIII. Bruckner mit den Wiener Philharmonikern in Wien. Im November leitet er ein Konzert im Teatro Fenice in Venedig. 20. Dezember: Karajan dirigiert erstmals ein »Gesellschaftskonzert« der Gesellschaft der Musikfreunde, die IX. Symphonie Beethovens.

1948 Die Gesellschaft der Musikfreunde verpflichtet Karajan für einen eigenen, nach ihm benannten Konzert-Zyklus. Er übernimmt die Chefposition der Wiener Symphoniker und dirigiert sein erstes Konzert mit diesem Orchester am 21. Februar. Am 25. April dirigiert Karajan das Orchester Santa Cecilia im Teatro Argentina. Bei den Salzburger Festspielen leitet er »Orpheus und Eurydike« und »Le Nozze di Figaro« sowie zwei Orchesterkonzerte. Bei den Internationalen Musikfestwochen Luzern dirigiert er erstmals das heimische Orchester. Mit dem Philharmonia Orchestra macht er Schallplattenaufnahmen und Konzerte in London. Im Oktober dirigiert er zwei Konzerte an der Mailänder Scala, am 28. Dezember leitet er an der Scala ein Gastspiel von »Figaro« in der Besetzung der Salzburger Festspiele.

1949 Karajan geht als Gastdirigent auf Südamerikatournee, wird aber in Argentinien nicht ausschließlich gefeiert. Er zieht Konsequenzen aus dem relativen Mißerfolg von Gastdirigaten. Bei den Salzburger Festspielen dirigiert er nur zwei Chor-Orchesterkonzerte (Verdi-Requiem und IX. Beethoven). Wilhelm Furtwängler hat darauf bestanden, künftig in Salzburg eine dominierende Rolle zu spielen und Karajan von der Leitung von Opernaufführungen auszuschließen. In Luzern, Mailand, London und Wien bleiben Karajans Aktivitäten davon unberührt. Lediglich bei den Abonnementkonzerten der Wiener Philharmoniker tritt Karajan im Dezember für längere Zeit zum letztenmal in Erscheinung. Die Gesellschaft der Musikfreunde ernennt Karajan zu ihrem Ehrenmitglied.

1950 Karajan leitet im Januar die erste Deutschlandreise der Wiener Symphoniker und wird für drei Jahre Dirigent in Perugia. 9. Juni: Beim Wiener Bachfest leitet Karajan die »Matthäus-Passion«, am 16. Juni die h-Moll-Messe. Nach einem Zwist mit Wilhelm Furtwängler macht die Gesellschaft der Musikfreunde ihn zu ihrem »Konzertdirektor«, auf Karajans ausdrücklichen Wunsch wird ihm diese Position »auf Lebenszeit« verliehen.

1951 Bei den Bayreuther Festspielen kommt es zur Zusammenarbeit mit Wieland Wagner (Karajan dirigiert »Die Meistersinger von

Nürnberg« und den zweiten »Ring«-Zyklus anstelle von Hans Knappertsbusch). An der Mailänder Scala dirigiert und inszeniert Karajan »Tannhäuser«, in Perugia eine Aufführung der »Matthäus-Passion« mit dem Singverein der Gesellschaft der Musikfreunde.

1952 Tournee mit dem Philharmonia Orchestra London, am 22. Mai erstmals mit »seinem« Orchester im Musikverein. Karajan leitet in Bayreuth »Tristan und Isolde« in Wieland Wagners Inszenierung und kündigt seine weitere Mitarbeit. An der Scala dirigiert und inszeniert er »Fidelio« und »Der Rosenkavalier«.

1953 wird Karajan erstmals in Wien kontaktiert, ob er in der Wiener Staatsoper anläßlich ihrer Wiedereröffnung dirigieren wolle. Er lehnt ab. An der Mailänder Scala dirigiert und inszeniert er »Lohengrin« und »Don Giovanni«. Mit dem Rundfunkorchester Turin und den Wiener Philharmonikern musiziert er bei einem »Festival der zeitgenössischen Musik« in Turin. 28. September: Karajan dirigiert erstmals nach dem Kriegsende das Berliner Philharmonische Orchester.

1954 18. Januar: Donizettis »Lucia di Lammermoor« mit Maria Callas, Giuseppe di Stefano und Rolando Panerai in einer Produktion Herbert von Karajans an der Mailänder Scala. Mit dem Philharmonia Orchestra London geht Karajan auf eine ausgedehnte Europatournee. In Rom ist er zu Rundfunkaufnahmen (»Carmen«). Als am 30. November Wilhelm Furtwängler stirbt, wird Karajan von Berlin gebeten, die von Columbia Artists Management (der Firma, die auch Karajans Reisen mit dem Londoner Orchester arrangiert) für 1955 vorbereitete erste US-Reise der Berliner zu übernehmen.

1955 Herbert von Karajans Mutter stirbt. Im Januar dirigiert Karajan eine von ihm in französischer Sprache einstudierte »Carmen« in Mailand. Am 22. Februar geht er als designierter Nachfolger Furtwänglers mit dem Berliner Philharmonischen Orchester auf Amerikareise (bis 2. April) und wird anschließend in Berlin als künstlerischer Leiter und Chefdirigent »auf Lebenszeit« bestätigt.

1956 Im März unterzeichnet Karajan einen Vier-Jahres-Vertrag als künstlerischer Leiter der Salzburger Festspiele, am 5. und 6. Juni dirigiert er erstmals die Berliner in Wien, am 14. Juni (einen Tag nach einer Aufführung von »Lucia« mit dem Mailänder Ensemble) wird er künstlerischer Leiter der Wiener Staatsoper. Ein wesentlicher Vertragspunkt ist eine enge Zusammenarbeit der

Opernhäuser von Wien und Mailand. Im Sommer lernt Karajan Eliette Mouret kennen. Mit dem Berliner Orchester unternimmt er eine Konzertreise durch Deutschland, Belgien und Frankreich und geht im Herbst auf die zweite Amerikareise der Berliner.

1957 16. Januar: Karajan dirigiert erstmals an der Staatsoper. 2. April: »Walküre« als erste Produktion Karajans in Wien. Am 17. April dirigiert Karajan wieder ein Konzert der Wiener Philharmoniker. 24./25. Mai: Gemeinsame Konzerte mit Glenn Gould und dem BPO in Berlin. Bei den Salzburger Festspielen dirigiert und inszeniert Karajan »Fidelio« und »Falstaff« (den er auch in Mailand leitet) und bringt sein Berliner Orchester für mehrere Konzerte (auch unter anderen Dirigenten) zu den Festspielen. Mit dem Berliner Orchester unternimmt er seine erste Japantournee.

1958 In Wien arbeitet er weiter am »Ring« und dirigiert im April eine Neuinszenierung von »Tosca«, im Juni Strawinskys »Oedipus Rex« mit Jean Cocteau als Sprecher; an der Mailänder Scala gastiert er mit »Walküre«; in Salzburg dirigiert er außer »Fidelio« auch »Don Carlos« in einer Inszenierung von Gustaf Gründgens. Mit dem Berliner Orchester unternimmt er zwei Europareisen. Scheidung von Anita von Karajan. 6. Oktober: Karajan heiratet Eliette Mouret in Megeve. Im Dezember führt er erstmals in Berlin Strawinskys »Canticum Sacrum« auf.

1959 Karajan nimmt mit den Berlinern wieder für die Deutsche Grammophon auf. In Mailand zeigt er »Tristan und Isolde«, bei den Salzburger Festspielen dirigiert er nur »Orpheus und Eurydike«, Auseinandersetzungen über seine weiteren Festspielpläne sind an der Tagesordnung. Mit den Wiener Philharmonikern unternimmt er eine legendäre »Weltreise« (17. Oktober bis 25. November) nach Indien, Manila, Hongkong, Japan, Hawaii und in die USA.

1960 25. Juni: Isabel von Karajan wird geboren, die Wiener Philharmoniker übernehmen die Patenschaft. Bei den Salzburger Festspielen wird das Neue Festspielhaus mit dem »Rosenkavalier« eröffnet, Karajan verweigert dem Österreichischen Fernsehen eine Direktübertragung, läßt die Produktion aber nachträglich von einer privaten Gesellschaft als Opernfilm aufnehmen. Er kündigt seinen Vertrag als künstlerischer Leiter der Festspiele. 19. September: In Berlin wird der Grundstein zur Berliner Philharmonie gelegt. Mit den Berlinern ist er erneut auf Deutschlandreise. Die Reihe »Musik des 20. Jahrhunderts« wird in Berlin begonnen, Karajan dirigiert jeweils ein Konzert der Reihe selbst.

1961 Karajan dirigiert in Salzburg nur »Don Giovanni« im Alten Festspielhaus und eine Aufführung der h-Moll-Messe Bachs im Neuen Festspielhaus.

1962 6. Januar: »Pelléas et Mélisande« in der Oper. 7. Februar: Erste Demission Karajans an der Wiener Staatsoper. Nach heftigen Auseinandersetzungen kehrt er am 5. März zurück. W. E. Schäfer wird am 10. März sein Co-Direktor. Salzburg hat Karajans Wunsch zur Kenntnis genommen: Verdis »Troubadour« steht als Festspielproduktion im Neuen Festspielhaus auf dem Programm; die Berliner sind erneut das zweite Festspielorchester.

1963 W. E. Schäfer kündigt sein Wiener Engagement. Karajan holt Egon Hilbert am 10. Juni als Co-Direktor der Staatsoper ins Amt. In Salzburg dirigiert er Reprisen von »Rosenkavalier« und »Troubadour«. 15. Oktober: Eröffnung der Berliner Philharmonie. Karajan schließt einen Exklusivvertrag mit der Deutschen Grammophon Gesellschaft. Am 2. und 3. November leitet er zum letztenmal die Wiener Symphoniker. Am Abend des 3. November wird in der Staatsoper gestreikt, das Publikum für »La Bohème« muß heimgeschickt werden. 9. November: Die eine Woche vorher verhinderte Aufführung von »La Bohème« (Inszenierung Franco Zeffirelli) wird Karajans letzter großer Triumph an der Staatsoper.

1964 2. Januar: Karajans Tochter Arabel wird geboren, die Berliner Philharmoniker übernehmen die Patenschaft. Karajan reist mit seinem Orchester durch die Bundesrepublik. In Wien überwirft sich Karajan im Mai endgültig mit der Staatsoper und gibt am 23. Juni seinen definitiven Rücktritt und für August das Ende seiner gesamten »Tätigkeit in Österreich« bekannt. Zum Ende der Saison leitet er eine Neuproduktion der »Frau ohne Schatten«. Mit Beginn der Salzburger Festspiele versucht man, ihn »in Österreich« zu halten, nach diplomatischem Einschreiten des Bundeskanzlers nimmt Karajan eine Einladung an und wird Direktoriumsmitglied der Festspiele. Im Großen Festspielhaus dirigiert er »Elektra«, sein Berliner Orchester ist zum drittenmal Festspielorchester. Karajan erhält Einladungen an die Deutsche Oper Berlin etc.

1965 Dritte USA-Reise mit den Berlinern. Große Europareise mit demselben Orchester. 29. März: Die Filmfirma Cosmotel wird in der Schweiz gegründet. In Salzburg »Boris Godunow« in einer Produktion Karajans. Gespräche über Gründung eigener Festspiele zu Ostern. In Wien nimmt Karajan (als »Angestellter« von

Cosmotel) mit den Wiener Symphonikern erstmals Symphonien für den Film auf (Regie: Henri-Georges Clouzot).

1966 Japantournee mit den Berlinern (die neun Beethoven-Symphonien werden in Tokio aufgeführt). 24. März: Eintragung der Osterfestspielges. m. b. H. im Salzburger Handelsregister. Mai: »Cavalleria rusticana« an der Mailänder Scala (Regie: Giorgio Strehler). Für Salzburg wird als neue Festspieloper »Carmen« gewählt. Karajans Vorbereitungen für sein eigenes Festival laufen auf Hochtouren. »Walküre« wird für Platten aufgenommen.

1967 19. März: Mit »Walküre« werden die Osterfestspiele eröffnet. Im Sommer dirigiert Karajan Reprisen von »Boris Godunow« und »Carmen« und leitet ein Konzert des Cleveland Orchestra. November: Karajan probt und dirigiert »Walküre« an der New Yorker Metropolitan Opera.

1968 Frankreich–Spanien–Portugal-Reise der Berliner unter Karajans Leitung. 4. März: Verleihung des Ehrenringes des Landes Salzburg. 4. April: Karajan wird Ehrenbürger von Salzburg. Zu Ostern »Rheingold« in Salzburg, im Sommer eine eigene Inszenierung von »Don Giovanni« im Großen Haus. Karajan besteht weiter auf Mitwirkung der Berliner bei den Salzburger Festspielen. 14. August: Die Salzburger Universität verweigert Karajan den Titel eines Ehrendoktors, macht ihn aber zum Ehrensenator. Karajan gibt die Gründung der Herbert-von-Karajan-Stiftung in Berlin bekannt. »Rheingold« kommt an der Met heraus.

1969 Mit den Berlinern Reisen in Europa, in die UdSSR (im Juni die X. Schostakowitsch in Anwesenheit des Komponisten in Leningrad) und in der Bundesrepublik. »Siegfried« bei den Osterfestspielen, anschließend erstes Symposion des »Forschungsinstituts«, das an der Salzburger Universität als Bestandteil der nach Karajan benannten Stiftung gegründet wurde. Karajan wird künstlerischer Berater des Orchestre de Paris und lädt das Ensemble zu den Salzburger Festspielen ein. In Berlin: Erster Internationaler Dirigentenwettbewerb der Karajan-Stiftung.

1970 Mit »Götterdämmerung« wird der »Ring« bei den Osterfestspielen abgeschlossen. Mit den Berlinern gastiert Karajan erstmals wieder in Wien (sämtliche Beethoven-Symphonien in Konzerten vom 9. bis 14. Juni im Rahmen der Festwochen) und erneut bei den Salzburger Festspielen. Reisen mit dem Orchester nach Japan und in Europa. In Berlin findet die 1. Internationale Begegnung für Jugendorchester im Rahmen der Karajan-Stiftung statt.

1971 Zu Ostern präsentiert Karajan »Fidelio«, im Sommer »Otello« in Salzburg.

1972 »Tristan und Isolde« steht auf dem Programm der Osterfestspiele, »Die Hochzeit des Figaro« (Inszenierung: Jean-Pierre Ponnelle) kommt im Sommer im Großen Festspielhaus heraus. Karajan begründet eine neue »Tradition«: Zum Ende der Festspiele kommen die Berliner für zwei Konzerte nach Salzburg und reisen anschließend mit ihm direkt weiter nach Luzern.

1973 Zu Ostern bietet Karajan Reprisen von »Rheingold« und »Tristan«. Erstmals veranstaltet er mit den Berlinern in Salzburg auch »Pfingstkonzerte«. Bei den Festspielen im Sommer: Uraufführung von »De temporum fine comoedia« von Carl Orff. Karajan wird Ehrenbürger von Berlin. Gespräche über eine Rückkehr als Dirigent an die Wiener Staatsoper zerschlagen sich. Karajan ist mit den Berlinern erneut in Japan.

1974 Zu Ostern: »Die Meistersinger von Nürnberg«, mit den Berlinern vor den Pfingstkonzerten wieder zu Gast bei den Wiener Festwochen. Eine USA-Tournee mit den Berlinern.

1975 Zu Ostern außer »Meistersinger« als zweite Produktion »La Bohème« in der Zeffirelli-Inszenierung. Zu den Festspielen im Sommer: Karajans eigene Produktion von »Don Carlos«. Im Dezember wird Karajan operiert.

1976 Bei »Lohengrin« zu den Osterfestspielen Auseinandersetzungen mit Sängern und Orchester. Im Sommer Reprisen von »Don Carlos« und »Figaro«. Mit den Berlinern in die USA. Zu einer Aufführung des Verdi-Requiems läßt Karajan den Singverein der Gesellschaft der Musikfreunde (November) nach New York kommen.

1977 »Troubadour« bei den Osterfestspielen. 13. April: Karajan erhält den Ernst-von-Siemens-Musikpreis. Im Mai Rückkehr an die Staatsoper unter dem Titel »Festliche Tage mit Herbert von Karajan« mit »Troubadour«. Bei den Salzburger Festspielen produziert Karajan »Salome«. Neuerliche Japanreise mit den Berlinern.

1978 Reprisen von »Fidelio« und »Troubadour« bei den Osterfestspielen, erneut ein Gastspiel an der Wiener Staatsoper. 12. Mai: Ehrendoktor der Salzburger Universität. 21. Juni: Doctor of Music h. c. an der Universität Oxford. Die Gesellschaft der Musikfreunde überreicht einen »Herbert-von-Karajan-Ring«, den Karajan »durch letztwillige Verfügung« dem würdigsten Dirigenten zuerkennen soll. Bei den Salzburger Festspielen Reprisen von

Man
wünsche, wie sie es früher
in Stretthof als Junge
gemacht habe, mal
mit dem Motorrad
oder zu Pferde durch
Halle —d Diele rasen,
blos um allgemeines
Entsetzen hervorzurufen
—d damit der Kalk
rieselt. ————

für FRANZ

ENDLER

mit BESTEM DANK

WIEN MAI 1988

Herbert v. Karajan

Ein halbes Jahrhundert, eine Karriere, ein Kampf gegen das Altern liegen zwischen diesen beiden Schriftzügen.
Links: 1940, aus einem Brief Karajans an seine spätere Frau Anita. Oben: 1988, unter unsäglichen Mühen zu Papier gebrachte Widmung an den Autor.

»Don Carlos« und »Salome«. 21. September: Karajan erleidet bei einer Probe in Berlin einen Schlaganfall.

1979 Karajan übernimmt »Don Carlos« zu den Osterfestspielen. Zu den Wiener Festwochen erste Sitzungen der ihm in Wien von der Gesellschaft der Musikfreunde »geschenkten« und nach ihm benannten Stiftung. 13. Oktober: Karajan wird Ehrendoktor der Waseda-Universität in Tokio. Seine Japanreise mit den Berlinern erhält eine Fortsetzung: Erstmals musiziert man in Peking.

1980 Bei den Osterfestspielen: »Parsifal«. Bei den Salzburger Festspielen: »Aida«. Karajan reist mit den Berlinern in Europa und nimmt erstmals digital auf. 7. Dezember: In Berlin feiert man die 25jährige Zusammenarbeit Karajans mit dem Orchester.

1981 Bei den Osterfestspielen wird »Parsifal« wiederholt. Karajan verwendet das internationale Interesse an seinem Festival zur weltweit ersten Präsentation des »Compact Disc Digital Audio Systems«. Bei den Salzburger Festspielen produziert Karajan »Falstaff«. Mit den Berlinern gastiert er erneut in Japan.

1982 Die Deutsche Grammophon Gesellschaft gibt eine »Karajan-Edition« heraus. »Der fliegende Holländer« und die IX. Symphonie von Gustav Mahler bei den Osterfestspielen. 12. Juni: Als erste Compact Disc wird Richard Strauss' »Alpensymphonie« präsentiert. Im Herbst die letzte US-Tournee Karajans mit den Berlinern. Im Dezember: Zerwürfnis mit dem Orchester wegen der Klarinettistin Sabine Meyer und einem Mißtrauensantrag gegen den von Karajan unterstützten Intendanten.

1983 Karajan gründet die Firma Telemondial. Zu Ostern Reprisen des »Fliegenden Holländer«, im Sommer eine Wiederaufnahme des »Rosenkavalier«. Karajan erhält den Internationalen Musikpreis der UNESCO und des Musikrates.

1984 »Lohengrin« wieder bei den Osterfestspielen. 16. April: in Aachen stirbt Elmy Holgerloef, die erste Frau Herbert von Karajans. Zu Pfingsten lädt Karajan die Wiener Philharmoniker ein, statt der Berliner mit ihm zu konzertieren. Das Orchester kündigt daraufhin seine Mitwirkung bei den Salzburger Festspielen und in Luzern. Im September dirigiert Karajan zur Eröffnung der Berliner Festwochen nach einer Aussprache mit den Berlinern die h-Moll-Messe von Bach. Das Orchester geht im Oktober erneut mit ihm auf Tournee nach Japan und Korea und feiert im Dezember das 30-Jahr-Jubiläum der Zusammenarbeit mit Karajan als Chefdirigent. Karajan erhält den Eduard-Rhein-Ring für die

Durchsetzung des Stereotons im Fernsehen und »konsequentes Engagement für die Einführung der digitalen Tontechnik«.

1985 »Carmen« wird in Berlin konzertant aufgeführt, bei den Osterfestspielen wieder ins Programm aufgenommen. 29. Juni: Mit den Wiener Philharmonikern musiziert Karajan Mozarts Krönungsmesse im Petersdom. Das Ereignis wird weltweit übertragen und gilt als eine der Produktionen von Telemondial. Auch bei den Salzburger Festspielen dirigiert Karajan die von ihm inszenierte »Carmen«.

1986 Erstmals leitet Karajan ein Furtwängler-Gedächtniskonzert in Berlin. Zu Ostern: »Don Carlos«, im Sommer: Konzerte mit den Wienern und Berlinern. Seine Reise in die USA und nach Japan muß er wegen einer Infektionserkrankung absagen. Im Dezember bereitet er sich auf sein Neujahrskonzert in Wien vor.

1987 Karajan dirigiert das Neujahrskonzert der Wiener Philharmoniker. Bei den Osterfestspielen wird »Don Giovanni« (Inszenierung Michael Hampe) aufgeführt, die Oper wird auch im Sommer gespielt und soll für das Mozartjahr 1991 richtungweisend sein. Karajan leitet eine Deutschlandreise der Berliner.

1988 »Tosca« bei den Osterfestspielen. Karajans 80. Geburtstag wird im Rahmen der Festspiele gefeiert. Zum Ende der Salzburger Festspiele gibt Karajan seinen Rücktritt als Mitglied des Festspieldirektoriums bekannt. Er und die Wiener Philharmoniker machen weitere Verträge mit Salzburg von Aussagen über deren künftige Gestaltung abhängig. 3. Oktober: Karajan dirigiert ein Konzert der Berliner in Wien; Leonard Bernstein gratuliert ihm, und gemeinsame »Pläne« werden diskutiert. Zum Jahreswechsel dirigiert Karajan in Berlin sein letztes Konzert.

1989 Im Januar wird der Vertrag mit den Salzburger Festspielen unterzeichnet. Februar: Karajan dirigiert die Wiener Philharmoniker in New York. Zu den Osterfestspielen wird »Tosca« wiederholt. Karajan leitet das letzte Konzert mit dem Berliner Philharmonischen Orchester am 27. März. Nach Aufnahmen für Telemondial in Wien dirigiert er am 23. April die VII. Bruckner mit den Wiener Philharmonikern im Musikverein, sein letztes öffentliches Auftreten. Am 24. April gibt er seinen Rücktritt als künstlerischer Leiter der Berliner bekannt. 16. Juli: Während der Vorbereitungen zur Eröffnung der Salzburger Festspiele stirbt Herbert von Karajan in Anif bei Salzburg, wo er in der Nacht auf den 18. Juli begraben wird.

LITERATUR

Bachmann, Robert C.: Karajan. Anmerkungen zu einer Karriere, Düsseldorf/Wien 1983

Bing, Rudolf: 5000 Abende in der Oper, München 1973

Blum, Dieter/Eckart, Emanuel: Das Orchester, Dortmund 1989

Brendel, Alfred: Nachdenken über Musik, München 1977

– : Musik beim Wort genommen. Essays und Vorträge, München 1992

Csobádi, Peter (Hrsg.): Karajan oder Die kontrollierte Ekstase. Eine kritische Hommage von Zeitzeugen, Wien 1988

Dopsch, Heinz/Spatzenegger, Hans: Geschichte Salzburgs, Regensburg 1988

Gavoty, Bernhard/Hauert, Roger: Herbert von Karajan. Die großen Interpreten, Genf 1956

Fuhrich, Edda/Prossnitz, Gisela: Die Salzburger Festspiele, Bd. I und III, Salzburg 1990 und 1991

Geissmar, Berta: Musik im Schatten der Politik, Zürich 1951

Gould, Glenn: Vom Konzertsaal zum Tonstudio, München 1987

Graf, Max: Jede Stunde war erfüllt. Wien 1948

Haeusserman, Ernst: Herbert von Karajan, Wien/München/Zürich 1978

Hamann, Brigitte: Die Habsburger. Ein biographisches Lexikon, Wien 1988

Kaiser, Joachim: Erlebte Musik. Von Bach bis Strawinsky, Hamburg 1977

Karajan, Herbert von: Mein Lebensbericht. Aufgezeichnet von Franz Endler, Wien 1988

Kobau, Ernst: Wiener Symphoniker, Wien 1991

Kröber, Hansjakob: Herbert von Karajan. Der Magier mit dem Taktstock, München 1986

Lang, Klaus: Herbert von Karajan. Der Philharmonische Alleinherrscher, Zürich/St. Gallen 1992

Legge, Walter/Schwarzkopf, Elisabeth: Gehörtes – Ungehörtes. Memoiren, München 1982

Löbl, Karl: Das Wunder Karajan, Polydor International 1983

Lothar, Ernst: Das Wunder des Überlebens. Erinnerungen und Erlebnisse, Hamburg/Wien 1960

Osborne, Richard: Dirigieren, das ist vollkommenes Glück, München 1989

Paumgartner, Bernhard: Erinnerungen, Salzburg 1969

Perauer, Emil (Hrsg.): Karajan. Mit Erinnerungen von Joachim Kaiser, Reinbek 1989

Piffl-Perčević, Theodor: Zuspruch und Widerspruch, Graz 1977

Prieberg, Fred K.: Kraftprobe. Wilhelm Furtwängler im Dritten Reich, Wiesbaden 1986

– : Musik im NS-Staat, Frankfurt a. M. 1982

Rathkolb, Oliver: Führertreu und gottbegnadet, Wien 1991

Robinson, Paul: Herbert von Karajan, Rüschlikon 1981

Saathen, Friedrich: Einem-Chronik. Dokumentation und Deutung, Wien 1982

Schaefer, Walter Erich: Bühne eines Lebens. Erinnerungen, Stuttgart 1975

Schmidt, Felix (Hrsg.): Musikerportraits. Impressionen aus den Werkstätten von Komponisten und Interpreten, Hamburg 1984

Stöckelmaier, Hans: Zur Geschichte der Familie von Karajan. In: Wiener Geschichtsblätter, 43. Jg., 1988, S. 24 ff.

Stresemann, Wolfgang: »Ein seltsamer Mann«. Erinnerungen an Herbert von Karajan, Berlin 1991

– : Philharmonie und Philharmoniker, Berlin 1977

– : ... und abends in die Philharmonie. Erinnerungen an große Dirigenten, Berlin 1985

Taubman, Howard: Toscanini. Das Leben des Maestro, Bern 1951

Thärichen, Werner: Paukenschläge. Furtwängler oder Karajan, Zürich/Berlin 1987

Tenschert, Roland: Salzburg und seine Festspiele, Wien 1947

Vaughan, Roger: Herbert von Karajan. Ein biographisches Porträt, Berlin 1986

Werba, Erik: Herbert von Karajans Aufstieg in Salzburg. In: Österreichische Musikerzeitschrift 7/8, 1960

Witeschnik, Alexander: Seid umschlungen, Millionen. Mit den Wiener Philharmonikern unter Herbert von Karajan um die Welt, Wien 1960

QUELLENNACHWEIS

Zitate

„ 78   „   1 f.   Gisela Thamsen an W. Kupper, Zürich
„ 80   „   3 f.   Aachener Programmheft 1935
„ 81   „   3   Tonbandprotokoll
„ 82   „   1   Haeusserman, a.a.O., S. 59
„ 84   „   2   Heinrich von Kralik, in: Die Presse, 3. 6. 1937
„ 88   „   1   van der Nüll, BZ am Mittag, 22. 10. 1938
„ 90   „   5 f.   Saathen, Einem-Chronik, S. 75
„ 91   „   3   Ebd., S. 110
„ 98   Vgl. dazu Goebbels-Tagebücher, zitiert nach:
              Protokollen aus dem Archiv Rathkolb
„ 100 „   5 f.   Tonbandprotokoll
„ 103 ff.   Protokolle im Ludwig Boltzmann Institut für
              Geschichte der Gesellschaftswissenschaften, Wien
„ 109 „   2   Lothar, Das Wunder des Überlebens, S. 317
„ 110 „   2   Tonbandprotokolle
„ 111 „   3 ff.   Legge, Gehörtes – Ungehörtes, S. 74
„ 114 ff.   Gottfried von Einem Archiv, Gesellschaft der
              Musikfreunde, Wien
„ 120 f. „   3 f.   Lebensbericht, S. 76
„ 130 „   3 ff.   Stresemann, Ein seltsamer Mann, S. 16 f.
„ 132 „   2 ff.   Lang, Herbert von Karajan, S. 20 f.
„ 139 „   2   Lebensbericht, S. 108
       „   3 f.   Ebd., S. 109
„ 154 „   2   Tonbandprotokoll
„ 166 „   2   Lang, a.a.O., S. 151 f.
       „   3 f.   Ebd., S. 164 ff., insbes. S. 166
„ 167 „   2   Ebd., S. 153
„ 175 „   4   Fotokopie im Besitz des Autors
„ 176 „   3   Fotokopie im Besitz des Autors
„ 180 „   1   Hans Weigel, in: Kronenzeitung
„ 182 „   4   Schäfer, Bühne eines Lebens, S. 159
„ 190 „   1   Fotokopie im Besitz des Autors
       „   3 f.   Fotokopie im Besitz des Autors
„ 194 „   4 ff.   Haeusserman, a. a. O., S. 282 ff.
„ 198 „   1   Piffl-Perčević, Zuspruch und Widerspruch, S. 187
„ 201 „   1   Lebensbericht, S. 112
„ 230 „   2   Stresemann, a.a.O., S. 65
„ 231 „   2   Tonbandprotokoll
„ 259 „   1   Grußwort der Berliner Philharmoniker, in:
              Osterfestspiele Salzburg 1991. Offizielles
              Programm, S. 15

Abbildungen

DISKOGRAPHIE

– Siehe auch Anmerkung auf S. 426 –

(Nach Angaben von Polydor International)

ADAM

Giselle (gek. Orig.-Fassung): Wien, Sept. 1961, Wiener Philh.
Cantique Noël (arr. Totzauer): Wien, Juni 1961, Wiener Philh.

ALBINONI

Adagio (arr. Giazotto): St. Moritz, Aug. 1969; Berliner Philh. – Schwalbé; Berlin, Sept. 1983, Berliner Philh. – Spierer

BACH

Brandenburgische Konzerte Nr. 1, 2 und 3: St. Moritz, Aug. 1954, Berliner Philh.; Berlin, Juli 1978 u. Jan. 1979, Berliner Philh.
Brandenburgische Konzerte Nr. 4, 5 und 6: St. Moritz, Aug. 1964, Berliner Philh.; Berlin, Juli 1978 u. Jan. 1979, Berliner Philh.
Orchester-Suiten Nr. 2 und 3: St. Moritz, Aug. 1964, Berliner Philh. – Zöller
Air (Orchester-Suite Nr. 3): Berlin, Sept. 1983, Berliner Philh.
Magnificat in D-Dur: Berlin, Dez. 1977, Berliner Philh. – Chor der Deutschen Oper, Tomowa-Sintow, Baltsa, Schreier, Luxon
Messe in h-Moll: Wien, Nov. 1952, (Chor)/London, Nov. 1952 u. Juli 1953 (Arien), Philharmonia (Arien) –

Wiener Singverein und Orchester der Gesellschaft der Musikfreunde Wien, Schwarzkopf, Höffgen, Gedda, Rehfuss; Salzburg, Aug. 1962 (Live), Wiener Philh. – Wiener Singverein, Price, C. Ludwig, Gedda, Souzay, Berry; Berlin, Sept. 1973, Berliner Philh. – Wiener Singverein, Janowitz, C. Ludwig, Kerns, Schreier, Ridderbusch
Matthäus-Passion: Wien, Juni 1950 (Live), Wiener Symph. – Wiener Singverein, Seefried, Ferrier, Sterba, Felbermayer, Rathauscher, Stowasser, W. Ludwig, Berry, Edelmann, Schöffler, Uhl, Kaufmann, Pröglhöf, Wiener; Berlin, Dez. 1971, Jan., Feb., Juni, Juli u. Nov. 1972, Berliner Philh. – Wiener Singverein, Janowitz, C. Ludwig, Schreier, Laubenthal, Fischer-Dieskau, Berry, Diakov
Vom Himmel hoch (arr. Meyer): Wien, Juni 1961, Wiener Philh. – Wiener Singverein, Price
Ave Maria (arr. Gounod/Sabatini): Wien, Juni 1961, Wiener Philh. – Price

BALAKIREW

Symphonie Nr. 1 C-Dur: London, Nov. 1949, Philharmonia

BARTÓK

Konzert für Orchester: London, Dez. 1951, Nov. 1952 u. Juli 1953, Philharmonia;

Berlin, Sept. u. Nov. 1965, Berliner
Philh.;
Berlin, Mai 1974, Berliner Philh.
*Musik für Saiteninstrumente, Schlagzeug
und Celesta:* London, Nov. 1949, Phil-
harmonia;
Berlin, Nov. 1960, Berliner Philh.;
Berlin, Sept. 1969, Berliner Philh.

BEETHOVEN

Symphonie Nr. 1: London, Nov. 1953,
Philharmonia;
Berlin, Dez. 1961, Berliner Philh.;
Berlin, Jan. 1975, Berliner Philh.;
Berlin, Jan. 1984, Berliner Philh.
Symphonie Nr. 2: London, Nov. 1953,
Philharmonia;
Berlin, Dez. 1961, Berliner Philh.;
Berlin, März 1977, Berliner Philh.;
Berlin, Feb. 1984, Berliner Philh.
Symphonie Nr. 3 (Eroica): London, Nov.
u. Dez. 1952, Philharmonia;
Berlin, Sept. 1953 (Live), Berliner
Philh.;
Berlin, Nov. 1962, Berliner Philh.;
Berlin, Mai 1976, Berliner Philh.;
Berlin, Jan. 1984, Berliner Philh.;
Symphonie Nr. 4: London, Nov. 1953,
Philharmonia;
Berlin, Nov. 1962, Berliner Philh.;
Berlin, Sept. 1976, Berliner Philh.;
Berlin, Dez. 1983, Berliner Philh.;
Symphonie Nr. 5: Wien, Nov. 1948, Wie-
ner Philh.;
London, Aug. 1953, Philharmonia;
London, Nov. 1954, Philharmonia;
Berlin, Feb. 1962, Berliner Philh.;
Berlin, Okt. 1976, Berliner Philh.;
Berlin, Nov. 1982, Berliner Philh.;
Symphonie Nr. 6 (Pastorale): London, Juli
1953, Philharmonia;
Berlin, Feb. 1962, Berliner Philh.;
Berlin, Okt. 1976, Berliner Philh.;
Berlin, Nov. 1982, Berliner Philh.;
Symphonie Nr. 7: Berlin 1941, Staatska-
pelle;
London, Nov. 1951, April u. Mai 1952,
Philharmonia;
Wien, März 1959, Wiener Philh.;
Berlin, März 1962, Berliner Philh.;

Berlin, Okt. 1976, Berliner Philh.;
Berlin, Dez. 1983, Berliner Philh.;
Symphonie Nr. 8: Wien, Sept. 1946, Wie-
ner Philh.;
London, Mai 1955 u. Nov. 1953, Phil-
harmonia;
Berlin, Jan. 1962, Berliner Philh.;
Berlin, Okt. 1976, Berliner Philh.;
Berlin, Feb. 1984, Berliner Philh.;
Symphonie Nr. 9 (mit Schlußchor): Wien,
Nov. u. Dez. 1947, Wiener Philh. –
Wiener Singverein, Schwarzkopf,
Höngen, Patzak, Hotter;
Wien, Juli 1955, Philharmonia – Wiener
Singverein, Schwarzkopf, Höffgen,
Häfliger, Edelmann;
Berlin, April 1957 (Live), Berliner Philh.
– Chor der St.-Hedwigs-Kathedrale,
Grümmer, Höffgen, Häfliger, Frick;
Berlin, Okt. 1962, Berliner Philh. – Wie-
ner Singverein, Janowitz, Rössl-Maj-
dan, Kmennt, Berry;
Berlin, Sept. 1976, Berliner Philh. –
Wiener Singverein, Tomowa-Sintow,
Baltsa, Schreier, van Dam;
Berlin, Sept. 1983, Berliner Philh. –
Wiener Singverein, Perry, Baltsa,
Cole, van Dam
Europahymne (arr. Karajan): Berlin, Feb.
u. März 1972, Berliner Philh.
Yorkscher Marsch (arr. Schade): Berlin,
März 1973, Bläser d. Berliner Philh.
Große Fuge in B-Dur: St. Moritz, Aug.
1969, Berliner Philh.
Konzert für Klavier und Orchester Nr. 1:
Berlin, Nov. 1966, Berliner Philh. –
Eschenbach;
Berlin, Sept. 1977, Berliner Philh. –
Weissenberg
Konzert für Klavier und Orchester Nr. 2:
Berlin, Sept. 1977, Berliner Philh. –
Weissenberg
Konzert für Klavier und Orchester Nr. 3:
Berlin, Sept. 1977, Berliner Philh. –
Weissenberg
Konzert für Klavier und Orchester Nr. 4:
London, Juni 1951, Philharmonia –
Gieseking;
Berlin, Sept. 1976, Berliner Philh. –
Weissenberg

Konzert für Klavier und Orchester Nr. 5:
London, Juni 1951, Philharmonia –
Gieseking;
Berlin, Sept. 1974, Berliner Philh. –
Weissenberg
Konzert für Violine und Orchester: Berlin,
Jan. 1967, Berliner Philh. – Ferras;
Berlin, Sept. 1979, Berliner Philh. –
Mutter
*Konzert für Violine, Violoncello, Klavier
und Orchester:* Berlin, Sept. 1969, Berliner Philh. – Richter, Oistrach, Rostropowitsch;
Berlin, Sept. 1979, Berliner Philh. –
Zeltser, Mutter, Ma
Missa Solemnis: Wien, Sept. 1958, Philharmonia – Wiener Singverein,
Schwarzkopf, C. Ludwig, Gedda,
Zaccaria;
Salzburg, Aug. 1959 (Live), Wiener
Philh. – Wiener Singverein, Price,
C. Ludwig, Gedda, Zaccaria;
Berlin, Feb. 1966, Berliner Philh. – Wiener Singverein, Janowitz, C. Ludwig,
Wunderlich, Berry;
Berlin, Sept. 1974, Berliner Philh. –
Wiener Singverein, Janowitz, Baltsa,
Schreier, van Dam;
Berlin, Sept. 1985, Berliner Philh. –
Wiener Singverein, Cuberli,
T. Schmidt, Cole, van Dam
Ah Perfido, Konzert-Arie: Watford, Sept.
1954, Philharmonia – Schwarzkopf
Die Weihe des Hauses, Ouvertüre: London,
Juli 1954, Philharmonia;
Berlin, Jan. 1969, Berliner Philh.
Coriolan, Ouvertüre: London, Juni u. Juli
1953, Philharmonia;
Berlin, Sept. 1965, Berliner Philh.;
Berlin, Dez. 1985, Berliner Philh.
Egmont, Musik zu Goethes Trauerspiel:
Berlin, Jan. 1969, Berliner Philh. – Janowitz, Schellow
Egmont, Ouvertüre: London, Juni u. Juli
1953, Philharmonia;
Berlin, Jan. 1969, Berliner Philh.;
Berlin, Dez. 1985, Berliner Philh.
Fidelio: Salzburg, Juli 1957, Wiener
Philh. – Chor d. Wiener Staatsoper,
Goltz, Jurinac, Zampieri, Kmennt,

Majkut, Schöffler, Edelmann, Zaccaria, Berry;
Mailand, Dez. 1960 (Live), Chor und
Orchester d. Mailänder Scala –
Nilsson, Lipp, Vickers, Unger,
Gullino, Mantovani, Hotter, Frick,
Crass;
Wien, Mai 1962 (Live), Wiener Philh. –
Chor d. Wiener Staatsoper, C. Ludwig, Janowitz, Vickers, Kmennt,
Kreppel, Berry, Waechter, Paskalis,
Pantscheff;
Berlin, Okt. u. Dez. 1970, Berliner
Philh. – Chor d. Deutschen Oper,
Dernesch, Donath, Vickers, Laubenthal, Hollweg, Frese, van Dam, Kelemen, Ridderbusch
Abscheulicher, wo eilst du hin? (Fidelio):
Watford, Sept. 1954, Philharmonia –
Schwarzkopf
Fidelio, Ouvertüre: Berlin, Sept. 1965,
Berliner Philh.;
Berlin, Dez. 1985, Berliner Philh.
König Stephan, Ouvertüre: Berlin, Jan.
1969, Berliner Philh.
Leonoren-Ouvertüre Nr. 1: Berlin, Jan.
1969, Berliner Philh.
Leonoren-Ouvertüre Nr. 2: Berlin, Jan.
1969, Berliner Philh.
Leonoren-Ouvertüre Nr. 3: Amsterdam,
1943, Concertgebouw;
London, Juli 1953, Philharmonia;
Berlin, Sept. 1965, Berliner Philh.;
Berlin, Dez. 1985, Berliner Philh.
Namensfeier, Ouvertüre: Berlin, Jan. 1969,
Berliner Philh.
Prometheus, Ouvertüre: Berlin, Jan. 1969,
Berliner Philh.
Die Ruinen von Athen, Ouvertüre: Berlin,
Jan. 1969, Berliner Philh.
Wellingtons Sieg bei Vittoria: Berlin, Jan.
1969, Berliner Philh.

BERG
Stücke für Orchester op. 6: Berlin, Dez.
1972, Berliner Philh.
Lyrische Suite, 3 Stücke für Orchester: Berlin, Dez. 1972, Philharmonia

BERLIOZ

Symphonie Fantastique: London, Juli
1954, Philharmonia;
Berlin, Dez. 1964, Berliner Philh.;
Berlin, Okt. 1974, Berliner Philh.
Römischer Karneval, Ouvertüre: London,
Jan. 1958, Philharmonia
*Rakoczy-Marsch (Ungarischer Marsch)
(La Damnation de Faust):* London, Jan.
1958, Philharmonia;
Berlin, Dez. 1978, Berliner Philh.
*Tanz der Irrlichter; Tanz der Sylphiden
(La Damnation de Faust):* Berlin, Sept.
1971, Berliner Philh.
*Intermezzo 4. Akt, Königliche Jagd und
Sturm (Les Troyens):* London, Jan.
1959, Philharmonia – Chor

BIZET

L'Arlésienne, Suite Nr. 1: London, Jan.
1958, Philharmonia;
Berlin, Dez. 1970, Berliner Philh.;
Berlin, Sept. 1983 u. Feb. 1984, Berliner
Philh.
L'Arlésienne, Suite Nr. 2: London, Jan.
1958, Philharmonia;
Berlin, Dez. 1970, Berliner Philh.;
Berlin, Dez. 1978, Berliner Philh.;
Berlin, Sept. 1983 u. Feb. 1984, Berliner
Philh.
Carmen: Wien, Okt. 1954 (Live), Wiener
Symphoniker – Wiener Singverein,
Simionato, Güden, Sciutti, Ribacchi,
Gedda, Roux, Carlin, Guthrie, Si-
gnore, Sordello;
Mailand, Dez. 1955 (Live), Chor und
Orchester der Mailänder Scala – Si-
mionato, Carteri, Sciutti, Carlin,
di Stefano, Roux, Signori, Modesti,
Sordello, Ribacchi;
Wien, Aug. 1962 u. Nov. 1963, Wiener
Philh. – Chor d. Wiener Staatsoper,
Wiener Sängerknaben, Price, Freni,
Linval, Macaux, Corelli, Merrill, Be-
noit, Besançon, Demigny, Schooten;
Berlin, Sept. 1982 (Dialoge, März 1983),
Berliner Philh. – Chor d. Deutschen
Oper, Schöneberger Sängerknaben,
Baltsa, Ricciarelli, Barbaux, Berbie,

Carreras, van Dam, Malta, Melbye,
Quilico, Zednik, Tostain, Marin-
pouille, Pilard
Carmen, Suite Nr. 1: London, Jan. 1958,
Philharmonia;
Berlin, Dez. 1970, Berliner Philh.;
Berlin, Sept. 1982 (von DG–Gesamtein-
spielung), Berliner Philh.
Carmen, Vorspiel 4. Akt: London, Juli
1954, Philharmonia
Carmen, Vorspiel 2. und 3. Akt: London,
Juli 1954, Philharmonia

BOCCHERINI

Quintettino: St. Moritz, Aug. 1969, Berliner Philh.

BORODIN

Polawetzer Tänze (Fürst Igor): London,
Nov. 1954, Philharmonia;
London, Sept. 1960, Philharmonia;
Berlin, Dez. 1970, Berliner Philh.

BRAHMS

Symphonie Nr. 1: Amsterdam, 1943,
Concertgebouw;
London, Mai u. Juli 1952, Philharmonia;
Washington, Feb. 1955 (Live), Berliner
Philh.;
Wien, März 1959, Wiener Philh.;
Berlin, Nov. 1963, Berliner Philh.;
Berlin, Okt. 1977, Berliner Philh.
Symphonie Nr. 2: Wien, Okt. u. Nov.
1949, Wiener Philh.;
London, Mai 1955, Philharmonia;
Berlin, Nov. 1963, Berliner Philh.;
Berlin, Okt. 1977, Berliner Philh.
Symphonie Nr. 3: Wien, Okt. 1960,
Wiener Philh.;
Berlin, Sept. 1964, Berliner Philh.;
Berlin, Okt. 1977, Berliner Philh.
Symphonie Nr. 4: London, Mai 1955,
Philharmonia;
Berlin, Nov. 1963, Berliner Philh.;
Berlin, Okt. 1977, Berliner Philh.
Tragische Ouvertüre: Wien, Okt. 1961,
Wiener Philh.;
Berlin, Sept. u. Okt. 1970, Berliner
Philh.;
Berlin, Okt. 1977, Berliner Philh.;

Berlin, Feb. 1983, Berliner Philh.
Variationen über ein Thema von Haydn:
London, Mai 1955, Philharmonia;
Berlin, Feb. 1964, Berliner Philh.;
Berlin, Sept. u. Okt. 1976, Berliner
Philh.
Konzert für Klavier und Orchester Nr. 2:
Rom, Dez. 1954 (Live), RAI Rom –
Anda;
Berlin, Nov. 1958, Berliner Philh. –
Richter-Haaser;
Berlin, Sept. 1967, Berliner Philh. –
Anda
Konzert für Violine und Orchester: Berlin,
Mai 1964, Berliner Philh. – Ferras;
Berlin, März 1976, Berliner Philh. –
Kremer;
Berlin, Sept. 1981, Berliner Philh. –
Mutter
*Konzert für Violine, Violoncello und Orche-
ster:* Berlin, Feb. 1983, Berliner Philh.
– Mutter, Meneses
Ein deutsches Requiem: Wien, Okt. 1947,
Wiener Philh. – Wiener Singverein,
Schwarzkopf, Hotter;
Berlin, Mai 1964, Berliner Philh. – Wie-
ner Singverein, Janowitz, Waechter;
Berlin, Sept. u. Okt. 1976, Berliner
Philh. – Wiener Singverein, Tomowa-
Sintow, van Dam;
Wien, Mai 1983, Wiener Philh. – Wiener
Singverein, Hendricks, van Dam
*Ungarische Tänze Nr. 1, 3, 5, 6, 17, 18, 19
und 20:* Berlin, Sept. 1959, Berliner
Philh.

BRITTEN

Frank-Bridge-Variationen: London, Nov.
1953, Philharmonia

BRUCH

Konzert für Violine und Orchester Nr. 1:
Berlin, Sept. 1980, Berliner Philh. –
Mutter

BRUCKNER

Symphonie Nr. 1: Berlin, Jan. 1981,
Berliner Philh.
Symphonie Nr. 2: Berlin, Jan. 1981,
Berliner Philh.

Symphonie Nr. 3: Berlin, Sept. 1980,
Berliner Philh.
Symphonie Nr. 4 (Romantische): Berlin,
Sept. u. Okt. 1970, Berliner Philh.;
Berlin, April 1975, Berliner Philh.
Symphonie Nr. 5: Berlin, Dez. 1976,
Berliner Philh.
Symphonie Nr. 6: Berlin, Sept. 1979,
Berliner Philh.
Symphonie Nr. 7: Berlin, Okt. 1970 u.
Feb. 1971, Berliner Philh.;
Berlin, April 1975, Berliner Philh.
Symphonie Nr. 8: Berlin, 1944 (Live, letz-
ter Satz), Staatskapelle;
Berlin, Mai 1957, Berliner Philh.;
Berlin, Jan. 1975, Berliner Philh.
Symphonie Nr. 9: Berlin, März 1966,
Berliner Philh.;
Berlin, Sept. 1975, Berliner Philh.
Te Deum: Berlin, Sept. 1975, Ber-
liner Philh. – Wiener Singverein,
Tomowa-Sintow, Baltsa, Schreier,
van Dam;
Wien, Sept. 1984, Wiener Philh. – Wie-
ner Singverein, Perry, Müller-Moli-
nari, Winbergh, Malta

CHABRIER

España: Wien, Dez. 1947, Wiener Philh.;
London, Juli 1953, Philharmonia;
London, Sept. 1960, Philharmonia;
Berlin, Dez. 1978, Berliner Philh.
Marche Joyeuse: London, Juli 1955, Phil-
harmonia;
London, Sept. 1960, Philharmonia

CHERUBINI

Anacreon, Ouvertüre: Berlin, 1939,
Staatskapelle;
Berlin, Jan. 1981, Berliner Philh.

CHOPIN

Les Sylphides, Ballettmusik (arr. Douglas):
Berlin, April 1961, Berliner Philh.

CILÈA

Adriana Lecouvreur, Intermezzo 2. Akt:
Berlin, Sept. 1967, Berliner Philh.

CORELLI

Concerto Grosso op. 5 Nr. 8 (Weihnachts-konzert): St. Moritz, Aug. 1970, Berliner Philh.

DEBUSSY

La Mer: London, Juli 1953, Philharmonia;
Berlin, März 1964, Berliner Philh.;
Berlin, Jan. 1977, Berliner Philh.;
Berlin, Dez. 1985 u. Feb. 1986, Berliner Philh.
Prélude à l'après-midi d'un faune: Berlin, März 1964, Berliner Philh.;
Berlin, Jan. 1977, Berliner Philh.;
Berlin, Dez. 1985 u. Feb. 1986, Berliner Philh.
Pelléas et Mélisande: Rom, Dez. 1954 (Live), Chor und Orchester d. RAI – Schwarzkopf, Sciutti, Gayraud, Häfliger, Roux, Petri, Calabrese;
Berlin, Dez. 1978, Berliner Philh. – Chor d. Deutschen Oper, von Stade, Barbaux, Denize, Stilwell, van Dam, R. Raimondi, Thomas

DÉLIBES

Coppélia, Ballett-Suite: Berlin, April 1961, Berliner Philh.

DONIZETTI

Lucia di Lammermoor: Berlin, Sept. 1955 (Live), Orchester RIAS Berlin – Chor der Mailänder Scala, Callas, Villa, di Stefano, Zampieri, Panerai, Zaccaria, Carlin
Lucia di Lammermoor, 4. Akt: Mailand, Jan. 1954 (Live), Chor und Orchester d. Mailänder Scala – di Stefano, Modesti
Regnava nel silenzio (Lucia di Lammermoor): Mailand, Jan. 1954 (Live), Orchester d. Mailänder Scala – Callas, Villa

DVOŘÁK

Symphonie Nr. 8: Wien, Okt. 1961, Wiener Philh.;
Berlin, Jan. 1979, Berliner Philh.;

Wien, Jan. 1985, Wiener Philh.
Symphonie Nr. 9 (Aus der Neuen Welt): Berlin, 1940, Berliner Philh.;
Berlin, Mai 1958 (Nov. 1957 u. Jan. 1958), Berliner Philh.;
Berlin, März 1964, Berliner Philh.;
Berlin, Jan. 1977, Berliner Philh.;
Wien, Feb. 1985, Wiener Philh.
Konzert für Violoncello und Orchester: Berlin, Sept. 1968, Berliner Philh.
Scherzo Capriccioso: Berlin, Sept. 1971, Berliner Philh.
Serenade für Streichorchester: Berlin, Sept. 1980, Berliner Philh.
Slawische Tänze op. 46 Nr. 1, 3 und 7; op. 72 Nr. 10 und 16: Berlin, Sept. 1959, Berliner Philh.
Slawische Tänze op. 46 Nr. 8: Berlin, Jan. 1979, Berliner Philh.

ERTL

Hoch-und-Deutschmeister-Marsch: Berlin, März 1973, Bläser d. Berliner Philh.

FRANCK

Symphonie in d-Moll: Paris, Nov. 1969, Orchestre de Paris
Symphonische Variationen: London, Juni 1951, Philharmonia – Gieseking;
Berlin, Sept. 1972, Berliner Philh. – Weissenberg

FUČIK

Torgauer Marsch: Berlin, März 1973, Bläser d. Berliner Philh.
Hohenfriedberger Marsch: Berlin, März 1973, Bläser d. Berliner Philh.

FRIEDRICH II. (d. Gr.)

Florentiner Marsch: Berlin, März 1973, Bläser d. Berliner Philh.
Regimentskinder, Marsch (arr. Blaha): Berlin, März 1973, Bläser d. Berliner Philh.

GIORDANO

Fedora, Intermezzo 2. Akt: Berlin, Sept. 1967, Berliner Philh.

GLUCK

Orfeo ed Euridice: Salzburg, Aug. 1959
(Live), Wiener Philh. – Chor d. Wie-
ner Staatsoper, Simionato, Jurinac,
Sciutti
Reigen seliger Geister (Orfeo ed Euridice):
Berlin, Sept. 1983, Berliner Philh.

GOUNOD

Faust, Ballettmusik: London, Jan. 1958,
Philharmonia;
Berlin, Jan. u. Feb. 1971, Berliner Philh.;
Berlin, Dez. 1978, Berliner Philh.
Walzer, Faust: Berlin, Jan. u. Feb. 1971,
Berliner Philh.
Serenade: Vous qui faites l'endormie (Faust):
London, Nov. 1949, Philharmonia –
Christoff

GRANADOS

Goyescas, Intermezzo: London, Juli 1954,
Philharmonia;
London, Jan. 1959, Philharmonia

GRIEG

Konzert für Klavier und Orchester: Lon-
don, Juni 1951, Philharmonia – Giese-
king;
Berlin, Sept. 1981, Berliner Philh. –
Zimerman
Peer Gynt, Suite Nr. 1: Wien, Sept. 1961,
Wiener Philh.;
Berlin, Sept. 1971, Berliner Philh.;
Berlin, Jan. u. Feb. 1982, Berliner Philh.
Peer Gynt, Suite Nr. 2: Berlin, Sept. 1971,
Berliner Philh.;
Berlin, Jan. u. Feb. 1982, Berliner Philh.
*Ingrids Klage und Solvejgs Lied (Peer Gynt,
Suite Nr. 2):* Wien, Sept. 1961, Wiener
Philh.
Aus Holbergs Zeit, Suite: Berlin, Feb.
1981, Berliner Philh.
Sigurd Jorsalfar, Suite: Berlin, Sept. 1971,
Berliner Philh.

GRUBER

Stille Nacht, heilige Nacht (arr. Mohr):
Wien, Juni 1961, Wiener Philh. – Wiener Singverein, Price

HÄNDEL

Wassermusik, Suite (arr. Harty): London,
Nov. u. Dez. 1951, Philharmonia;
London, April u. Juli 1952, Philharmo-
nia;
Berlin, Dez. 1959, Berliner Philh.
Concerto Grosso op. 6 Nr. 1: St. Moritz,
Aug. 1968, Berliner Philh.
Concerto Grosso op. 6 Nr. 2: St. Moritz,
Aug. 1967, Berliner Philh.
Concerto Grosso op. 6 Nr. 3: St. Moritz,
Aug. 1967, Berliner Philh.
Concerto Grosso op. 6 Nr. 4: St. Moritz,
Aug. 1967, Berliner Philh.
Concerto Grosso op. 6 Nr. 5: St. Moritz,
Aug. 1966, Berliner Philh.
Concerto Grosso op. 6 Nr. 6: St. Moritz,
Aug. 1967, Berliner Philh.
Concerto Grosso op. 6 Nr. 7: St. Moritz,
Aug. 1967, Berliner Philh.
Concerto Grosso op. 6 Nr. 8: St. Moritz,
Aug. 1968, Berliner Philh.
Concerto Grosso op. 6 Nr. 9: St. Moritz,
Aug. 1967, Berliner Philh.
Concerto Grosso op. 6 Nr. 10: St. Moritz,
Aug. 1966, Berliner Philh.
Concerto Grosso op. 6 Nr. 11: St. Moritz,
Aug. 1968, Berliner Philh.
Concerto Grosso op. 6 Nr. 12: St. Moritz,
Aug. 1966, Berliner Philh.
V'adoro pupille (Giulio Cesare): Berlin,
Sept. 1960 (Live), Berliner Philh. –
Price

HAYDN

Symphonie Nr. 82 (Der Bär): Berlin, Juni
u. Sept. 1980, Berliner Philh.
Symphonie Nr. 83 (Die Henne): St. Mo-
ritz, Aug. 1971, Berliner Philh.;
Berlin, Juni u. Sept. 1980, Berliner
Philh.
Symphonie Nr. 84: Berlin, Juni u. Sept.
1980, Berliner Philh.
Symphonie Nr. 85 (Die Königin): Berlin,
Juni u. Sept. 1980, Berliner Philh.
Symphonie Nr. 86: Berlin, Juni u. Sept.
1980, Berliner Philh.
Symphonie Nr. 87: Berlin, Juni u. Sept.
1980, Berliner Philh.

Symphonie Nr. 93: Berlin, Jan. 1982,
Berliner Philh.
Symphonie Nr. 94 (Mit dem Paukenschlag):
Berlin, Jan. 1982, Berliner Philh.
Symphonie Nr. 95: Berlin, Jan. 1982,
Berliner Philh.
Symphonie Nr. 96 (The Miracle): Berlin,
Jan. 1982, Berliner Philh.
Symphonie Nr. 97: Berlin, Jan. 1982,
Berliner Philh.
Symphonie Nr. 98: Berlin, Jan. 1982,
Berliner Philh.
Symphonie Nr. 99: Berlin, Jan. 1982,
Berliner Philh.
Symphonie Nr. 100 (Militär-Symphonie):
Berlin, Jan. 1982, Berliner Philh.
Symphonie Nr. 101 (Die Uhr): Berlin, Jan.
1982, Berliner Philh.;
St. Moritz, Aug. 1971, Berliner Philh.
Symphonie Nr. 102: Berlin, Jan. 1982,
Berliner Philh.
*Symphonie Nr. 103 (Mit dem Pauken-
wirbel):* Wien, April 1963, Wiener
Philh.;
Berlin, Jan. 1982, Berliner Philh.
Symphonie Nr. 104 (Die Londoner): Wien,
März 1959, Berliner Philh.;
Berlin, Jan. 1975, Berliner Philh.;
Berlin, Jan. 1982, Berliner Philh.
Die Schöpfung: Berlin, Feb. 1966 u. Nov.
1968, Berliner Philh. – Wiener Sing-
verein, Janowitz, C. Ludwig, Wun-
derlich, Krenn, Fischer-Diskau,
Berry;
Salzburg, Aug. 1982, Wiener Philh. –
Wiener Singverein, Mathis, Murray,
Araiza, van Dam
Die Jahreszeiten: Berlin, Nov. 1972,
Berliner Philh. – Chor d. Deut-
schen Oper, Janowitz, Hollweg,
Berry

HENRION

The Crusaders, Fanfaren (arr. Männeke):
Berlin, März 1973, Bläser d. Berliner
Philh.
Fehrbelliner Marsch (arr. Männeke): Ber-
lin, März 1973, Bläser d. Berliner
Philh.

HINDEMITH

Mathis der Maler, Symphonie: Berlin,
Okt. u. Nov. 1957, Berliner Philh.

HOLST

Die Planeten: Wien, Sept. 1961, Wiener
Philh. – Chor d. Wiener Staatsoper;
Berlin, Jan. u. März 1981, Berliner
Philh. – RIAS Kammerchor

HONEGGER

Symphonie Nr. 2: St. Moritz, Aug. 1969,
Berliner Philh.
Symphonie Nr. 3 (Liturgique): Berlin,
Sept. 1969, Berliner Philh.

HOPKINS

We Three Kings of Orient are: Wien, Juni
1961, Wiener Philh. – Wiener Singverein, Price

HUMMEL

*Konzert für Trompete und Orchester in
E-Dur (arr. Oubrados):* Berlin, Mai
1974, Berliner Philh. – André

HUMPERDINCK

Hänsel and Gretel: London, Juni u. Juli
1953, Philharmonia – Loughton High
School Choir, Bancroft's School
Choir, Schwarzkopf, Grümmer, Ilos-
vay, Schürhoff, Felbermayer, Metter-
nich
Hänsel und Gretel, Ouvertüre: Berlin, Jan.
1981, Berliner Philh.

KODÁLY

Háry János, Intermezzo: London, Juli
1954, Philharmonia;
London, Jan. 1959, Philharmonia

KOMZÀK

Vindobona-Marsch (arr. Mader): Berlin,
März 1973, Bläser d. Berliner Philh.
*Erzherzog-Albrecht-Marsch (arr. Villin-
ger):* Berlin, März 1973, Bläser d. Berliner Philh.

LEHÁR

Die lustige Witwe: Berlin, Feb. u. Nov.
1972, Berliner Philh. – Chor d. Deutschen Oper, Harwood, Stratas,
Grobe, Hollweg, Kollo, Kelemen,
Krenn, Krukowski, Vantin, Gessen-
dorf, Röhrl, Renar, Borris, Pritchett,
Grosshans, C. Ott, Reinoso, Trümper

LEIMER

Konzert für Klavier und Orchester in c-Moll:
London, Nov. 1954, Philharmonia –
Leimer
Klavierkonzert für die linke Hand: Lon-
don, Nov. 1954, Philharmonia –
Leimer

LEONCAVALLO

I Pagliacci: Mailand, Sept. u. Okt. 1965,
Chor und Orchester d. Mailänder
Scala – Carlyle, Bergonzi, Taddei, Be-
nelli, Panerai, Morresi, Ricciardi
I Pagliacci, Intermezzo: London, Juli
1954, Philharmonia;
London, Jan. 1959, Philharmonia;
Berlin, Sept. 1967, Berliner Philh.

LINDEMANN

*Unter dem Grillenbanner, Marsch (arr.
Schmidt):* Berlin, März 1973, Bläser d.
Berliner Philh.

LISZT

*Tasso, Lamento e Trionfo (Symphonische
Dichtung Nr. 2):* Berlin, Sept. 1975,
Berliner Philh.
*Les Préludes (Symphonische Dichtung
Nr. 3):* London, Jan. 1958, Philharmo-
nia;
Berlin, April 1967, Berliner Philh.;
Berlin, Dez. 1983, Berliner Philh.
Mazeppa (Symphonische Dichtung Nr. 6):
Berlin, Dez. 1960, Berliner Philh.
*Ungarische Fantasie für Klavier und Orche-
ster:* Berlin, Dez. 1960, Berliner Philh.
– Cherkassky
Mephisto-Walzer: Berlin, Sept. 1971,
Berliner Philh.
Ungarische Rhapsodie Nr. 2: London, Jan.
1958, Philharmonia;

Berlin, April 1967, Berliner Philh.
Ungarische Rhapsodie Nr. 4: Berlin, Dez.
1960, Berliner Philh.;
Berlin, Okt. 1975, Berliner Philh.
Ungarische Rhapsodie Nr. 5: Berlin, Dez.
1960, Berliner Philh.;
Berlin, Okt. 1975, Berliner Philh.;
Berlin, Dez. 1983, Berliner Philh.

LOCATELLI

*Concerto Grosso op. 1 Nr. 8 (Weihnachts-
konzert):* St. Moritz, Aug. 1970, Berliner Philh.

MAHLER

Symphonie Nr. 4: Berlin, Jan. u. Feb.
1979, Berliner Philh. – Mathis
Symphonie Nr. 5: Berlin, Feb. 1973,
Berliner Philh.
Symphonie Nr. 6: Berlin, Sept. 1977,
Berliner Philh.
Symphonie Nr. 9: Berlin, Nov. 1979, Feb.
u. Sept. 1980, Berliner Philh.;
Berlin, Sept. 1982, Berliner Philh.
Das Lied von der Erde: Berlin, Dez. 1973,
Berliner Philh. – C. Ludwig, Kollo
Kindertotenlieder: Berlin, Mai 1974, Berli-
ner Philh. – C. Ludwig
Rückert-Lieder: Berlin, Mai 1974, Berli-
ner Philh. – C. Ludwig

MANFREDINI

*Concerto Grosso op. 3 Nr. 12 (Weihnachts-
konzert):* St. Moritz, Aug. 1970, Berliner Philh.

MARTIN

Etüden für Streichorchester: Berlin, Mai
1958, Berliner Philh.

MASCAGNI

Cavalleria Rusticana: Mailand, Sept. u.
Okt. 1965, Chor und Orchester d.
Mailänder Scala – Cossotto, Martino,
Allegri, Bergonzi, Guelfi
Cavalleria Rusticana, Intermezzo: Wien,
Jan. 1949, Wiener Philh.;
London, Juli 1954, Philharmonia;
London, Jan. 1959, Philharmonia;
Berlin, Sept. 1967, Berliner Philh.

L'Amico Fritz, Intermezzo: London, Juli
1954, Philharmonia;
London, Jan. 1959, Philharmonia;
Berlin, Sept. 1967, Berliner Philh.;
Berlin, Jan. 1981, Berliner Philh.

MASSENET

Thaïs, Méditation: London, Juli 1954,
Philharmonia – Parikian;
Berlin, Sept. 1967, Berliner Philh. –
Schwalbé;
Berlin, Jan. 1981, Berliner Philh. –
Mutter

MENDELSSOHN

Symphonie Nr. 1: Berlin, Sept. 1972,
Berliner Philh.
Symphonie Nr. 2 (Lobgesang): Berlin,
Sept. 1972, Berliner Philh. – Chor d.
Deutschen Oper, Mathis, Rebmann,
Hollweg
Symphonie Nr. 3 (Schottische): Berlin, Jan.
1971, Berliner Philh.
Symphonie Nr. 4 (Italienische): Berlin,
Jan. u. Feb. 1971, Berliner Philh.
Symphonie Nr. 5 (Reformationssymphonie):
Berlin, Feb. 1972, Berliner Philh.
Konzert für Violine und Orchester: Berlin,
Sept. 1980, Berliner Philh. – Mutter
Die Hebriden, Ouvertüre: Berlin, Sept.
1960, Berliner Philh.;
Berlin, Jan. 1971, Berliner Philh.
Hark, the herald angels sing: Wien, Juni
1961, Wiener Philh. – Wiener Sing-
verein, Price

MOLTKE

Des Großen Kurfürsten Reitermarsch: Berlin, März 1973, Bläser d. Berliner
Philh.

LEOPOLD MOZART

*Cassation in G für Orchester und Kinder-
instrumente:* London, April 1957, Philharmonia

MOZART

Symphonie Nr. 29: Berlin, Feb. u. März
1960, Berliner Philh.;
St. Moritz, Aug. 1965, Berliner Philh.

Symphonie Nr. 32: Berlin, Okt. 1977,
Berliner Philh.
Symphonie Nr. 33: Wien, Okt. 1946,
Wiener Philh.;
St. Moritz, Aug. 1965, Berliner Philh.
Symphonie Nr. 35 (Haffner): Turin 1942,
EIAR Turin;
London, Nov. 1954 u. Mai 1955 (Nov.
u. Dez. 1952), Philharmonia;
Washington, Feb. 1955 (Live), Berliner
Philh.;
Berlin, Sept. 1970, Berliner Philh.;
Berlin, Sept. 1977, Berliner Philh.
Symphonie Nr. 36 (Linzer): Berlin, Sept.
1970, Berliner Philh.;
Berlin, Okt. 1977, Berliner Philh.
Symphonie Nr. 38 (Prager): Wien, Sept.
1958, Philharmonia;
Berlin, Sept. 1970, Berliner Philh.;
Berlin, Sept. 1977, Berliner Philh.
Symphonie Nr. 39: Wien, Okt. u. Nov.
1949, Wiener Philh.;
London, Juli u. Okt. 1955, Philharmo-
nia;
Berlin, Sept. 1970, Berliner Philh.;
Berlin, Sept. 1977, Berliner Philh.
Symphonie Nr. 40: Turin 1942, EIAR
Turin;
Wien, März 1959, Wiener Philh.;
Berlin, Sept. 1970, Berliner Philh.;
Berlin, Sept. 1977, Berliner Philh.
Symphonie Nr. 41 (Jupiter): Turin 1942,
EIAR Turin;
London, Aug. 1953, Philharmonia;
Berlin, Jan. 1956 (Live), Berliner Philh.;
Wien, Mai 1962, Wiener Philh.;
Berlin, Sept. 1970, Berliner Philh.;
Berlin, Sept. 1977, Berliner Philh.
Konzert für Klavier und Orchester Nr. 20:
Berlin, Jan. 1956 (Live), Berliner
Philh. – Kempff
Konzert für Klavier und Orchester Nr. 21:
Luzern, Aug. 1950, Orchester d. Fest-
spiele Luzern – Lipatti
Konzert für Klavier und Orchester Nr. 23:
London, Juni 1951, Philharmonia –
Gieseking
Konzert für Klavier und Orchester Nr. 24:
London, Aug. 1953, Philharmonia –
Gieseking

Konzerte für Horn und Orchester Nr. 1, 2, 3 und 4: London, Nov. 1953, Philharmonia – Brain; St. Moritz, Aug. 1968, Berliner Philh. – Seifert
Konzert für Fagott und Orchester: St. Moritz, Aug. 1971, Berliner Philh. – Piesk
Konzert für Klarinette und Orchester: Wien, Nov. 1949, Wiener Philh. – Wlach; London, Juli 1955, Philharmonia – Walton; St. Moritz, Aug. 1971, Berliner Philh. – Leister
Konzert für Flöte und Orchester: St. Moritz, Aug. 1971, Berliner Philh. – Blau
Konzert für Flöte, Harfe und Orchester: St. Moritz, Aug. 1971, Berliner Philh. – Galway, Helmis
Konzert für Oboe und Orchester: St. Moritz, Aug. 1971, Berliner Philh. – Koch
Konzert für Violine und Orchester: Berlin, Dez. 1977, Berliner Philh. – Mutter
Konzert für Violine und Orchester Nr. 5: Berlin, Sept. 1972 (Live), Europäisches Jugendorchester – Oistrach; Berlin, Dez. 1977, Berliner Philh. – Mutter
Sinfonia Concertante für Bläser in Es-Dur: London, Nov. 1953, Philharmonia – Sutcliffe, James, Walton, Brain; St. Moritz, Aug. 1971, Berliner Philh. – Steins, Braun, Stähr, Hauptmann
Divertimento Nr. 1 (1. Salzburger) KV 136/125 a: St. Moritz, Aug. 1967, Berliner Philh.
Divertimento Nr. 2 (2. Salzburger) KV 137/125 b: St. Moritz, Aug. 1967, Berliner Philh.
Divertimento Nr. 3 (3. Salzburger) KV 138/125 c: St. Moritz, Aug. 1967, Berliner Philh.
Divertimento Nr. 10 (1. Lodron. Nachtmusik) KV 247: St. Moritz, Aug. 1966, Berliner Philh.
Divertimento Nr. 11 (Nannerl-Septett) KV 251: St. Moritz, Aug. 1966, Berliner Philh.
Divertimento Nr. 15 KV 287: London,

Mai 1955 (April u. Mai 1952), Philharmonia; St. Moritz, Aug. 1965, Berliner Philh.
Divertimento Nr. 17 KV 334: St. Moritz, Aug. 1965, Berliner Philh.
Adagio (Divertimento Nr. 17): Wien, Okt. 1946 u. Dez. 1947, Wiener Philh.
Menuett (Divertimento Nr. 17): London, Juli 1955, Philharmonia
Serenade Nr. 6 (Serenata Notturna): St. Moritz, Aug. 1967, Berliner Philh.; Berlin, Sept. 1983, Berliner Philh.
Serenade Nr. 13 (Eine kleine Nachtmusik): Wien, Okt. 1946, Wiener Philh.; London, Nov. 1953, Philharmonia; Berlin, Dez. 1959, Berliner Philh.; St. Moritz, Aug. 1965, Berliner Philh.; Berlin, Feb. 1981, Berliner Philh.
Maurerische Trauermusik: Wien, Dez. 1947, Wiener Philh.
Adagio und Fuge in c-Moll: Wien, Dez. 1947, Wiener Philh.; St. Moritz, Aug. 1969, Berliner Philh.
Deutsche Tänze Nr. 3 (Der Werkelmann) KV 602 Nr. 1–4: Berlin, Nov. 1960, Berliner Philh.
Deutsche Tänze Nr. 3 (Schlittenfahrt) KV 605 Nr. 1–3: Wien, Okt. 1946, Wiener Philh.; Berlin, Nov. 1960, Berliner Philh.
Deutsche Tänze Nr. 5 (Ländler) KV 606 Nr. 1–6: Wien, Okt. 1946, Wiener Philh.; Berlin, Nov. 1960, Berliner Philh.
Ave verum corpus: Wien, Juli 1955, Philharmonia – Wiener Singverein
Messe Nr. 16 (Krönungsmesse): Berlin, Sept. 1975, Berliner Philh. – Wiener Singverein, Tomowa-Sintow, Baltsa, Krenn, van Dam; Rom, Juni 1985 (Aufg. im Rahmen eines Hochamts im Petersdom), Wiener Philh. – Wiener Singverein, Battle, T. Schmidt, Winbergh, Furlanetto
Messe Nr. 18 (Große Messe) c-Moll: Berlin, Feb. 1981, Berliner Philh. – Wiener Singverein, Hendricks, Perry, Schreier, Luxon
Messe Nr. 19 (Requiem): Salzburg, Aug. 1960 (Live), Wiener Philh. – Wiener

Singverein, Price, Rössl-Majdan, Wunderlich, Berry;
Berlin, Okt. 1961, Berliner Philh. – Wiener Singverein, Lipp, Rössl-Majdan, Dermota, Berry;
Berlin, Sept. 1975, Berliner Philh. – Wiener Singverein, Tomowa-Sintow, Baltsa, Krenn, van Dam;
Wien, Mai u. Juni 1986, Wiener Philh. – Wiener Singverein, Tomowa-Sintow, Müller-Molinari, Cole, Burchuladze

Alleluja (Exsultate, jubilate) KV 165: Wien, Juni 1961, Wiener Philh. – Price
Cosi fan tutte: London, Juli u. Nov. 1954, Philharmonia – Schwarzkopf, Merriman, Otto, Simoneau, Panerai, Bruscantini

Don Giovanni: Salzburg, Aug. 1960 (Live), Wiener Philh. – Chor d. Wiener Staatsoper, Schwarzkopf, Price, Sciutti, Valletti, Waechter, Zaccaria, Berry, Panerai;
Berlin, Jan. 1985, Berliner Philh. – Chor d. Deutschen Oper, Baltsa, Tomowa-Sintow, Battle, Winbergh, Ramey, Burchuladze, Furlanetto, Malta
Là ci darem la mano (Don Giovanni): Wien, Dez. 1947, Wiener Philh. – Seefried, Kunz;
London, Juli 1955, Philharmonia – Gobbi, Sopran unbekannt
Batti, batti (Don Giovanni): Wien, Dez. 1947, Wiener Philh. – Seefried
Or sai chi l'onore (Don Giovanni): Wien, Dez. 1947, Wiener Philh. – Cebotari;
Wien, Dez. 1948, Wiener Philh. – Welitsch
Crudele! . . . Non mi dir (Don Giovanni): Wien, Dez. 1947, Wiener Philh. – Cebotari
Martern aller Art (Die Entführung aus dem Serail): Wien, Okt. 1946, Wiener Philh. – Schwarzkopf
Le Nozze di Figaro: Wien, Juni u. Okt. 1950, Wiener Philh. – Chor d. Wiener Staatsoper, Schwarzkopf, Seefried, Jurinac, Höngen, Schwaiger, Czeska, Felbermayer, Kunz, London, Majkut, Rus, Felden;

Mailand, Feb. 1954 (Live), Chor und Orchester der Mailänder Scala – Schwarzkopf, Seefried, Jurinac, Villa, Adani, Panerai, Petri, Maionica, Pirino, Calabrese, Nessi;
Salzburg, Juli 1974 (Live), Wiener Philh. – Chor d. Wiener Staatsoper, Harwood, Freni, Stade, Berbié, Schary, Spiluttini, van Dam, Krause, Sénéchal, Montarsolo, Kelemen, Caron;
Wien, April u. Mai 1978, Wiener Philh. – Chor d. Wiener Staatsoper, Tomowa-Sintow, Cotrubas, Stade, Barbaux, Lambriks, Berbié, van Dam, Krause, Zednik, Equiluz, Bastin, Kelemen
Le Nozze di Figaro, Ouvertüre: Wien, Okt. 1946, Wiener Philh.
Non più andrai (Le Nozze di Figaro): Wien, Dez. 1947, Wiener Philh. – Kunz;
London, Juli 1955, Philharmonia – Gobbi
Se vuol ballare (Le Nozze di Figaro): Wien, Dez. 1948, Wiener Philh. – Kunz
Voi che sapete (Le Nozze di Figaro): Wien, Dez. 1947, Wiener Philh. – Seefried
Deh vieni, non tardar (Le Nozze di Figaro): Wien, Dez. 1947, Wiener Philh. – Seefried
Avanti, avanti, signor uffiziale . . . Voi che sapete (Le Nozze di Figaro): Mailand, Dez. 1948 u. Jan. 1949 (Live), Wiener Philh. – Cebotari, Seefried, Jurinac
Signore, di fuori son già suonatori (Le Nozze di Figaro): Mailand, Dez. 1948 u. Jan. 1949 (Live), Wiener Philh. – Cebotari, Seefried, Taddei, Höfermayer
Ah! la cieca gelosia (Le Nozze di Figaro): Mailand, Dez. 1948 u. Jan. 1949 (Live), Wiener Philh. – Schwarzkopf, Seefried, Höfermayer
Die Zauberflöte: Wien, Nov. 1950, Wiener Philh. – Wiener Singverein, Seefried, Lipp, Loose, Rieger, Jurinac, Stückl, Schürhoff, Steinmassl, Dörpinhans, Dermota, Weber, Kunz, London, Klein, Majkut, Pröglhöf;

Wien, Mai 1962 (Live), Wiener Philh. –
Chor d. Wiener Staatsoper, Lipp,
Hallstein, Sciutti, Scheyrer, Hof-
mann, Rössl-Majdan, Gedda, Frick,
Kunz, Waechter, Kuen, Lorenzi, Pas-
kalis, Guthrie;
Berlin, Jan. u. April 1980, Berliner
Philh. – Chor d. Deutschen Oper,
Mathis, K. Ott, Perry, Tomowa-Sin-
tow, Baltsa, Schwarz, Araiza, Hor-
nik, van Dam, Nicolai, Kruse, Hopf-
ner, Valenta, Horn, Halem, Bünten,
Schulz, Pfülb, Quadflieg
Die Zauberflöte, Ouvertüre: Berlin 1938,
Staatskapelle
*Bei Männern, welche Liebe fühlen (Die
Zauberflöte):* Wien, Dez. 1947, Wiener
Philh. – Schwarzkopf, Kunz

MÜHLBERGER & DEPOLO

Mir sein die Kaiserjager (arr. Tanzer): Berlin, März 1973, Bläser d. Berliner Philh.

MUSSORGSKIJ

Boris Godunow (orch. Rimskij-Korssakow):
Wien, Nov. 1970, Wiener Philh. –
Chor d. Wiener Staatsoper, Wiener
Sängerknaben, Chor von Radio Sofia,
Ghiaurov, Vishnevskaja, Miljaković,
Dobrianova, Cvejić, Lilowa, Talvela,
Masslenikov, Spiess, Markov, Radev,
Heppe, Prilcec, Diakov, Paunov,
Kelemen, Frese, Karolidis
*Warlaams Lied (Chowanschtschina, orch.
Rimskij-Korssakow):* London, Nov.
1949, Philharmonia – Christoff
*Chowanschtschina, Intermezzo 4. Akt
(orch. Rimskij-Korssakow):* London,
Juli 1954, Philharmonia;
London, Jan. 1959, Philharmonia;
Berlin, Sept. 1967, Berliner Philh.
*Tanz der persischen Sklaven (Chowan-
schtschina, orch. Rimskij-Korssakow):*
London, Nov. 1954, Philharmonia;
London, Sept. 1960, Philharmonia
Bilder einer Ausstellung (orch. Ravel): Lon-
don, Okt. 1955 u. Juni 1956, Philhar-
monia;
Berlin, Sept. 1965, Berliner Philh.;
Berlin, Feb. 1986, Berliner Philh.

NICOLAI

*Die lustigen Weiber von Windsor, Ouver-
türe:* Berlin, Sept. 1960, Berliner
Philh.

NIELSEN

Symphonie Nr. 4 (Das Unauslöschliche):
Berlin, Feb. 1981, Berliner Philh.

OFFENBACH

Blaubart, Ouvertüre: Berlin, Sept. 1980,
Berliner Philh.
Die schöne Helena, Ouvertüre: Berlin,
Sept. 1980, Berliner Philh.
Hoffmanns Erzählungen, Barcarole: Lon-
don, Juli 1954, Philharmonia;
London, Jan. 1959, Philharmonia;
Berlin, Sept. 1980, Berliner Philh.
*Die Großherzogin von Gerolstein, Ouver-
türe:* Berlin, Sept. 1980, Berliner
Philh.
Orpheus in der Unterwelt, Ouvertüre: Lon-
don, Juli 1955, Philharmonia;
London, Sept. 1960, Philharmonia;
Berlin, Sept. 1980, Berliner Philh.
Kakadu, Ouvertüre: Berlin, Sept. 1980,
Berliner Philh.
*Pariser Leben, Ballett-Suite (orch. Rosen-
thal):* London, Jan. 1958, Philharmo-
nia;
Berlin, Jan. u. Feb. 1971, Berliner Philh.

ORFF

De temporum fine comoedia: Köln, Juli
1973, Chor und Orchester d. WDR
Köln – RIAS Kammerchor, C. Lud-
wig, Schreier, Greindl, Boysen,
Lorand, Marsh, Griffel, Anderson,
Killebrew, Lövaas, Loulis, Tomowa-
Sintow, Angervo, Geisen, Wegmann,
Helm, Anheisser, Frese, Patzalt, Jo-
kel, Diakov, Cameli

PACHELBEL

Kanon und Gique in D (arr. Seiffert): St.
Moritz, Aug. 1969, Berliner Philh.;
Berlin, Sept. 1983, Berliner Philh.

PIEFKE

Königgrätz, Marsch: Berlin, März 1973,
Bläser d. Berliner Philh.
Preußens Gloria, Marsch: Berlin, März
1973, Bläser d. Berliner Philh.

PONCHIELLI

Tanz der Stunden (La Gioconda): London,
Nov. 1954, Philharmonia;
London, Sept. 1960, Philharmonia;
Berlin, Dez. 1970, Berliner Philh.

PROKOFIEFF

Symphonie Nr. 1 (Classique): Berlin, Feb.
1981, Berliner Philh.
Symphonie Nr. 5: Berlin, Sept. 1968, Ber-
liner Philh.
Peter und der Wolf: London, Dez. 1956 u.
April 1957, Philharmonia – Ustinov,
Schneider, Rothenberger, Hirsch

PUCCINI

La Bohème: Wien, Nov. 1963 (Live),
Wiener Philh. – Chor d. Wiener
Staatsoper, Freni, Güden, G. Rai-
mondi, Klein, Taddei, Panerai, Vinco,
Frese, Equiluz;
Moskau, Sept. 1964 (Live), Chor und
Orchester der Mailänder Scala – Freni,
Vincenzi, G. Raimondi, Panerai, Maf-
feo, Vinco, Badioli, Calabrese, Forti,
Ricciardi, Morresi, Mercuriali;
Berlin, Okt. 1972 u. März 1973, Berliner
Philh. – Chor d. Deutschen Oper,
Freni, Harwood, Pavarotti, Sénéchal,
Panerai, Maffeo, Ghiaurov, Pohl,
Appelt, Pietsch
Mi chiamano Mimi (La Bohème): Wien,
Nov. 1948, Wiener Philh. – Schwarz-
kopf
Donde lieta usci (La Bohème): Wien, Nov.
1948, Wiener Philh. – Schwarzkopf
Quando men vo (La Bohème): Wien, Nov.
1948, Wiener Philh. – Welitsch
Madama Butterfly: Mailand, Aug. 1955,
Chor und Orchester d. Mailänder
Scala – Callas, Danieli, Villa, Gedda,
Ercolani, Carlin, Borriello, Clabassi,
Campi;

Wien, Jan. 1974, Wiener Philh. – Chor d.
Wiener Staatsoper, Freni, C. Ludwig,
Schary, Pavarotti, Kerns, Sénéchal,
Rintzler, Helm, Stendoro, Scheider,
Frese, Hurdes, Mühlberger, Heigl
O mio babbino caro (Gianni Schicchi):
Wien, Nov. 1948, Wiener Philh. –
Schwarzkopf
Suor Angelica, Intermezzo: Berlin, Sept.
1967, Berliner Philh.;
Berlin, Jan. 1981, Berliner Philh.
Manon Lescaut, Intermezzo 3. Akt: Wien,
Dez. 1947 u. Nov. 1948, Wiener
Philh.;
London, Juli 1954, Philharmonia;
London, Jan. 1959, Philharmonia;
Berlin, Sept. 1967, Berliner Philh.;
Berlin, Jan. 1981, Berliner Philh.
Tosca: Wien, Sept. 1962, Wiener
Philh. – Chor d. Wiener Staatsoper,
Price, di Stefano, Taddei, Cava,
Corena, Palma, Weiss, Monreale, Ma-
riotti;
Berlin, Sept. 1979, Berliner Philh. –
Chor der Deutschen Oper,
Ricciarelli, Carreras, R. Raimondi,
Hornik, Halem, Zednik, Corena,
Bünten
*Ausschnitte (1. Akt: Mario! Mario! . . . Ma
falle gli occhi neri!; 3. Akt: Franchigia a
Floria Tosca . . . e mille ti dirò nomi
d'amore):* Wien, Nov. 1963 (Live),
Wiener Philh. – Price, Corelli
Turandot: Wien, Mai 1981, Wiener Philh.
– Chor d. Wiener Staatsoper, Wiener
Sängerknaben, Ricciarelli, Domingo,
Hendricks, de Palma, Hornik. R. Rai-
mondi, Zednik, Araiza, Nimsgern
Tu che di gel sei cinta: Wien, Nov. 1948,
Wiener Philh. – Schwarzkopf

RACHMANINOW

Konzert für Klavier und Orchester Nr. 2:
Berlin, Sept. 1972, Berliner Philh. –
Weissenberg

RADECK

Fridericus Rex, Grenadiermarsch: Berlin,
März 1973, Bläser d. Berliner Philh.

RAVEL
Alborada del Gracioso: Paris, Juni 1971,
Orchestre de Paris
Bolero: Berlin, Sept. 1965, Berliner
Philh.;
Berlin, Jan. 1977, Berliner Philh.;
Berlin, Dez. 1985, Berliner Philh.
Daphnis et Chloë, Suite Nr. 2: Berlin,
März 1964, Berliner Philh.;
Berlin, Dez. 1985 u. Feb. 1986, Berliner
Philh.
Pavane pour une infante défunte: Berlin,
Dez. 1985 u. Feb. 1986, Berliner
Philh.
Le Tombeau de Couperin: Paris, Juni 1971,
Orchestre de Paris
Rhapsodie espagnole: London, Juli 1953,
Philharmonia;
Paris, Juni 1971, Orchestre de Paris;
Berlin, Feb. 1987, Berliner Philh.
La Valse: Paris, Juni 1971, Orchestre de
Paris

REGER
Variationen über ein Thema von Mozart:
Berlin, Jan. 1958, Berliner Philh.

RESPIGHI
Pini di Roma: London, Jan. 1958, Phil-
harmonia;
Berlin, Dez. 1977, Berliner Philh.
Fontane di Roma: Berlin, Dez. 1977,
Berliner Philh.
Antiche Danze ed Arie per Liuto, Suite
Nr. 3: St. Moritz, Aug. 1969, Berliner
Philh.

REZNIČEK
Donna Diana, Ouvertüre: Wien, Dez.
1947, Wiener Philh.;
London, Juli 1955, Philharmonia

RIMSKIJ-KORSSAKOW
Scheherazade: Berlin, Jan. 1967, Berliner
Philh.

ROSSINI
Sonaten für Streicher Nr. 1, 2, 3 und 6:
St. Moritz, Aug. 1968, Berliner Philh.

Il Barbiere di Siviglia (Der Barbier von Se-
villa), Ouvertüre: London, März 1960,
Philharmonia;
Berlin, Jan. 1971, Berliner Philh.
La Gazza Ladra (Die diebische Elster),
Ouvertüre: London, März 1960, Phil-
harmonia;
Berlin, Jan. 1971, Berliner Philh.
Guillaume Tell (Wilhelm Tell), Ouvertüre:
London, März 1960, Philharmonia;
Berlin, Jan. 1971, Berliner Philh.;
Berlin, Dez. 1983, Berliner Philh.
Guillaume Tell, Ballettmusik (Passo a tre e
Coro tirolese): London, Jan. 1958, Phil-
harmonia
L'Italiana in Algeri (Die Italienerin in Al-
gier), Ouvertüre: London, März 1960,
Philharmonia;
Berlin, Jan. 1971, Berliner Philh.
La Scala di Seta (Die seidene Leiter),
Ouvertüre: London, März 1960, Phil-
harmonia;
Berlin, Jan. 1971, Berliner Philh.
Semiramide (Semiramis), Ouvertüre:
Turin, 1942, EIAR Turin;
London, März 1960, Philharmonia;
Berlin, Jan. 1971, Berliner Philh.

ROUSSEL
Symphonie Nr. 4: London, Nov. 1949,
Philharmonia

SAINT-SAËNS
Symphonie Nr. 3 (Orgel-Symphonie):
Berlin, Sept. 1981, Berliner Philh. –
Cochereau

SCHMIDT
Notre Dame, Intermezzo: London, Jan.
1959, Philharmonia;
Berlin, Sept. 1967, Berliner Philh.;
Berlin, Jan. 1981, Berliner Philh.

SCHOENBERG
Pelléas und Mélisande: Berlin, Jan. 1974,
Berliner Philh.
Variationen für Orchester: Berlin, Jan. u.
Feb. 1974, Berliner Philh.
Verklärte Nacht: Berlin, Dez. 1973, Berli-
ner Philh.

SCHOSTAKOWITSCH

Symphonie Nr. 10: Berlin, Nov. 1966,
Berliner Philh.;
Moskau, Mai 1969 (Live), Berliner
Philh.;
Berlin, Feb. 1981, Berliner Philh.

SCHRAMMEL

*Wien bleibt Wien, Marsch (arr. Schmidt-
Petersen):* Berlin, März 1973, Bläser d.
Berliner Philh.

SCHUBERT

Symphonie Nr. 1: Berlin, Sept. 1977 u.
Jan. 1978, Berliner Philh.
Symphonie Nr. 2: Berlin, Sept. 1977 u.
Jan. 1978, Berliner Philh.
Symphonie Nr. 3: Berlin, Sept. 1977 u.
Jan. 1978, Berliner Philh.
Symphonie Nr. 4 (Tragische): Berlin, Sept.
1977 u. Jan. 1978, Berliner Philh.
Symphonie Nr. 5: Berlin, Mai 1958, Ber-
liner Philh.;
Berlin, Sept. 1977 u. Jan. 1978, Berliner
Philh.
Symphonie Nr. 6: Berlin, Sept. 1977 u.
Jan. 1978, Berliner Philh.
Symphonie Nr. 8 (Unvollendete): London,
Mai 1955, Philharmonia;
Berlin, Oktober 1964, Berliner
Philh.;
Berlin, Januar 1975, Berliner
Philh.
Symphonie Nr. 9 (Große C-Dur): Wien,
Sept. 1946, Wiener Philh.;
Berlin, September 1968, Berliner
Philh.;
Berlin, Juni 1977, Berliner Philh.
Rosamunde (Die Zauberharfe), Ouvertüre:
Berlin, Sept. 1977 u. Jan. 1978, Berli-
ner Philh.
Rosamunde, Ballettmusik Nr. 1: Berlin,
Sept. 1977 u. Jan. 1978, Berliner
Philh.
Rosamunde, Ballettmusik Nr. 2: Berlin,
Sept. 1977 u. Jan. 1978, Berliner
Philh.
Ave Maria (arr. Sabatini): Wien, Juni
1961, Wiener Philh. – Price

SCHUMANN

Symphonie Nr. 1 (Frühlingssymphonie):
Berlin, Jan. u. Feb. 1971, Berliner
Philh.
Symphonie Nr. 2: Berlin, Feb. 1971, Ber-
liner Philh.
Symphonie Nr. 3 (Rheinische): Berlin,
Feb. 1971, Berliner Philh.
Symphonie Nr. 4: Berlin, April 1957,
Berliner Philh.;
Berlin, Jan. u. Feb. 1971, Berliner Philh.
Konzert für Klavier und Orchester: Lon-
don, April 1948, Philharmonia –
Lipatti;
London, Aug. 1953, Philharmonia –
Gieseking;
Berlin, Sept. 1981, Berliner Philh. –
Zimerman
Ouvertüre, Scherzo und Finale: Berlin,
Feb. 1971, Berliner Philh.

SEIFERT

Kärntnerlieder-Marsch: Berlin, März 1973,
Bläser d. Berliner Philh.

SIBELIUS

Symphonie Nr. 1: Berlin, Jan. 1981, Berli-
ner Philh.
Symphonie Nr. 2: London, März 1960,
Philharmonia;
Berlin, Nov. 1980, Berliner Philh.
Symphonie Nr. 4: London, Juli 1953,
Philharmonia;
Berlin, Sept. 1965, Berliner Philh.;
Berlin, Dez. 1976, Berliner Philh.
Symphonie Nr. 5: London, Dez. 1951 u.
Juli 1952, Philharmonia;
London, Sept. 1960, Philharmonia;
Berlin, Feb. 1965, Berliner Philh.;
Berlin, Sept. u. Okt. 1976, Berliner Philh.
Symphonie Nr. 6: London, Juli 1955,
Philharmonia;
Berlin, April 1967, Berliner Philh.;
Berlin, Nov. 1980, Berliner Philh.
Symphonie Nr. 7: London, Juli 1955,
Philharmonia;
Berlin, Sept. 1967, Berliner Philh.
Konzert für Violine und Orchester: Berlin,
Okt. 1964, Berliner Philh.

En Saga: Berlin, Sept. 1976, Berliner Philh.

Finlandia: London, Juli 1952, Philharmonia;
London, Jan. 1959, Philharmonia;
Berlin, Okt. 1964, Berliner Philh.;
Berlin, Sept. 1976, Berliner Philh.;
Berlin, Feb. 1984, Berliner Philh.

Karelia: Berlin, Jan. 1981, Berliner Philh.

Pelléas et Mélisande: Berlin, Jan. u. Feb. 1982, Berliner Philh.

The Swan of Tuonela: Berlin, Sept. 1965, Berliner Philh.;
Berlin, Sept. 1976, Berliner Philh.;
Berlin, Feb. 1984, Berliner Philh.

Tapiola: London, Juli 1953, Philharmonia;
Berlin, Okt. 1964, Berliner Philh.;
Berlin, Sept. 1976, Berliner Philh.;
Berlin, Feb. 1984, Berliner Philh.

Valse triste: London, Jan. 1958, Philharmonia;
Berlin, Jan. 1967, Berliner Philh.;
Berlin, Nov. 1980, Berliner Philh.;
Berlin, Feb. 1984, Berliner Philh.

SMETANA

Die Moldau (Má Vlast, Mein Vaterland):
Berlin, 1940, Berliner Philh.;
Berlin, Mai 1958, Berliner Philh.;
Berlin, April 1967, Berliner Philh.;
Berlin, Jan. 1977, Berliner Philh.;
Berlin, Dez. 1983, Berliner Philh.;
Wien, Mai 1985, Wiener Philh.

Vysehrad (Mein Vaterland): Berlin, April 1967, Berliner Philh.

Endlich allein . . . wie fremd und tot (Die verkaufte Braut): Wien, Dez. 1947, Wiener Philh. – Konetzki

Polka, Furiant und Tanz der Komödianten (Die verkaufte Braut): Berlin, Sept. 1971, Berliner Philh.

SONNTAG

Nibelungen-Marsch (arr. Villinger): Berlin, März 1973, Bläser d. Berliner Philh.

SOUSA

Stars and Stripes Forever, Marsch: London, Juli 1953, Philharmonia

El Capitán, Marsch: London, Juli 1953, Philharmonia

JOHANN STRAUSS (Vater)

Radetzky-Marsch: London, Juli 1955, Philharmonia;
Brüssel, Juni 1958 (Live), Wiener Philh.;
London, Sept. 1960, Philharmonia;
Berlin, Dez. 1966, Berliner Philh.;
Berlin, Dez. 1980, Berliner Philh.;
Wien, Jan. 1987, Wiener Philh.

Annen-Polka: Wien, Jan. 1987, Wiener Philh.

JOHANN STRAUSS

Accelerationen, Walzer: Berlin, Dez. 1980, Berliner Philh.

Ägyptischer Marsch: Berlin, April 1969, Berliner Philh.

An der schönen blauen Donau: Wien, Okt. 1946, Wiener Philh.;
London, Juli 1955, Philharmonia;
Brüssel, Juni 1958 (Live), Wiener Philh.;
– Wiener Männergesangverein;
Berlin, Dez. 1966, Berliner Philh.;
Berlin, Jan. u. Dez. 1975, Berliner Philh.;
Berlin, Dez. 1980, Berliner Philh.;
Wien, Jan. 1987, Wiener Philh.

Annen-Polka: Brüssel, Juni 1958 (Live), Wiener Philh.;
Wien, Aug. 1959, Wiener Philh.;
Berlin, Dez. 1966, Berliner Philh.;
Berlin, Jan. u. Dez. 1975, Berliner Philh.;
Berlin, Dez. 1980, Berliner Philh.;
Wien, Jan. 1987, Wiener Philh.

Eljen a Magyar, Polka: Berlin, Dez. 1980, Berliner Philh.

Die Fledermaus: London, April 1955, Philharmonia Chor und Orchester –
Schwarzkopf, Streich, Gedda, Krebs, Kunz, Dönch, Christ, Majkut, Böheim, Marinis;
Wien, Juli 1960, Wiener Philh. – Chor d. Wiener Staatsoper, Güden, Köth, Kmennt, Berry, Waechter, Zampieri, Resnik, Klein, Kunz, Schubert, Godknow, Fasolt, Mattoni;
Wien, Dez. 1960 (Live), Wiener Philh. –

Chor d. Wiener Staatsoper, Güden, Streich, Waechter, Kunz, Stolze, Zampieri, Berry, Klein, E. Ott, Meinrad
Fledermaus – Quadrille: Berlin, Dez. 1980, Berliner Philh.
Fledermaus, Ouvertüre: Berlin, 1942, Berliner Philh.;
Wien, Dez. 1948, Wiener Philh.;
Brüssel, Juni 1958 (Live), Wiener Philh.;
Wien, Aug. 1959, Wiener Philh.;
Berlin, Dez. 1966, Berliner Philh.;
Berlin, Jan. u. Dez. 1975, Berliner Philh.;
Berlin, Dez. 1980, Berliner Philh.;
Wien, Jan. 1987, Wiener Philh.
Frühlingsstimmen-Walzer: Brüssel, Juni 1958 (Live), Wiener Philh. – Güden;
Wien, Jan. 1987, Wiener Philh. – Battle
G'schichten aus dem Wienerwald: Wien, Nov. 1948, Wiener Philh.;
Wien, Aug. 1959, Wiener Philh.;
Berlin, April 1969, Berliner Philh.;
Berlin, Dez. 1980, Berliner Philh.
Morgenblätter, Walzer: Berlin, April 1969, Berliner Philh.
Napoleon, Marsch: Berlin, Dez. 1980, Berliner Philh.
Auf der Jagd, Polka: Brüssel, Juni 1958 (Live), Wiener Philh.;
Wien, Aug. 1959, Wiener Philh.;
Berlin, April 1969, Berliner Philh.;
Berlin, Dez. 1980, Berliner Philh.
Kaiserwalzer: Berlin, 1941, Berliner Philh.;
Wien, Okt. 1946, Wiener Philh.;
London, Juli 1955, Philharmonia;
Brüssel, Juni 1958 (Live), Wiener Philh.;
Berlin, Dez. 1966, Berliner Philh.;
Berlin, Jan. u. Dez. 1975, Berliner Philh.;
Berlin, Dez. 1980, Berliner Philh.
Künstlerleben, Walzer: Berlin, 1940, Berliner Philh.;
Wien, Okt. 1946, Wiener Philh.;
London, Mai u. Juli 1955, Philharmonia;
Berlin, Dez. 1980, Berliner Philh.
Leichtes Blut, Polka: Wien, Okt. 1946, Wiener Philh.;
Berlin, Dez. 1980, Berliner Philh.

Ohne Sorgen, Polka: Wien, Jan. 1987, Wiener Philh.
Perpetuum mobile: Wien, Jan. 1949, Wiener Philh.;
Berlin, Dez. 1966, Berliner Philh.;
Berlin, Dez. 1980, Berliner Philh.
Persischer Marsch: Berlin, April 1969, Berliner Philh.;
Berlin, Dez. 1980, Berliner Philh.
Rosen aus dem Süden, Walzer: Berlin, Dez. 1980, Berliner Philh.
Tritsch-Tratsch-Polka: Wien, Okt. 1949, Wiener Philh.;
London, Juli 1955, Philharmonia;
London, Sept. 1960, Philharmonia;
Berlin, Dez. 1966, Berliner Philh.;
Berlin, Jan. u. Dez. 1975, Berliner Philh.;
Berlin, Dez. 1980, Berliner Philh.
Unter Donner und Blitz, Polka: Wien, Okt. 1949, Wiener Philh.;
London, Juli 1955, Philharmonia;
Brüssel, Juni 1958 (Live), Wiener Philh.;
London, Sept. 1960, Philharmonia;
Berlin, April 1969, Berliner Philh.;
Berlin, Dez. 1980, Berliner Philh.;
Wien, Jan. 1987, Wiener Philh.
Vergnügungs-Polka: Wien, Jan. 1987, Wiener Philh.
Wein, Weib und Gesang, Walzer: Wien, Okt. 1949, Wiener Philh.;
Berlin, Dez. 1980, Berliner Philh.
Wiener Blut, Walzer: Wien, Okt. u. Nov. 1949, Wiener Philh.;
Berlin, April 1969, Berliner Philh.;
Berlin, Dez. 1980, Berliner Philh.
Zigeunerbaron Marsch (arr. Villinger): Berlin, März 1973, Bläser d. Berliner Philh.
So elend und treu . . . so habet acht (Der Zigeunerbaron): Wien, Nov. 1948, Wiener Philh. – Cebotari
Der Zigeunerbaron, Ouvertüre: Berlin, 1942, Berliner Philh.;
Wien, Okt. 1946, Wiener Philh.;
London, Juli 1955, Philharmonia;
Wien, Aug. 1959, Wiener Philh.;
Berlin, Dez. 1966, Berliner Philh.;
Berlin, Jan. u. Dez. 1975, Berliner Philh.;
Berlin, Dez. 1980, Berliner Philh.

JOHANN & JOSEF STRAUSS

Pizzicato-Polka: Wien, Okt. 1948, Wiener Philh.;
London, Mai u. Juli 1955, Philharmonia;
Brüssel, Juni 1958 (Live), Wiener Philh.;
Berlin, April 1969, Berliner Philh.;
Wien, Jan. 1987, Wiener Philh.

JOSEF STRAUSS

Sphärenklänge, Walzer: Wien, Okt. 1949, Wiener Philh.;
London, Jan. 1958, Philharmonia;
Berlin, Dez. 1980, Berliner Philh.;
Wien, Jan. 1987, Wiener Philh.
Delirienwalzer: Wien, Okt. 1949, Wiener Philh.;
London, Juli 1955, Philharmonia;
Wien, Aug. 1959, Wiener Philh.;
Berlin, Dez. 1966, Berliner Philh.;
Berlin, Dez. 1980, Berliner Philh.;
Wien, Jan. 1987 (Live), Wiener Philh.
Transaktionen: Wien, Okt. 1949, Wiener Philh.

RICHARD STRAUSS

Also sprach Zarathustra: Wien, März 1959, Wiener Philh.;
Berlin, Jan. u. März 1973, Berliner Philh.;
Berlin, Sept. 1983, Berliner Philh.
Don Quixote: Berlin, Dez. 1965, Berliner Philh. – Fournier;
Berlin, Jan. 1975, Berliner Philh. – Rostropowitsch;
Berlin, Jan. 1986, Berliner Philh. – Meneses
Don Juan: Amsterdam, 1943, Concertgebouw;
London, Dez. 1951, Philharmonia;
Wien, Juni 1960, Wiener Philh.;
Berlin, Dez. 1972, Berliner Philh.;
Berlin, Feb. u. Nov. 1983, Berliner Philh.
Ein Heldenleben: Berlin, März 1959, Berliner Philh.;
Salzburg, Aug. 1964 (Live), Berliner Philh.;
Berlin, Mai 1974, Berliner Philh.;
Berlin, Feb. 1986, Berliner Philh.

Eine Alpen-Symphonie: Berlin, Dez. 1980, Berliner Philh.
Metamorphosen: Wien, Okt. u. Nov. 1947, Wiener Philh.;
St. Moritz, Aug. 1969, Berliner Philh.;
Berlin, Sept. 1980, Berliner Philh.
Sinfonia Domestica: Paris, Juni 1973, Berliner Philh.
Till Eulenspiegels lustige Streiche: London, Dez. 1951, Philharmonia;
Washington, Feb. 1955 (Live), Berliner Philh.;
Wien, Juni 1960, Wiener Philh.;
Berlin, Dez. 1972, Berliner Philh.;
Berlin, Jan. 1986, Berliner Philh.
Tod und Verklärung: London, Juli 1953, Philharmonia;
Wien, Sept. 1960, Wiener Philh.;
Berlin, Nov. 1972, Berliner Philh.;
Berlin, Jan. 1982, Berliner Philh.
Konzert für Horn und Orchester Nr. 2: Berlin, März 1973, Berliner Philh. – Hauptmann
Konzert für Oboe und Orchester: Berlin, Sept. 1969, Berliner Philh. – Koch
Ariadne auf Naxos: London, Juni u. Juli 1954, Philharmonia – Schwarzkopf, Seefried, Streich, Otto, Hoffman, Felbermayer, Schock, Neugebauer, Dönch, Unger, Cuenod, Strauss, Kraus, Prey, Ollendorff, Krebs
Es gibt ein Reich: Wien, Nov. 1948, Wiener Philh. – Cebotari
Capriccio, Zwischenspiel und Schlußszene: Berlin, Nov. 1985, Berliner Philh. – Tomowa-Sintow, Wolfrum
Elektra: Salzburg, Aug. 1964 (Live), Wiener Philh. – Chor d. Wiener Staatsoper, Mödl, Varnay, Hillebrecht, Rütgers, Haan, Hellwig, Watts, Sjöstedt, Ahlin, Otto, Popp, King, Franc, Waechter, Vrooman, Frese
Salome: Wien, Mai 1977, Wiener Philh. – Behrens, Baltsa, Angervo, van Dam, Böhm, Ochman, Zednik, Knutson, Vantin, Unger, Kunz, Bastin, Ellenbeck, Nienstedt, Rydl, Bömches, Nitsche
Oeffne Deine Augen . . . hörte ich geheimü-

nisvolle Musik (Salome): Wien, Nov. 1948, Wiener Philh. – Welitsch, Schuster, Witt
Tanz der sieben Schleier (Salome): Amsterdam, 1943, Concertgebouw; Wien, Sept. 1960, Wiener Philh.; Berlin, Dez. 1972, Berliner Philh.
Der Rosenkavalier: London, Dez. 1956, Philharmonia Chor und Orchester – Loughton High School Choir, Bancroft's School Choir, Schwarzkopf, C. Ludwig, Stich-Randall, Welitsch, Meyer, Felbermayer, Kuen, Majkut, Unger, Gedda, Friedrich, Edelmann, Waechter, Bierbach, Pröglhöf; Salzburg, Juli 1963 (Live), Wiener Philh. –Chor d. Wiener Staatsoper, Schwarzkopf, Jurinac, Rothenberger, Hellwig, Plümacher, Dutoit, Küster, Nessel, La Bruce, Romani, Ercolani, Edelmann, Dönch, Equiluz, Pernerstorfer, Häusler, Frese, Knapp, Sperlbauer, Mayer, Stumper, Vajda, Buchbauer, Sengl, Resch, Bernhard, Balatsch; Wien, Nov. u. Dez. 1982, Mai 1983 u. Jan. 1984, Wiener Philh. – Konzertvereinigung d. Wiener Staatsopernchors, Tomowa-Sintow, Baltsa, Perry, Lipp, Müller-Molinari, Sima, Poschner, Winsauer, Hintermeier, Cole, Zednik, Equiluz, Moll, Hornik, Halem, Kasemann, Feller, Terkal, Nitsche, Tomaschek, Reinprecht, Scheider, Panzenböck, Koblitz, Zeh, Holzherr, Lichtenberger, Reautschnigg
Monolog der Marschallin und »Quinquin, er soll jetzt gehn«: Wien, Dez. 1947, Wiener Philh. – Konetzni
Überreichung der silbernen Rose: Wien, Dez. 1947, Wiener Philh. – Schwarzkopf, Seefried
Der Rosenkavalier, Suite Nr. 1: London, Jan. 1958, Philharmonia
Vier letzte Lieder: Salzburg, Aug. 1964 (Live), Berliner Philh. – Schwarzkopf; Berlin, Feb. 1973, Berliner Philh. – Janowitz; Berlin, Nov. 1985, Berliner Philh. – Tomowa-Sintow

Die heiligen drei Könige: Berlin, Nov. 1985, Berliner Philh. – Tomowa-Sintow

STRAWINSKY

Apollon Musagète: St. Moritz, Aug. 1969, Berliner Philh.
Circus-Polka: Berlin, April 1970, Berliner Philh.
Concerto in D für Streichorchester: St. Moritz, Aug. 1969, Berliner Philh.
Jeu de cartes (Das Kartenspiel): London, Mai 1952, Philharmonia
Le Sacre du printemps: Berlin, Nov. 1963, Berliner Philh.; Berlin, Dez. 1975, Berliner Philh.
Symphonie in C: Berlin, April 1970, Berliner Philh.
Psalmen-Symphonie: Berlin, Dez. 1977, Berliner Philh. – Chor d. Deutschen Oper

SUPPÉ

Die schöne Galathee, Ouvertüre: Berlin, Sept. 1968, Berliner Philh.
Banditenstreiche, Ouvertüre: Berlin, Sept. 1969, Berliner Philh.
Leichte Kavallerie, Ouvertüre: London, Juli 1955, Philharmonia; London, Sept. 1960, Philharmonia; Berlin, Sept. 1969, Berliner Philh.
Ein Morgen, ein Mittag, ein Abend in Wien, Ouvertüre: Berlin, Sept. 1969, Berliner Philh.
Pique Dame, Ouvertüre: Berlin, Sept. 1969, Berliner Philh.
Dichter und Bauer, Ouvertüre: Berlin, Sept. 1969, Berliner Philh.
O du mein Österreich, Marsch (arr. Doblinger): Berlin, März 1973, Bläser d. Berliner Philh.

TSCHAIKOWSKY

Symphonie Nr. 1 (Wintertraum): Berlin, Jan. u. Feb. 1979, Berliner Philh.
Symphonie Nr. 2 (Kleinrussische): Berlin, Jan. u. Feb. 1979, Berliner Philh.
Symphonie Nr. 3 (Polnische): Berlin, Jan. u. Feb. 1979, Berliner Philh.
Symphonie Nr. 4: London, Juli 1953, Philharmonia;

Berlin, Feb. u. März 1960, Berliner
Philh.;
Berlin, Okt. 1966, Berliner Philh.;
Berlin, Sept. 1971, Berliner Philh.;
Berlin, Dez. 1976, Berliner Philh.;
Wien, Sept. 1984, Wiener Philh.
Symphonie Nr. 5: London, Mai u. Juli
1952 u. Juni 1953, Philharmonia;
Turin, März 1953, Orchester d. RAI
Turin;
Berlin, Sept. 1965, Berliner Philh.;
Berlin, Sept. 1971, Berliner Philh.;
Berlin, Okt. 1975, Berliner Philh.;
Wien, März 1984, Wiener Philh.
Symphonie Nr. 6 (Pathétique): Berlin,
1939, Berliner Philh.;
Wien, Nov. 1948 u. Jan. 1949, Wiener
Philh.;
London, Mai 1955 u. Juni 1956, Philhar-
monia;
Berlin, Feb. 1964, Berliner Philh.;
Berlin, Sept. 1971, Berliner Philh.;
Berlin, Jan. 1976, Berliner Philh.;
Wien, Jan. 1984, Wiener Philh.
Konzert für Klavier und Orchester: Wien,
Sept. 1962, Wiener Symphoniker –
Richter;
Paris, Feb. 1970, Orchestre de Paris –
Weissenberg;
Berlin, Nov. 1975, Berliner Philh. –
Berman
Konzert für Viola und Orchester: Berlin,
Nov. 1965, Berliner Philh. – Ferras
Variationen über ein Rokoko-Thema: Ber-
lin, Sept. 1968, Berliner Philh. –
Rostropowitsch
Serenade für Streichorchester: Berlin, Okt.
1966, Berliner Philh.;
Berlin, Sept. 1980, Berliner Philh.
1812, Ouvertüre: London, Jan. 1958, Phil-
harmonia;
Berlin, Okt. 1966, Berliner Philh. –
Serge Jaroffs Don-Kosaken-Chor
Capriccio Italien: Berlin, Okt. 1966, Ber-
liner Philh.
Polonaise und Walzer (Eugene Onegin):
Berlin, Dez. 1970, Berliner Philh.
Slawischer Marsch: Berlin, Okt. 1966,
Berliner Philh.
Romeo und Julia, Fant. Ouvertüre nach

Shakespeare: Wien, Okt. 1946, Wiener
Philh.;
Wien, März 1960, Wiener Philh.;
Berlin, Okt. 1966, Berliner Philh.;
Berlin, Sept. 1982, Berliner Philh.
Der Nußknacker, Ballett (Ausschnitte):
London, Juli u. Dez. 1952, Philhar-
monia;
Wien, Sept. 1961, Wiener Philh.;
Berlin, Okt. 1966, Berliner Philh.;
Berlin, Sept. 1982, Berliner Philh.
Dornröschen, Ballett (Ausschnitte): Lon-
don, Nov. u. Dez. 1952, Philharmo-
nia;
London, Jan. 1959, Philharmonia;
Wien, März 1965, Wiener Philh.;
Berlin, Jan. u. Feb. 1971, Berliner Philh.
Schwanensee, Ballett (Ausschnitte): Lon-
don, Nov. u. Dez. 1952, Philharmo-
nia;
London, Jan. 1959, Philharmonia;
Wien, März 1965, Wiener Philh.;
Berlin, Jan. u. Feb. 1971, Berliner Philh.

TEIKE

Alte Kameraden, Marsch: Berlin, März
1973, Bläser d. Berliner Philh.

TELEMANN

Konzert für Trompete in D (ed. Grebe):
Berlin, Mai 1974, Berliner Philh. –
André

TORELLI

Concerti op. 8 Nr. 6 (Weihnachtskonzert):
St. Moritz, Aug. 1970, Berliner Philh.

VAUGHAN WILLIAMS

Fantasia on a Theme by Thomas Tallis:
London, Nov. 1953, Philharmonia

VERDI

Aida: Wien, Sept. 1959, Wiener Philh. –
Wiener Singverein, Tebaldi, Simio-
nato, Ratti, Bergonzi, MacNeil, Co-
rena, van Mill, di Palma;
Wien, März 1979, Wiener Philh. – Chor
d. Wiener Staatsoper, Freni, Baltsa,
Ricciarelli, Carreras, Cappuccilli,
R. Raimondi, T. Moser, van Dam

419

Aida, Vorspiel: Berlin, Sept. 1975, Berliner Philh.
Tanz der Priesterinnen, u. a. (Aida): Berlin, Dez. 1970, Berliner Philh.
Ballettmusik, 2. Akt: London, Nov. 1954, Philharmonia;
London, Sept. 1960, Philharmonia
Alzira, Ouvertüre: Berlin, Sept. 1975, Berliner Philh.
Aroldo, Ouvertüre: Berlin, Sept. 1975, Berliner Philh.
Attila, Vorspiel: Berlin, Sept. 1975, Berliner Philh.
Un Ballo in Maschera (Ein Maskenball), Vorspiel: Berlin, Sept. 1975, Berliner Philh.
La Battaglia die Legnano, Ouvertüre: Berlin, Sept. 1975, Berliner Philh.
Il Corsaro (Der Korsar), Ouvertüre: Berlin, Sept. 1975, Berliner Philh.
Don Carlos: Salzburg, Juli 1958 (Live), Wiener Philh. – Chor d. Wiener Staatsoper, Jurinac, Simionato, Rothenberger, Balatsch, Fernandi, Siepi, Bastianini, Stefanoni, C. Schmidt, Foster, Zaccaria;
Berlin, Sept. 1978, Berliner Philh. – Chor d. Deutschen Oper, Freni, Baltsa, Gruberova, Hendricks, Carreras, Nitsche, Cappuccilli, van Dam, Ghiaurov, R. Raimondi, Meletti, Lang, Banuelas, Becker, Röhrl, Grönroos, Sardi
Ella giammai m'amò: London, Nov. 1949, Philharmonia – Christoff
Ernani, Vorspiel: Berlin, Sept. 1975, Berliner Philh.
Falstaff: London, Juni 1956, Philharmonia Chor und Orchester – Schwarzkopf, Moffo, Merriman, Barbieri, Alva, Gobbi, Panerai, Zaccaria, Spataro, Ercolani;
Wien, März 1980, Wiener Philh. – Chor d. Wiener Staatsoper, Kabaivanska, Perry, T. Schmidt, C. Ludwig, Araiza, Taddei, Panerai, Di Palma, Zednik, Davià
La Forza del Destino (Die Macht des Schicksals), Ouvertüre: Berlin, 1939, Staatskapelle;

Berlin, Feb. 1975, Berliner Philh.
Un Giorgno di Regno, Ouvertüre: Berlin, Sept. 1975, Berliner Philh.
Giovanna d'Arco (Die Jungfrau v. Orleans), Ouvertüre: Berlin, Sept. 1975, Berliner Philh.
Luisa Miller, Ouvertüre: Berlin, Sept. 1975, Berliner Philh.
Macbeth, Vorspiel: Berlin, Sept. 1975, Berliner Philh.
I Masnadieri, Vorspiel: Berlin, Sept. 1975, Berliner Philh.
Nabucco, Ouvertüre: Berlin, Sept. 1975, Berliner Philh.
Oberto, Ouvertüre: Berlin, Sept. 1975, Berliner Philh.
Otello: Wien, Mai 1961, Wiener Philh. – Chor der Wiener Staatsoper, Konzertvereinigung d. Wiener Staatsopernchors, Wiener Kinderchor, Tebaldi, Satre, del Monaco, Romanato, Protti, Corena, Krause, Cesarini, Arbace;
Berlin, April u. Mai 1973, Berliner Philh. – Chor d. Deutschen Oper, Freni, Malagù, Vickers, Bottion, Sénéchal, Glossop, van Dam, Machì, Helm
Ballettmusik (Otello): Berlin, Dez. 1970, Berliner Philh.
Rigoletto, Vorspiel: Berlin, Sept. 1975, Berliner Philh.
La Traviata: Mailand, Dez. 1964 (Live), Chor und Orchester der Mailänder Scala – Freni, Righetti, Leoni, Cioni, Sereni, Goretti, Giacomotti, Maionica, Zaccaria, Ricciardi, Carbonari, Forti
Vorspiel 1. Akt: Turin, 1942, EIAR Turin; Berlin, Sept. 1975, Berliner Philh.
La Traviata, Vorspiel 3. Akt: Turin, 1942, EIAR Turin;
London, Juli 1954, Philharmonia;
London, Jan. 1959, Philharmonia;
Berlin, Sept. 1967, Berliner Philh.
Il Trovatore (Der Troubadour): Mailand, Aug. 1956, Chor und Orchester der Mailänder Scala – Callas, Barbieri, Villa, di Stefano, Panerai, Zaccaria, Ercolani, Mauri;

Salzburg, Juli 1962 (Live), Wiener Philh. – Chor d. Wiener Staatsoper, Price, Simionato, Dutoit, Corelli, Bastianini, Frese, Zaccaria, Equiluz, Zimmer;
Berlin, Sept. 1977, Berliner Philh. – Chor d. Deutschen Oper, Price, Obraztsova, Venuti, Bonisolli, Cappuccilli, R. Raimondi, Nitsche, Engel
I Vespri Siciliani (Die Sizilianische Vesper), Ouvertüre: Berlin, Sept. 1975, Berliner Philh.
Requiem: Salzburg, Aug. 1949 (Live), Wiener Philh. – Wiener Singverein, Zadek, Klose, Rosvaenge, Christoff;
Moskau, Sept. 1964 (Live), Chor und Orchester der Mailänder Scala – Price, Cossotto, Bergonzi, Ghiaurov;
Berlin, Jan. 1972, Berliner Philh. – Wiener Singverein, Freni, C. Ludwig, Cossutta, Ghiaurov;
Wien, Jan. 1984, Wiener Philh. – Konzertvereinigung d. Wiener Staatsopernchors, Chor d. National-Oper Sofia, Tomowa-Sintow, Baltsa, Carreras, van Dam

VIVALDI

Die vier Jahreszeiten: St. Moritz, Aug. 1972, Berliner Philh. – Schwalbé;
Wien, Jan. 1984, Wiener Philh. – Mutter
Sinfonia in h-Moll (Al Santo Sepolcro): St. Moritz, Aug. 1970, Berliner Philh.
Konzert für Streicher in G (Alla Rustica): St. Moritz, Aug. 1970, Berliner Philh.
Konzert für Streicher in d-Moll (Madrigalesco): St. Moritz, Aug. 1970, Berliner Philh.
Konzert für Flöten in g-Moll (La Notte): Berlin, Sept. 1983, Berliner Philh. – Blau
Konzert für Violine, Streicher und Basso continuo in E-Dur (L'Amoroso): St. Moritz, Aug. 1970, Berliner Philh. – Brandis
Konzert für Violine, Streicher und Basso continuo in D-Dur (L'Inquietudine): St. Moritz, Aug. 1970, Berliner Philh. – Brandis
Konzert für zwei Violinen, Streicher und

Basso continuo in a-Moll: St. Moritz, Aug. 1970, Berliner Philh. – Brandis, Maas

J. F. WAGNER

Tiroler-Holzhackerbuam, Marsch (arr. Tanzer): Berlin, März 1973, Bläser d. Berliner Philh.
Unterm Doppeladler, Marsch (arr. Mosheimer): Berlin, März 1973, Bläser d. Berliner Philh.

WAGNER

Der fliegende Holländer: Berlin, Dez. 1981 u. Sept. 1983 (Salzburg, März 1982), Berliner Philh. – Konzertvereinigung d. Wiener Staatsopernchors, Vejzovic, Borris, van Dam, Moll, Hoffmann, T. Moser
Der fliegende Holländer, Vorspiel: Berlin, Sept. 1960, Berliner Philh.;
Berlin, Sept. u. Okt. 1974, Berliner Philh.
Chor der Spinnerinnen: Wien, Nov. 1948, Wiener Philh. – Chor d. Wiener Staatsoper, Schuster
Matrosenchor, 3. Aufz.: Wien, Nov. 1949, Wiener Philh. – Chor d. Wiener Staatsoper
Götterdämmerung: Bayreuth, Aug. 1951 (Live), Chor und Orchester d. Bayreuther Festspiele – Varnay, Mödl, Töpper, Schwarzkopf, H. Ludwig, Siewert, Malaniuk, Aldenhoff, Uhde, Pflanzl, Weber;
Berlin, Okt. 1969, Deutschen Oper. – Chor d. Deutschen Oper, Dernesch, Janowitz, C. Ludwig, Ligendza, Rebmann, E. Moser, Reynolds, Chookasian, Brilioth, Kelemen, Stewart, Ridderbusch
Lohengrin: Berlin, Dez. 1975, März 1976 u. Mai 1981, Berliner Philh. – Chor d. Deutschen Oper, Tomowa-Sintow, Vejzovic, Kollo, Nimsgern, Kerns, Ridderbusch, Lang, Maus, Vantin, Becker
Vorspiel 1. Aufz.: Berlin, Sept. 1960, Berliner Philh.;
Berlin, Sept. u. Okt. 1974, Berl. Philh.

Vorspiel, 3. Aufz.: Wien, Nov. 1949,
Wiener Philh.;
Berlin, Sept. u. Okt. 1974, Berl. Philh.
Brautchor: Wien, Nov. 1948, Wiener
Philh. – Chor d. Wiener Staatsoper;
Wien, Nov. 1949, Wiener Philh. – Chor
d. Wiener Staatsoper
Die Meistersinger von Nürnberg: Bayreuth,
Juli u. Aug. 1951 (Live), Chor und
Orchester d. Bayreuther Festspiele –
Schwarzkopf, Malaniuk, Hopf, Edel-
mann, Kunz, Dalberg, Majkut, Berg,
Pflanzl, Janko, Mikorey, Stolze,
Tandler, Borst, van Mill, Unger,
Faulhaber;
Dresden, Nov. u. Dez. 1970, Staatska-
pelle Dresden – Rundfunkchor Leip-
zig, Chor d. Staatsoper Dresden, Do-
nath, Hesse, Kollo, Adam, Ridder-
busch, Evans, Büchner, Lunow, Ke-
lemen, Rotzsch, Bindszus, Reeh, Hie-
stermann, Polster, Vogel, Schreier,
Moll
Vorspiel, 1. Aufz.: Berlin, 1939, Staatska-
pelle Berlin;
Berlin, Feb. 1957, Berliner Philh.;
Berlin, Sept. u. Okt. 1974, Berliner
Philh.;
Berlin, Feb. 1984, Berliner Philh.
Vorspiel, 3. Aufz.: Berlin, 1939, Staatska-
pelle Berlin;
Berlin, Feb. 1984, Berliner Philh.
Da zu dir der Heiland kam: Wien, Nov.
1949, Wiener Philh. – Chor d. Wiener
Staatsoper
Wach auf!: Wien, Nov. 1949, Wiener
Philh. – Chor d. Wiener Staatsoper
Flieder-Monolog: Wien, Okt. 1946, Wie-
ner Philh. – Chor d. Wiener Staats-
oper, Hotter
Wahn-Monolog: Wien, Okt. 1946, Wiener
Philh. – Hotter
Parsifal: Berlin, Dez. 1979, Jan. u. Juli
1980, Berliner Philh. – Chor d. Deut-
schen Oper, Vejzovic, Hofmann,
Moll, van Dam, Nimsgern, Halem,
Schwarz, Lambriks, Perry, Gjevang,
Hendricks, Soffel, Nielsen, Michael,
Yachmi, Ahnsjö, Rydl, Hopfner,
Tichy

Vorspiel, 1. Aufz.: Berlin, Sept. u. Okt.
1974, Berliner Philh.
Vorspiel, 3. Aufz.: Berlin, Sept. u. Okt.
1974, Berliner Philh.
Das Rheingold: Bayreuth, Aug. 1951
(Live), Orchester d. Bayreuther
Festspiele – Malaniuk, Brivkalne,
Siewert, Schwarzkopf, Wissman,
Töpper, Björling, Kuen, Fritz, Wind-
gassen, Faulhaber, Weber, Dalberg,
Pflanzl;
Berlin, Dez. 1967 u. Jan. 1968, Berliner
Philh. – Veasey, Mangelsdorff, Do-
minguez, Donath, E. Moser, Rey-
nolds, Fischer-Dieskau, Grobe,
Stolze, Wohlfahrt, Kelemen, Kerns,
Talvela, Ridderbusch
Siegfried: Bayreuth, Aug. 1951 (Live),
Orchester d. Bayreuther Festspiele –
Varnay, Lipp, Siewert, Aldenhoff,
Kuen, Björling, Pflanzl, Dalberg;
Berlin, Dez. 1968, Berliner Philh. – Der-
nesch, Gayer, Dominguez, Thomas,
Stolze, Stewart, Kelemen, Ridder-
busch
Heda! Du Fauler! Bist du nun fertig...
Ende 1. Aufz.: Wien, April 1962
(Live), Wiener Philh. – Beirer, Klein
Tannhäuser: Wien, Jan. 1963, Wiener
Philh. – Chor d. Wiener Staatsoper,
Brouwenstijn, Janowitz, C. Ludwig,
Beirer, Frick, Waechter, Kmennt,
Welter, Equiluz, Franc
Ouvertüre (Originalversion): Berlin, Jan.
1957, Berliner Philh.;
Berlin, Feb. 1984, Berliner Philh.
*Ouvertüre und Venusberg-Bacchanale (Pari-
ser Fassung):* Berlin, Sept. u. Okt.
1974, Berliner Philh. – Chor d. Deut-
schen Oper
Venusberg-Bacchanale: London, Nov.
1954, Philharmonia;
London, September 1960, Philharmonia;
Berlin, Feb. 1984, Berliner Philh.
Einzug der Gäste, Marsch: Wien, Nov.
1949, Wiener Philh. – Chor d. Wiener
Staatsoper
Tristan und Isolde: Bayreuth, Juli 1952
(Live), Chor und Orchester d. Bay-
reuther Festspiele – Mödl, Malaniuk,

Vinay, Hotter, Weber, Stolze, Uhde, Faulhaber, Unger; Berlin, Dez. 1971 u. Jan. 1972, Berliner Philh. – Chor d. Deutschen Oper, Dernesch, C. Ludwig, Vickers, Berry, Weikl, Ridderbusch, Schreier, Vantin
Vorspiel und Liebestod: Berlin, Jan. 1957, Berliner Philh.; Berlin, Sept. u. Okt. 1974, Berliner Philh.; Berlin, Feb. 1984, Berliner Philh.
Die Walküre: Bayreuth, Aug. 1951 (Live), Orchester d. Bayreuther Festspiele – Varnay, Rysanek, H. Ludwig, Treptow, van Mill, Björling, Friedland, Wild, Thomamüller, Lausch, Siewert, Töpper, Malaniuk; Berlin, Sept. 1966, Berliner Philh. – Crespin, Janowitz, Veasey, Vickers, Talvela, Stewart, Rebmann, Steger, Ahlin, Mastilovic, Ordassy, Brockhaus, Ericson, Jenckel
Siegfried-Idyll: Berlin, Feb. 1977, Berliner Philh.
Nibelungenmarsch: Berlin, März 1973, Bläser d. Berliner Philh.

WALDTEUFEL

Die Schlittschuhläufer: London, Juli 1953, Philharmonia; London, Sept. 1960, Philharmonia

WEBER

Abu Hassan, Ouvertüre: Berlin, Feb. 1972, Berliner Philh.
Euryanthe, Ouvertüre: Berlin, Feb. 1972, Berliner Philh.
Der Freischütz, Ouvertüre: Amsterdam, 1943, Concertgebouw; Berlin, Sept. 1960, Berliner Philh.; Berlin, Jan. u. Feb. 1971, Berliner Philh.; Berlin, Jan. 1981, Berliner Philh.
Oberon, Ouvertüre: Berlin, Jan. u. Feb. 1971, Berliner Philh.
Peter Schmoll, Ouvertüre: Berlin, Feb. 1972, Berliner Philh.

Beherrscher der Geister, Ouvertüre: Berlin, Feb. 1972, Berliner Philh.
Aufforderung zum Tanz (orch. Berlioz): London, Jan. 1958, Philharmonia; Berlin, Sept. 1971, Berliner Philh.; Berlin, Dez. 1983, Berliner Philh.

WEBERN

5 Sätze op. 5: Berlin, Nov. u. Dez. 1973, Berliner Philh.
Passacaglia op. 1: Berlin, Feb. 1974, Berliner Philh.
6 Stücke für Orchester op. 6: Berlin, Nov. u. Dez. 1973, Berliner Philh.
Symphonie op. 21: Berlin, Feb. 1974, Berliner Philh.

WEINBERGER

Schwanda, der Dudelsackpfeifer, Polka: London, Juli 1954, Philharmonia; London, Sept. 1960, Philharmonia

WILLIS

It came upon the midnight clear: Wien, Juni 1961, Wiener Philh. – Wiener Singverein, Price

WOLF-FERRARI

Der Schmuck der Madonna, Intermezzo Nr. 3: Berlin, Sept. 1967, Berliner Phil.

SONSTIGES

Weihnachtslieder: Wien, Juni 1961, Wiener Philh. – Wiener Singverein, Price
Anonyme Märsche: Marsch der finnländischen Reiterei; Koburger Marsch; Pariser Einzugsmarsch; Pappenheimer-Marsch; Petersburger Marsch: Berlin, März 1973, Bläser d. Berliner Philh.
Nationalhymnen der 17 Mitgliederstaaten des Europarates; Europahymne: Belgien; Dänemark; Deutschland; Frankreich; Großbritannien; Irland; Island; Italien; Luxemburg; Malta; Niederlande; Norwegen; Österreich; Schweden; Schweiz; Türkei; Zypern: Berlin, Feb. u. März 1972, Berliner Philh.

Vgl. dazu Anmerkung auf S. 426

FRÜHE OPERN- UND KONZERTFILME

Videokassetten und Laser Discs (Bildplatten)

BEETHOVEN

Symphonien Nr. 1 u. Nr. 2, Nr. 6 (Pastorale) u. Nr. 8: Berliner Philh. Neu: 1991 Unitel
Symphonien Nr. 3 (Eroica) u. Nr. 7: Berliner Philh. Neu: 1991 Unitel
Symphonien Nr. 4 u. Nr. 5: Ouvertüren *Coriolan* u. *Egmont.* Berliner Philh. Neu: 1991 Unitel
Symphonie Nr. 9: Berliner Philh. – Chor der Deutschen Oper Berlin, Tomowa-Sintow, Baltsa, Kollo, van Dam. Unitel
Missa Solemnis: Berliner Philh. – Wiener Singverein, Tomowa-Sintow, Baldani, Tappy, van Dam. Neu: 1991 Unitel

BRAHMS

Ein deutsches Requiem: Berliner Philh. – Wiener Singverein, Janowitz, van Dam. Neu: 1991 ORF/ZDF u. Unitel

BRUCKNER

Symphonie Nr. 8: Wiener Philh. Neu: ORF/ZDF u. Unitel
Symphonie Nr. 9 Te Deum: Wiener Philh. – Wiener Singverein, Tomowa-Sintow, Baltsa, Rendall, van Dam. Neu: ORF/ZDF u. Unitel

DEBUSSY

La Mer
Prélude à l'Après-midi d'un Faune Berliner Philh. – Zöller. Unitel

PUCCINI

La Bohème: Chor u. Orchester der Mailänder Scala – Freni, Martino, Raimondi, Panerai; Inszenierung: Franco Zeffirelli. Unitel

STRAUSS

Don Quixote: Berliner Philh. – Rostropowitsch, Koch. Unitel

TSCHAIKOWSKY

Symphonie Nr. 6
Konzert für Klavier und Orchester Nr. 1 – Weissenberg: Berliner Philh. Unitel

VERDI

Otello: Berliner Philh. – Chor der Deutschen Oper, Freni, Malagu, Vickers, Glossop. Unitel
Requiem: Chor u. Orchester der Mailänder Scala – Price, Cossotto, Pavarotti, Ghiaurov. Unitel

WAGNER

Das Rheingold: Berliner Philh. – Stewart, Fassbaender, Kelemen, Schreier, Stolze. Unitel

KARAJAN IN SALZBURG

A Film by Susan Froemke, Peter Gelb, Deborah Dickson. CAMI Video Inc.

DAS KÜNSTLERISCHE VERMÄCHTNIS

Laser Discs (Bildplatten) und VHS-Videokassetten

His Legacy for Home Video

TV-Live-Produktionen

a) BERLINER PHILHARMONIKER

100 Jahre Berliner Philharmonisches Orchester: Jubiläumskonzert. Berlin,
30. 4. 1982
Beethoven: Symphonie Nr. 3 (Eroica)
Totensonntags-Konzert: Berlin,
20. 11. 1983
Strauss: Eine Alpensymphonie
Silvesterkonzert: Berlin, 1983
Rossini: Guillaume Tell
Smetana: Die Moldau
Sibelius: Valse Triste
Jos. Strauß: Delirien-Walzer
Joh. Strauß: Der Zigeunerbaron
Konzert in Osaka, 18. 10. 1984:
Mozart: Divertimento KV 287
Respighi: Pini di Roma
Strauss: Don Juan
Totensonntags-Konzert: Berlin,
25. 11. 1984,
Strauss: Tod und Verklärung
Metamorphosen
Silvesterkonzert: Berlin, 1984,
Bach: Violinkonzert E-Dur – Mutter
Magnificat – Blegen, Müller Molinari, Araiza, Holl. RIAS-Kammerchor, Berlin
Totensonntags-Konzert: Berlin,
24. 11. 1985,
Bruckner: Symphonie Nr. 9

Silvesterkonzert: Berlin, 1985
Weber: Freischütz-Ouvertüre
Liszt: Ungarische Rhapsodie Nr. 5
Leoncavallo: Intermezzo aus Bajazzo
Puccini: Intermezzo aus Manon
Lescaut
Jos. Strauß: Sphärenklänge-Walzer
Ravel: Bolero
750 Jahre Berlin am 1. 5. 1987:
Mozart: Divertimento Nr. 17 in
D-Dur, KV 337
Strauss: Also sprach Zarathustra
Eröffnung Kammermusiksaal: Berlin,
28. 10. 1987, Vivaldi: Vier Jahreszeiten
– Mutter
Silvesterkonzert: Berlin, 1988
Prokofieff: Symphonie classique,
Tschaikowsky: Klavier-Konzert Nr. 1
– Kissin
Verdi: Don Carlos, 1986: Baltsa, Izzo
d'Amico, Carreras, Cappuccilli, Furlanetto
Bizet: Carmen, 1967: Bumbry, Freni,
Diez, Vickers

b) WIENER PHILHARMONIKER

Mozart: Messe aus dem Petersdom in
Rom, 29. 6. 1985, Krönungsmesse –
Battle, Cole, Schmidt, Furlanetto,
Wiener Singverein
Mozart: Don Giovanni, 1987: Ramey,

Tomowa-Sintow, Varady, Battle,
Furlanetto, Winbergh
Strauss: Der Rosenkavalier, 1984: Baltsa,
Tomowa-Sintow, Berry, Lipp, Moll,
Zednik

Verdi: Falstaff, 1982: Kabaiwanska,
Perry, C. Ludwig, Taddey, Panerai,
Araiza
Neujahrskonzert: Wien, 1987 – Battle

Studioproduktionen

a) BERLINER PHILHARMONIKER

BEETHOVEN

Symphonie Nr. 1 u. Nr. 8
Symphonie Nr. 2 u. Nr. 3
Symphonie Nr. 4 u. Nr. 5
Symphonie Nr. 6 u. Nr. 7
Symphonie Nr. 9 – Cuberli, Müller
Molinari, Cole, Grundheber
Violinkonzert – Mutter
Ouvertüren: Fidelio, Egmont, Leonore
Missa Solemnis

BRAHMS

Symphonie Nr. 1
Tragische Ouvertüre
Symphonie Nr. 2

DEBUSSY

La Mer,
l'Après-midi d'un Faune

MUSSORGSKIJ

Bilder einer Ausstellung

RAVEL

Daphnis und Chloé

STRAUSS

Ein Heldenleben – Spierer
Don Quixote – Meneses, Christ

b) WIENER PHILHARMONIKER

BRAHMS

Ein deutsches Requiem – Battle, van Dam,
Wiener Singverein

BRUCKNER

Symphonie Nr. 8

DVORAK

Symphonie Nr. 8
Symphonie Nr. 9

MOZART

Requiem: Tomowa-Sintow, Müller Molinari, Cole, Burchuladze, Wiener
Singverein

TSCHAIKOWSKY

Symphonie Nr. 4
Symphonie Nr. 5
Symphonie Nr. 6

VERDI

Requiem: Tomowa-Sintow, Baltsa,
Carreras, van Dam

Anmerkung zur Diskographie: Zahlreiche nicht autorisierte Schallplatten und CDs sind
nach privaten Mitschnitten oder von Rundfunkaufnahmen hergestellt worden und
werden im Handel angeboten. Herbert von Karajan hat wie alle Künstler gegen diese
»Piraten«-Aufnahmen ein Leben lang vergeblich anzukämpfen versucht. Ein unvoll-
ständiges Verzeichnis von »Piraten«-Aufnahmen, vor allem von Produktionen der
Mailänder Scala, ist bereits erschienen.

REGISTER